AF222661

Impressum

Bibliographische Information der Deutschen Nationalbibliothek: Die Deutsche Nationalbibliothek verzeichnet diese Publikation in der Deutschen Nationalbibliografie; detaillierte bibliografische Daten sind im Internet über dnb.dnb.de abrufbar.

2. Auflage (2025), 1. Auflage im August 2024 erschienen
© 2024 Tim Stegmann
Verlag: BoD · Books on Demand GmbH, Überseering 33, 22297 Hamburg; bod@bod.de
Druck: Libri Plureos GmbH, Friedensallee 273, 22763 Hamburg

ISBN: 978-3-7597-3124-1

Layout, Satz: Lukas Ullrich, kleinlaut.biz
Coverbild: © IMAGO (Foto: Sven Simon)
Coverdesign: Lukas Ullrich
Fotos: privat (S. 12)
ABS (Aktueller Bilderdienst Schwarz), Michael Schwarz (Autorenfoto)
Verdeutlichung und Animation der Spielmomente-Screenshots:
Tim Stegmann, Lukas Ullrich
Erklärende Grafiken: eigene Darstellung, Design: Lukas Ullrich
und Katja Großpietsch, Katika Design

Alle weiteren Fotos: © IMAGO
S. 15: IMAGO / Sven Simon
S. 20: IMAGO / BSR Agency
S. 55: IMAGO / Alterphotos
S. 70: IMAGO / Marca
S. 91: IMAGO / AFLOSPORT
S. 94: IMAGO / Revierfoto
S. 152: IMAGO / Beautiful Sports
S. 292: IMAGO / Beautiful Sports
S. 295: IMAGO / Pro Sports Images

Das Werk und seine Bestandteile sind urheberrechtlich geschützt. Jedwede Vervielfältigung, Verbreitung, Übersetzung sowie der Nachdruck, auch die fotomechanische Vervielfältigung, Mikroverfilmung und Einspeicherung bzw. Verarbeitung in elektronischen Systemen kann nur mit schriftlicher Genehmigung des Autors Tim Stegmann erfolgen. Die automatisierte Analyse des Werkes, um daraus Informationen insbesondere über Muster, Trends und Korrelationen gemäß §44b UrhG („Text und Data Mining") zu gewinnen, ist untersagt.

Anmerkung zum Sprachgebrauch: Aus Gründen der besseren Lesbarkeit wird im Text die männliche Form verwendet. Sie schließt jedoch ausdrücklich die weibliche und diverse Form mit ein. Sämtliche Personenbezeichnungen gelten gleichermaßen für alle Geschlechter. Ist also im Rahmen einer allgemeinen Erklärung von Trainern oder Spielern die Rede, sind stets Trainerinnen respektive Spielerinnen mitgemeint.

Einige Quellen wurden vom Autor nach bestem Wissen und Gewissen aus dem Spanischen oder Englischen ins Deutsche übersetzt, stets mit der Intention, den Sinn und den Kern des Zitats beizubehalten. Das vorliegende Buch wurde sehr sorgfältig erarbeitet. Dennoch erfolgen alle Angaben ohne Gewähr. Weder der Autor noch der Verlag können für eventuelle Nachteile oder Schäden, die aus den im Buch vorgestellten Inhalten resultieren, Haftung übernehmen.
Ferner wird keine Haftung für Inhalte übernommen, die über Links auf Webseiten Dritter zu erreichen sind, da sich deren Inhalt nicht zu eigen gemacht, sondern lediglich auf deren Stand zum Veröffentlichungszeitpunkt des Buches hingewiesen werden soll.

Für Mi,
Samuel Quique,
Isaiah João.

Kraft,
Inspiration
und Zuhause.

Danke für Alles.

„Wenn wir mit allen Sinnen auf den gegenwärtigen Moment blicken, laden wir die Welt ein, uns mit Freude zu erfüllen. Die Schmerzen der Vergangenheit liegen hinter uns. Die Zukunft muss sich erst noch entfalten. Aber das Jetzt ist voller Schönheit und wartet nur auf unsere Aufmerksamkeit."
TARA BRACH

„Jede Mannschaft braucht einen Basken."
JOHAN CRUYFF

Inhaltsverzeichnis

Vorwort

„Park du ihn!", rief Xabi, während er aus dem noch vorwärts rollenden Auto sprang. Danach rannte er wie ein Verrückter durch die Allianz Arena, bis er in die Umkleidekabine gelangte. Er war gerade noch rechtzeitig angekommen, um die letzte Ansprache vor dem Spiel zu hören.

So tickt der Charakter Xabi Alonso: Ruhig, rigoros, ernst und wortkarg, aber gleichzeitig in der Lage, gegen den Strom zu schwimmen, um pünktlich zum Treffen mit seinen Mannschaftskameraden zu erscheinen. Fast and furious.

Am 11. März 2015 bestritten die Bayern in München das Achtelfinal-Rückspiel der Champions League. Der Gegner war Schachtar Donezk, eine robuste Mannschaft, in der zu jener Zeit talentierte Brasilianer wie Douglas Costa oder Fred herausragten. Das Hinspielergebnis war schwierig gewesen: ein torloses Unentschieden, mit wenigen Torchancen, einer ziemlich konservativen Taktik von Pep Guardiola und dem Platzverweis für Xabi Alonso.

Der katalanische Trainer hatte sein Team nicht dem Risiko der schnellen Konter der Ukrainer aussetzen wollen, weshalb er Lewandowski auf der Bank ließ und die Gefahren auf ein Minimum reduzierte. Seine Erfahrung sagte ihm, dass das Achtelfinale in der Regel viel gefährlicher ist, als die Leute denken, und er wollte im Hinspiel keine Gegentore kassieren. Seine Argumente ersparten ihm nicht die einstimmige Kritik der deutschen Presse, die das torlose Unentschieden als schlechtes Ergebnis für die Bayern ansah.

Die Stimmung vor dem Rückspiel in München war angespannt. Xabi Alonsos Sperre ließ das Mittelfeld des Teams vermeintlich etwas ungeschützt zurück, und auch der andere große Leistungsträger, Kapitän Philipp Lahm, der sich im

Training den Knöchel gebrochen hatte, stand nicht zur Verfügung. In diesem Zusammenhang entschied sich Guardiola, die Cambridge-Pyramide als Spielsystem zu übernehmen. Das 2-3-5 war eine explosive Idee, weil es alle Angreifer des Teams gleichzeitig versammelte: Coman, Ribéry, Lewandowski, Götze und Robben. Gleichzeitig war es ein Hochrisikosystem angesichts der Konter von Schachtar.

Als die mutige Aufstellung der Bayern bekannt wurde, befand sich Xabi Alonso im Fernsehstudio von Sky Sports und teilte sich den Analyse-Tisch mit Franz Beckenbauer. Alle Anwesenden nahmen Guardiolas Entscheidung mit Skepsis und teilweise auch mit scharfer Kritik auf, da sie diese für zu riskant hielten. Xabi hingegen kannte die Aufstellung bereits seit einigen Tagen, als der Trainer begann, sie im Training zu üben, und er verteidigte Peps Idee leidenschaftlich mit Argumenten.

Er erklärte, dass die fünf Spieler hinten – zwei Innenverteidiger, der zentrale Mittelfeldspieler (Schweinsteiger) und die beiden Außenverteidiger – eine Art Mauer bilden und jeden Konterversuch des Gegners unterbinden würden, während die fünf Spieler vorne das Tor von Schachtar gnadenlos unter Beschuss nehmen würden. Trotz Xabis ausführlicher Erklärungen schien niemand in der Sky-Sports-Debatte sonderlich von der Idee überzeugt zu sein.

Xabi verließ das Studio ziemlich verärgert, stieg in sein Auto und warf einen Blick auf die Uhr. Es blieb noch eine halbe Stunde bis zum Spiel, und wir waren nicht weit vom Stadion entfernt. Schnell wurde uns jedoch klar, dass es ein riesiges Problem gab: Die Straßen zur Allianz Arena waren vollkommen verstopft mit den Autos der Fans. In diesem Moment kam die "Fast and Furious"-Version von Xabi zum Vorschein. Er wollte unbedingt bei der letzten Besprechung vor dem Spiel dabeisein, die für fünf Minuten vor dem Betreten des Feldes angesetzt war. Er wollte nicht nur ankommen – er musste ankommen. Er spürte, dass er seine Teamkollegen unterstützen und ihnen in diesen riskanten Momenten zur Seite stehen musste, um ihnen zu sagen, dass sie ohne Angst und mit Leidenschaft spielen sollten.

Er packte das Lenkrad und begann, auf der Gegenspur zu fahren, was den Zorn der anderen Autofahrer hervorrief. Zum Glück fuhr niemand in Gegenrichtung der großen Masse, die zum Stadion strömte. Das minderte jedoch nicht das ohrenbetäubende Hupen der wütenden Fans, die sahen, wie ein schwarzes Fahrzeug mit hoher Geschwindigkeit Hindernisse und Staus umfuhr. Die Konversation in Xabis Auto beschränkte sich auf einige kurze Lautmalereien und den monotonen Kommentar des Spielers: „Ich muss pünktlich ankommen." Weder seine Frau Nagore noch ich hatten dazu etwas zu sagen. Tatsächlich blieb uns keine andere Wahl, als die Augen vor dem offensichtlichen Verkehrsrisiko zu schließen und uns die Ohren vor dem großen Chaos, das sich zusammenbraute, zuzuhalten. Drei Minuten vor der Ankunft, das Stadion bereits in Sichtweite, mussten wir eine ziemlich steile Kurve hinunterfahren, und Xabi zögerte nicht, sich in die Gegenrichtung zu stürzen, als würde er gerade eine wichtige Trophäe seiner Karriere gewinnen.

Mit einem beinahe halsbrecherischen Bremsmanöver brachte Xabi das Auto schleudernd direkt am Eingang des Stadions zum Stehen. Er überließ uns die Aufgabe, den Wagen zu parken, während er selbst zur letzten Spielbesprechung hastete. Er erreichte die Kabine gerade noch rechtzeitig, um Pep (Guardiola) bei seinen letzten Anweisungen zu lauschen, bevor sich der Spieler-Tross vor der bevorstehenden Schlacht umarmte. Xabi war schweißgebadeter als die Spieler, die gleich aufs Feld laufen würden – ein direktes Resultat der extremen Anspannung, die er im Wagen erlebt hatte. Kurz bevor die Ansprache endete, stieß er einen Schrei aus: „¡Vamos!"

Für Xabi war pünktlich anzukommen und voll und ganz an der Besprechung mit seinen Teamkollegen teilzuhaben so, als hätte er das Spiel selbst gespielt und gewonnen. Obwohl er aufgrund seiner Sperre eigentlich auf der Tribüne hätte sitzen und sich Nägel kauend vor Anspannung hätte quälen müssen, war er der Mannschaft nicht fern. Im Gegenteil, er war ein intimer, wesentlicher Bestandteil davon. Seine Teamkollegen würden mit dem Wissen spielen, dass Xabi voll und ganz bei ihnen war.

Dies ist der Charakter, den Tim Stegmann uns in diesem glänzenden Buch porträtiert: Ein besonnener und ruhiger Mann, rigoros und ernst, pflichtbewusst und ehrlich, respektvoll gegenüber den internen Regeln von Kollektiven, aber gleichzeitig leidenschaftlich, vulkanisch und Grenzen überschreitend. Ein vielschichtiger Xabi, kühl und glühend, Eis und Feuer zugleich. Vorbildlicher Familienvater, „Fast and Furious"-Fahrer... Hervorragender Spieler, überragender Trainer.

In jener Nacht des Jahres 2015 überrollte der FC Bayern Schachtar Donezk mit 7:0. Peps Idee, die Xabi im Fernsehen so leidenschaftlich verteidigt hatte, war genial.

Martí Perarnau

Prolog

Am 05.10.2022 sollte sich die Fußballwelt in Deutschland nachhaltig verändern: Xabi Alonso wurde als neuer Trainer von Bayer 04 Leverkusen ausgewählt und einen Tag später auf der Pressekonferenz vor dem 9. Spieltag gegen Schalke 04 vorgestellt. Bereits ein knappes Jahr zuvor hatte es Gerüchte um einen Wechsel nach Deutschland zu Borussia Mönchengladbach gegeben – nun entschied sich der Baske tatsächlich für seine erste Trainererfahrung in Deutschlands höchster Spielklasse. Dass Xabi Alonso nach einer sehr erfolgreichen Spielerlaufbahn nun auch als Trainer Geschichte schreiben würde, daran hatte insbesondere José Mourinho, sein ehemaliger Trainer bei Real Madrid, bereits im Jahr 2019 wenige Zweifel: „Sein Vater war ein Trainer, er ist ähnlich aufgewachsen wie ich. Dann wurde er Spieler – natürlich viel besser als ich."[1] Xabi habe ein herausragendes Stellungsspiel und Wissen über das Spiel und wurde von den besten Trainern seiner Zeit trainiert, sodass Mourinho schlussfolgerte: „Wenn man all das zusammennimmt, hat Xabi die besten Voraussetzungen, ein sehr guter Trainer zu sein!"[2] Mit dieser Einschätzung war der Portugiese nicht alleine: Auch Carlo Ancelotti sagte: „Wenn ich damals auf einen Spieler gewettet hätte, der Trainer werden würde, wäre es ohne Zweifel Xabi gewesen. Einer, der im Mittelfeld gespielt hat, hat auf der Bank mehr Vorteile. Ein Mittelfeldspieler (...) muss Qualität haben, taktisch klug sein, das Spiel gut im Blick haben... Und Xabi Alonso war einer der besten Mittelfeldspieler, die ich je hatte, sehr intelligent, mit fantastischen Füßen und außerordentlicher Professionalität".[3]

1 Mourinho zit. n. Bundesliga online 2024.
2 Ebd.
3 Ancelotti zit. n. Romero 2021.

Für mich, der ich seit 2021 viel Zeit in Spanien, und dabei insbesondere in Barcelona und Madrid verbracht hatte, war klar, dass hier wahrscheinlich ein neues Trainerniveau in die Bundesliga kommen würde. Bereits nach den ersten Gerüchten über einen Wechsel nach Deutschland im Frühling 2021 hatte ich mich näher mit dem Trainer Xabi Alonso auseinandergesetzt. Zu jener Zeit war Alonso Trainer der zweiten Mannschaft seines Heimatvereins Real Sociedad San Sebastián und sammelte seine ersten „Profi-Erfahrungen" als Trainer. Schnell schaffte der junge Trainer Xabi Alonso mit seiner Mannschaft Besonderes: In der Saison 2021/2022 war *Sanse*, wie die zweite Mannschaft von Real Sociedad San Sebastián genannt wird, die einzige Zweitvertretung in *LaLiga2*, der zweiten spanischen Liga. Für mich stand fest: Ich wollte nicht nur per Video Tore und Spielstil dieser Mannschaft analysieren, sondern unbedingt auch ein Spiel live erleben. So kam es, dass sich in der Zeit meines Masters in Madrid und meines Praktikums in der Nachwuchsakademie der Königlichen ein Zeitfenster für einen Besuch des Zweitliga-Spiels zwischen Fuenlabrada (einem Vorort von Madrid) und *Sanse* ergab. Am 07.05.2022 saß ich also mit einem Freund aus meinem Studiengang im Regionalzug von Madrid nach Fuenlabrada, um bei besten Sonnenschein am Nachmittag ein Duell aus dem Tabellenkeller (21. gegen 19.) von *LaLiga2* anzuschauen. Alonsos Team zeigte von Beginn an viel Energie, Dynamik und Leidenschaft, aber auch, warum es bis dahin noch nicht soviel Punkte geholt hatte: Wie bei vielen zweiten Mannschaften spielten die Themen Erfahrung, Reife (man würde von „Abgezocktheit" sprechen) und Effizienz eine große Rolle. Fast schien es, dass sich Xabi Alonsos Truppe, die noch realistische Chancen auf den Klassenerhalt hatte, (erneut) nicht für ein gutes Spiel belohnen würde, denn zur Halbzeit stand es 1:0 für die Hausherren aus Fuenlabrada, auch wenn diese bis dato nicht viel zum Spiel beigetragen hatten. In der zweiten Halbzeit schaffte *Sanse* schließlich den Ausgleich – doch es war klar, dass Real Sociedad einen Sieg brauchen würde, um noch eine realistische Chance auf den Klassenerhalt zu wahren. Noch lange bevor der Mythos von „Laterkusen" geboren werden sollte, schaffte das Team von Xabi Alonso mit viel Herz und immer stärkerem Druck in der 95. Minute den vielumjubelten Siegtreffer. Tatsächlich war es dieser Moment, den ich per Foto (siehe Kapitelbild) festgehalten hatte, in dem die ganze Energie und alle Freude in den Jubel mündet, doch noch für den Aufwand und das gute, pro-aktive Spiel belohnt zu werden.

Als nun also Anfang Oktober 2022 Xabi Alonso als neuer Trainer bei Bayer Leverkusen vorgestellt wurde, war mein Interesse und meine Neugier erneut geweckt. Mich interessierte, wie wohl ein spanischer Trainer, der so viele herausragende Coaches in seiner Spielerkarriere kennengelernt hatte, die Bundesliga außerhalb des Kontexts von Bayern München bereichern würde. Wenn ich beispielsweise über Pep Guardiola mit einigen spanischen Trainerkollegen sprach, hieß es relativ schnell: „Ja, aber du musst auch sehen: Pep hatte immer gute Spieler. Jetzt bei City hat er sogar die besten...". Auch wenn keiner meiner Gesprächspartner die Leistungen und insbesondere die Trainerqualität des herausragenden Katalanen mindern wollte, schwang doch immer ein gewisser Zweifel mit, ob wohl eine ähnliche Leistung auch mit anderen Spielern möglich gewesen wäre. Nun kam also ein Trainer, der unter anderem von jenem Guardiola stark geprägt wurde, in die Bundesliga und übernahm eine Mannschaft, die zu diesem Zeitpunkt alles andere als gut dastand. Von diesem Moment an verfolgte ich die Spiele zunehmend mit größerer Intensität und Aufmerksamkeit – ein Interesse, dessen Erkenntnisse nun in dieses Buch einfließen. Dabei geht es keinesfalls darum, Xabi Alonso als Trainer zu erklären oder die einzelnen Einflüsse der vielen erfolgreichen Coaches seiner Karriere (angefangen von seinem Vater Periko Alonso, über Rafael Benítez, José Mourinho, Pep Guardiola, Carlo Ancelotti) herauszufiltern. Vielmehr geht es darum, taktische Konzepte und Details, die seine Mannschaft beherrscht und die ich durch meine Master und Besuche, meinen Austausch und Gespräche mit dutzenden spanischen Coaches kennengelernt und vertieft habe, aus meiner Sicht zu erklären, da diese nicht nur einen hohen Wiedererkennungswert innerhalb des spanischen Fußballs haben, sondern auch für jeden anderen Trainer als Inspirationsquelle dienen können. Gleichzeitig stützen sich viele Dinge auf jene Perspektiven, die nicht nur den spanischen Fußball in erheblichem Maße, sondern auch den Weltfußball geprägt haben: Die Rede ist natürlich von der Methodik, der Sichtweise und Interpretation des Spiels durch den FC Barcelona.

Es geht also zu keinem Zeitpunkt um den gesamten „Wahrheitsanspruch" in der Analyse (sofern es diesen im Fußball, noch dazu aus der externen Perspektive, geben kann), sondern um eine Bereicherung hinsichtlich unseres Verständnisses von Taktik und gemeinsam geteilter Intentionen, um unseren Mannschaften und unseren Spielern auf ein noch höheres Level zu verhelfen und Trainern eine neue Perspektive auf Fußball zu bieten. Nicht immer ist der Anspruch, dass die gezeigten Situationen eine Fülle an zuvor unbekannten Informationen aufdecken, noch mit maximal innovativem neuen Wissen aufwarten. Vielmehr liegt oftmals in stabilen Details, den heutzutage überstrapaziert als „Basics" bezeichneten Fähigkeiten, einfache grundlegende Dinge erfolgsstabil und gut auszuführen, ein Qualitätsmerkmal, was in jedem Spiel den Unterschied machen kann. Alle analysierten Situationen sind von den Spielern selbst herausragend gut interpretiert und umgesetzt worden; nach ihrem Gefühl passend zur entsprechenden Spielsituation. Doch wie bei allen Dingen, die „interpretiert" werden, handelt es sich um vorhandene Konzepte oder Ideen, die, gepaart mit einem besonderen Talent (wie bei allen Spielern im Leverkusen-Kader) oder sogar einer konkreten Genialität (man denke an Florian Wirtz oder u. a. die Freistoß-Fähigkeiten eines Grimaldo) zu etwas Wunderbarem werden können und für besondere Momente im Fußball sorgen. Einige der Konzepte oder taktischen Situationen mögen für den Betrachter neu sein, andere „ein alter Schuh". All dies zeigt nur, dass diese so erfolgreiche Leverkusener Mannschaft die gesamte

Palette herausragender Verhaltensweisen auf dem Platz abdecken kann – und wie immer, bei diesem Spiel, bei dem der Zufall eine große Rolle spielt – in der Saison 2023/2024 auch auf das notwendige Spielglück zählen konnte (bzw. sich dieses hart verdiente).

Wenn wir die prägenden Stationen in Alonsos Karriere betrachten, so finden wir im Prinzip vier Säulen: Das Aufwachsen und die Entwicklung in San Sebastián, mit allem, was es heißt, Baske zu sein und für diesen Klub zu spielen; die methodische Besessenheit eines Rafael Benítez, die Verpflichtung zu gewinnen mit einem charismatischen Coach wie José Mourinho und – im Herbst seiner Karriere – den größten Vertreter des Positionsspiels der heutigen Zeit, Pep Guardiola in München (ergänzt durch den souveränen Führungsstil Carlo Ancelottis, wobei man diesen keineswegs nur auf seine Führungsqualitäten „reduzieren" sollte). Daher ist es für das Verständnis von Alonsos Fußball essentiell, sowohl die grundsätzlich spanische Perspektive auf das Spiel, als auch insbesondere das Verständnis von Fußball und die Methodik des FC Barcelona zu berücksichtigen und sich mit dieser auseinander zu setzen, da diese wie keine zweite, die Spiel- und Trainingsmethodik in Spanien, den Spielstil der spanischen Nationalmannschaft und in der Folge auch die Herangehensweise an Fußball in der Welt geprägt hat. Hier geht es also um die Ursprünge und die konkreten Konzepte, die, wie bereits erwähnt, im spanischen (wie auch im Weltfußball) wiederkehrend sind, auch wenn diese möglicherweise unterschiedlich ausgedrückt werden. Dabei hilft uns, dass das Spanische eine sehr lebendige Sprache ist, in der es bereits möglich ist, nur durch die Wahl eines Wortes oder einer Bezeichnung eine bestimmte Intention oder ein Gefühl mitzutransportieren.

Ein besonders gutes Beispiel dafür ist mittlerweile die Vielzahl sprechender Wörter, die für das Wort „passen" im Fußball in der spanischen Sprache verwendet werden:

jugar	→	spielen
„hacer" un pase	→	einen Pass „machen"
„dar" un pase	→	einen Pass „geben"
conectar	→	verbinden
entregar	→	zustellen (wie die Post), um sicherzugehen, dass der Ball ankommt (in den besten Konditionen)
asociar	→	verbinden / vereinen
relacionar (!)	→	verbinden / in Beziehung mit jemandem treten
interrelacionar	→	miteinander verbinden (stärkere Betonung auf das MITEINANDER)
comunicar	→	mitteilen / kommunizieren / übermitteln
interaccionar	→	interagieren
enlazar ventaja	→	mit dem Vorteil verbinden / mit dem Vorteil verknüpfen *(enlazarse heißt heiraten)*
encadenar	→	verbinden / zusammenschließen

Spezifischer:

filtrar	→	„filtrieren" – im übertragenden Sinne der Schnittstellenpass
limpiar	→	„säubern" – im übertragenden Sinne „Klärung" als Defensiv-Aktion

Der Pass im spanischen Fußball

Das Besondere an nahezu all diesen Ausdrücken ist, das jeder Einzelne bereits eine Intention und ein Bild auszudrücken vermag, und dass jeder einzelne Ausdruck dahingehend eine (spieltaktische) Aufforderung zur Interaktion bildet. Wenn man im Deutschen das Verb „passen" betrachtet, liegt im Grunde auch im Wortstamm versteckt die Grundidee, diesen „Pass" auch „passend" zu machen – der tiefere, sozio-affektive (verbindende, gemeinschaftstiftende) Sinn der Aktion bleibt jedoch im Verborgenen. Neben dem einfachen „spielen" und dem kreierenden „machen", ist bereits im Wort „geben" die Grundidee impliziert, dass der Pass ein Geschenk sein soll, über das sich der Mitspieler freut. Wenn wir uns unter diesem Gesichtspunkt gespielte Pässe anschauen, gibt es bei manchen Teams nur wenige Geschenke zwischen Mitspielern. Alle weiteren Begriffe, die nicht bereits eine spezifische Aktion im Sinne der konkreten Handlung ausdrücken (wie der Schnittstellenpass, der die gegnerischen Linien „filtriert"), sind klare, verbindende, zur Interaktion und Vernetzung auffordernde Begriffe, die in der Folge ganz automatisch zu einer Synchronität verschmelzen, die es der Mannschaft erlaubt, nach denselben Gedanken und Intentionen zu spielen.

Daher ist insbesondere im spanischen Fußball (wobei dieser Gedanke fußballhistorisch sicher nicht nur auf Spanien zu begrenzen ist, sondern – wie viele weitere dieser Ideen – auch einen Ursprung in den Niederlanden hat) der Pass *das* Mittel, mit dem sich zwei oder mehrere Personen miteinander verbinden, um ein gemeinsames Ziel zu erreichen. Der Pass ist die Synthese des kollektiven Spiels. Der Pass ist mehr als eine bloße technische Handlung: Er ist die Grundlage und die ultimative Spiegelung des kollektiven und assoziativen Spiels eines jeden Mannschaftsports. Dementsprechend wird der Pass auch als „Teilen des Balles unter Teamkollegen" verstanden, durch den wir miteinander kommunizieren können und der uns die Emotion und das Vergnügen gibt, das Spiel durch den Ballbesitz zu dominieren. Die Verbindung zwischen den Spielern, die durch den Pass hergestellt wird, erfordert von beiden, dass sie sich an die Eigenschaften ihres Teamkollegen anpassen. Je mehr sich die Spieler im Team untereinander kennen, desto besser wird ihre Kommunikation durch Passspiel. Im Extremen

können alle technischen Handlungen im Fußball als Pass verstanden werden: Als Pass zu sich selbst (Dribbling), als Pass zum Mitspieler, als Pass ins Netz (Abschluss). Alle variablen Bestandteile des Spiels sind in der Gesamtorganisation der Mannschaft zusammengefasst, deren Bezugspunkte der Ball und der Pass sind. Dabei geht es nicht darum, um des Passes willen einen Pass zu spielen. Pässe haben einen Zweck: Gegner eliminieren. Wenn das nicht möglich ist, behalten wir den Ball, dribbeln mit ihm und suchen Gegner, die uns angreifen, damit wir einen Pass spielen können.[4]

Der Pass ist die systematische, konstante und absichtliche Wiederholung von Interaktion zwischen allen Teammitgliedern, bei der der Ball verwendet wird, um das Team selbst zu organisieren, die gegnerische Mannschaft zu desorganisieren und das endgültige Ziel zu erreichen: Das Tor!

> *„Mit anderen Worten, wenn du einen Pass spielst bzw. den Ball abgibst, gibst du nicht nur den Ball, du gibst eine Absicht (Intention), du gibst Raum, du gibst Zeit, du gibst Energie, du gibst Freude, du gibst Vertrauen, Worte, die ein Team wirklich zu einem Team machen."*[5]
>
> **PACO SEIRUL·LO**

> *„Wenn ich einen Pass mache, ist es mein Ziel, dass [mein Teamkollege] den bestmöglichen Weg hat, mit dem rechten oder linken Fuß, um einen Vorteil zu haben. (...) Natürlich muss [mein Teamkollege] in der richtigen Position sein. Das ist seine Aufgabe. Aber wenn ich zum Beispiel nach links passe, hat er vielleicht mehr Probleme, sich zu drehen, also passe ich auf seinen rechten Fuß. Das ist meine Idee: einen Pass zu spielen, der einen Vorteil bringt, und nicht, um ein Problem zu schaffen."*[6]
>
> **XABI ALONSO**

Auf der Vorstellungspressekonferenz an jenem 06.10.2022 also hatte niemand den Eindruck, dass es sich um den Trainerwechsel bei einer Mannschaft im Abstiegsstrudel handelte. Vielmehr sprach Xabi Alonso direkt zu Beginn von der großen „Ehre" bei diesem Verein zu sein und den großen Zielen, die der Klub habe. Keines seiner Worte wirkte künstlich oder gestellt – hier kam jemand mit großen Ambitionen und sprach diese klar an. Dennoch mochte es irritierend wirken, wenn man sich die Tabellenkonstellation vor Augen hielt: Bayer Lever-

4 Fernandez 2012.
5 Seirul·lo in Guasch 2024.
6 Alonso in Sports Illustrated 2016.

kusen lag mit fünf Punkten aus acht Spielen auf dem vorletzten Tabellenplatz. Für die deutschen Medien war es allerdings direkt ein „gefundenes Fressen", dass hier ein Trainer vorgestellt wurde, dem das deutsche Wort „Abstiegskampf" gänzlich unbekannt war und der auch für Zweifel wenig Raum ließ: „Wenn du dich nicht traust, ins Risiko zu gehen, wirst du nichts erreichen. Im Leben ist nichts sicher und noch weniger im Fußball. Wenn du es nicht versuchst, wirst du es nie erreichen. Ich bin hier glücklich und voller Motivation, weil ich daran glaube, dass wir große Dinge erreichen können."[7] Die Energie, die Zuversicht und auch die Vorfreude, die dieser Trainer bei seiner Vorstellung versprühte, war in jedem Fall ansteckend und bildete einen starken Kontrast zur momentanen Tabellensituation. Eine Fügung des Fußballs war es schließlich, dass der Start – wie auch bei seinem Bundesliga-Debüt als Spieler – erneut gegen Schalke 04 erfolgte, wenngleich das Debüt als Trainer weitaus erfolgreicher laufen sollte (als Spieler lautete das Ergebnis 1:1).

7 Alonso 2022 (Aufzeichnung erste Pressekonferenz); sowie Cáceres 2022.

Exkurs: Was ist ein Spielmodell?

„Das Spielmodell wird durch den Kontext bestimmt, indem Spieler, Trainer, Vereinsideologie und Umfeld ständig miteinander interagieren."[8]
DANIEL GUINDOS

„Fußball ist ein kommunikatives und soziales Spiel. Es wird daher nicht empfohlen, den Spieler aus dem Kontext, der seine Leistung beeinträchtigt, zu entfernen, da die Funktionen jedes Spielers von einer gemeinsamen Funktion abhängen und das Ergebnis einer ständigen Interaktion sind."[9]
ÓSCAR CANO

Um sich der Idee von Xabi Alonso zu nähern und auch, um selbst als Coach einen Zugang zum Thema der Spielidee zu bekommen, möchte ich im nachstehenden Abschnitt einen Einblick in das Thema des „Spielmodells" geben. Dies liegt daran, dass der Begriff „Spielmodell" oft sehr abstrakt und nur eindimensional verwendet wird, dabei aber wesentliche Elemente und Bestandteile vergessen werden, die der Coach bei der Entwicklung dessen beachten sollte und diese theoretische Grundlage das Verständnis des Folgenden vereinfacht. Auch wenn auf den kommenden Seiten der Begriff des Spielmodells mit all seinen Facetten näher beleuchtet wird, sollten wir als Trainer sicherstellen die folgenden Dinge nicht zu vergessen: „Das Spiel wird von den Spielern gespielt. (...) Es geht nicht nur um das Spiel; es geht um Menschen."[10] Die folgende theoretische Grundlage dient also eher dazu, dem Trainer dabei zu helfen, das Spiel seiner Mannschaft zu vereinfachen. Eine zentrale Rolle spielt dabei das eigene Coaching-Verständnis, das Juanma Lillo, derzeitiger Co-Trainer von Pep Guardiola, vor langer Zeit für sich so definiert hat: „Ich möchte es den Spielern erleichtern, ein Bewusstsein dafür zu erlangen, was sie sind und was sie tun. (...) Es geht um alles. Nichts kann dekontextualisiert werden. Wie man lebt, was man ist, welche Bedeutung man den Beziehungen, dem Verhalten, der Interaktion beimisst... All das wirkt sich darauf aus, wie eine Mannschaft spielt."[11]
Für das grundsätzliche Verständnis dieses Buches sind zwei Dinge elementar: Zum einen ist vollkommen klar, dass es in einer umstandsbedingten, chaotischen und unvorhersehbaren Sportart wie Fußball nicht *die eine, unumstößliche,*

8 Guindos 2015.
9 Cano 2010.
10 Lillo 2011.
11 Ebd.

einzig wahre Ansicht oder Wahrheit gibt. Dies gilt ebenso für die Auswahl der Stilmittel, die jede Mannschaft auswählt. Deshalb lässt sich auch nicht objektiv sagen, was ein „besserer" oder „schlechterer" Fußball sei. Jeder Coach wählt die Art aus, mit der er oder sie glaubt, am meisten Erfolg zu haben und oft ist diese Herangehensweise abhängig von den eigenen Fähigkeiten und denen, die wir als Trainer unserer eigenen Mannschaft zutrauen. Daher geht es in diesem Buch auch nicht darum, eine bestimmte Art oder Interpretation von Fußball in ein besseres Licht zu rücken als eine andere. Denn eine Sache haben mir meine Recherchen und mein erneutes Anschauen der zahllosen Spiele einmal mehr gezeigt: Auch in einer direkteren Interpretation, wie sie phasenweise bei Union Berlin unter Urs Fischer zu sehen war oder etwa bei Union Saint-Gilloise aus Belgien mit ihrem damaligen Trainer Karel Geraerts; all diese Teams hatten eine sehr gute und klare Idee, gegen die es, wenn sie gut umgesetzt wurde, sehr schwierig ist zu spielen und als Gegner Lösungen zu finden.

Wenn in diesem Buch Fußball betrachtet wird, geschieht dies außerdem aus dem Blickwinkel und mit der Perspektive der Komplexität. Das bedeutet, dass die Dinge, die wir beobachten, oftmals komplexe Gründe haben und selten auf lineare, kausale Zusammenhänge zurückzuführen sind. Für Juanma Lillo ist dabei die Rolle des Trainers entscheidend: „Die Wissenschaft versucht, uns in Maschinen zu verwandeln. Was meine Arbeit [als Trainer] betrifft, so ist Einfühlungsvermögen entscheidend. Ein Mensch leistet in jeder Arbeitsumgebung in einer guten Atmosphäre mehr als in einer schlechten. Man muss den Spielern Dinge bewusst machen, die sie vielleicht nicht sehen können."[12] Im Fußball sind, aufgrund der großen Tradition des Sports, nach wie vor bestimmte, traditionelle Denkmuster fest verwurzelt, wie zum Beispiel der Glaube, mit Daten und Werten allein fußballerische Leistung zu messen. Häufig werden dann Laufdaten bemüht mit der Anzahl der Kilometer, die jedes Team abgespult hat oder aber die Anzahl der Antritte oder Sprints. Dabei wird oft genug vergessen, dass all diese Werte kontextualisiert, also umstandsbedingt, betrachtet werden müssen: Wer hat gegen wen gespielt? Wo? War es ein normales Ligaspiel oder ein Pokalspiel? In welcher Tabellenkonstellation trafen die Mannschaften aufeinander? Wie ist der Spielstil der beiden Mannschaften? In welchem Moment der Saison befinden wir uns? All diese Informationen beeinflussen die quantitativen Daten, die heutzutage beinahe in jedem Spiel der Profiligen erhoben werden. Daher lässt sich Leistung nicht auf einzelne, simple Elemente reduzieren, da dies eher dem Verständnis einer Maschine entspräche, bei der einzelne Teile, die nicht funktionieren, ausgetauscht werden können. Der spanische Trainer Juanma Lillo

12 Lillo 2011

sagte dazu einmal, dass es beinahe so scheine, als ob das, was nicht quantifiziert werden könne, im Fußball auch nicht existiere.[13] All dies führt in der Folge zu eher „roboterartigen" Verhaltensweisen der Fußballspieler, die lediglich in begrenztem Maße agieren. Glücklicherweise zeigen uns die Besten dieses Sports nahezu Woche für Woche, dass Fußball auch anders funktionieren kann. Wie die italienische Trainerlegende Arrigo Sacchi anmerkte, wird Fußball „im Gehirn geboren und nicht im Körper".[14] Dies geht mit der Aufforderung an den Trainer einher, durch sein Training von variablen Inhalten die Plastizität des Gehirns zu stimulieren und dadurch für das Entstehen neuer Synapsen und Verbindungen im zentralen Nervensystem der Spieler zu sorgen. Wie das konkret aussehen könnte, damit werden wir uns im Kapitel der Trainingsvorschläge beschäftigen.

„Die Natur ist sehr komplex, aber die Gesetze, die sie leiten sind sehr einfach."[15]
JUAN MARTÍN MALDACENA

Komplexe Systeme

Der französische Philosoph Edgar Morin definiert in seinem Buch „La mente bien ordenada" (zu Deutsch in etwa: „Der gut sortierte Verstand") ein System als etwas, was „durch eine Reihe von Elementen dargestellt [wird], die untereinander interagieren, um ein bestimmtes Ziel zu erreichen".[16] In seinem Buch „Complex Football" führt der spanische Athletiktrainer Javier Mallo weiter aus: „Die Merkmale eines Systems hängen von der Art und Weise ab, wie die Komponenten konfiguriert sind, und weisen vier kategorische Eigenschaften auf: Interaktion, Gesamtheit, Komplexität und Organisation."[17] Die Eigenschaften eines Systems lassen sich dabei nicht durch die Betrachtung der einzelnen Teile erklären, da einerseits jede Veränderung dieser Komponenten Auswirkungen auf das Ganze hat, aber es auch auf die Verbindungen der einzelnen Teile zum gesamten Kontext ankommt.[18] Ein Teil des Ganzen kann also nicht reduziert werden, um isoliert von der Gesamtheit, zu der es gehört, verstanden zu werden. An dieser Stelle können wir auf ein sehr praktisches Beispiel zurückgreifen: Ein Wissenschaftler, der etwas über die Funktionsweise des menschlichen Körpers erforschen möchte und sich zu diesem Zweck das menschliche Herz anschaut, kann, wenn er nur das Herz als einzelnes Organ aus dem Körper entnimmt, nur zu sehr

---

13 Lillo in Mallo 2020.
14 Sacchi zit. n. Mallo 2020
15 zit. n. Pol 2021.
16 Morin 2000.
17 Mallo 2020.
18 Morin 2000.

rudimentären Schlussfolgerungen kommen: Er kann etwas über Form und Farbe sagen, über das Gewicht; was jedoch offen bleibt, ist, welche konkrete (und zentrale) Funktion dieses Organ im menschlichen Körper hat. Dies ist nur dann zu beobachten, wenn wir das Herz innerhalb des Körpers betrachten und uns die Funktionsweise, Prozesse und damit die *Interaktion* des Organs mit den anderen Organen anschauen. Es entstehen daher auch Eigenschaften, die diese Teile für sich genommen nicht haben, was Aristoteles schon vor langer Zeit mit dem Satz „Das Ganze ist mehr als die Summe seiner Teile" auf den Punkt brachte. Im Fußball äußert sich dies auf andere Weise, wie Juanma Lillo erklärt: „Es geht nicht nur darum, dass das, was mit einem Spieler funktioniert, nicht mit einem anderen funktioniert; es geht darum, dass das, was mit einem Spieler funktioniert, nicht mit demselben Spieler zu einer anderen Zeit und unter anderen Umständen funktioniert."[19] Die Professoren Natàlia Balagué und Carlota Torrents fassen die Eigenschaften von komplexen Systemen wie folgt zusammen:[20]

→ **Unvorhersehbarkeit:** Das Verhalten eines komplexen Systems kann nicht über einen längeren Zeitraum vorherbestimmt werden.
→ **Gesamtheit:** Das Ganze ist größer als die Summe seiner Teile.
→ **Gegenseitige Abhängigkeit / Wechselbeziehungen:** Es existiert eine Interaktion zwischen allen Teilen.
→ **Spontanes Erscheinen:** Die Interaktion aller Teile schafft eine neue Gesamtheit, die anders als die Summe aller Teile ist.

Zusätzlich nennen die ehemaligen Barca-Direktoren Isaac Guerrero und Xavier Damunt noch weitere Merkmale komplexer Systeme:[21]

→ **Zusammenhängend:** Ein System konstituiert sich als solches in Bezug auf Unter- und Suprasysteme.
→ **Nicht reduzierbar:** Ein System verliert trotz seiner Verwandtschaft nicht seine Einheit, Identität und Autonomie, da es eine spezifische innere Organisation besitzt.
→ **Dynamisch:** Obwohl ein System entropisch zur Desorganisation neigt, d. h. sich auf seinen Tod und sein Verschwinden zubewegt, gelingt es ihm, sein inneres Gleichgewicht durch negentropische Prozesse (die Umkehrung des entropischen Prozesses, sodass aus Chaos wieder Ordnung wird) der Reorganisation und Anpassung zu erhalten.

19 Lillo 2011.
20 Balagué & Torrents 2011.
21 Damunt & Guerrero 2021.

→ **Adaptiv:** Ein System reorganisiert sich unter Beibehaltung seiner inneren Organisation auf der Grundlage der Störungen, die auf es einwirken.
→ **Veränderlich:** Da auftauchende Eigenschaften permanente Veränderungen verursachen, ist ein System nie absolut definiert oder angepasst.

Komplexe Systeme regulieren sich durch permanenten Austausch, Interaktion und entsprechendes, internes Feedback selbst, um im Gleichgewicht zu bleiben.[22] Die spanischen Wissenschaftler Balagué und Torrents führen weiterhin aus, dass es weniger entscheidend sei, wie viel wir über die einzelne Komponenten lebender Organismen wissen; wenn wir nicht verstünden, wie sie interagieren und Beziehungen untereinander schaffen, lernten wir nichts über ihr Verhalten.[23] Die portugiesische Trainerin Marisa Silva drückt es so aus: „Um das Team als Gesamtheit zu verstehen, müssen wir die Beziehungen zwischen den Spielern verstehen und ebenso müssen wir diese Beziehungen kennen, um die Mannschaft zu verstehen."[24] Für Davide Ancelotti, Co-Trainer und Sohn von Carlo Ancelotti bei Real Madrid, besteht die „wahre Herausforderung [eines Trainers] darin, unter den unzähligen Verbindungen, die zwischen ihnen [den Spielern] entstehen, diejenigen zu erkennen, die verstärkt werden müssen."[25]
Dies unterstreicht einmal mehr die Wechselbeziehungen, die innerhalb eines komplexen Systems gelten. Es kann also jeder einzelne Spieler als ein komplexes System bezeichnet werden, der in Abhängigkeit und gemeinsam mit dem Netz an zwischenmenschlichen Beziehungen zu seinen Mitspielern durch gemeinsames Training und eine gemeinsame (taktische) Identität ein weiteres (größeres) komplexes System einer Mannschaft bildet.[26] Das Kollektiv agiert dabei wie ein Ganzes, wobei permanent verschiedene Synergien und damit unterschiedliche Verhaltensweisen entstehen können.[27] In ihrer Gesamtheit, nicht nur auf den Fußball bezogen, ist eine Fußballmannschaft in erster Linie ein soziales System, das „ein außerordentlich komplexes Verhalten zeigen kann, das auf den Kombinationsmöglichkeiten der zahlreichen Möglichkeiten beruht, die jede der verschiedenen Komponenten, aus denen es besteht, bietet."[28] Dies sollte auch in der Führung der Mannschaft neben dem Platz Berücksichtigung finden.

22 Capra 1996.
23 Balagué & Torrents 2011.
24 Silva 2008.
25 Ancelotti zit. n. Gagliardi 2023.
26 Mallo 2020.
27 Balagué & Torrents 2011.
28 Ebd.

Um also das Phänomen „Fußball" zu verstehen, sind neben dem Kontext insbesondere Interaktionen der Spieler untereinander und die Interaktion der Spieler mit ihrer Umgebung entscheidend. Javier Mallo drückt es in seinem Buch „Complex Football" so aus: „Aus diesem Grund ist die Quantifizierung und Modellierung der Mannschaftsleistung anhand objektiver Daten eine unwiderstehliche Versuchung für Menschen, die im Umfeld des Sports leben, ihn aber nicht wirklich verstehen." Der hauptsächliche Fokus für einen Trainer im Leistungssport liege aber tatsächlich darin, die Spieler dazu zu bringen „zusammenzuarbeiten, um eine taktische Organisation zu erreichen." [29] Dafür ist ein ganzheitlicher Blick notwendig, wie Juanma Lillo erklärt: „Das Spiel ist eine unteilbare Einheit, es gibt keinen defensiven Moment ohne angreifenden Moment. Beide kreieren eine funktionale Einheit. (...) Die Sache ist, man muss in der Lage sein, zu reduzieren, ohne zu verarmen. Und das gilt für alles. Man kann die Dinge nicht aus ihrem Kontext herausnehmen, weil sie nicht mehr das Gleiche sind, auch wenn man dann vorhat, die Dinge wieder zusammenzufügen. Man kann nicht einen Arm von Rafa Nadal nehmen und ihn separat trainieren. Wenn Sie es getan haben, kann es beim Wiedereinsetzen zu einem Ungleichgewicht, zu einer Abstoßung des Organismus kommen. (...) Fußball ist assoziativ, kombinatorisch." [30]

„Dumm diejenigen, die, ohne zu uns zu gehören, uns spöttisch betrachten und über unsere einzigartigen Gewohnheiten lachen. Dummköpfe, denn obwohl sie uns genau untersuchen, sehen sie nichts. Andere Experten werden uns beraten und erklären wollen, wie unser Team funktioniert. Sie werden unser Verhalten auf und neben dem Spielfeld beobachten; sie werden hunderte von Daten sammeln und alles klassifizieren, was uns passiert, und es mit anderen Benchmarks vergleichen und bewerten. Am letzten Tag werden sie uns zitieren und uns vor einer großen, hellen Tafel ihre Diagnose zeigen, was wir ändern oder verbessern müssen. Unser Team ist in tausend Teile zerlegt. Und diese Gelehrten werden glauben, unsere Geheimnisse entdeckt zu haben. Aber das Team war nie eine Summe unterschiedlicher Elemente, sondern ein gemeinsamer Sinn, der alles dominiert und wiederum verbindet. Das Team ist ein Zuhause, nicht nur ein Haus." [31]

ANDREU ENRICH IN „COACHING MEDITATIONEN"

29 Mallo 2020.
30 Lillo 2011.
31 Enrich 2024.

Fußball kann im Sinne „sich selbst organisierender Dynamiken" verstanden werden.[32] Dies bedeutet, dass der Verlauf des Spiels nicht durch jemand anderen „auferlegt" oder „vorgeschrieben" wurde. Vielmehr entsteht der Verlauf des Spiels durch die Interaktionen der Spieler in spezifischen Umweltkontexten-also durch die Informationen, die durch jede individuelle, taktische Aktion eines Spielers gegeben wird.[33] Daher kann taktisches Verhalten als individuelle oder kollektive Anpassung der Spieler an die Anforderungen der Aufgabe innerhalb eines dynamischen Umfeldes verstanden werden.[34] Das Thema der Anpassungsfähigkeit ist nicht nur im Fußball, sondern auch in der Evolution ganz elementar: Wenn von „survival of the fittest" gesprochen wurde, dann ist damit nicht das Überleben des Stärksten gemeint. Tatsächlich überlebt derjenige, der am anpassungsfähigsten ist, was auch erklärt, warum der Mensch (der vermeintlich Schwächere) den Dinosaurier (der vermeintlich Stärkere) überlebt hat und nicht, wie dieser, ausgestorben ist. Die Anpassung erfolgt für gewöhnlich dadurch, dass sich funktionell vorteilhafte Synergien (im Sinne von Kooperation miteinander) entwickeln. Inwieweit dieser Prozess innerhalb des Fußballs und insbesondere des Fußballspielens vorteilhaft ist, werden wir im Einschub der „geteilten Intentionen" weiter vertiefen. Klar ist jedoch, dass die Vielseitigkeit dem Eindimensionalen haushoch überlegen ist. Kooperation und Wettbewerb sind daher nicht nur Säulen der biologischen Evolution, sondern Grundprinzipien im Sport.[35]

Damit die Interaktion zwischen den Spielern nicht willkürlich erfolgt, ist das Prinzip der Organisation in diesem Sinne von entscheidender Bedeutung, da die Spieler ohne die Existenz von organisatorischen Beziehungen zwischen ihnen nur als Gruppe betrachtet werden könnten.[36] In der Beobachtung einer Mannschaft lassen sich auf dem Platz oftmals bestimmte Muster wiedererkennen, die die Besonderheit der Organisation der Mannschaft widerspiegeln. In gewisser Weise kann man von Gewohnheiten sprechen, die sich allerdings aus bestimmten Beziehungsbedingungen ergeben.[37]
Die Beziehungen der Spieler untereinander beeinflussen und bedingen die Spielinteraktionen, die durch den Trainer beeinflusst werden müssen, damit die beabsichtigte (durch den Trainer gewünschte) kollektive Dynamik als wiederkeh-

32 Ric et al. 2016.
33 Ebd.
34 Ebd.
35 Pol et al. 2020.
36 Couto 2018.
37 Cano 2012.

rendes Element von der Mannschaft während der Spiele gezeigt werden kann.[38] Vitor Frade, der „Vater der Taktischen Periodisierung", weist außerdem darauf hin, dass sich die Art des Spielens, die eine Mannschaft erreicht, aus der Interaktion zwischen den Spielern ergibt und diese Beziehungen je nach der entstehenden Gesamtheit, eine andere Bedeutung haben können.[39]

Dieser Prozess erfolgt nicht sofort, da das System (bzw. in unserem Fall: die Mannschaft) „instabile Phasen durchlaufen muss, bis schließlich eine effektivere Organisation entsteht."[40] Dafür spielt das Training eine entscheidende Rolle, in dem entsprechende Verhaltensweisen stabilisiert werden sollten, ohne diese zu automatisieren, da im Fußball stets situative Flexibilität gefordert ist, um sich an die verschiedenen Situationen im Spiel (und deshalb auch bereits im Training) anzupassen.[41] Stattdessen geht es vielmehr um eine Vereinnahmung der Spielidee durch die Spieler und ihre Sicherheit in dieser, damit sie in der Folge mit mehr Freiheit und zunehmend intuitiver agieren können.[42] Dies gelingt insbesondere, wenn die Spieler sich mit der Spielidee des Trainers identifizieren können. Der spanische Trainer und Taktikanalyst Enric Soriano nennt das Beispiel von Pep Guardiola, wenn er diesen für die Implementierung des Spielmodells entscheidenden Prozess beschreibt: „Er hat es geschafft, das kollektive Spiel auf ein hervorragendes Niveau zu bringen, indem er jeden seiner Spieler dazu gebracht hat, sich selbst im Spiel zu erkennen und die anderen anzuerkennen, sodass die Sozio-Affektivität [Verbindung der Spieler untereinander, Anm. d. Autors] viel stärker ist und das Spiel harmonisch und effektiv verläuft".[43]

„Die Schöpfer mögen sich selbst, die Zerstörer
mögen sich selbst, aber nicht so sehr."[44]
ÓSCAR CANO

Das organisierte Zusammenwirken einer Mannschaft kann also als taktische Organisation bezeichnet werden, da die Spieler in Abhängigkeit zu einem (gemeinsamen) Spielziel zusammenarbeiten. Teams mit einer guten Organisation helfen dabei dem Einzelnen, „besser" auszusehen: Spieler erscheinen schnel-

38 Silva 2008.
39 Frade in Silva 2008.
40 Mallo 2020.
41 Balagué & Torrents 2014.
42 Cano 2012.
43 Soriano in Ballesteros 2020.
44 Cano 2012.

ler, bekommen immer im genau richtigen Moment den Ball und wirken (fälschlicherweise) fitter.[45] All dies geschieht auf Basis der Interaktion der Spieler, weshalb auch das Training selbst nicht aus der Wiederholung von Übungen bestehen sollte, da die Absicht bzw. die Intention einer jeden Handlung elementar ist, damit diese im Gedächtnis bleibt.[46] Der Trainer ist dabei derjenige, der, in Abhängigkeit zu den Charakteristiken seiner Spieler, eine Spielidee mit verschiedenen Spielmustern entwickeln und konfigurieren muss, die die Entstehung und Umsetzung „seines Fußballs" ermöglichen.[47] Daran angelehnt definiert Xavier Tamarit die Spielidee als „taktische Kultur" des Trainers, der sich ständig der Gestaltung und des Prozesses sowohl innerhalb des Spiels als auch innerhalb des Trainings bewusst ist.[48]

Ein Team beginnt mit einer vorgeschriebenen, bereits bekannten und vorbereiteten Organisation, um sich dann in jedem neuen Raum und jeder neuen Spielphase anhand bestimmter Regeln und Leitlinien neu zu organisieren, in Abhängigkeit der unvorhergesehenen Ereignisse, die auftreten können. Die Fähigkeit der Selbstorganisation erlaubt es der Mannschaft, sich an jede Spielsituation anzupassen, die per Definition einzigartig und unvergleichlich ist und unterschiedliche Aktionen als Reaktion darauf ermöglicht. Diese Anpassung an den sich ändernden Kontext ist unerlässlich und ermöglicht es dem Spieler, basierend auf seinen Fähigkeiten, Merkmalen und Charakteristiken optimale motorische Aktionen durchzuführen, unabhängig davon, ob er gerade in Ballbesitz oder dabei ist, den Ball zurückzuerobern. Für die Organisation des Teams nach Belieben ist das Verständnis bestimmter Konzepte unerlässlich. Es ist auch wichtig, zu verstehen, dass jeder Einzelne aktiv sein und als funktionale Einheit fungieren muss, um das Spiel als Team zu spielen, angesichts der Unvorhersehbarkeit und des Chaos, das das Spiel selbst mit sich bringt.

Aus der Idee der grundsätzlichen Organisation, verbunden mit der Spielidee des Trainers, erwächst der Begriff des Spielmodells, der allerdings im Fußball oftmals missverstanden wird. Häufig wird von einem Spielsystem oder Spielschema oder sogar einer Grundformation gesprochen, die jedoch eher auf die Anordnung der Spieler zu Beginn des Spiels (Grundformation) oder in verschiedenen, vorhersehbaren Spielphasen (Spieleröffnung; geordnetes Pressing) Bezug nimmt

---

45 Mallo 2020.
46 Ebd.
47 Martín-Barrera & Martínez-Cabrera 2019.
48 Tamarit 2010.

und nur für einen kurzen Moment sichtbar wird. Dies greift zwar die positionelle Organisation der Spieler und damit der Mannschaft auf, wird jedoch dem Begriff des „Spielmodells" nicht gerecht.[49] Dahingehend ist es wichtig, zwischen Struktur (im Sinne einer Grundformation) und Funktion zu unterscheiden, da die reine Struktur eine sehr starre Seite eines Systems repräsentiert, während hingegen die Funktion die Beziehungen zwischen allen Elementen berücksichtigt. Daher ist auch die Interaktion aller Spieler innerhalb eines Spielsystems wichtiger, als die Fähigkeiten eines einzelnen Spielers außerhalb des Systems.[50] Gleichzeitig ist auch das System an sich nicht bedeutsam, sondern vor allem die Bedeutung, die dem System durch die Spieler gegeben wird.

Andere Autoren nehmen mit Blick auf das Spielmodell Bezug auf die Konstruktion der Ideen des Trainers, die sich aus übergeordneten Prinzipien in Verbindung mit weiteren Subprinzipien zusammensetzt, die bestimmte Verhaltensweisen für verschiedene Spielmomente artikulieren und damit für eine funktionale identitätsstiftende Organisation sorgen sollen.[51] Über die Ausprägung dieses „Prinzipienbaumes" gibt es dabei geteilte Ansichten, da manche Verfechter der Methodik der taktischen Periodisierung, insbesondere in dieser Aufspaltung und Vielzahl von Unter-Prinzipien und weiteren Unter-(unter-)Prinzipien, eine Zerkleinerung wahrnehmen, die den Grundsatz der „unteilbaren Gesamtheit" verletzt und damit als linear, reduktionistisch und spielfremd (weil unnatürlich) einordnen. Übergeordnet kann festgehalten werden, dass Spielprinzipien der Mannschaft Orientierungspunkte und Leitplanken geben sollen und darüber das Spielmodell manifestieren. Der portugiesische Erfolgstrainer José Mourinho bekräftigt seinerseits beispielsweise, dass er durch die definierten, vorrangigen Prinzipien, die er in seiner Mannschaft eingesetzt hat, dieser eine bestimmte DNA (im Sinne von Identität) verliehen habe.[52]

Der portugiesische Trainer Nuno Amieiro sieht in der Identität einer Mannschaft nichts anderes, als die regelmäßige Bestätigung der Organisation, aus der sie besteht.[53] Diese Organisation wird von der Mannschaft in jedem Augenblick des Spiels präsentiert und ist wiederkehrend.[54] Gleichzeitig sollte diese Organisation und damit das Spielmodell als Ganzes dynamisch sein und immer wieder in

49 Martín-Barrera & Martínez-Cabrera 2019.
50 Mallo 2020.
51 Martín-Barrera & Martínez-Cabrera 2019.
52 Mourinho 2014.
53 Amieiro 2005.
54 Tamarit 2010.

Frage gestellt werden, da „die Zukunft als kausales Element des Spielverhaltens beibehalten werden muss."[55] Gerade die Flexibilität des Spielmodells ist essentiell, da in Abhängigkeit zu den verschiedenen Kontexten, Spielern und Spielbedingungen verschiedene Interpretationen und Notwendigkeiten zutage treten.[56] Davide Ancelotti, derzeit Co-Trainer von Real Madrid, sieht in der Mannschaftsorganisation ein Mittel, durch das „eine Situation entsteht, in der eine bestimmte Verbindung dem Kollektiv zugutekommen kann."[57] Er sieht das Spielmodell und damit die Idee und Organisation als grundsätzliche Entscheidung des Trainers, der aus dem gesamten (bestehenden und noch zu erfindenden bzw. zu entwickelnden) Fundus „schöpfen kann, um zu entscheiden, welches Kleid er der Mannschaft anziehen will. Es muss also bekannt sein und studiert werden. Wenn ich das Wesen eines Trainers beschreibe, verwende ich gerne das Beispiel des Chamäleons, eines Tieres, das in der Lage ist, ständig die Farbe zu wechseln, um den Gefahren zu entgehen, die es umgeben, um sich an die Realität anzupassen, die es umgibt. Es ist nicht an eine Identität gebunden. Heutzutage können zwischen der ersten und der zweiten Halbzeit zwei völlig unterschiedliche Spiele stattfinden, genauso wie ein und dieselbe Mannschaft -je nach Gegner- völlig unterschiedlich auftreten kann."[58] Für den spanischen Autor Martí Perarnau, der im Zuge seiner Buchprojekte viel Zeit mit Pep Guardiola verbracht hat, ist die Spielidee „nicht in Stein gemeißelt, sondern wird permanent beeinflusst vom Wettbewerb, vom Gegner, von Vorfällen und Widrigkeiten im Team, von der Fitness, Technik und Befindlichkeit, sowohl der individuellen als auch der kollektiven, vom Kalender und seinen Erfordernissen. Die Spielideen sind während der ganzen Zeit flexibel und veränderbar."[59]

Der spanische Trainer Óscar Cano nimmt mit seiner Ansicht zur Organisation der Spieler indirekt Bezug zur Idee der komplexen Systeme: „Es ist genau (...) [das] Beziehungsgeflecht, das die Dynamik der Organisation bestimmt. Sie organisiert das System und ermöglicht auch die Herstellung neuer Elemente, die Teil des Systems werden."[60] Darin liege der Hauptfokus für den Trainer, diese Beziehungen zu erkennen, zu stärken und durch die entstehende Synergie den maximalen Mehrwert für das eigene Team zu sichern.

55 Frade 1985; Martín-Barrera & Martínez-Cabrera 2019.
56 Martín-Barrera & Martínez-Cabrera 2019.
57 Ancelotti zit. n. Gagliardi 2023.
58 Ebd.
59 Perarnau 2016.
60 Cano 2012.

Jede Idee eines Trainers steht in extremer Abhängigkeit zu den Spielern und den daraus folgenden Interaktionen und Interpretationen dieser Idee.[61] Für Vítor Frade ist es elementar, dass das Spiel zunächst im Kopf der Spieler entsteht, indem ihre Eigenschaften betont und verbessert werden.[62] Óscar Cano sieht in dem Spielmodell die Organisation der konzeptionellen Tendenzen, die aus der Interaktion der natürlichen Fähigkeiten der Spieler entstehen.[63] Juanma Lillo, Co-Trainer von Pep Guardiola bei Manchester City, merkt dazu an: „Es geht darum, das zu wecken, was der Spieler bereits hat. Es geht nicht darum, dass sie es einbauen, wozu uns die Eitelkeit der Trainer verleitet. Der Fußballer ist eine eigene Realität für sich. Es gibt Trainer, die sich darüber ärgern, dass es heißt, die Mannschaft spiele mehr wie die Spieler und nicht wie sie selbst."[64]

„Aber meine Assistenten sind der Tyrannei der Tafeln unterworfen und argumentieren, dass das Spiel nur dann in Ordnung ist, wenn die Aktionen den Leitprinzipien des Modells entsprechen. Ein Modell, das wie eine Schablone durch Schneiden und Falten Gestalt annimmt. Und durch seine Präzision amputiert es die Einzigartigkeit des Spielers, um ihn in ein bloßes Muster zu verwandeln."[65]

ANDREU ENRICH IN „COACHING MEDITATIONEN"

Während Cano dabei die Rolle des Trainers eher als „Vereinfacher" und „Ermöglicher" mit Blick auf die natürlichen Talente und Fähigkeiten der einzelnen Spieler sieht und damit phasenweise einen extremen Standpunkt einnimmt, lässt sich jedoch unbestreitbar festhalten, dass das Spielmodell „die Art und Weise ist, in der die Spieler miteinander in Beziehung treten und wie sie ihre Sichtweise des Fußballs zum Ausdruck bringen."[66] Der ehemalige U18-Trainer von Real Madrid, Fran Beltrán, stellt klar, dass dies elementar ist: „Wenn ein Trainer eine Mannschaft führt, muss er die Natur der Spieler verstehen und die Kontexte, in denen diese Spieler den Unterschied machen können."[67] Daher ist auch für den portugiesischen Trainer und Professor im Master der „taktischen Periodisierung" Miguel Lopes das Spielmodell, das, was aus den Charakteristiken der Spieler innerhalb des vom Trainer kreierten Kontextes entsteht.[68] Der italienische Trainer Antonio Gagliardi sieht gerade in der Berücksichtigung der

61 Martín-Barrera & Martínez-Cabrera 2019.
62 Frade 2004.
63 Cano 2012.
64 Lillo in Cano 2012.
65 Enrich 2024.
66 Portolés 2007; zit. n. Martín-Barrera & Martínez-Cabrera 2019.
67 Beltrán 2013.
68 Lopes 2024.

individuellen Charakteristiken der einzelnen Spieler einen weiteren, künftigen Wettbewerbsvorteil: „Diese Kombination besteht darin, Dynamik, Fluidität und größere Freiheit in starrere Systeme einzubringen und dabei die unterschiedlichen Eigenschaften der verfügbaren Spieler zu berücksichtigen."[69] Einer ähnlichen Herangehensweise folgt auch Óscar Cano, der den Fokus des Trainers darin sieht „die stärkenden Verbindungen zu finden, die entstehen, wenn seine Spieler ihre Eigenschaften vereinen. Anstatt ein vorgefertigtes Verfahren anzuordnen, konzentriert sich das Engagement darauf, einen Stil zu komponieren, der die (...) [natürlichen] Eigenschaften der Spieler berücksichtigt."[70]

In jedem Fall spiegelt das Spielmodell „die Persönlichkeit der Mannschaft (...) und somit den Charakter des Trainers" wider.[71] Der spanische Autor Martí Perarnau vergleicht das Spielmodell mit einem Musikstück: „Die Musik klingt immer ähnlich, aber wenn wir das Stück, wie es am Anfang war, mit dem vergleichen, wie es am Ende ist, bemerken wir, dass sich Rhythmus, Harmonie und Interpretation stark verändert haben. (...) Ein Spielmodell ist letztlich ein fester und beweglicher Rahmen zugleich. Es ist eine Partitur, die sich täglich verändert aufgrund des Gegners, der Erfahrungen und der Evolution der Idee selbst."[72] Bei aller Betonung der Flexibilität ist der zuvor genannte Punkt der „Persönlichkeit des Trainers" jedoch essentiell: ein Trainer wie Xabi Alonso oder aber Pep Guardiola wird aufgrund seines Charakters und seiner grundsätzlichen Einstellung und Werte stets eine bestimmte Spielidee verfolgen und umzusetzen versuchen. Die Einen agieren dahingehend aus ihrer Sicht pragmatischer und andere möglicherweise idealistischer – der Kern einer Person und eines Trainers wird sich allerdings nur in den seltensten Fällen um 180° drehen. Übergeordnet lässt sich festhalten, dass das Spielmodell durch das Agieren auf dem Platz durch die Spieler zum Ausdruck kommt. Es entsteht jedoch durch die Interaktion der Spielidee des Trainers oder Staffs in Verbindung mit den einzelnen Fähigkeiten der Spieler und kann, durch weitere Komponenten, wie beispielsweise den Klub, die Historie oder die Liga beeinflusst werden.

Mit Blick auf Xabi Alonsos Bayer Leverkusen lässt sich sogar eine gewisse Dreidimensionalität feststellen: Die Spieler nehmen innerhalb seiner Spielidee und seiner Spielsystematik immer die gleichen Rollen ein, die, unabhängig von dem einzelnen Spieler, relativ fest, verbindlich und klar sind (1. Dimension). Gleich-

69 Gagliardi & Bordin 2024.
70 Cano 2012.
71 Perarnau 2016.
72 Ebd.

zeitig ist die konkrete Idee, wie genau die einzelne Position gespielt werden soll, abhängig vom Gegner und den Räumen, die dieser anbietet. Es gibt also eine Strategie oder einen „Matchplan", der Einfluss auf die Interpretation und Ausführung der Position bzw. Spielerrolle nimmt (2. Dimension). Und schließlich gibt es die persönlichen Charakteristiken eines jeden Spielers, die Einfluss auf das „Wie" seiner Aktionen haben. Es gibt einen klaren Unterschied, ob Andrich oder Palacios als Partner neben Xhaka in der Zentrale spielen oder jener Xhaka nicht spielt. Dabei greifen weniger qualitative Unterschiede, was Xabi Alonso durch sein zahlreiches Einsetzen nahezu aller Kaderspieler in verschiedenen Situationen klar unter Beweis gestellt hat. Vielmehr geht es um die typischen Neigungen und Verhaltensweisen, die die Entscheidung des Trainers beeinflussen: Sei es die Neigung von Boniface, sich immer wieder auf den linken Flügel fallen zu lassen und damit Räume im Zentrum zu öffnen oder das entsprechende Gegenstück, wenn Patrik Schick als Neuner spielt. Die Veränderung, wenn Borja Iglesias diese Rolle einnimmt und der klare Unterschied, wenn vorne Adli, Wirtz und Tella mit maximaler Flexibilität wirbeln – all das verändert nicht die Grundsystematik, beeinflusst jedoch die grundsätzliche Herangehensweise der Mannschaft an das Spiel. Es verändern sich Nuancen aufgrund der individuellen Charakteristiken, Neigungen und Fähigkeiten der Spieler, aber auch aufgrund der Interaktionen und der unterschiedlichen Synergien, die sich zwischen ihnen bilden.

Der spanische Trainer Abel Mourelo weist insbesondere auf die Verbindung und damit die entstehende Synergie zwischen der Idee des Trainers und den Spielern hin: „Man muss nicht nur das Spiel verstehen, sondern auch seine Spieler kennen. Man muss das Spiel kennen. Die Beobachtungsgabe macht den Unterschied, wenn es darum geht, den Spieler kennen zu lernen. Wie er denkt, seine Fähigkeiten, sein Potenzial... Und dann führen wir ihn in das Spiel ein. Der Spieler soll das Spiel erkennen und sich selbst im Spiel wiedererkennen."[73] Hier ist der Trainer darin gefragt,

„Zusammenhänge zu schaffen, ohne seine Identität zu verlieren, ohne das Rückgrat von allem zu verlieren. (...) Er holt das Maximum aus dem Spiel heraus und befähigt seine Spieler. Er fördert verborgene Talente zutage. Er bringt sie dazu, mit den einschränkenden Glaubenssätzen der Spieler zu brechen, die sie durch frühere Lebenserfahrungen erworben haben. (...) Er erzeugt Potenziale, aber auch Grenzen. Er ist in der Lage, den Spieler zu überzeugen und zu verführen und ihm zu zeigen, dass er besser sein kann.

73 Mourelo in Ballesteros 2020.

Wie bringt er Spieler X dazu, unter Druck zu laufen? Nun, weil dieser Spieler vorher Spaß an dem hat, was er tut. Er schafft Zusammenhänge, sodass der Spieler das, was er normalerweise nicht tun würde, doch tut, weil ihm etwas vorausgeht, das ihn glücklich macht. Wenn ich den Ball habe, bin ich glücklich, wenn nicht, laufe ich schnell los." [74]

Der Hinweis von Mourelo ist deshalb entscheidend, weil er zu einem zentralen Punkt Bezug nimmt, den auch Xabi Alonso immer wieder betont hat, nicht zuletzt auf seiner allerersten Pressekonferenz: „Das Wichtigste, das ich von all meinen Trainern gelernt habe, ist, dass die Spieler dir folgen müssen. Sie müssen glauben, was du sagst, und du musst sie "füttern„. Sie müssen das Gefühl haben, dass sie sich durch dich verbessern. Sie müssen wissen, dass du da bist, um ihnen zu helfen mit deinem Wissen, deiner Führung, deiner Motivation. Als Erstes geht es darum, die Gruppe zu führen und dann kommt die Taktik und die Strategie." [75] Mourelo verbindet nun beide Ebenen, die Ebene der Führung der Gruppe und der inhaltlichen Weiterentwicklung, des individuellen „Anpackens" des Einzelnen in Verbindung mit der konkreten, inhaltlichen Umsetzung der eigenen Idee. Er zeigt außerdem, wie wichtig es ist, dass die Spieler selbst von der inhaltlichen Grundidee des Trainers überzeugt sind, in dieser aufgehen oder zumindest mit großer Spiellust diese ausführen, damit auch die vermeintlich unangenehmen, intensiveren Aspekte der Idee mit Freude umgesetzt werden – ein Umstand, der womöglich im Kontext einer anderen Idee nicht gegeben war. Xabi Alonso selbst definiert Fußball auch als „eine Frage von emotionalen Zuständen." Es gebe, je nach Mannschaft, einen unterschiedlichen Umgang mit Zweifeln und Rückschlägen: „Es gibt Mannschaften, die verdauen so etwas auf natürliche Weise; anderen fällt es schwerer, sich da zurechtzufinden, und sie müssen erst lernen, dass es manchmal richtig wehtut, wenn man erfolgreich sein will." [76]

Dies und der vorherige Punkt der aus den Interaktionen der Spieler resultierenden Synergien bringt uns zu einem anderen spannenden Thema innerhalb des großen Abschnitts des Spielmodells: Den Spielerrollen. Der italienische Trainer Antonio Gagliardi hat in einem sehr interessanten Artikel festgestellt, dass nach dem Perspektivwechsel von der Position zur Funktion nun eine weitere Entwicklung stattgefunden habe und „die 'Rolle' (...) nicht mehr eine (mehr oder weniger

74 Ebd.
75 Videoaufzeichnung erste Pressekonferenz Xabi Alonso 2022.
76 Alonso zit. n. Cáceres 2023.

spezifische) Funktion [ist], sondern die Interpretation eines Individuums innerhalb einer ‚Beziehung' – es ist die ständige und konstante Bewegung des Balls, der Mitspieler und der Gegner, die die Freiräume um den Spieler in Ballbesitz bestimmt."[77]

Gerade der Begriff der „Beziehungen" der Spieler untereinander, der momentan auch unter dem Stichwort des *„Relationism"* mit Hingabe diskutiert wird, nimmt im aktuellen Fußball eine zunehmende Bedeutung ein. Wie wir allerdings schon mit Blick auf die spanischen Formulierungen für einen Pass gesehen haben, besteht die Intention des „Vernetzens" und damit der sozio-affektive Aspekt der technischen Handlung innerhalb des spanischen Fußballs schon länger, ohne dass zuvor von einem „Beziehungsspiel" die Rede war. Vielmehr war und ist es im Fußball immer hilfreich, ein gutes (Spiel-)Verständnis innerhalb des Teams von den Tendenzen und typischen Verhaltensweisen seiner Mitspieler zu haben, wie wir im Kapitel der geteilten Intentionen noch vertiefen werden. Gagliardi versucht diesen Begriff jedoch weiter abzugrenzen:

„Es ist klar, dass das gesamte Fußballspiel voller Beziehungen ist, und jedes Spielmodell beinhaltet Beziehungen. Der große Unterschied liegt jedoch darin, dass sich im Positionsspiel die potenziellen Beziehungen aus den Positionen entwickeln, während sich im Beziehungsspiel die potenziellen Positionen aus den Beziehungen entwickeln. Das scheint ein philosophischer Unterschied zu sein, ist es aber nicht. Ganz einfach, im Positionsspiel ist das wichtigste Element die Position der Spieler. Die defensive Struktur einer Mannschaft wird vorher geplant (d. h. die Positionierung), und im Allgemeinen gilt das Gleiche für die offensive Struktur. Der Schwerpunkt im Positionsspiel liegt also weiterhin auf den Positionen; von hier aus entwickeln sich die Bewegungen und Beziehungen. [Wir können jedoch feststellen, dass] (...) der Aufbau einer flüssigeren und dynamischeren Mannschaft mit mehr Freiheiten für die Spieler und einer stärkeren Konzentration auf den Einzelnen bessere Ergebnisse bringt und bringen wird. Im Beziehungsfußball liegt der Schwerpunkt auf den Eigenschaften der Spieler und ihren Beziehungen untereinander. Dies ebnet den Weg für neue Positionen, die die Spieler auf dem Spielfeld einnehmen."[78]

77 Gagliardi 2023.
78 Gagliardi & Bordin 2024.

Als aktuell bestes Beispiel für diese Art Fußball in der Welt kann Fluminense (Brasilien) von Trainer Fernando Diniz gelten, aber auch in Europa gibt es einige, sich unabhängig davon entwickelnde Beispiele, wie z. B. Thiago Mottas Bologna in Italien, Henrik Rydströms Malmö in Schweden oder sogar phasenweise die ungarische Nationalmannschaft mit Trainer Marco Rossi. Auch im Fußball von Bayer Leverkusen unter Xabi Alonso lassen sich diese Tendenzen erkennen. Allerdings sollte man die Schritte innerhalb des Entwicklungsprozesses respektieren und verstehen: Damit eine Idee zunehmend flexibilisiert und in sich ändernden Kontexten umgesetzt werden kann, ist zunächst ein stabiles Fundament notwendig, was nicht bedeutet, dass dieses einengend gesetzt werden muss. Xabi Alonso selbst drückt es so aus: „Auf dem Spielfeld wurde ich ermutigt, meine eigenen Entscheidungen zu treffen. Das ist etwas, das ich unbedingt entwickeln möchte und das ich den Spielern immer wieder sage. Sie sind keine Roboter."[79] „Sie haben das Wissen, was passieren kann, und ihre Qualitäten, um zu entscheiden. Und wenn sie eine schlechte Entscheidung treffen, werden wir versuchen, es besser zu machen", erläutert Alonso und sieht sich dabei als Unterstützer der Spieler. Entscheidend sei das Bewusstsein der Spieler, dass sie „ihr eigenes Urteilsvermögen auf dem Spielfeld" haben.[80]
Auch in der Evolution der Spielidee von Xabi Alonso, die sich bis hierhin beobachten lässt, ist nach dem stabilen Fundament und der damit einhergehenden Sicherheit der Mannschaft nun eine Veränderung zu mehr Flexibilität und intuitivem Spiel sichtbar. Das dies jedoch ein Prozess ist und als eine natürliche Evolution erfolgt, ist entscheidend, denn in der komplizierten Situation, in der sich Bayer Leverkusen im Herbst 2022 bei seiner Amtsübernahme befand, wäre wohl nur wenigen Spielern mit Begriffen wie „Freiheit" und „Beziehung" geholfen gewesen – unabhängig davon, ob Xabi Alonso diese Begriffe heute tatsächlich benutzt oder (wahrscheinlich eher) nicht.

Die Beziehung und das klare Zusammenwirken ist jedoch schon früh ein Schlüssel in seinem Spiel, wie wir in den späteren Kapiteln beleuchten werden. Gagliardi fokussiert den Begriff der „Beziehung" weiter und zwar in einer Weise, die uns hilft, die Herangehensweise von Xabi Alonso bzw. die Interpretation und Umsetzung seiner Spieler klarer zu verstehen: „Es ist also die ‚Beziehung' zum Ball, zu den Mitspielern, zu den Gegnern – die Beziehung zur Umgebung-, die die Bewegungen, die Entscheidungen, das Spiel eines jeden Spielers bestimmt

79 Alonso zit. n. France 24 online 2023.
80 Ebd.

und beeinflusst."[81] Xabi Alonso selbst sagte in einem Interview, dass sie weniger über einzelne Formationen oder Spielsysteme sprechen würden. Stattdessen ginge der Fokus eher auf die Dinge, die vermutlich im Spiel passieren würden und wo der Vorteil liegen werde.[82] Dabei liege der Fokus klar auf den Qualitäten der eigenen Spieler. Alonso weiter: „Je mehr Pässe wir spielen, je mehr davon in ihrer Hälfte, desto besser sind wir für das Gegenpressing positioniert. Wenn wir zu schnell und zu weit in die andere Hälfte spielen, wird es unmöglich sein ins Gegenpressing zu gehen."[83] Daher organisiert nur die Beziehung zum Ball in jeder Hinsicht das Spiel – sei es räumlich oder in Interaktion mit den Mitspielern. Antonio Gagliardi gelingt im Folgenden eine fantastische Beschreibung des Spiels der Mannschaft von Xabi Alonso, wenn auch ungewollt und ohne es zu wissen:

„Diese Art des Fußballs ist in der Lage, die Qualitäten, Eigenschaften und Emotionen der Spieler, insbesondere der technisch versierteren, hervorzuheben, auch weil die Verbindung der Spieler untereinander alle ein wenig glücklicher macht. Diese Art des Fußballs scheut sich nicht, eine asymmetrische Form anzunehmen und will den Ballbesitz nicht durch Taktik und vordefinierte Räume dominieren, sondern durch Technik und dynamische Räume. Der Fokus verlagert sich also vom Raum zum Ball – und zu den Spielern. Im Positionsfußball ist der eingenommene Raum von grundlegender Bedeutung, um eine bessere Leistung zu erzielen; im Beziehungsfußball ist es die individuelle Leistung, die den Raum bestimmt."[84]

Wie bereits eingangs gesagt, sind klare Abgrenzungen ebenso wie extreme Aussagen im Sinne von „immer" oder „niemals" im Fußball oftmals schwierig und kontraproduktiv. Ähnlich verhält es sich mit der klaren Abgrenzung zwischen dem vermeintlich „veralteten" Positionsspiel und dem „modernen" Beziehungsspiel: Wenn wir mit den Trainern selbst sprechen, haben die wenigsten die Intention, genau diesen Begriff zu prägen. Ihre Ideen und Entscheidungen sind vielmehr abhängig davon, was sie als am meisten erfolgsvorsprechend für ihre Mannschaft in der jeweiligen Situation und in dem jeweiligen Kontext sehen. Daher möchte ich die Leser dafür sensibilisieren, dass sowohl das Positionsspiel als auch das Beziehungsspiel viele Gesichter und Ausdrucksweisen hat und

81 Gagliardi 2023.
82 Alonso in Videoclip auf X; 2023.
83 Alonso 2023.
84 Gagliardi 2023.

sehr viele Interpretationen von Fußball auch dazwischen liegen, da die Fragen der Zugehörigkeit zu dem einen oder anderen Lager weniger relevant ist, als die Frage, wie das nächste Spiel im Zusammenspiel mit der eigenen Idee, den eigenen Spielern und der eigenen Mannschaft gewonnen werden kann. Es lohnt sich aber, einige übergeordnete Schlüsselideen dazu mitzunehmen.

Der zukünftige Ajax-Coach Francesco Farioli merkt dazu an, dass das Schlüsselkonzept im ‚dynamischen Gleichgewicht' liege. Von einem ‚dynamischen Gleichgewicht' kann man sprechen, wenn Dinge oder Organisationen zwar ausgeglichen sind, dabei jedoch extrem anpassungsfähig auf Veränderungen reagieren und dann im Zuge ihrer Selbstorganisation versuchen, erneut ein (neues) Gleichgewicht herzustellen. Für Farioli liege die Herausforderung darin, die Spieler „immer mehr daran [zu] gewöhnen, verschiedene Bereiche des Spielfelds zu erkunden, und zwar mit immer vielfältigeren Fähigkeiten. (...) Heute führen die Dynamik des Spiels, die Kontraste, die ständigen Wechsel der Module und das Training selbst die Spieler immer mehr zu immer weniger spezifischen, aber definitiv breiteren Kenntnissen."[85] Auch Farioli nimmt Bezug auf den schon mit Blick auf die komplexen Systeme geäußerten Ansatz des Wettbewerbsvorteils durch eine verbesserte Adaptionsfähigkeit an wechselnde Umstände durch seine Mannschaft.[86]

Eine zusätzliche noch weitgehend zurückhaltend beleuchtete Herangehensweise an das Spielmodell und den Spielmodus ist die Idee der gemeinsam geteilten Werte und deren Einflussnahme auf das effektive Zusammenwirken einer Mannschaft und wie dies weitergehend genutzt werden kann. Dabei geht es insbesondere um Hinweise, Einschränkungen oder Regeln, die das Zusammenwirken einer Mannschaft und das Handeln einer einzelnen Person beeinflussen. Jeder Akteur wird vom „Charakter der sozialen Institution (z. B. Club, Regierung, etc.) und der sozialen Ordnung (Kultur) beeinflusst, in der er lebt."[87] Diese Einflüsse interagieren und wirken auf unterschiedlichen zeitlichen Ebenen. Zusammengefasst lässt sich sagen, dass sich „persönliche Werte und Wettbewerbsregeln (...) über Jahrzehnte hinweg ändern [können], der Ermüdungszustand und das Verhalten der Fans [sich jedoch] (...) innerhalb von Tagen oder Monaten ändern [kann], und die interne Belastung und die Spielsituation (...) in-

85 Farioli zit. n. Gagliardi 2023.
86 Ebd.
87 Vaughan et al. 2022.

nerhalb von Sekunden oder Minuten."[88] Gleiches lässt sich für die individuellen Motivationszustände der Spieler festhalten: „Das Ziel, eine erfolgreiche Sportkarriere zu haben, dauert beispielsweise länger als das Ziel, eine Meisterschaft zu gewinnen, ein Spiel zu gewinnen oder während des Spiels in Ballbesitz zu kommen."[89] Hieraus lassen sich für den Trainer mehrere Aspekte mitnehmen, denn mit Blick auf die sich mehr oder weniger dynamisch verändernden Bedingungen oder Anhaltspunkte der Spieler kann es sinnvoll sein, sich auf etwas schon kollektiv Vorhandenes, wie zum Beispiel gemeinsam geteilte Werte, zu stützen und diese zu leben. Daran ausgerichtet lassen sich ebenfalls klare sportliche Aktionen ableiten. Das Prinzip „Wir (unter)stützen einander" lässt sich auf viele verschiedene Bereiche auf und neben dem Platz ableiten: So ist nicht nur die klare gegenseitige Unterstützung neben dem Platz bei etwaigen Problemen abseits des Sports gefordert; auch auf dem Platz wird dieser Wert bzw. dieses Prinzip dadurch sichtbar, dass in eigenem Ballbesitz für den Ballführenden stets eine Vielzahl an Passoptionen existieren oder aber im gegnerischen Ballbesitz niemand beim Verteidigen allein gelassen wird, sondern jede defensive Aktion entsprechend gestützt und von einer eigenen Kompensationsbewegung aufgefangen wird. Spannenderweise war diese Herangehensweise auch ein Teil innerhalb der Ausbildung eines der besten Fußballteams der jüngsten Geschichte, nämlich dem FC Barcelona. Wie der langjährige Chef-Methodiker Barcas, Paco Seirul·lo, in seinem Buch ADN Barca schreibt, existiert „der doppelte Gedanke ,ich helfe meinem Partner, ich helfe mir selbst und wir helfen unserem Team', der die Initiative der Mitspieler in diesem Moment und im weiteren Verlauf des Spiels aktivieren soll."[90] Dieser klare Bezug zu miteinander geteilten Werten, die in fußballerische Aktionen überführt werden, findet sich auch in anderen erfolgreichen Fußballmannschaften wieder: So half beispielsweise der Leitsatz „Jeder ist für alles verantwortlich" beim FC Liverpool in der Zeit von Jürgen Klopp den Spielern unter anderem dabei, im Pressing eigenständig Entscheidungen zu treffen, unabhängig davon, ob der Gegner in dem vorhergesehenen Modus agierte oder nicht.[91] Oft genug entscheidet sich nicht in der ersten Aktion, ob das Anlaufen „richtig" oder „falsch" ist sondern ist abhängig davon, ob die Mitspieler den Gedanken oder die Intention der Aktion mit aufnehmen und entsprechend mitziehen. Analog zum Theaterspielen, bei dem eine Abweichung zum Manuskript durch eine gute Improvisation nicht auffällt und sogar bessere Inhalte als

88 Balagué et al. 2019.
89 Ebd.
90 Seirul·lo 2024.
91 Matos 2021.

die erdachten zutage fördern kann, gilt gleiches hier. Damit jemand in der Lage ist, zu improvisieren, hilft es ihm jedoch oftmals eine gewisse Sicherheit in den grundsätzlichen Handlungen und Aktionen zu erhalten. In dem Augenblick, in dem unser Entscheidungshandeln auf gemeinsam geteilte Werte gestützt wird, sind wir gleichfalls auch unter maximalem Stress bzw. in Situationen starker Ermüdung in der Lage, diesen zu folgen und diese umzusetzen.

Der zweite für den Trainer relevante Aspekt bezieht sich auf das Training: Wie Balagué et al. feststellen, „macht es wenig Sinn, vom Spiel losgelöste Aufgaben zur Aktivierung bestimmter Stoffwechselwege (z. B. aerob/anaerob) vorzuschlagen, da die physiologische/biochemische Aktivierung als Folge im Zusammenhang von Bedingungen entsteht, wenn Spieler auf Aufgabenmerkmale reagieren. Traineranweisungen (...) sollten sich vor allem auf Prozesse beziehen, die sich über längere Zeiträume entwickeln, z. B. Werte, Ziele und Strategien. Anweisungen, die spezifische Handlungslösungen vorgeben (z. B. in Bezug auf technische Fertigkeiten wie Dribbeln, Passen, Schießen usw.), die sich während eines Spiels in sehr kurzen Zeiträumen ändern können, können mit den aktiv wahrgenommenen Möglichkeiten der Spieler konkurrieren und kontraproduktiv sein."[92] Appelliert der Trainer jedoch an die gemeinsamen Ziele, Werte- also die übergeordneten, nicht so schnell wandelbaren Aspekte innerhalb der Bedingungen, die unser Verhalten formen- so sind die Spieler schneller dazu bereit, bestimmte Aktionen und Handlungen auszuführen. Dies gilt insbesondere dann, wenn die Spieler diese als sinnvoll zur Erreichung ihres persönlichen, übergeordneten Ziels ansehen, das vom Trainer angesprochen wurde oder aber ihnen persönlich dieser zentrale Wert (z. B. „Wir helfen einander") wichtig ist. In der Folge lebt es von der Konsequenz und Stringenz des Trainers, diese Werte immer wieder *in action* anzusprechen, um den Zusammenhang zwischen formuliertem Wert und gespielter Aktion zu betonen und die formulierten Werte nicht zur Floskel verkommen zu lassen.

Juanma Lillo nutzt, bezogen auf die Art, wie seine Mannschaft Fußball spielen sollte und wie der Prozess dorthin aussieht, eine sehr bildliche Sprache:

> *„Der Spielzug ist nicht immer derselbe, der Gegner ändert sich. Deshalb spreche ich von Kultur (...). Sie wissen, dass für Suppen eine tiefe, runde Schüssel nützlich ist, und ein Löffel auch. Für ein Steak braucht man einen*

92 Balagué et al. 2019.

flachen Teller und ein scharfes Messer und eine Gabel. Aber Sie müssen wissen, ob das, was man Ihnen vorlegt, überhaupt eine Suppe oder ein Steak ist. Sie müssen erkennen, womit Sie es zu tun haben, bevor Sie beurteilen können, welche Werkzeuge Sie verwenden sollen. Ein weiteres Beispiel: Man verwechselt eine Karte mit dem Gebiet. Ich weiss, wohin ich gehen muss, um nach Hause zu kommen; ich habe sogar ein Satellitennavigationsgerät, das mir dabei hilft. Aber das ist die Karte, nicht das Gebiet. Sie sagt mir nicht, ob es Baustellen gibt oder ob ein Hund vor mir rausläuft. Das meine ich mit Kultur: Man muss wissen, wie man reagiert, wann man bremst und wann man ausweicht. Die Karte zeigt Ihnen, wohin Sie gehen, die Route, die Sie nehmen können, aber nicht, wie Sie dorthin kommen. (...) Wir bauen eine gemeinsame Sprache auf, durch die wir verstehen, was wir tun. Oft ist diese Sprache nicht einmal bewusst; es ist ein Verstehen." [93]

Zusammenfassend lässt sich mit Blick auf das Spielmodell Folgendes festhalten:

→ Das Spielmodell basiert auf der Spielidee des Trainers und ist abhängig von zahlreichen externen Faktoren.

→ Das Spielmodell sollte zu der Kultur, die der Trainer gemeinsam mit dem gesamten Klub lebt, passen und diese fußballerisch ausdrücken.

→ Das Spielmodell ist von den individuellen Charakteristiken, Qualitäten und Fähigkeiten der Spieler abhängig.

→ Das Spielmodell organisiert das Zusammenspiel einer Mannschaft nach gewissen Regeln und Verhaltensmustern, die einer Entscheidungshierarchie folgen. Diese Regeln werden für gewöhnlich 'Spielprinzipien' genannt, können jedoch auch grundsätzlich mit dem Begriff der 'Intentionen' einer Mannschaft beschrieben werden.

→ Die entsprechend organisierte Spielweise gibt der Mannschaft einen Wiedererkennungswert innerhalb ihres Spielverhaltens und hat grundsätzlich zum Ziel, das organisierte Zusammenwirken der Mannschaft zu vereinfachen. In besonders erfolgreichen Spielmodellen wird darüberhinaus Wert darauf gelegt, dass die individuellen, besonderen Qualitäten des einzelnen Spielers zum Vorschein kommen.

→ Das Spielmodell zeigt sich durch die Umsetzung bzw. die Interpretation der Spielidee durch die Spieler.

93 Lillo 2011.

→ Jedes Spielmodell soll Orientierung bieten und ist auf dieser Basis flexibel und in einem permanenten Wandel im Sinne einer zukunftsorientierten Weiterentwicklung begriffen.

→ Ein Spielmodell beinhaltet grundsätzlich die organisatorische Ausgestaltung aller Spielmomente und fasst diese in übergeordnete Verhaltensweisen zusammen. Diese Verhaltensweisen sollten in einem erfolgreichen Spielmodell zueinander passen und ineinandergreifen, da die verschiedenen Spielmomente einander bedingen und miteinander verknüpft sind (ins Gegenpressing zu kommen ist beispielsweise schwierig, wenn die Mannschaft in Ballbesitz in extrem großen Abständen agiert).

„Sei dir bewusst, dass ich während des Angriffsprozesses die zukünftigen defensiven Bedingungen generiere und umgekehrt."[94]
ÓSCAR CANO

→ Auch wenn die generellen Spielprinzipien oder gemeinsamen Intentionen der Mannschaft möglichst allgemeingültig formuliert sind, schließt dies nicht aus, in bestimmten Bereichen weiter ins Detail zu gehen und konkrete, positionsspezifische Verhaltensweisen weiter auszudefinieren. Entscheidend dabei ist, dass es sich stets um eine Orientierungs- und Entscheidungshilfe für die Spieler handelt und diese nicht im Handeln einschränkt oder ihr intuitives, schnelles Handeln verlangsamt.

→ Jeder Trainer ist in der Lage, sein persönliches Spielmodell anhand seiner eigenen Charakteristiken, Vorlieben und Ideen zu entwickeln. Dieses Spielmodell bleibt wandelbar und muss auf die aktuelle Mannschaft (und die weiteren externen Faktoren) angepasst werden, wird jedoch seinen Kern auch über Jahre hinweg beibehalten.

Der Begründer der taktischen Periodisierung, Prof. Vítor Frade, sagte zum Begriff des Spielmodells einst, dass das „Modell" wie das Kleid eines Models sei, dass über den Laufsteg laufe: Alle Umstehenden würden es bewundern und in der Folge auch versuchen, dieses zu kopieren, ohne jedoch dabei die eigentliche Idee und Intention, die dahinter liegt, zu entschlüsseln.[95] Ähnlich verhalte es sich mit der Spielidee des Trainers und des daraus folgenden Spielmodells als Interpretation der Spieler in Verbindung mit ihren persönlichen Charakteristiken und ihrer Individualität.[96]

94 Cano 2012.
95 Frade 2020.
96 Ebd.

Ein taktisches Wörterbuch – Grundverständnis

Ein berühmtes Zitat des spanischen Fußballphilosophen und derzeitigen Co-Trainers von Pep Guardiola, Juanma Lillo, das unter seinen Anhängern großen Anklang findet, lautet: „Es gibt kein besseres Taktik-Buch im Fußball als das Regelwerk."[97] Das Regelwerk, so sagt es auch der langjährige Barca-Trainer Joan Vila, ist fundamental, denn es definiere den Raum (das Fußballfeld), die Ziele (ein Tor mehr zu schießen), die Aktionen, die Konsequenzen dieser Aktionen und die Einschränkungen (alles, was nicht erlaubt ist).[98] In der Hierarchie der Regeln sei die Abseitsregel im Fußball die mit Abstand wichtigste, da sie über den zur Verfügung stehenden Spielraum bestimme. Gleichzeitig bestehen (taktisch gesehen) mehrere Möglichkeiten, mit der Abseitsregel zu „spielen", da der Umstand im Abseits zu stehen *per se* nicht strafbar ist, sondern nur, wenn man den Ball berührt oder aktiv ins Spiel eingreift. Auch ist es elementar zu wissen, in welchen Spielmomenten die Abseitsregel keine Anwendung findet (Abstoß, Einwurf und Eckball). Ein Stürmer kann durch seine clevere Positionierung ‚unsichtbar' für die Verteidiger werden, beispielsweise, indem er sich bewusst ins Abseits stellt und während eines Passverlaufes seiner Mannschaft lediglich beobachtet und auf den ‚richtigen' Moment wartet. Durch seine Position konditioniert er seine Gegner, die ihn permanent im Blick behalten müssen, um ihn kontrollieren zu können, was dazu führt, dass diese weniger aktiv das Ballgeschehen im Blick haben können. Gleichzeitig sorgt dies häufig dafür, dass der Raum zwischen den Linien größer wird. Sollten die verteidigenden Spieler der letzten Linie dennoch mehr auf den Ball fokussiert sein (denn der Ball ist ein starker ‚Magnet' der Aufmerksamkeit)[99], ermöglicht es dem Stürmer einerseits, unbemerkt in eine Position aus dem Abseits heraus zu kommen, aus der er direkt angespielt und torgefährlich werden kann oder aber, wenn die Abwehrreihe überspielt wird, seine vordere Position mit seinem Bewegungsvorsprung zu nutzen, um mit der zweiten Aktion torgefährlich zu werden.

97 Lillo 2016.
98 Vila 2023.
99 Ebd.

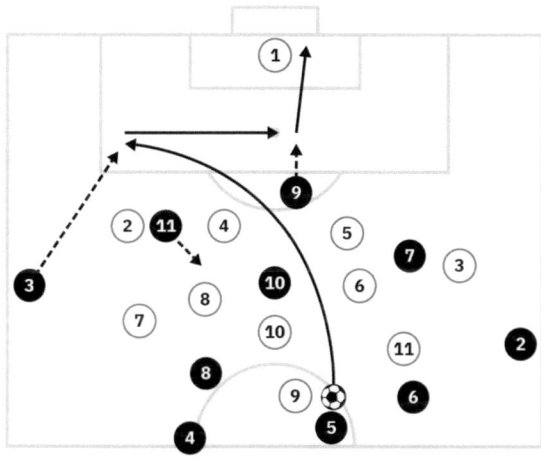

Der Stürmer steht bewusst im Abseits, um den positionellen Vorsprung in der Folgeaktion zu nutzen.

Dabei hilft es dem Stürmer, wenn er permanent eine diagonale Position sowohl zum Ball als auch zum nächsten Verteidiger einnimmt. Um dies sicherzustellen, kann sich der Stürmer entgegen der Bewegungsrichtung des Balles bewegen, womit er sich gleichzeitig der Aufmerksamkeit der gegnerischen Verteidiger entzieht.[100] Nicht nur für den Stürmer, sondern auch für alle anderen Spieler empfiehlt es sich, sich so zu positionieren, dass sie mit ihrer Ballmitnahme und dem ersten Ballkontakt direkt den Gegner überwinden können.

Alle Spieler sind diagonal zum Ball und zu ihren Gegnern positioniert, um sich bestmöglich dem Zugriff der Gegner zu entziehen.

100 Ebd.

Mit der Aufmerksamkeit des Gegners zu spielen, ist für die sich anbietenden Mitspieler in eigenem Ballbesitz ohnehin eine gewisse Kunst: Es gibt Momente, in denen Spieler bewusst versuchen, die Aufmerksamkeit ihres Gegners auf sich zu lenken, damit an anderer Stelle ein Mitspieler einen Vorteil hat. Dann wiederum gibt es Momente, in denen wir selbst aktiv im Spielgeschehen bleiben, obwohl uns der Gegner beinahe „vergessen" hat, wie beispielsweise nach einem tiefen Laufweg, bei dem wir nicht den Ball bekommen haben. Sich nun neu zu positionieren kann dabei helfen, den nächsten Vorteil zu schaffen, da mein Gegner mit seiner Aufmerksamkeit gerade anderweitig gebunden ist.

In der Sichtweise des Fußballspiels als eines Spiels von Positionierung und Räumen, spielen ebenjene Räume in der „typisch spanischen" Betrachtungsweise eine große Rolle, von denen sich einige auch in der Betrachtung des Spiels von Xabi Alonso wiederfinden und eine große Bedeutung haben.

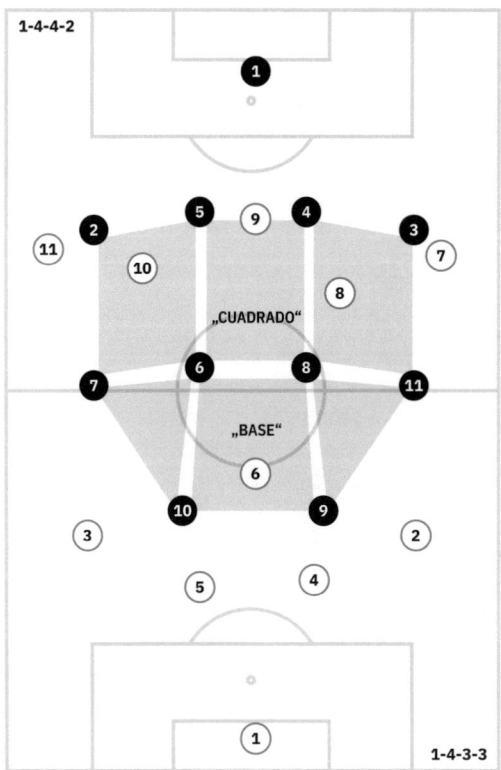

Dynamische Spielräume „Base" & „Cuadrados" für die weiße Mannschaft (eigene Darstellung):

Die „Base" befindet sich immer im Rücken der ersten Angriffslinie des Gegners und muss immer besetzt sein. Wenn der 6er herausgeht, muss jemand anderes hereinkommen.

„Cuadrados" entstehen hinter der Mittelfeldreihe und vor der gegnerischen Abwehrreihe immer dann, wenn es gelingt, diese Linien auseinander zu ziehen. Wenn ich mich dann positioniere, sollte ich darauf achten, durch meine Positionierung keine Passlinie zu schließen.

Wenn in Spanien über Taktik und Spielräume auf dem Feld gesprochen wird, werden zwei zentrale Räume priorisiert betrachtet: Die sogenannte *Base (zu Deutsch: Basis)* und die *Cuadrados (Quadrate)*. Mit der 'Base' ist der 6er-Raum gemeint, der immer hinter den gegnerischen Stürmern bzw. der ersten Verteidigungslinie des Gegners liegt. Dementsprechend ist die Feldhöhe dieses Raumes dynamisch, da er umstandsbedingt in Abhängigkeit zum Gegner ist. Dieser Raum ist der wichtigste Raum für alle Verfechter des ballbesitzorientierten Spiels, da er der Mannschaft Stabilität, Gleichgewicht und die besten Optionen zum Spielen gibt. In Bezug auf das Spiel von Bayer Leverkusen können wir feststellen, dass dieser Raum ebenfalls immer besetzt ist, häufig von zwei, phasenweise sogar von drei Spielern (wie z. B. von Wirtz, Hofmann, Adli).

Als ‚Cuadrados' werden die Quadrate bezeichnet, die im Zwischenlinienraum zwischen Mittelfeldreihe und Abwehrreihe des Gegners entstehen. Zeichnet man die Quadrate sowohl in der gegnerischen Spielhälfte als auch in der eigenen Hälfte, dann entstehen insgesamt sechs Zonen im Mittelfeld. In der klassischen Interpretation des 1-4-3-3 des FC Barcelona gibt es dabei die Maßgabe, dass diese sechs Zonen immer entweder in der Aufteilung 1-2 oder 2-1 (oder aber 2-2) besetzt werden. Dabei muss dies nicht immer nur durch die zentralen Mittelfeldspieler geschehen, sondern kann auch durch einlaufende Außenverteidiger, Außenstürmer oder den zentralen Stürmer hergestellt werden, um für ein Ungleichgewicht beim Gegner zu sorgen. Bayer Leverkusen nutzt diesen Raum häufig und variantenreich aus einer Vielzahl von Positionen heraus und stellt somit immer wieder positionelle Vorteile her.

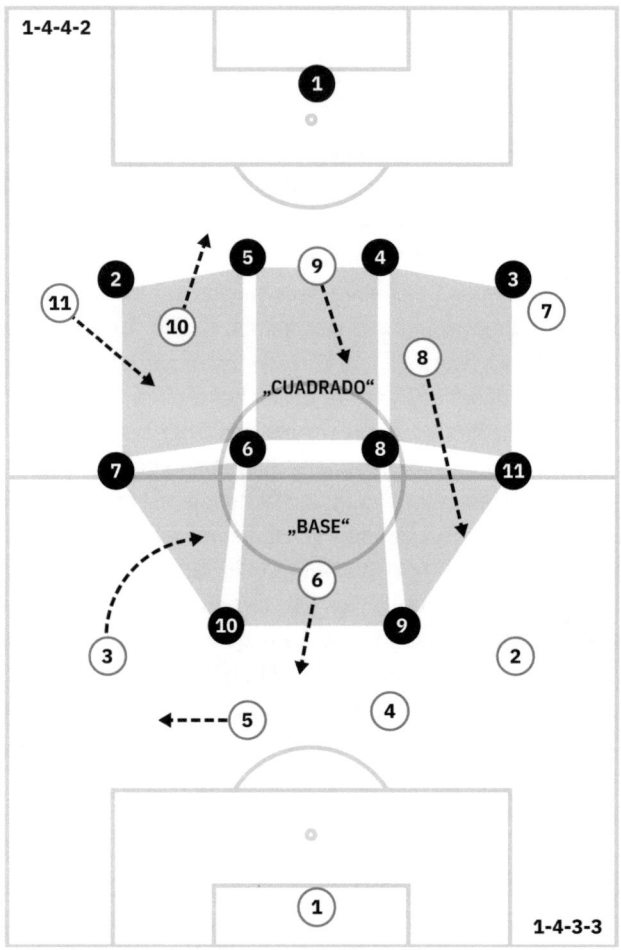

Dynamische Spielräume der weißen Mannschaft (eigene Darstellung):
Mit Veränderung der Struktur (1-2 / 2-1 oder 2-2)

Innerhalb des Ballbesitzes wird zwischen drei grundlegenden Intentionen, mit denen ein Pass gespielt wird, unterschieden: Der Ball wird bewegt, um dem Spiel „Kontinuität zu geben" *(‚dar continuidad')*, also Ballfluss zu ermöglichen; um das Spiel voranzubringen *(‚progresar')* oder um den Gegner zu bedrohen *(‚amenazar')*.

Die besonders häufig genutzten Spielprinzipien bzw. vorherrschenden Intentionen werden im Spanischen oftmals bereits als bildliche Sprache mit Aufforderungscharakter verstanden, die allerdings häufig nicht positionsgebunden ist.

Hier einige Beispiele:

→ *Rücken gewinnen* – insbesondere innerhalb der Quadrate wollen wir im Rücken unseres Gegners angespielt werden.

→ *Fixieren* – bedeutet, den Gegner zu binden, insbesondere durch die eigene Positionierung. Dies kann jedoch auch durch das Stoppen des Balles (z. B. mit der Sohle) passieren, sofern die Intention die Folgende ist:

→ *Anlocken* – ich möchte den Gegner aus der Position ziehen, zum Beispiel durch das Konzept des „wiederholten Passes" (*repetir pase*) oder durch das Stoppen des Balles mit der Sohle.

→ *(Linien-)brechende Freilaufbewegungen* sind Läufe in die Tiefe durch die Schnittstellen der Verteidigung hindurch. Bevorzugt ist dabei besonders der Raum zwischen Innenverteidiger und Außenverteidiger. Dies wird auch manchmal als „durchstechen" bezeichnet.

→ *Bedrohen* – durch meine Positionierung und Körperausrichtung stelle ich eine permanente Gefahr für den Gegner dar, insbesondere weil ich durch meine Aktion potenziell torgefährlich werden kann.

→ *„Schaden anrichten"* beim Gegner ist die Grundaufgabe und -intention, die jeder Spieler auf dem Platz verfolgen sollte und zu erfüllen hat.

→ *„Dem Schatten folgen"* – bedeutet, den Deckungsschatten des anlaufenden Gegners zu nutzen, indem wir uns in diesem positionieren und dann hervortreten, um anspielbar zu werden. Durch das Folgen entziehen wir uns außerdem dem Zugriff unseres nächsten Gegenspielers, der uns normalerweise nicht verfolgen wird. Eine pro-aktive Formulierung könnte *„Schatten nutzen"* sein.

→ *„Linie wechseln"* bedeutet, dass wir als anbietender Spieler die Passlinie / Passachse verändern, um anspielbar zu werden.

→ *Zeitverzögerter Doppelpass* – ein Doppelpass, der nicht direkt gespielt wird, sondern durch seine Zeitverzögerung einen erheblichen Mehrwert entfaltet, indem beispielsweise dem Mitspieler mehr Zeit gegeben wird, in die nächste Position zu laufen und die Aufmerksamkeit des Gegners auf den neuen Ballführenden gelegt wird und dieser mehr gegnerische Spieler anlocken kann, die dann ausgespielt werden, während der Passempfänger des verzögerten Doppelpasses beinahe unbemerkt in die nächste Position gelaufen ist. Im brasilianischen Fußball gibt es außerdem den Begriff des „tabela", was übersetzt soviel bedeutet, wie „gemeinsam einen Tisch zu bauen" bzw. dort gemeinsam zu sitzen, wie die Familie, die beim Essen am Tisch zusammensitzt.[101] Dies impliziert bereits eine besondere Verbindung untereinander. Außerdem ist der Begriff nicht zwangsläufig als „direkt gespielter" Doppelpass verstanden, sondern kann, wie gesagt, verzögert werden, um dem Mitspieler mehr Vorteile zu verschaffen.

→ Pass gegen die Laufrichtung / Verschieberichtung des Gegners (jugar contrapie), um den Gegner zu überraschen.

→ „Pausa" – zeitverzögernder Moment, um das Spiel im Anschluss zu beschleunigen. Beispiel: Ich halte den Ball kurz an, damit der Gegner beide Beine aufstellt und ich ihn zum Stehen bringe, um dann mit einer nächsten Aktion Tempo zu erzeugen.

→ „Fuß und Raum" – Passoptionen im Angriffsdrittel für den Ballbesitzer, um sowohl „in den Fuß" als auch „in den Raum" (tief in den Lauf) zu spielen.

→ Stützen – im Spanischen eher als Passoption verstanden, da das Pass-Angebot, was durch das „Stützen" ausgedrückt wird, auf vielfältige Weise erfolgen kann. Gleichzeitig ist es auch möglich, eine Bewegung bzw. ein Dribbling „zu stützen", indem sich ein zweiter Spieler hinter den Ballführenden klemmt und für ihn ein Angebot zum Weglegen schafft, wobei er gleichzeitig als Finte für den Gegner agiert, der Schwierigkeiten hat, den nachstartenden Spieler ebenfalls zu kontrollieren. Der DFB-Analyst Dr. Stephan Nopp sprach Anfang 2019 während eines Vortrags anhand eines Beispiels mit Leo Messi und Luis Suárez von einer „asymmetrischen 2:2-Situation", die nicht verteidigt werden könne. In diesem Sinne ist es lohnenswert, immer wieder in eigenem Ballbesitz in diese Situationen zu kommen.

→ Aktionen / Situationen verbinden (encadenar acciones) – Folgeaktion, im Sinne von „Spiel und Geh"; direkt die nächste Aktion starten und im

---

101 Hamilton 2023.

nächsten Spielmoment als wichtiger Faktor dabei sein. Hier ist das Ziel, nicht nur ein Passangebot für meinen Mitspieler zu sein, sondern gleichzeitig durch meine Positionierung immer auch den Gegner herauszufordern, also mindestens zwei Funktionen zur gleichen Zeit zu haben, wie z. B.:

⤷ Kontinuität geben und Absichern.

⤷ Angebot und (für den Gegner) eine Gefahr / Bedrohung darstellen; zumindest jedoch den Gegner anlocken.

⤷ Linie wechseln und Angebot, um das Spiel fortzusetzen.

⤷ Bereits die nächste Passverbindung antizipieren und dabei als dritter oder vierter Zielspieler agieren.

Das Ziel des Ballbesitzes ist immer, den Gegner zu desorganisieren und destabilisieren. Dabei ist nicht die Passanzahl entscheidend, sondern dass das Ziel möglichst effektiv und effizient erreicht wird, damit das übergeordnete Ziel, zu einer hochprozentigen Torchance zu kommen, in jedem Fall gelingt. Dabei entstehen durch den Ballfluss immer wieder neue Räume, die von den Spielern in Ballbesitz genutzt werden können, was zu einer gewissen Fluidität durch Positionswechsel führt. Gleichzeitig können diese entstehenden Räume durch tiefe Läufe attackiert werden und somit einen Tempo- und Rhythmuswechsel der ballbesitzenden Mannschaft ermöglichen. Xabi Alonso selbst sieht darin einen Schlüssel. In einem Interview mit der spanischen Zeitung „El País" sagte er im Nachgang der Fußball-Weltmeisterschaft in Qatar: „Der Ball muss nach innen-außen-innen und von links nach rechts gespielt werden. Wenn er nur horizontal geht... Wenn sie [die Gegner] mit zwei Viererketten verteidigen und sich horizontal bewegen, werden sie nicht müde, aber wenn man nach innen und außen passt und sie von vorne nach hinten bewegt, schafft das Raum. Das Problem ist nicht der Kurzpass, sondern dass man nur mit dem Ball spielt und vergisst, den Raum anzugreifen. Das Problem ist, wie man den Raum angreift, um den Ball dorthin zu bringen. Aufopferungsvolle Läufe werden immer wichtiger, die man macht, obwohl man weiß, dass der Ball wahrscheinlich nicht zu einem kommt, die aber dazu dienen, Raum zu schaffen." [102] Alonso betont den Rhythmuswechsel als Schlüsselelement innerhalb des Ballbesitzspiels: „Das Problem ist nicht Ballbesitz, sondern der Mangel an Tempowechsel und Tiefe. Wenn man zu viele Spieler hinter dem Ball hat, dann wird es schwierig. Denn es geht darum, Räume zu schaffen und zu attackieren. Räume schafft man meiner Ansicht nach durch das, was man ‚Opferläufe' nennt. Indem man den Gegner durch Ballbesitz aus

---

102 Alonso in Torres 2023.

der Reserve lockt und selbst gut positioniert ist, um bei Ballverlust zu verteidigen und nach der Rückeroberung des Balles wieder angreifen zu können."[103] Die taktischen Mittel, die dafür genutzt werden, sind von der konkreten Ausgestaltung der Spielidee unabhängig und finden sich trotz unterschiedlichster Formationen und systematischen Anordnungen immer wieder. Wie der ehemalige U18-Coach von Real Madrid, Fran Beltrán, erläutert, geht es „ in der ersten Angriffsphase (...) darum, eine anfängliche zahlenmäßige Überlegenheit zu schaffen und auf die Abstände zwischen Torwart, Innenverteidigern und zentralen Mittelfeldspielern zu achten. Die Spieler in der Nähe des Ballbesitzers sollten nicht mehr als fünfzehn bis zwanzig Meter voneinander entfernt sein. Wiederholte Pässe [‚*repetir pase*'] und Variabilität in den ersten Passverläufen, um den einen oder anderen Spieler anzulocken und die folgenden [Spieler] freizuspielen. [Die Spieler sollten nicht auf den gleichen] (...) Achsen [positioniert sein] (...) und auf verschiedenen Höhen spielen, um die vorherigen Linien zu öffnen."[104] Innerhalb der spanischen Methodik ist es eine klare Erwartungshaltung an die Spieler, dass diese wissen, was sie durch ihr Verhalten und ihre Positionierung auf dem Platz beim Gegner provozieren oder auslösen und eine Reihe von alternativen Möglichkeiten eröffnen können.[105] Der spanische Trainer Rubén de la Barrera gibt dabei seiner Mannschaft die priorisierte Besetzung bestimmter Schlüsselräume mit auf den Weg, um die gegnerische Organisation zu verunsichern, „indem ich versuche, sie daran zu hindern, direkte Gegenspieler zu erkennen. Es handelt sich um ein Spiel der Referenzen und der Stimuli, und das Erkennen bestimmter Stimuli, um die Referenzen zu verändern, ist der Schlüssel zur Beeinflussung und Destabilisierung der gegnerischen Organisation. Alles ist in Bewegung, während wir stabil bleiben".[106] Diese Stimuli und Referenzen innerhalb des Spiels zu erkennen und darauf entsprechend der eigenen Intentionen zu reagieren, zielt auch darauf ab, sich von der gegnerischen Spielidee unabhängig und möglichst flexibel eigene, orientierte und klare Verhaltensweisen zu erhalten. Dies erfordert von den Spielern eine gewisse Kenntnis und ein Grundverständnis des Spiels, da sie in ihrer Wahrnehmung und Aufmerksamkeit extrem gefordert sind.

103 Alonso in Cáceres 2023.
104 Beltran in Ballesteros 2020.
105 Cano 2012.
106 de la Barrera in Ballesteros 2020.

Ein typisch spanisches Element – Das Positionsspiel

„Du spielst nie, wenn ein Gegner nicht herauskommt."[107]
PEP GUARDIOLA

*„Passe nicht, wenn du nichts erzeugen willst. Passe zur Überwindung von Linien!
Suche den dritten Mann und die zweite Aktion; überlasse den Ball den am
weitest Entfernten. Erzeuge Überlegenheiten in der nächsten Linie. Passe nicht
seitlich [quer], wenn du nichts erzeugen willst."*[108]
JUAN MANUEL LILLO

Eine Assoziation, die beinahe synonym zu „spanischer Fußball" verwendet wird,
ist die Idee des Positionsspiels. Wie wir bereits im Einblick über die verschiedenen Spielmodelle gesehen haben, gibt es auch innerhalb dieser Interpretation
des Fußballs ein weites Spektrum. Mittlerweile existieren in der Idee des Positionsspiels diverse Schattierungen, angefangen von der sehr klassischen Inter-

107 Guardiola zit. n. Fernandez 2012.
108 Lillo zit. n. Fernandez 2012.

pretationsweise, das die Spieler „aus den Positionen heraus" spielen und dort eher auf den Ball warten, bis hin zur sehr dynamischen Interpretationsweise, bei der die Spieler gemeinsam mit dem Ball reisen und in permanenter Interaktion durch ihre Positionierungen versuchen, Vorteile zu schaffen und das gegnerische Tor zu attackieren. Dafür ist ein hohes Maß an Synchronität miteinander notwendig, weshalb in diesem Sinne auch die Beziehungen der Spieler untereinander eine große Rolle spielen und diese Art Fußball nicht durch eine Mannschaft interpretiert werden kann, die nicht in der Lage ist, gut aufeinander zu achten und ein Mindestmaß an fußballerischer Empathie einander entgegenzubringen.

In der Zeit vor Pep Guardiola in München hatten nur wenige Deutsche eine klare Vorstellung davon, was sich hinter dem Positionsspiel verbarg. Guardiolas damaliger Co-Trainer Domenec Torrent erinnert sich: „(...) in München dachten sie, es wäre eine Methode, um in Ballbesitz zu bleiben. Nein! Es geht um viel mehr! Es geht darum zu lernen, wie man sich hinstellen muss, wenn man den Ball hat, wo man sich hinbewegen muss, wenn man ihn nicht hat, um Druck auszuüben. (...) Übungen zum Positionsspiel enthalten alles, und sie sind für Pep deshalb so wichtig, weil das Positionsspiel einer Partie Tempo und Sinn verleiht. (...) Was sie da praktizierten, war die Essenz des Fußballs: Ballverlust, Pressing, Rückeroberung, ausschwärmen, der Ball ist wieder in unseren Reihen."[109] Abel Mourelo beschreibt die Essenz des Positionsspiels so: „Es ist ein Gefühl für das Spiel. Es ist *das* Spiel. Ich will den Ball und ich will ihn besitzen, mit der Intention bei dir Schaden anzurichten. Ich will nicht spielen, um ihn zu haben, ich will ihn haben, um zu spielen. Ich will dich [mit dem Ball] verletzen. Und wenn ich dir mit drei Pässen weh tun kann, dann werde ich das tun. Wenn ich zwanzig brauche, werde ich zwanzig spielen. (...) Und wenn ich (...) [den Ball] habe, arbeite ich an bestimmten Bewegungen und Ausgleichssituationen, damit ich ihn, wenn ich ihn nicht habe, so schnell wie möglich zurückbekomme. Und dass ich geschützt bin. Dass mein Angriff und meine Kompensationen im Angriff den Spielzyklus in dem Moment ändern, in dem ich ihn habe, und versuchen, die Vorteile auf die idealste Weise und mit den notwendigen Pässen zu erreichen."[110] Insbesondere der von Mourelo genannte Aspekt des Spielgefühls, das in der besten Ausprägung des Positionsspiels wichtig ist, steht im Gegensatz zu dem vermeintlich durchchoreografierten, automatisiert festgelegten Spiel, was manche Trainer im Positionsspiel sehen. Dabei gelten keine Ausschließlichkeiten: Auch lange Bälle sind

109 Torrent in Perarnau 2016.
110 Mourelo in Ballesteros 2020.

Teil des Repertoires des Positionsspiels, da das Spiel darauf basiert, die Vorteile für die eigene Mannschaft zu finden. Mourelo führt aus: „ (...) Und wenn es keine [Vorteile] gibt, müssen wir sie schaffen. Wie freie Räume. Man schafft sie, erkennt sie und nutzt sie aus. Wo habe ich Vorteile? Wenn ich sie dort habe, sind sie da. Der Unterschied liegt darin, wie ich dorthin komme, und zwar auf zwei Arten: wie ich den Ball dorthin befördere und was ich tue, wenn der Ball dort ankommt. Auf diese Weise verändert man oft den Spielfluss des Gegners."[111] Der italienische Erfolgstrainer Luciano Spalletti betont diese Veränderung: „Im Fußball gibt es keine Muster mehr. Die Räume befinden sich nicht mehr zwischen den Linien, sondern zwischen den Spielern, und die Kunst besteht darin, diese Räume zu finden."[112] Dies verändert die klassische Interpretationsweise des Positionsspiels, als lediglich aus den Positionen gespielt und dort „auf den Ball gewartet" wurde, zusätzlich.

Der spanische Trainer Carles Martínez, der derzeit beim FC Toulouse in der französischen Ligue 1 arbeitet, beschreibt die Idee des Positionsspiels so:

> „Für mich ist das Positionsspiel mehr als eine Position und dass jeder eine Position hat, das Lesen der Räume, und wir müssen diese Räume nutzen, besetzen, räumen oder zu unserem Vorteil kreieren. In diesem Fall müssen Sie, wenn der Gegner Ihnen nur wenig Raum gibt, um ihm Schaden zuzufügen, in irgendeinem Moment den Rücken attackieren oder von außen angreifen oder Sie müssen Schlüsselspieler an Stellen platzieren, wo Sie die Aufmerksamkeit von jemandem fixieren wollen, so dass die Räume, die Sie fördern wollen [die Räume, die attackiert werden sollen] und die vorher klein waren, groß werden. Das Problem bei allem, worüber wir gesprochen haben, ist, dass am Ende das Timing alles ist."[113]

Für das Verständnis des Positionsspiels ist der entsprechende Gegenpart und damit die Kenntnis über die entsprechenden Defensivkonzepte extrem wichtig. Es geht darum zu wissen, wie der Gegner in seiner defensiven Intention eine eigene offensive Bewegung beantworten wird und damit spielen und umgehen zu können. „Deshalb ist das Training sehr wichtig, damit der Spieler das Timing, den Moment und (...) [damit] das ‚Vorher' versteht."[114] Durch die angesprochene Bedeutung des Timings hat sich das Konzept der „Raumzeit" in der Methodik

111 Ebd.
112 Spalletti in Gagliardi 2023.
113 Martinez in Benedetti 2020.
114 Ebd.

des FC Barcelona entwickelt. In einem Sport wie Fußball führt Geschwindigkeit alleine nicht zum Erfolg. Die Gelegenheit ist der genaue Moment, indem man mit einer bestimmten Handlung im richtigen Augenblick eingreift. Das Ziel im Fußball ist also nicht, schnell zu handeln, sondern im richtigen Moment.

„Zeit wird durch Raum bestimmt und umgekehrt. Der Raum, die Zeit und die Gelegenheit sind drei eng verbundene Variablen. Eine Variable kann nicht ohne die andere verstanden werden. Die für eine bestimmte Intervention von Spielern vorgesehene Zeit wird reduziert, wenn sie näher am gegnerischen Ziel sind. In den allermeisten Spielsituationen bleibt wenig Zeit zum Eingreifen."[115]
ROBERT MORENO

Die Kontrolle des Raumes ist eine wesentliche Variable für die Besetzung und Schaffung des Raumes. Mit Blick auf das Profil unserer Spieler lohnt es sich, darüber nachzudenken, welches Profil und welchen Charakter ich als Trainer in welchem Raum auf dem Spielfeld haben möchte (gegen welche nächsten Gegner mit ihren individuellen Charakteristiken). Insbesondere auf das Verhalten vor Ballerhalt legt Carles Martínez erheblichen Wert, da dieser Moment des „Vorher" elementar ist für das, was in der Folge passiert:

„Eine sehr klare Situation, in der der Innenverteidiger den Ball besitzt, ist ein [eigener] Außenspieler, der perfekt platziert ist und beim gegnerischen Außenspieler Zweifel hervorruft, unerlässlich. Wenn Sie sich beispielsweise in einer Entfernung befinden, in der Sie wissen, dass Sie Aufmerksamkeit auf Ihr Ziel lenken, was erzeugen Sie dann? Platz für einen inneren Spieler [8er]. Wenn Sie andererseits sehen, dass Ihr gegnerischer Außenspieler hundertprozentig auf den inneren Spieler konzentriert ist, muss Ihre Höhe eine andere sein, weil Sie derjenige sein werden, der das Spiel voranbringen wird. Dann gibt es kleine Details, aber wenn der Außenspieler den Mann deckt, wenn Sie in den Raum gehen [bzw. eine gegnerische Positionslinie ,brechen'], wird Ihnen der Außenspieler fast immer folgen. Aber es gibt zum Beispiel bestimmte Schlüsselmomente, in denen der Flügelspieler, der sich in einer defensiven Situation befindet, zur Seite schaut, weshalb er nicht auf das Zentrum fokussiert ist und in dem Moment, in dem der Ball unbewusst nach innen geht, weil der Ball die Anziehungskraft ist, dreht dieser Außen den Körper und schaut nach innen. Wenn das passiert, ist es eine gute Zeit

115 Moreno 2013.

für den Außen, ‚jetzt' zu sagen; ‚jetzt' kann ich überraschen, dass ich in meiner Außenspur angekommen bin, weil er jetzt nicht mehr an mir hängt. Das Gleiche ist der Fall bei den Innenverteidigern. Es gibt die Innenverteidiger, die auf den Pass warten, um zu sehen, was sie [die Gegner] tun. Sie sind sich des ‚Vorhers' nicht bewusst. Und es gibt andere, die wirklich auf der perfekten Höhe mit dem [gegnerischen] Stürmer sind und den Stürmer überwinden, aber auf einer Höhe, auf der der Stürmer attackieren kann, um einen Raum bei der 6 zu erzeugen, und vor allem ist das, was sie daraus erhalten – nämlich eine enge Beziehung – gut, um Zeit zu gewinnen. Wenn es am Ende gelingt, den [gegnerischen] Außen anzuziehen, wenn das Zentrum genau an die richtige Stelle gesetzt wurde, wenn der Innere vor seinen zentralen Gegenspieler gekommen ist, damit dieser ihm folgt und damit eine Anziehungskraft erzeugt, und wenn der Außenspieler den Zeitpunkt für sein Angebot festlegt, was haben wir dann nach und nach aufgebaut? Jeder hat Zeit und Raum erzeugt, Raumzeit, damit dieser Spieler den Ball erhält, wo wir wollten, aber mit Zeit und Raum. Und hier muss der Spieler die Freiheit haben zu sagen: Ich spiele von Fuß zu Fuß, ich passe, ich öffne mich für die Außenbahn usw. (...) Das ‚Vorher' ist sehr wichtig und wird manchmal nicht angemessen berücksichtigt. Wenn sich die zehn Spieler auf dem Spielfeld darauf konzentrieren, zu wissen, was im ‚Vorher' zu tun ist, wird das ‚Während' (...) und das ‚Nachher' einfacher.[116]

In dem konkreten Ablauf, den Martínez beschreibt, geht es um die Verkettung von Handlungsfolgen; um die Interaktion im Spiel ohne Ball, die dafür sorgt, den Gegner zu destabilisieren und aus seiner Organisation zu bringen und konkret eigene Vorteile zur Verwirklichung des eigenen Spielziels zu schaffen. Dabei hängen diese Aktionen miteinander zusammen und bedingen einander. Daher befinden sich die Spieler in permanenter Interaktion, (verbaler und non-verbaler) Kommunikation und sind extrem darin gefragt, aufeinander zu achten, um miteinander korrespondierende und abgestimmte Bewegungen und Laufwege auszuführen, die nicht zwangsweise einstudiert sein müssen, sondern vielmehr den im Spielmodell festgelegten Organisationsregeln und -prinzipien der Mannschaft folgen und der Verwirklichung der eigenen Spielintention dienen.

---

116 Martínez in Benedetti 2020.

Häufig wird die Umsetzung des Positionsspiels missverstanden, da es nicht darum geht, zu spielen, um zu passen oder zu passen, um zu spielen.[117] Juan Manuel Lillo, eine der prägendsten Figuren innerhalb der Umsetzung des Positionsspiels im Weltfußball der vergangenen Jahre, drückt das wesentliche Ziel so aus: „Dieses Spiel besteht darin, eine Überlegenheit hinter der Linie zu erzeugen, die dich unter Druck setzt."[118] Dabei geht es darum, den Ballbesitz und die Kombinationen in engen Räumen dafür zu nutzen, entfernte Spieler freizuspielen. Hierbei sollten mehrere Aspekte berücksichtigt werden:[119]

→ Um das Schaffen von unterschiedlichen Passwegen zu erleichtern, sollten die Spieler auf unterschiedlichen Höhen (Ebenen / Etagen) positioniert sein.

→ Ggf. muss durch äußere Spieler sichergestellt werden, dass in den zentralen Spuren Raum entsteht (durch Breite).

→ Das Konzept des „freien Spielers" (häufig Spiel über den Dritten) ist essentiell.

→ Die Spieler passen nicht um des Passes willen, sondern wissen, wann das Spiel einen Pass und wann ein Dribbling benötigt.

→ Durch ein Dribbling können „wir" den Gegner anlocken und das Erscheinen von „freien Spielern" provozieren.

→ „Wir" wollen Überlegenheit im Rücken der ersten Linie schaffen, die versucht, den Ballbesitzer zu pressen.

→ Durch diagonale Positionierung schaffen wir „Passdreiecke", die uns Spielfortschritt und Kontinuität ermöglichen.

→ Die Überlegenheit soll von hinten heraus erzeugt werden, weshalb eine saubere Spieleröffnung extrem wichtig ist.

→ Der Ballbesitzer hat stets zum Ziel, den Gegner zu destabilisieren, „ihn auszuschalten" und ihm dominant die eigene Spielweise aufzuzwingen.

→ Wir reisen gemeinsam mit dem Ball.

---

117 Fernandez 2012.
118 Lillo in Fernandez 2012.
119 Fernandez 2012.

→ In der Folge ist die Mannschaft bei einem Ballverlust nahe beieinander positioniert und kann den Ball zurückerobern. Die Art, wie wir angreifen, bedingt die Art und Weise des Verteidigers und damit das Spiel des Gegners.

→ Permanentes Schauen (und Bedrohen) in die Tiefe.

„Wir müssen gemeinsam reisen und zwar nicht nur im selben Zug, sondern im selben Waggon."[120]

JUANMA LILLO

Das Positionsspiel hat, wenn es gut ausgeführt wird, eine Reihe von Konsequenzen:[121]

→ Es wird ein Maximum an Spielern in der gegnerischen Hälfte um den Ball herum angelockt.

→ Das Gegenpressing und die gemeinsame Ballrückeroberung ist durch die ballnahe Positionierung vereinfacht.

→ Weil wir im eigenen Spielfluss sind, schränken wir den Gegner maximal in seinem Handeln ein.

Im Ringen um die beste und präziseste Formulierung und damit Beschreibung der elementaren Bestandteile des Positionsspiels philosophiert Juanma Lillo:

„Wir nennen es Positionsspiel, aber diese Bezeichnung ist nicht sehr präzise. Wir können uns nämlich fragen: Kann man gut positioniert sein, aber schlecht stehen? Oder umgekehrt: gut stehen, aber schlecht positioniert sein? Natürlich! Es kann also passieren, dass man die richtige [Körper-] Haltung hat, aber am falschen Ort ist. Oder man ist am richtigen Ort, aber mit der falschen Haltung. Beides hat zu tun mit der Beziehung zwischen vorher und nachher, mit dem, was kurz zuvor passiert ist, und mit dem, was man zu tun gedenkt, um den Spielfluss aufrechtzuerhalten. Daher sollte man vielleicht lieber von Positionierungsspiel sprechen, weil in diesem Begriff eine taktische Absicht mitschwingt."[122]

---

120 Lillo in Perarnau 2016.
121 Cano 2012.
122 Lillo in Perarnau 2016.

Innerhalb des Positionsspiels gibt es in der Regel zwar eine durch den Trainer festgelegte Intention hinsichtlich der Aufgabe, Positionierung und Rolle, die ein Spieler innerhalb eines Raumes einnehmen soll; es besteht jedoch gleichzeitig die Freiheit der Spieler, sich situationsadäquat und bestmöglich im Sinne des Spielkontextes zu positionieren und so die Trainingsform mit Leben zu füllen.[123] Gleiches soll in der Folge auch im Spiel passieren, da der Fußball unvorhersehbar ist und der Spieler eigenständig die beste Entscheidung in Abhängigkeit zur Spielsituation treffen soll. Im Kapitel der Trainingsvorschläge blicken wir auf einige Ideen für Trainingskontexte, die den Spielern dabei helfen sollen, gemeinsam die besten Positionierungen zu finden.

Eine technische Schlüsselaktion im Rahmen der Positionsspiele ist der Pass. Dieser verbindet nicht nur zwei Spieler miteinander, sondern setzt außerdem auch noch weitere technisch-taktische Aktionen voraus: Im 'Vorher' das Passangebot und im 'Nachher' die Ballmitnahme bzw. die Anschlussaktion, die direkte Weiterleitung oder die Finalisierung.

Innerhalb der verschiedenen Möglichkeiten, ein Passangebot (im 'Vorher') zu schaffen, was im spanischen übrigens mit *„apoyo"* – also wörtlich „Stütze" oder „Hilfe" – ausgedrückt wird, unterscheidet der langjährige Barca-Coach Joan Vila zwischen acht verschieden Arten:[124]

→ *„Erscheinen" / „Auftauchen"* – also in den Raum kommen und dadurch eine (für den Gegner überraschende) nächste Option bieten. Ziel: dem Mitspieler helfen!

→ *„Kontinuität"* – dem Spiel Beständigkeit und Spielfluss geben, ohne das Spiel tatsächlich in Richtung des gegnerischen Tores voranzubringen. Ziel: In Ballbesitz bleiben!

→ *„Überwinden"* (horizontale oder vertikale Achse) – es geht darum, durch die Positionierung bereits Gegner zu überwinden – entweder durch einen Pass vorwärts oder zur Seite (z. B. flache Spielverlagerung). Ziel: Gegnerische Linien oder Gegner überwinden.

→ *„Zum Finalisieren"* -, um den Torabschluss zu finden (TOR!).

---

123   Torrent in Perarnau 2016.
124   Vila 2023.

→ *„3. Spieler"* – über den dritten Spieler spielen; greift immer dann, wenn kein direkter Kommunikationskanal oder keine direkte Passlinie zum Ballbesitzer existiert. Joan Vila unterscheidet zwischen dem dritten Spieler vertikal oder horizontal. Ziel: Dem zweiten Spieler helfen, den Spielfortschritt zu ermöglichen.

→ *„Unterstützung als Magnet":* Ich unterstütze das Spiel, indem ich den Gegner binde. Es gibt keine direkte Intention, den Pass zu bekommen.

→ *„Attraktion"* – ich bedrohe durch meine Positionierung das gegnerische Tor-, meinen direkten Gegenspieler, weshalb seine Aufmerksamkeit bei mir gebunden ist und dem Ballbesitzer mehr Zeit und Raum verschafft.

→ *„Simulieren"* oder *„Blocken"* – ich täusche meinen Gegner oder „blocke" ihn (z. B. durch einen Lauf) um meinem Team mehr Zeit und Raum zu verschaffen.

Paco Seirul·lo führt in seinem Buch „ADN Barca" noch weitere, indirekte Angebote und Unterstützungsmöglichkeiten aus:[125]

→ *Abschrecken* [des Gegners]
→ *„Vorgeschriebene"* / einstudierte Laufwege
→ *„Betrügen"* [des Gegners]:
  ↳ Blocken
  ↳ unvorhergesehen „Erscheinen"
  ↳ Täuschen / Fintieren
  ↳ Zwei Spieler im selben Raum (und damit eine unklare Situation für den Gegner herstellen)

All dies gilt insbesondere für die Phasenräume der gegenseitigen Unterstützung und der Kooperation (vgl. Kapitel der Phasenräume).

---

125 Seirul·lo 2024.

Dabei gelten folgende Grundvoraussetzungen:[126]

1. Unser Angebot hat immer eine Intention (idealerweise für das Kollektiv). Leitsatz kann hier sein: „Denke (bereits) an die nächste Aktion." Hier gibt es eine schöne Querverbindung zu den gemeinsam geteilten Intentionen, die im weiteren Verlauf dieses Buches noch Raum haben werden.

2. Es geht immer darum, dem Ballbesitzer (die beste) Lösung zu geben durch mein Angebot, idealerweise mindestens zwei verschiedene gleichzeitig.

3. Passlinien („Kommunikationswege") anbieten, bevorzugt diagonal, um offen zum Spiel zu stehen.

4. Passempfänger: Biete die bestmögliche Unterstützung in Abhängigkeit der bestmöglichen (situationsadäquaten) Intention. Manage den Druck des Gegners (Finten, Täuschungen, …), um den Ball in der bestmöglichen Situation zu erhalten. Dafür ist es elementar die verschiedenen Arten der Hilfe / Unterstützung zu kennen und zu wissen, wie ich diese verbessere. Identifiziere die Intentionen des Ballbesitzers.

5. Ballbesitzer: Nach dem Pass – sei die nächste Passoption in einer anderen Richtung, um dem Spiel Kontinuität zu geben (Folgeaktion)..

6. Eine Positionierung im Dreieck in Tiefe und Breite vereinfacht und optimiert diese Hilfsangebote bzw. Unterstützung. (Anmerkung des Autors: Für die Spieler ist es oftmals einfacher von diagonaler Position zum Ball zu sprechen, da das Konzept des Dreiecks für den Trainer oftmals simpel, für die Spieler jedoch mitunter komplex in der Vorstellung ist).

126 Vila 2023.

7. Hinsichtlich des besten Angebots sind folgende Dinge zu berücksichtigen:

↳ Sich dem Ballbesitzer nähern, ist nicht immer eine Hilfe (nur um den Pass zu wiederholen ("klatschen zu lassen") oder den Gegner anzulocken; *repetir pase*).

↳ Dem Ballbesitzer den Rücken zuzudrehen, ohne den Ball anzuschauen, ist niemals eine gute Idee.

↳ Habe eine gute Position seitlich (gute Körperhaltung / -ausrichtung), um dann ein Angebot in der Diagonalen zu geben, wenn wir das Spiel voranbringen wollen (Orientierung).

↳ Habe die Hacken / Fersen nicht auf dem Boden, um deine Agilität und Koordination in deinen Bewegungen zu verbessern.

↳ Beherrsche den gesamten kognitiven Prozess, um dich für die beste technische Aktion für die Ballmitnahme zu entscheiden (schaue in alle vier Richtungen) – komplexe Wahrnehmung.

↳ Timing im Freilaufen an den Mitspieler anpassen.

↳ Freilaufbewegungen und -wege variieren, um den Zugriff durch den Gegner zu erschweren.

↳ Wir benötigen sowohl Spieler im Raum der "unmittelbaren Hilfe" als auch im Raum der "Kooperation" (vgl. Kapitel der Phasenräume).

Innerhalb dieses Prozesses ist es unerlässlich, extrem gut aufeinander zu achten (Synchronität) und einander Intentionen mitzugeben bzw. die Intention meines Mitspielers wahrzunehmen. Die sogenannten "4 P's" des FC Barcelona spielen in diesem Zusammenhang für die Umsetzung des Spiels ebenfalls eine zentrale Rolle. Aus *„Percepción"* (Wahrnehmung), *„Posición"* (Position), *„Posesión"* (Besitz) und *„Presión"* (Druck; nach Ballverlust) ergibt sich daher ein hoher Fokus auf das erste P, der die folgenden Faktoren konditioniert: Die Wahrnehmung. Sie erlaubt uns die Identifikation und Interpretation aller Variablen auf dem Spielfeld und führt über die Aufnahme der wahrgenommenen Informationen zur Interaktion. Unsere Wahrnehmung erlaubt uns außerdem eine bessere Position, die unserem Spiel den Ballbesitz sichert. Über unsere nahe Positionierung ist auch der Druck nach Ballverlust einfacher umzusetzen, um den Ball zurückzuerobern.

All diese Hinweise dienen schlußendlich dazu, im Spiel einen von vier bzw. fünf verschiedenen Vorteilen zu schaffen, die nach Paco Seirul·lo wie folgt definiert sind:

→ Positionelle Überlegenheit / positioneller Vorteil (ich bin in der besseren Position)
→ Numerische Überlegenheit / Überzahl (wir sind mehr als der Gegner)
→ Sozio-affektive Überlegenheit / sozio-affektiver Vorteil (wir sind besser vernetzt miteinander / wir haben ein ‚blindes' Verständnis miteinander)
→ Qualitative Überlegenheit / qualitativer Vorteil (ich bin besser)
  ↳ Innerhalb der qualitativen Überlegenheit lässt sich effektiv auch noch auf den fünften möglichen Vorteil hinweisen: Den dynamischen Vorteil bzw. die dynamische Überlegenheit (ich bin schneller), da es ein herausstechender Punkt hinsichtlich denkbarer qualitativer Überlegenheiten ist

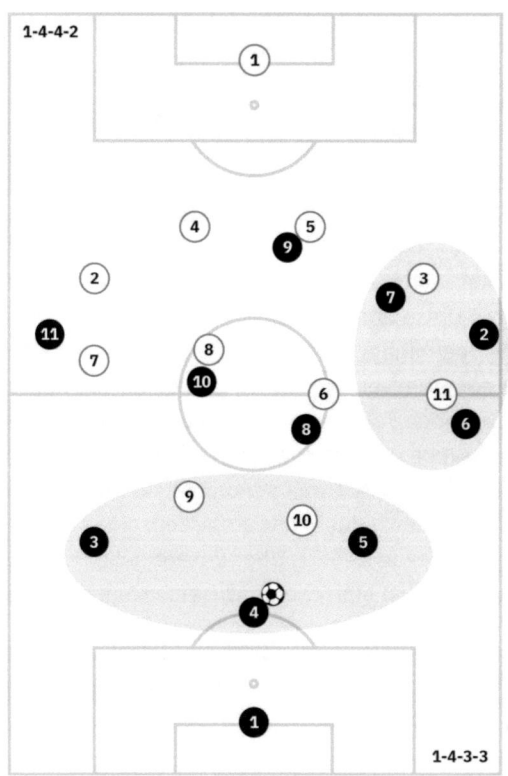

Abbildung: Vorteile im Spiel (eigene Darstellung)

In den markierten Feldbereichen ist die schwarze Mannschaft durch eine geschickte Positionierung in Überzahl, besitzt also eine numerische Überlegenheit bzw. einen numerischen Vorteil.

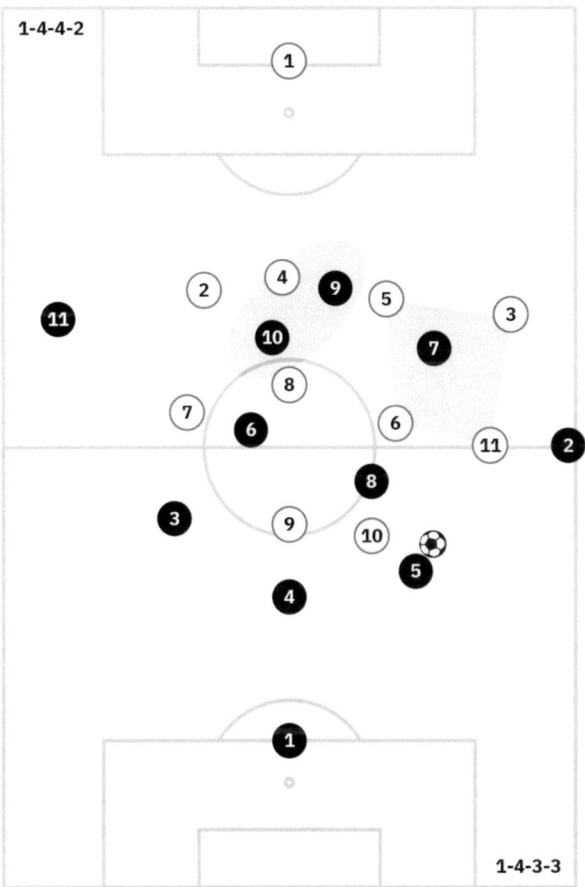

Abbildung der Vorteile im Spiel (eigene Darstellung)
Obwohl die schwarze Mannschaft nicht in Überzahl ist, bestehen „positionelle Vorteile" der Spieler. Unser Rechtsaußen (7 schwarz) steht innerhalb des „Quadrates" und entzieht sich damit dem Zugriff von vier Gegenspielern. Sollte der gegnerische Außenverteidiger (3 weiß) hervortreten, um ihn zu decken, kann der entstehende Raum durch einen tiefen Lauf von unserem Außenverteidiger (2 schwarz) genutzt werden.
Auch unsere Stürmer bzw. offensiven Mittelfeldspieler (9 & 10 schwarz) sind so positioniert, dass es für die Gegner schwierig ist, diese klar zu kontrollieren.
Für den Fall einer Spielverlagerung ist unser Linksaußen (11 schwarz) bereits in „optimaler Breite" positioniert. Eine solche Spielverlagerung sollte durch kurze Pässe zuvor vorbereitet werden, um möglichst viele Gegner anzulocken und entsprechend Raum und Zeit für unseren Mitspieler zu schaffen. Optimale Breite bedeutet, dass unser Linksaußen (11 schwarz) so positioniert ist, dass dieser, im Falle einer Spielverlagerung in den Raum, sofort den Gegner überwinden kann.
Gleiches gilt für unseren Verteidiger (4 schwarz), der in der gleichen Achse wie sein unmittelbarer Gegner (9 weiß) steht, damit er diesen mit dem ersten Ballkontakt direkt überwinden kann.

Als Basis sieht Paco Seirul·lo dabei jedoch den Vorteil durch „eine bessere Beziehung der Spieler unter- und zueinander. Dabei handelt es sich um die räumlich-zeitlich-situative Organisation unserer Spieler sowohl in der Phase des Ballteilens als auch im Moment der Ballrückeroberung und in beiden Phasen gleichzeitig, um das jeweils angestrebte Ziel (in der Spielsituation) zu erreichen."[127] Seirul·lo spricht explizit von „beziehungsbezogenen Vorteilen", da der Begriff „Überlegenheit" lediglich auf einer angeborenen Eigenschaft beruhe.[128] Für ihn geht es darum, durch den Begriff der „beziehungsbezogenen Vorteile" die kollektive Dimension zu betonen, die durch gemeinsame Beziehungen der Spieler innerhalb der Spielräume entstünde.[129] Eine verbesserte Vernetzung und Synchronität spricht auch der spanische Trainer Rubén de la Barrera an, der das Konzept der „Supra-Überlegenheit" (‚suprasuperioridad') definiert. Diese ist eng damit verbunden, dass die Spieler erkennen, wie sie dem Team unabhängig von ihrer funktionalen Rolle zu einem bestimmten Zeitpunkt helfen können. Dabei geht es darum, „sich als funktionale Einheit zu konstituieren, in der man zwar zu elf spielt, aber immer wie ‚ein Ganzes' funktioniert. Es geht um Kollektivität, Pluralität, Präsenz und ständige Verbindung vor, während und nach jeder Spielaktion."[130] Was de la Barrera beschreibt, wird im Rahmen des Konzeptes der Taktischen Periodisierung nach Vítor Frade als „Verkörperung der Spielidee" beschrieben, da die Mannschaft in der Lage ist, flexibel *anhand der gleichen Kriterien* (und damit auf derselben Basis) Entscheidungen zu treffen und diese Form der Identifikation und koordinierten Wahrnehmung in jeder Spielsituation erreicht.[131] Dabei spielt auch der Umstand, dass das Fußballspiel immer flexibler und dynamischer wird, eine große Rolle. Im Abschnitt der Spielmodelle findet Davide Ancelottis Aussage über die Anpassungsfähigkeit als Stärke einer Mannschaft im modernen Fußball bereits Erwähnung, in der das Bild des Chamäleons verwendet.. Einen ähnlichen Vergleich zieht auch Professor Vítor Frade, der Begründer der taktischen Periodisierung.

> *„Ein Chamäleon ändert seine Farbe, aber es vergisst nie, dass es ein Chamäleon ist."*[132]
> **VÍTOR FRADE**

---

127 Seirul·lo 2024.
128 Ebd.
129 Ebd.
130 de la Barrera in Ballesteros 2020.
131 Reis 2021.
132 Frade zit. n. Smith 2017.

Dies ist auch der Grund, weshalb das Training einer Fußballmannschaft sich nicht nur auf wenige, explizite Situationen beschränken, sondern die Spielidee stets als unteilbares Ganzes trainiert werden sollte, damit wir erreichen, dass die Mannschaft mit all ihrer Individualität und ihren speziellen Charakteristiken permanent als ein Ganzes bewusst spielt. Das Erkennen der Rollen und der Abstände zwischen den einzelnen Spielern ermöglicht es, dass sich das kollektive Spiel in seiner Gesamtheit manifestiert.[133] Dafür ist eine hohe Kenntnis des Spiels und ein gutes Spielverständnis vonseiten des Trainers und Staffs notwendig, damit die „Fragen, die das Spiel aufwirft" beantwortet werden können und durch die erfolgreiche Unterstützung der Spieler diese ein stärkeres Vertrauen zum Trainer und damit verbunden auch zu der Spielidee fassen können.[134] Für den spanischen Trainer Martí Cifuentes, derzeit bei Leicester City in England unter Vertrag, ist dies ein Schlüssel, um als Fußballmannschaft auch in Zukunft erfolgreich sein zu können. Der besonders gut ausgebildete Spieler benötigt in Zukunft aus seiner Sicht folgendes: „Die Fähigkeit, sich während eines Spiels auf neue Anforderungen des Gegners einzustellen, wird zu flexibleren und dynamischeren Teams führen. Und das erfordert intelligente und gut ausgebildete Spieler in räumlicher Hinsicht: Sie müssen verstehen, dass Ball, Gegner und Partner Vorteile bringen und dass sie alle dynamische Faktoren sind."[135]

Das Positionsspiel und damit auch der Anspruch von Mannschaften durch eigenen Ballbesitz erfolgreich zu sein, wird auch in Zukunft im Fußball eine große Rolle spielen, unabhängig davon, in welcher Facette diese Idee ausgestaltet wird. Gleichzeitig lässt sich derzeit im Weltfußball der klare Trend zu einer fließenderen, an erscheinenden Räumen orientierten Interpretation erkennen, wie die Mannschaften von Fluminense (unter Fernando Diniz in Brasilien), Bologna (unter Thiago Motta in Italien), Malmö FF (unter Henrik Rydström in Schweden) oder auch Bayer Leverkusen (Deutschland) zeigen. Wie sich diese Entwicklung unter Xabi Alonso bei der Werkself vollzogen hat, wollen wir in den folgenden Kapiteln betrachten.

133 Soriano in Ballesteros 2020.
134 Soriano in Ballesteros 2020.
135 Cifuentes in Ballesteros 2020.

KAPITEL 1

Lehrjahre in der Heimat – Alonsos Zeit bei Real Sociedad San Sebastián

Wie im Prinzip alle Entscheidungen in seiner Karriere, durchdachte Xabi Alonso auch die Entscheidung über seinen ‚zweiten' Karrierestart mit viel Zeit und Ruhe und ließ sich weder durch Verlockungen noch durch Möglichkeiten aufgrund seines Status als ehemaliger, extrem erfolgreicher Spieler verleiten. Alonso, der in der Akademie von Real Madrid mit einer U14 startete und dort sehr schnell das Traineramt lieben lernte, begründete seinen Wechsel zur zweiten Mannschaft von Real Sociedad San Sebastián, „Sanse", so: „Weil ich unter professionellen Bedingungen arbeiten konnte, aber ohne die dringende Notwendigkeit, in erster Linie Ergebnisse liefern zu müssen. Ich hatte Ruhe und Freiheit, mich selbst als Trainer kennenzulernen und auszuprobieren. Ich konnte Irrtümer begehen und erfahren, womit ich mich wohlfühle. Man muss eine gute Selbstkenntnis haben, um authentisch zu sein."[136] Es ist diese Bescheidenheit und beinahe zu vorsichtige Selbsteinschätzung, die dem Basken nicht nur einen Haufen Sympathie einbringt, sondern ihn organisch nach und nach wachsen lässt, auch wenn man als Außenstehender immer wieder den Eindruck hat, einen Trainer zu sehen, der schon jetzt mehr als bereit für höhere Aufgaben wirkt. Für den Sportdirektor San Sebastiáns, Roberto Olabe, war es „der logische Treffpunkt. (...) Nach allem, was er als Spieler erreicht hat, hatte er die Bescheidenheit zu erkennen, dass er ein *Timing* brauchte, eine Zeit zum Lernen."[137]

Dabei halfen Xabi Alonso nicht nur der Umstand, ‚Zuhause' zu sein, sondern auch seine Erfahrungswerte als Spieler. Roberto Olabe, der 2002 sein Trainer bei Real Sociedad war: „Ich erinnere mich, dass wir uns in einer schlechten Situation befanden, kurz vor dem Abstieg in die Segunda Division, und er hat seine starke Persönlichkeit gezeigt. Schon als junger Spieler sprach er mit wichtigen Spielern wie Darko Kovačević, Nihat Kahveci und Mikel Aranburu. Er hat ihnen gesagt, was sie tun sollen."[138] Xabi Alonso führt diese Fähigkeit, die nun als Trainer eine wichtige Eigenschaft ist, auch auf seine Erziehung zurück und die Einstellung und Art und Weise, die er von seinem Vater Periko, der einst selbst Spieler und in der Folge Trainer war, zurück: „Es hat viel mit Charakter zu tun, auf das Kollektiv zu schauen und die Verantwortung zu übernehmen, um das Beste zu erreichen. Das habe ich direkt zu Hause gelernt."[139] Weder als Spieler noch als Trainer ist Alonso zu scheu oder zu eitel, um nicht alles dem Erfolg unterzuordnen. Dabei musste er sich selbst permanent anpassen, um seinen

---

136 Alonso in Cáceres 2023.
137 Olabe zit. n. Romero 2021.
138 Olabe zit. n. Jones 2023.
139 Alonso zit. n. Torres 2023.

Weg als Spieler zu machen, wie sich Roberto Olabe erinnert: „Xabi hat sehr gut Fußball gespielt, aber er war nie ein schneller Spieler. Also musste er seinen eigenen Weg finden, und sein Weg bestand darin, das Spiel zu kennen, seine Stärken und Schwächen zu verstehen und zu wissen, wie er seinen Mangel an Schnelligkeit ausgleichen konnte."[140] In Bezug auf Xabis weiteren Weg als Trainer resümiert Olabe: „Sein Spiel basierte auf Intelligenz, und das kann ihm als Trainer nur helfen."[141] Der Trainer, bei dem Xabi Alonso bei Real San Sebastián sein Debüt feierte, der Waliser John Toshack, spricht ähnlich über seinen ehemaligen Schützling: „Xabi war nicht wie die meisten Jungs in diesem Alter. Er war unheimlich reif und erwachsen und diszipliniert. Er lebte Fußball, er atmete Fußball. Er war besessen."[142] Die fußballspezifische Intelligenz bzw. die für den Fußball entscheidende Schnelligkeit, die Xabi Alonso zu einem der besten Mittelfeldspieler seiner Zeit machen sollte, sah bereits Toshack in Alonsos Wahrnehmung: „Und dort war Xabi schneller als alle anderen. Er sah Dinge früher, er verstand Situationen schneller. Bevor er den Ball bekam, wusste er, was er damit anstellen wollte."[143] Mit 20 Jahren wurde Xabi sein Kapitän.

Viele Jahre später ist Xabi Alonso selbst dabei, seine ersten Schritte im Profi-Bereich als Trainer zu gehen und traf dabei bewusst die Entscheidung, die zweite Mannschaft von „La Real" zu trainieren: „Ich begann eine neue Karriere, und ich wusste, dass ich hier lernen würde, dass ich die Geduld und die Unterstützung von so vielen Menschen haben würde. Es gibt hier ein sehr klares Modell, mit Unterstützung, Einrichtungen, Kommunikation – alles ist sehr natürlich, sehr fließend. Der Prozess hilft mir, mich selbst kennenzulernen, Dinge zu korrigieren und Fehler zu machen. Dies ist ein Ort, an dem man ein bisschen mehr Raum zum Lernen hat. Die Spieler bringen mir auch viel bei, was es heißt, zu trainieren, zu spielen, zu kommunizieren und zu erklären."[144] Für Alonso lief es recht schnell sehr erfolgreich: Er schaffte eine stabile erste Saison in der dritten spanischen Liga und in seiner zweiten Saison 2020/2021 mit *Sanse* sogar den Aufstieg in die zweite spanische Liga (*LaLiga2*).

Als Trainer der zweiten Mannschaft von „La Real" sieht Xabi Alonso zwei Aufgaben als besonders wichtig an: „Erstens, die erste Mannschaft zu unterstützen, damit die Spieler, die oben gebraucht werden, bereit sind. Aber gleichzeitig sind wir [zu jenem Zeitpunkt; Januar 2021, Anm. d. Autors] in der Segunda División,

140   Olabe zit. n. Jones 2023.
141   Jones 2023.
142   Toshack zit. n. Saller 2023.
143   Ebd.
144   Alonso zit. n. Corrigan 2021.

und wir wollen konkurrenzfähig sein. Es ist eine sehr anspruchsvolle Herausforderung, aber das ist es, was wir wollen. Es bringt uns in der täglichen Arbeit an die Grenzen, um zu versuchen, die Entscheidungen, die wir treffen, die Sitzungen, die Pläne zu optimieren."[145]

Xabi Alonsos Plan, bei *Sanse* als Trainer zu lernen und zu reifen, geht in jedem Fall auf, wie er 2023 im Interview mit Javier Cáceres verrät: „Ich bin nicht der Hauptdarsteller. Auch da hat es mir geholfen, im Schatten der ersten Mannschaft und jenseits der Schlagzeilen eine Reservemannschaft zu trainieren. Dadurch konnte ich mich auf die Beziehung mit den Spielern konzentrieren. Auf die Frage, wie ich Nachwuchsspieler wie Turrientes, Pacheco, Karrikaburu oder Zubimendi verbessern kann. Da habe ich verstanden: ‚Xabi, es geht nicht um dich. Es geht um sie!' Es geht darum, ihnen Mittel an die Hand zu geben, um besser zu werden. Wenn ihnen das gelingt, bedeutet das für mich, dass ich auch ein besserer Trainer geworden bin."[146]

Seine grundsätzliche Herangehensweise ist durch seine Erfahrungen als Spieler, aber auch klar durch den Einfluss seines Vaters geprägt: „Nicht in dem Sinne, dass ich ihn studiert hätte, ich habe viel in die Wiege gelegt bekommen. Ich habe von ihm gelernt, dass die Priorität auf der Teamarbeit und der Großzügigkeit liegt – was auch Dinge sind, die bei meinem Heimatclub Real Sociedad vermittelt wurden. Ich war Mittelfeldspieler, ein Sechser, und mir ging es darum, großzügig zu sein – nicht um den persönlichen Glanz. Das Ziel war schon als Spieler, möglichst bessere Spieler um mich herum zu haben und ihnen dabei zu helfen, noch besser auszusehen. Denn wenn ich in einem Spiel der Beste war, bedeutete das notwendigerweise, dass der Spielmacher, der offensive Mittelfeldspieler oder die Flügelspieler nicht so gut waren. Meine Aufgabe sah ich immer darin, sie mit guten Bällen zu versorgen, damit sie in Tornähe tun konnten, wozu ich mit meinen Fähigkeiten nicht imstande war. Jetzt, als Trainer, geht es mir immer noch darum, Spieler besser zu machen und ihnen genau das zu vermitteln – nur von der anderen Seite aus."[147]

---

145   Alonso zit. n. Corrigan 2021.
146   Alonso in Cáceres 2023.
147   Ebd.

Die Spielweise der von Xabi Alonso trainierten zweiten Mannschaft von Real Sociedad San Sebastián war dabei keineswegs das klassische Ballbesitzspiel, mit dem die spanische Nationalmannschaft 2010 Weltmeister geworden war. Hier übernahm eine Mannschaft die Initiative, spielte dynamisch vorwärts und wollte dafür am liebsten die ganze Zeit den Ball besitzen. Das Temperament und die Persönlichkeit der Spieler ließen ganz offensichtlich diese spannende Mischung aus Spielkontrolle durch Ballbesitz und maximalem Tempo vorwärts in die Spitze zu.

Mikel Recalde, der Sportredakteur der spanischen Regionalzeitung *Noticias de Gipuzkoa* erinnert sich: „Seine Mannschaft war sehr flexibel. Jedes Spiel war eine neue Welt für ihn. Oftmals verzichtete er sogar auf einige Spieler, die im vorherigen Spiel am meisten herausgestochen hatten."[148] Im gegnerischen Ballbesitz sei Alonso schon damals sehr von der Herangehensweise José Mourinhos beeinflusst gewesen, an den Gegner angepasst, um die größtmögliche Kontrolle zu erlangen.[149] Dennoch machte bereits damals das Spiel in eigenem Ballbesitz den wesentlichen Aspekt im Spiel des Trainers Xabi Alonsos aus. In der Saison 2020/2021 hatte Alonsos Team einen durchschnittlichen Ballbesitz von 59,8% pro Spiel und erreichte damit den zweithöchsten Wert von über 100 Teams, die die in Regionen aufgeteilte dritte Ligen Spaniens bilden.[150] Dies ist umso bemerkenswerter für eine junge Mannschaft, die darüber hinaus den Ball nie allein zum Selbstzweck behielt, sondern immer wieder durch eine hohe Passfrequenz und vertikale Pässe den Gegner attackierte. Auch in der Statistik der Passdichte, also der Pässe pro Minute, erreichte *Sanse* unter Xabi Alonso einen extrem hohen Wert (13.9), der nur unwesentlich unter dem Wert von Barca B lag und insgesamt den fünfthöchsten der über 100 Mannschaften ausmachte.[151] Der nächste Wert, der das bereits zu jener Zeit etablierte Spielmodell gut untermauert, ist die Anzahl der „linienbrechenden Pässe", der mit 6,41 Pässen pro Spiel den zweithöchsten Wert von allen Mannschaften der dritten Ligen Spaniens bildete.[152] Zu guter Letzt sei Alonso grandios darin gewesen, einzelne Spieler durch detailliertes Coaching besser zu machen: Ein Spieler, der besonders von Alonso profitiert habe, sei der mittlerweile für die spanische A-Nationalmannschaft spielende Martin Zubimendi gewesen. Recalde dazu: „Ein Mittelfeldspieler der Art, wie es Xabi selbst war und dem er immer mit Ratschlägen zur Seite stand."[153]

148   Recalde zit. n. Weber 2022.
149   Weber 2022.
150   Ebd.
151   Ebd.
152   Ebd.
153   Recalde zit. n. Weber 2022.

Einige Grundideen seiner Spielweise, die sich nun auch bei Bayer Leverkusen wiederfinden, ließen sich bereits zu diesem Zeitpunkt erkennen, obwohl natürlich die Grundausbildung und die Charakteristiken der einzelnen Spieler im Vergleich zu Leverkusen verschieden waren. Einige der vorgestellten Konzepte wurden bereits im Eingangskapitel dieses Buches erläutert.

Struktur 3-2-4-1 in Ballbesitz. Im Vergleich zu Leverkusen weisen die Halbstürmer ein anderes Profil auf (eher 8er als 10er), weshalb die Interpretation der Position und ihre Rolle ihren Fähigkeiten angepasst ist. Die zentralen Spieler bilden gemeinsam ein Quadrat und sind gleichzeitig jeweils im Rücken ihrer Gegenspieler positioniert, wodurch sie sich dem Zugriff dieser entziehen. Ein Fokus liegt auf der Besetzung der Mitte, um im Anschluss diagonal vorwärts fortsetzen zu können. Der Stürmer sorgt mit seiner Position für Tiefe im Spiel und bindet gegnerische Innenverteidiger, während die Außenspieler die Außenverteidiger in der Breite binden. Bereits jetzt hat der Gegner keinen Zugriff auf den Bereich zwischen den Linien und ist dort sogar in Unterzahl (5v4).

„Xabi ist immer noch ein Mittelfeldspieler. Und ich denke, Mittelfeldspieler wollen das Spiel kontrollieren. Wenn sie das nicht haben, leiden sie sehr darunter. Er will, dass seine Mannschaft den Ball hat, dass sie ausgeglichen ist, dass sie den Raum bei Ballbesitz kontrolliert. Er will diese Mittelfeldzone aufbauen, und er will diesen Achsenspieler, der ihm dabei helfen kann."[154]
ROBERTO OLABE

154 Olabe zit. n. Jones 2023.

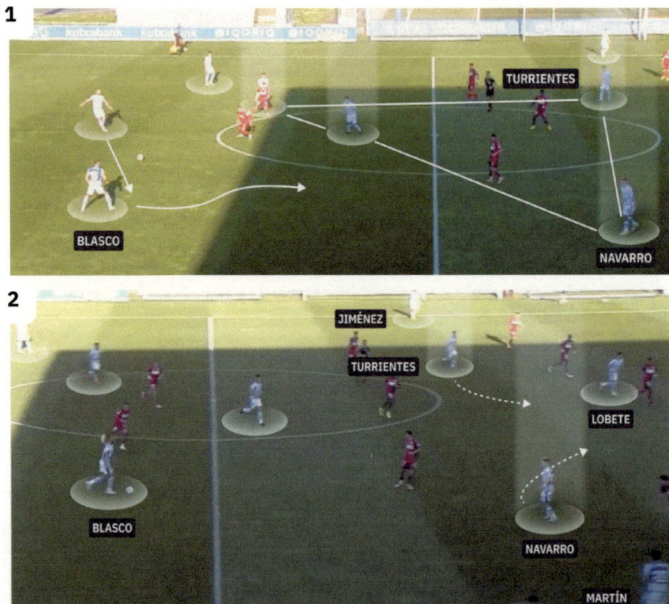

Bildfolge 1/2: Blasco, der als Halbverteidiger in der 3er-Kette positioniert ist, nutzt den sich bietenden Raum, um Spielfortschritt zu ermöglichen. Der Raum wird erst ermöglicht durch die Positionierung der zentralen Spieler, die sich beinahe im Quadrat anordnen – beide 6er sind einander sehr nahe (binden damit die Stürmer), zwischen den Linien sind zwei 8er / 10er mit Navarro und Turrientes positioniert, die im Rücken des Gegners die Chance haben, mit Ballerhalt sofort das Spiel beschleunigen zu können.

Bildfolge 2/2: Blasco dribbelt an und nutzt den Raum. Navarro und Turrientes ziehen zum Zentrum, um Stürmer Lobete nahe zu sein und eine Vernetzung zwischen den Linien zu ermöglichen. Navarro täuscht vorher nach Außen an und wechselt dann die Passlinie nach innen, um den Ball in der Bewegung zu erhalten und das Spiel zu beschleunigen, Außenspieler Martín und Jiménez sorgen mit ihrer breiten Positionierung dafür, dass in der Mitte ausreichend Platz für die Interaktion der anderen ist. Turrientes schneidet in den Rücken seiner Gegenspieler und wird zum zweiten Stürmer, während Lobete aus der tiefen Position heraus konsequent die Schnittstelle beläuft und nach einem hervorragend getimten Pass von Navarro zum 1:0 für RSO B trifft.

Auch in diesem Verlauf gibt es klare Parallelen zur Spieleröffnung Leverkusens über die Mittellinie: der rechte Innenverteidiger (in Leverkusen häufig Kossounou) dribbelt an. Beide zentralen Mittelfeldspieler sind nahe und im Mittelkreis positioniert. Der Außenverteidiger rechts (hier Martín) ist in der Breite. Die 8er / 10er befinden sich zwischen den Linien und binden in dieser Situation bereits den gegnerischen Außenverteidiger, damit der Außenbahnspieler (rechts, Martín) von *Sanse* frei wird.

Hier lassen sich klare Parallelen zur Spieleröffnung Leverkusens erkennen: der rechte Innenverteidiger dribbelt an und findet den zentralen Mittelfeldspieler. Gleichzeitig erfolgt eine gegengleiche Freilaufbewegung zwischen Stürmer und hängender Spitze / Zwischenraumspieler: Während sich der Stürmer zurückfallen lässt (und damit den gegnerischen Innenverteidiger herauslockt), beläuft der Spieler aus dem Zwischenraum direkt den freigezogenen Raum in der Tiefe. Die Positionierung ist sehr ähnlich zu Leverkusen.

Im Vergleich zu Bayer Leverkusen nehmen hier die zentralen Mittelfeldspieler etwas veränderte Rollen ein: Während der 10er ballnah die Seite überlädt, dort Überzahl und Möglichkeiten schafft, dem Spiel Kontinuität zu geben, bzw. über die rechte Seite durchzuspielen und der zweite zentrale Spieler die nächste Lücke beläuft und damit auch ein kurzes Angebot darstellt, attackiert der dritte zentrale Mittelfeldspieler (Nr. 4 / markiert) aus dem Zentrum heraus die Tiefe. Er profitiert von seiner Startposition zwischen den Linien (‚cuadrado'), die es dem Gegner erschwert, ihn aufzunehmen (anders als beispielsweise die Rolle von Wirtz / Hofmann bei Leverkusen, deren Bewegungen – bereits zwischen den Linien – weiter vorne startend – eher von den Gegnern aufgenommen werden können). Die Positionierung von *Sanse* ist außerdem ein gutes Beispiel für die Vielzahl an vielversprechenden Optionen, die sich dem Ballbesitzer bieten.

Ein Detail was auch die Spieler Bayer Leverkusens später umsetzen werden: Die Spieler von *Sanse* suchen permanent den Rücken des Gegners und positionieren sich häufig zwischen den Linien, im sogenannten „Quadrat" *(‚cuadrado')* zwischen Mittelfeldreihe und letzter Linie des Gegners. Durch diese Positionierung können sich Spieler im Falle des Ballerhalts sofort aufdrehen und den Spielrhythmus verschärfen bzw. beschleunigen. Dabei muss der Mitspieler nicht immer mit einem diagonalen Zuspiel gefunden werden – häufig reicht ein gerade Pass vorwärts, wenn sich die Spieler zwischen den Linien gut positionieren und in einer Lücke anspielbar sind.

Unmittelbar nach Ballrückeroberung wird der Ball nicht sofort „unvorbereitet" vorwärts gespielt. Durch den Querpass zu einem offenen Spieler (mit dem ganzen Feld im Blick), wird den Mitspielern Zeit gegeben, ihre Positionen einzunehmen. Gleichzeitig besteht kaum Zugriff durch die Gegenspieler. Aufgrund des hohen technischen Niveaus reichen die geringen Abstände, um anspielbar zu sein und innerhalb von zwei Pässen durch das Zentrum zum Abschluss und Torerfolg zu kommen. Gleichzeitig zeigt der Pass die Kommunikation – Pass auf den inneren Fuß – mit der Aufforderung zum Aufdrehen und vorwärts spielen, die non-verbal stattfindet.

Man beachte die Positionierung von Real Sociedad B insbesondere mit dem vergleichenden Blick auf Bayer Leverkusen: in einer 4-3-Struktur (aus 1-3-4-3) dringt *Sanse* ins letzte Drittel ein. Die Stürmer Lobete, Navarro und Alkain besetzen die Schnittstellen der letzten Linie und sind dadurch allesamt in positionellem Vorteil, da sie sich außerhalb des Zugriffs ihrer Gegenspieler befinden. Interessant auch: Lobete, der überwiegend die Rolle als Mittelstürmer einnimmt, lässt sich nach links heraus fallen (ähnlich wie Boniface zwei Jahre später); Navarro, der eher ein Profil eines 10ers hat, stößt immer wieder mit tiefen Läufen in die Spitze (ähnlich wie es ein gewisser Florian Wirtz später tun wird) und Alkain ist beweglich, dribbelnd und sucht immer wieder den Halbraum (eine gewisse Ähnlichkeit zum Verhalten von Adli ist erkennbar).

Real Sociedad B (RSO) mit vielen Spielern zwischen den Linien, die entweder den Ball in den Fuß bekommen wollen oder aber diesen in den Lauf fordern (rechte Spieler); Konzept von Fuß und Raum: Der tiefste Spieler hat gerade mit seinem Lauf Richtung Tor die Kette nach hinten gezogen, die keinen richtigen Zugriff auf die nächsten Gegner hat, aber ‚auf dem Sprung‘ in Richtung Ballbesitzer orientiert und bereit ist, auf seine nächste Aktion zu reagieren. Gleichzeitig hat es RSO geschafft, komplett in den Rücken der Mittelfeldreihe zu kommen und dadurch im Raum vor der 5er-Kette sogar in Überzahl zu sein.

Bildfolge 1/4

Navarro (Nr. 24), der spätere Torschütze, erhält den Ball im Mittelfeld, kann sich aufdrehen und Tempo aufnehmen. Man erkennt außerdem die Positionierung der Spieler zueinander: eine große Nähe, um sich miteinander zu verbinden; diagonale Passoptionen und außerdem zwei tiefe Spieler, die die gegnerische Viererkette binden.

Bildfolge 2/4

Navarro zieht mit seinem Dribbling mehrere Gegner auf sich (*conducir para fijar*) und spielt den Ball im letzten möglichen Zeitpunkt nach rechts ab. Beide Stürmer nehmen eine interessante Position nah beieinander ein, die es für die gegnerischen IV erschwert, beide so nah zueinander zu kontrollieren; auch und insbesondere, weil die Folgebewegungen nahezu unmöglich zu antizipieren sind.

Bildfolge 3/4

Der neue Ballbesitzer fintiert mit seinem Körper nach rechts und hat die Sohle auf dem Ball – stoppt also beinahe das Spiel und lockt mit dieser Bewegung Gegner auf sich (*atraer*). Die gesamte Aufmerksamkeit (alle Augen) der Gegner sind auf den Ball gerichtet, sodass der ballferne Außenverteidiger (Nr. 16) ohne Gegner die Folgesituation (und damit den Pass) in den Strafraum antizipieren kann. Es kommt zur Tempoverschärfung durch eine erneute Verlagerung. Wir erinnern uns: der Ball kam aus dem Zentrum heraus nach rechts, um im Anschluss erneut das Spiel „zu drehen" (*girar*). Ein Stürmer (Nr. 9) bindet durch Körperkontakt seinen direkten Gegner, während die anderen Verteidiger noch im Raum, jedoch nicht fest zugeordnet stehen. Navarro (Nr. 24, markiert) läuft durch in die Box.

Bildfolge 4/4
Der in die Box gelaufene Außenverteidiger (16) schafft eine technisch anspruchsvolle Direktflanke in die Mitte. Dort sehen wir bereits, dass sämtliche Verteidiger einen Nachteil in Position und Dynamik haben und ohne gute Eingriffsmöglichkeit auf ihre direkten Gegenspieler sind. Die Direktflanke wird von dem durchgelaufenen Navarro direkt aus fünf Metern im Tor zum 1:1-Ausgleich verwertet.

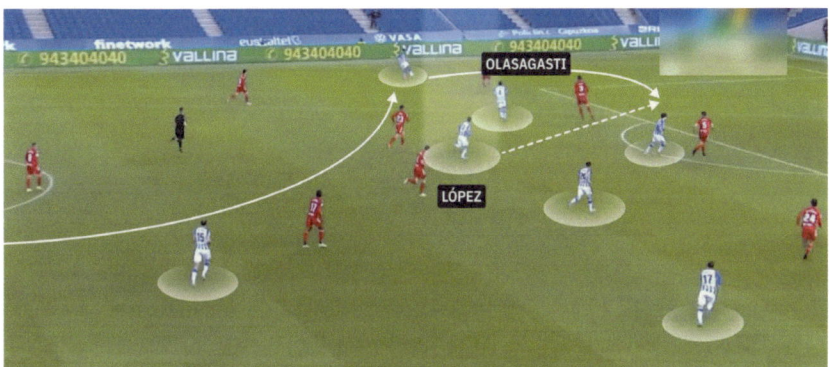

Nach einem langen Ball auf den Flügel ist Real Sociedad nicht nur in numerischem, sondern auch positionellem Vorteil: Die Position des zentralen Stürmers bindet den gegnerischen Verteidiger (Nr. 5), während der hochgerückte Achter von *Sanse* (Olasagasti) im Zwischenraum zwischen Außenverteidiger und Innenverteidiger (Nr. 3) diese bindet und den gegnerischen Innenverteidiger herauslockt. Die entstehende Lücke wird durch den späteren Torschützen López belaufen, der den einfachen flachen Pass hinter die Kette direkt verwertet. Flache Pässe hinter die Kette wird man auch später in Leverkusen als erfolgreiches Mittel der Torvorbereitung beobachten.

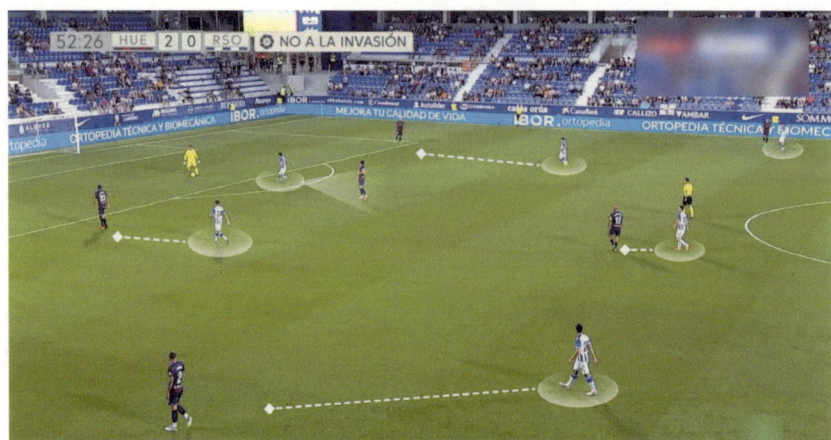

Wie auch später in Leverkusen, verteidigt die zweite Mannschaft von Real Sociedad mit einer Mannorientierung im Angriffspressing: Sie versuchen, das Spiel vorhersehbar zu machen und lauern auf den ersten Pass, um dann den Gegner zu jagen. Der Stürmer schafft es jedoch nicht ganz, seinen Gegenspieler in den Deckungsschatten zu stellen und wird in der Folge einfach überspielt.

Standardsituationen und insbesondere Ecken sind auch in Leverkusen ein erfolgreiches Mittel zur Torerzielung geworden. Der Eckball wird zum Tor geschlagen. Insgesamt sind sechs Spieler im 16er. Die Spieler innerhalb des 5ers versuchen „die Tür zu öffnen", indem sie auseinander gehen und ihre direkten Gegenspieler mitziehen. Drei weitere Zielspieler (Kopfballspieler) laufen ein. Insbesondere dem markierten Spieler (Nr. 23 Sangalli) kommt eine wichtige Rolle zu: Er zieht nach hinten und besetzt damit den 2. Pfosten für durchrutschende Bälle. Ein solcher Fall passiert jetzt: Der Kopfball aus dem Zentrum wird nicht mit ausreichend Druck aufs Tor gebracht und fliegt Richtung 2. Pfosten, von wo aus er dann über die Linie gedrückt wird.

In den Szenen von *Sanse* unter Xabi Alonso lassen sich mehrere Stilmittel beobachten, die später auch in Leverkusen Anwendung finden: Die grundsätzlich dynamische, initiative Spielweise mit einem häufigen „Spiel und Geh" bereits aus der Spieleröffnung heraus; die Struktur und Organisation in einem 1-3-4-3, Pässe bevorzugt durchs Zentrum, ein Überladen des Zentrums, das Attackieren der Rücken der Gegner, durchlaufende Spieler in den Strafraum, Spieler nahe beieinander für kurze Pässe und konsequentes Attackieren der Box. Dies wird verbunden mit der Intention, im gegnerischen Ballbesitz das Spiel vorhersehbar zu machen und insbesondere in der gegnerischen Hälfte in direkter Zuordnung zu pressen.

Exkurs: So arbeitet die Akademie von Real Sociedad San Sebastián

Die Akademie von Real Sociedad San Sebastián hat sich in den letzten Jahren einen hervorragenden Ruf erarbeitet. Anders als Rivale Athletic Bilbao verfügt man nicht über die selbst auferlegte Beschränkung, nur auf baskische Spieler zu setzen; gleichwohl liegt der Hauptfokus dennoch auf Spielern aus der Region. So hat sich der Klub eigene Kennzahlen gegeben, wonach der Erfolg der eigenen Arbeit sichtbar gemacht werden soll. 80 % aller Spieler der Akademie sollen aus der unmittelbaren Region „Gipuzkoa" stammen, in der ca. 700.000 Menschen leben. Die restlichen 20 % verteilen sich auf das übrige Baskenland (10 %) und die etwas weiter entfernten Regionen einschließlich des benachbarten Frankreichs, da San Sebastián etwa 20 km von der Grenze entfernt liegt.[155] Einen Weg, den auch der französische Weltmeister Antoine Griezmann als Jugendspieler einschlug, weil er in Frankreich als zu klein und schmächtig befunden wurde.

Besonders ist auch der regionale Kontext: Zwischen der dritten und sechsten Klasse nimmt der Schulsport eine besondere Rolle ein. Es werden jeweils drei Individual- und drei Mannschaftsportarten ausgeführt, trainiert und in Wettkämpfen untereinander verglichen. Dies führt auch dazu, dass die Nachwuchsakademie in diesen Altersstufen keine offizielle Mannschaft hat oder nur sehr reduziert Trainings anbietet (bis zum Alter von zehn Jahren max. einmal pro Woche im Klub, ab elf Jahren nur max. zweimal pro Woche; bis zur U13 gibt es keine offiziellen Ligen). Stattdessen arbeitet man viel mit Partnerklubs und Kooperationen, um das Training aller Klubs der Region zu verbessern und die vielversprechendsten Talente zu „La Zubieta" zu lotsen, damit sie zu Spitzentalenten ausgebildet werden können. Durch die polysportive Ausbildung der Schulen sind die Kinder motorisch breit aufgestellt und eine frühzeitige Spezialisierung wird verhindert. Wohl auch aus diesem Grund kommen aus der Region „Gipuzkoa" die höchste Anzahl spanischer Olympioniken.[156] Dabei hat der Sport innerhalb der Kultur des Baskenlandes einen extrem hohen Stellenwert und ist nicht nur institutionell, sondern auch historisch fest verankert. Die baskische Fußball-Legende Mikel Etxarri, der selbst über viele Jahre bei Real Sociedad San Sebastián im Nachwuchs arbeitete, erklärt: „Ich verstehe den Fußball als Ausdruck der Eigenheiten dieses Landes. Der Sport hat sich hier aus der täglichen Arbeit entwickelt, aus dem, was die Menschen um sich herum hatten: Steine heben, mit Tieren umgehen, die Hände benutzen. Die Werte des Wettbewerbs kamen aus dem täglichen Leben."[157]

Diese Verbindung zu den allgemeingültigen Werten, die sich im Fußball im Baskenland wiederfinden, wird immer wieder von verschiedenen Menschen betont und scheint ein weiterer Schlüssel für den Erfolg der Mannschaften mit denen ihnen „typischen" Charakteristika zu sein. Sportdirektor Roberto Olabe nennt dabei Einsatzwille, Ehrlichkeit und Verantwortungsbewusstsein und unterstreicht: „Ernsthaftigkeit ist bei uns die Basis von allem."[158] Mikel Etxarri erzählt aus seiner eigenen Biographie: „Jeder musste arbeiten. Mit 14 arbeitete ich in einer Fabrik, spielte Fußball am Strand und lernte für Prüfungen. Nicht nur ich, sondern auch alle um mich herum. Die Kultur der Anstrengung, der harten Arbeit, des Vorankommens im Leben, ist im Baskenland allgemein verbreitet." Auch deshalb sei es beinahe eine logische Folge, dass derzeit extrem viele erfolgreich arbeitende Trainer aus dem schmalen Landstrich von „Gipuizkoa" kommen. Neben Xabi Alonso sind dies unter anderem Mikel Arteta (Arsenal London), Unai Emery (Aston Villa), Julen Lopetegui (West Ham United), Andoni Iraola (FC Bournemouth) und Imanol Alguacil (Real Sociedad).

Für Mikel Etxarri ist dabei die Kultur und gemeinsame Prägung der entscheidende Faktor: „Als Trainer haben sie nichts gemeinsam. Jeder von ihnen hat sich selbst ausgebildet. Aber als Menschen integrieren sie eine bestimmte Kultur. Das Leben in Gipuzkoa ist ununterbrochen. (...) Es gibt ein Fundament der Solidarität, der Kameradschaft, der Zusammenarbeit für ein gemeinsames und wirtschaftliches Wohl, was ein sehr wichtiger Wert im Fußball ist. (...) Es ist Anstrengung und Wettbewerb, der mit Geld vergütet wird. All dies ist in die Erziehung der Basken und auch in den Fußball integriert. Es geht ums Überleben. Diese Kultur, die den Kindern beigebracht wird, ist die einzige Erklärung, die ich dafür sehe, dass es in Gipuzkoa so viele gute Trainer gibt."[159] Der Vorsitzende der Trainervereinigung Gipuzkoas, Josu Zubia, erklärt die Auswirkungen dieser Prägung: „Wenn wir in einen Klub kommen, verwurzeln wir uns in ihm, im Wappen, in seinem Modell, der Stadt, der Sprache, mit den Leuten. Das kommt daher, weil wir das hier selbst so erlebt haben."[160] In der Folge hätten es diese Trainer nicht nur in der externen Wahrnehmung des jeweiligen Klubs leichter, da

157   Etxarri zit. n. Corrigan 2021.
158   Olabe zit. n. Biermann 2024.
159   Etxarri zit. n. Torres 2023.
160   Zubia zit. n. Saller 2023.

sie sich authentisch mit diesem identifizierten, sondern hätten ebenfalls herausragende Qualitäten als „Gruppenmanager": „Nah an den Spielern. Sie fordern,
aber sie argumentieren auch. Wenn es einen Anschiss braucht, gibt es ihn, aber
mit einem aufbauenden Schulterklopfer danach. Es sind Trainer, bei denen sich
Spieler wohlfühlen."[161]
Es sind beeindruckende Zahlen, wenn man bedenkt, dass das Baskenland eine
vergleichbare Fläche und Einwohnerzahl zu Schleswig-Holstein hat, die sich
nicht nur auf die Trainer beziehen: Aus der ganzen Region des Baskenlandes
kommen derzeit 70 Profis, die in einer der ersten, europäischen Top-Ligen spielen, gefolgt von ca. 250 Zweit- und Drittligaspielern.[162] In Bezug auf die Trainer,
die aus der Region kommen, seien diese laut Etxarri vor allem pragmatisch anstatt bestimmten Dogmen zu folgen und er muss es wissen, schließlich hat er
einige von ihnen als Spieler und oder als Trainer selbst ausgebildet: „Wenn eine
Mannschaft viele Tore schießt, hat sie gute Stürmer; wenn sie viele Gegentore
kassiert, sind ihre Verteidiger nicht die besten. Aber wenn alle Spiele 0:0, 1:0,
0:1, 1:0 ausgehen, dann liegt das am Trainer, an der Organisation der Mannschaft."[163] Dafür sei eine „solide" gute Basis essentiell, um in der Folge in Verbindung mit den „typisch baskischen Werten" der Geschlossenheit und hohen
Arbeitsmoral gute Ergebnisse zu erzielen.[164] All dies setzt derzeit auch die erste
Mannschaft von Real Sociedad San Sebastián, die in Spanien vor allem „La Real"
genannt wird, nahezu in Perfektion um. In der abgelaufenen Champions League
Saison (2023/2024) blieb man in der Gruppenphase ungeschlagen und bekam
zahlreiche Komplimente, auch vom Gegner. Inter-Coach Simone Inzaghi beispielsweise lobte Mannschaft und Spielweise, sowie die „klaren Prinzipien" der
„fantastischen Mannschaft".[165]

Der Fokus in der Ausbildung liegt tatsächlich nicht allein auf sportlichen Inhalten, sondern orientiert sich ganzheitlich am Menschen. Auf der Homepage des
Klubs heißt es dazu: „Wir arbeiten in einem Umfeld, das Begeisterung und Frus-
tration miteinander verbindet. Der Umgang mit dieser Realität ist eine unserer
größten Aufgaben."[166] Die Ausbildung beschränkt sich also nicht allein auf sport-
inhaltliche Themen – es geht vor allem auch um Werte und eine grundsätzliche
Ausrichtung im Leben außerhalb des Fußballs. Roberto Olabe, der Sportdirek-

161 Ebd.
162 Biermann 2024.
163 Etxarri zit. n. Corrigan 2021.
164 Corrigan 2021.
165 Haupt 2024.
166 Homepage Real Sociedad Fundazioa online.

tor San Sebastiáns, sagt: „Jeder Spieler ist ein Projekt."[167] Dabei ist offensichtlich, dass dieser Ausspruch nicht nur eine Floskel ist, sondern in jedem Moment durch die handelnden Personen mit Leben gefüllt wird.

Das spanische Wort, was am häufigsten für das deutsche ‚Nachwuchsleistungszentrum' äquivalent verwendet wird, ist ‚cantera', was soviel wie „Steinbruch" bedeutet. Tatsächlich passt dieser Begriff sehr gut zu der Herangehensweise von „La Real" im Nachwuchs, wie Nachwuchsdirektor Luki Iriarte erklärt: „[Bei uns geht es nicht so sehr darum] Spieler zu verpflichten, sondern sie auszubilden und im Laufe der Zeit zu entwickeln. Unsere Spieler aus der ersten Mannschaft sind im Durchschnitt sieben Jahre bei uns. Bei den einheimischen Spielern liegt der Durchschnitt bei elf Jahren. Es ist wichtig, den Spielern in allen Jugendmannschaften zu zeigen, dass sie es in die erste Mannschaft schaffen können. Und wir müssen ihnen mit Geduld und Beharrlichkeit helfen, dieses Ziel zu erreichen."[168] Wohl auch deshalb wird das Gebäude für die Jugendmannschaften „Gorabide" genannt, was aus dem Baskischen übersetzt soviel bedeutet wie „von unten nach oben".[169] Allen in der Akademie „Zubieta" ist klar, dass die Spieler eine lange Verweildauer im Klub haben sollten. Da die langfristige Entwicklung über allem steht, verpflichtet sich „La Real" sogar dazu, im Nachwuchs die Spieler mindestens für zwei Jahre in den eigenen Mannschaften zu halten. Nachwuchschef Luki Iriarte dazu: „Wir versuchen, die Teams Schritt für Schritt aufzubauen. Wenn es einen Fehler gibt, ist es unserer, wir haben ihn [den Spieler] verpflichtet, also sollte er nicht darunter leiden. Wir lassen also nur sehr wenige Spieler gehen, bis sie älter sind, und dann muss man Teams zusammenstellen oder weitere Entscheidungen treffen."[170]

Der ganzheitliche Ansatz, der in der Nachwuchsausbildung verfolgt wird, hilft dabei nicht nur den sportlichen, sondern auch den sozialen Stellenwert des Vereins Real Sociedad San Sebastián zu untermauern. So wird nicht nur auf die fußballerische Ausbildung geachtet, sondern auch auf die schulische und die weiterführende Bildung. Dies hat eine große Tradition – tatsächlich hatte schon Xabi Alonso parallel zu seinen ersten Männerjahren als Spieler ein Studium absolviert und selbst Nationalspieler wie Mikel Oyarzabal nehmen das Bildungsangebot und die Aufforderung, sich mit Inhalten abseits des Fußballs zu beschäftigen, wahr.

167 Olabe zit. n. Biermann 2024.
168 Iriarte zit. n. Corrigan 2021.
169 Corrigan 2021.
170 Iriarte zit. n. Corrigan 2021.

Die Ziele des Klubs innerhalb der Ausbildung sind wie folgt definiert:[171]

→ Erhöhung der Chancen zur Optimierung der individuellen Fähigkeiten der Spieler mit dem Ziel, gut vorbereitete Spieler für die erste Mannschaft von Real Sociedad San Sebastián auszubilden.

→ Vorbereitung der Spieler für eine professionelle Fußballkarriere in anderen Klubs.

→ Für eine finanzielle Stabilität sorgen, um den Verein zukunftsfähig zu machen.

Innerhalb dieses Prozesses ist Stabilität extrem wichtig. Die Spieler im Nachwuchs verbleiben im Schnitt 7,4 Jahre im Klub. 80 % der zweiten Mannschaft (*Sanse*) und ca. 58 % der ersten Mannschaft kommen aus dem Nachwuchs. Damit lag man zum Zeitpunkt 2022 bereits sehr nahe an der definierten Kennzahl von 60 % als Ziel mit Blick auf den Anteil der selbst ausgebildeten Spielern innerhalb der ersten Mannschaft.[172] In der gleichen Saison hatten bereits 18 Spieler, die das eigene Nachwuchssystem durchlaufen hatten, in der ersten Mannschaft gespielt, die das niedrigste Durchschnittsalter aller Mannschaften von „*LaLiga*" inklusive vier Erstliga-Debüts aufwies – und dies nicht zu Lasten des sportlichen Erfolgs.[173] Ganz im Gegenteil: In den vergangenen vier Jahren hielt sich das Team stabil in den Top 10 von LaLiga (schlechteste Platzierung, Platz sieben), und konnte in der Corona-Saison 2019/2020 sogar die Copa del Rey, den spanischen Pokal, gewinnen. Dabei standen acht Spieler auf dem Platz, die bereits seit der U15 in „La Zubieta" ausgebildet wurden, wie zum Beispiel Siegtorschütze Mikel Oyarzabal.[174] An diesen Moment erinnert sich Akademie-Direktor Luki Iriarte noch besonders: „Sie können sich vorstellen, wie es war, sie die Copa gewinnen zu sehen. Das war das Werk von uns allen hier. Es war eine enorme Genugtuung für jeden, der in der ersten Mannschaft oder in der Jugendmannschaft spielt, oder wenn sie die Copa del Rey gewinnen. Aber auch die Kinder, die es nicht in die erste Mannschaft geschafft haben, aber trotzdem wichtig für die Provinz Gipuzkoa sind. Ich sage das nicht einfach so – wir sind sehr glücklich und uns der Verantwortung bewusst, die wir haben und was Real Sociedad in dieser Provinz bedeutet."[175]

171 Iriarte 2022.
172 Biermann 2024.
173 Corrigan 2021.
174 Ebd.
175 Iriarte zit. n. Corrigan 2021.

Dass diese Spieler nicht nur zum Erfüllen der (selbst auferlegten) Vorgaben dienen, sondern eine wichtige Rolle innerhalb der Mannschaft spielen, wird auch in Zahlen deutlich: Das CIES Football Observatory hat in einer internationalen Vergleichsstudie von November 2023 bestätigt, dass bei „La Real" bis dahin 45,4 Prozent der akkumulierten Einsatzzeit von Spielern aus dem eigenen Nachwuchs absolviert wurde. In der Champions League wurde dieser Wert lediglich von der ukrainischen Mannschaft von Shakhtar Donetsk übertroffen.[176]
Dies spiegelt sich auch in der Verpflichtungspolitik der ersten Mannschaft wider. Sportdirektor Roberto Olabe erklärt, dass immer zuerst auf die eigene Akademie geschaut würde, wenn es darum gehe, eine Position nachzubesetzen: „Unser Ziel ist 80-20 im Jugendbereich, aber 60-40 in der ersten Mannschaft. Wir nehmen Spieler unter Vertrag, die nicht nur an die Gegenwart denken, sondern auch an die Zukunft. Wenn wir einen Linksverteidiger oder einen Torhüter unter Vertrag nehmen, dann deshalb, weil wir etwas Zeit brauchen, um uns auf die Torhüter vorzubereiten, die durch unser System kommen. In den letzten Jahren haben wir versucht, mehr Tempo und Explosivität in die Mannschaft zu bringen, denn unsere Kinder sind eher Langstreckenläufer als Sprinter. Unser eigener Pool an Talenten bietet uns viele Möglichkeiten, aber auch einige Grenzen."[177]
Ein Beispiel dafür, welcher Mehrwert durch eine Verpflichtung eines externen, reiferen und erfahrenen Spielers geboten werden kann, gibt Olabe mit David Silva: „Mit David Silva hatten wir das Gefühl, dass wir uns nach jemandem für eine Schlüsselposition umsehen müssen, der alle anderen aktiviert und sie alle besser macht. Wir warten darauf, dass Leute wie Robert Navarro und Roberto Lopez zu uns kommen. Für diese Spieler und die umliegenden Positionen ist es großartig, mit David zu spielen und mit ihm zu trainieren. Das sind die Elemente – wie Alex Remiro [der Torhüter] oder Alex Isak [zu jenem Zeitpunkt Stürmer bei "La Real„] – die kommen, um uns besser zu machen."[178] Schlußendlich liegt der Fokus des gesamten Klubs jedoch auf erfolgreicher Nachwuchsarbeit, wie Olabe betont: „Wir nähren uns von uns selbst, und das ist sehr gut, was die Loyalität und das soziale Gefühl angeht. Aber das schränkt einen auch ein. Manchmal brauchen wir auch das, was ich als ‚Bombe' von außen bezeichne, woran wir uns nur schwer gewöhnen können, aber das müssen wir tun."[179] Im Wechselspiel dieser Einflüsse und im Respekt für die eigene Nachwuchsarbeit von Seiten der ersten Mannschaft, liegt mit Sicherheit ein Erfolgsfaktor für die jüngste Entwicklung des gesamten Vereins.

176 Haupt 2024.
177 Olabe zit. n. Corrigan 2021.
178 Ebd.
179 Ebd.

Der Fokus bei der Auswahl der Spieler im Nachwuchs liegt auf technischen Stärken und gutem Spielverständnis. Hinzu kommen Widerstandsfähigkeit, Geschwindigkeit und Geschicklichkeit. Der typische Zubieta-Spieler zeigt seine Persönlichkeit, will stets den Ball haben, um Entscheidungen zu treffen und ist kommunikativ. Er ist intensiv im Spiel mit und ohne Ball und will sich permanent verbessern. Fehler sind Teil des Lernprozesses.[180]

Der Ausbildungsplan wird von den Trainern umgesetzt, bei denen Wert darauf gelegt wird, dass es Trainer „des Klubs" und nicht einer einzelnen Mannschaft sind. Der Plan ist sehr ausdefiniert und richtet sich weniger nach Häufigkeit im Training, sondern vielmehr auf qualitative Impulse, um die notwendigen Ausbildungsziele voranzubringen. Auf dem Weg in die erste Mannschaft wird extrem viel Wert auf „Spielen" gelegt. Darüber hinaus gibt es – je nach Altersklasse – entsprechende Überschriften: „Spielen und Genießen" im Grundlagenbereich, „Spielen und Lernen / Wetteifern" im Aufbaubereich und „Spielen und Gewinnen" im Leistungsbereich. Der Klub versucht eher weniger aktiv im Bereich von Nachwuchsverpflichtungen und -transfers zu sein, um „sich seltener zu irren." Stattdessen wird den Spielern in Kooperationsvereinen Raum und Zeit zur Entwicklung gegeben, die sich durch Spielzeit und eine enge Begleitung ausdrückt. Das Thema „Spielzeit" ist in den Jugendregeln im Baskenland sogar fest verankert: Spielt ein Einwechselspieler nicht mindestens 20 Minuten, gilt das Spiel als verloren.[181]

Innerhalb des Spielstils gibt es zwar grundsätzlich einen Fokus auf das eigene Spiel, allerdings wird dies im Trainingsprozess immer wieder vermischt, sodass zwar zu 75 % auf vertikales (vorwärts gerichtetes), schnelles Kombinationsspiel gesetzt wird, aber auch 25 % der Trainingszeit ein eher direkteres Spiel trainiert werden soll (alternativer Spielstil, z. B. Konter, lange Bälle, etc.).[182] Die taktischen Konzepte in jeder Altersklasse sind grundsätzlich die gleichen, lediglich in der Ausdrucksweise und der Komplexität wird unterschieden. Den Trainern wird weitgehend Autonomie gegeben, um die Ziele des Klubs zu erreichen, allerdings anhand einer gewissen Basis: „Wir haben ein Spielmodell, für das wir hart kämpfen. Passspiel, Umschaltspiel und Dominanz des Raums sind unsere drei Säulen", stellt Sportdirektor Roberto Olabe klar, nimmt aber gleichzeitig auch Bezug auf die Autonomie für die Coaches der Nachwuchsakademie: „Wenn der Trainer diese Arbeitsweise versteht, dann geben wir ihm den Pinsel in die Hand,

180 Iriarte 2022.
181 Ebd.
182 Ebd.

um ihr seine Form zu geben."[183] Der Weg bestehe darin, „von Montag bis Freitag die Besten sein zu wollen, um uns am Wochenende aussergewöhnliche Resultate zu verdienen", wie Olabe sagt.[184]

Von Real Sociedad zum EM-Titel 2024: Merino, Oyarzabal, Remiro, Le Normand und Zubimendi.

Um Spieler individuell voranzubringen, gibt es drei verschiedene Herangehensweisen und Möglichkeiten im Training der Mannschaften von „La Zubieta": Dies kann durch Individualtraining passieren, aber auch durch Trainingskontexte im Kollektiv, die so zugeschnitten sind, dass ein Spieler sein individuelles Entwicklungsziel erreichen kann oder sich zumindest darin verbessert. In diesem Fall leitet ein Trainer die Trainingsform, während ein anderer sich die ganze Zeit nur auf diesen Spieler fokussiert und ihn bei seiner Weiterentwicklung durch entsprechendes Feedback bzw. seine Beobachtung unterstützt. Ebenso kann der Einzelne durch eine generische Trainingsform, die für das Kollektiv gedacht ist, profitieren und in seiner Entwicklung vorankommen. All dies ist abhängig vom Moment des Einzelnen und des Momentes bzw. der Notwendigkeiten der Mannschaft in der jeweiligen Spielsituation und des Trainings.

---

183 Olabe zit. n. Romero 2021.
184 Olabe zit. n. Haupt 2024.

Die Trainerteams, die mitunter bis zu zehn Leute umfassen können, sind alle Teil des Prozesses und haben in jedem Moment des Trainings eine Aufgabe, die dazu beiträgt, die Spieler in ihrer Entwicklung auf eine neue Ebene zu bringen. Die Inhalte und Trainingsformen werden statistisch erfasst, ebenso, welche Spieler wie häufig im konkreten Fokus waren oder welches Lernziel die jeweilige Trainingsform hatte, auch um im Blick zu haben, ob der Spieler genügend Möglichkeiten zur Verbesserung innerhalb seiner Potenziale bekommen hat.[185] Alles in „La Zubieta" dient dem Ziel, Spieler in die erste Mannschaft zu bringen. Daher wird auch der Spielstil permanent mit Daten überprüft und eine Annäherung der entscheidenden Parameter hinsichtlich des Spielstils angestrebt. Innerhalb dieser sehr großen Analyse geht es darum, im Prozess zu unterstützen und Informationen zu generieren, die tatsächlich weiterhelfen und nicht nur Daten um ihrer selbst willen zu erheben. So soll Wissen geschaffen werden, welches Glaubenssätzen entgegengestellt werden kann.[186]

Innerhalb des Ausbildungsprozesses ist „Sanse", die zweite Mannschaft von „La Real",, das „Juwel in der Krone des Vereins, der Ort des ultimativen Übergangs", wie Roberto Olabe sagt.[187] Daher sei die Zeit von Xabi Alonso bei dieser Mannschaft auch extrem wichtig gewesen; nicht nur für ihn, sondern auch und insbesondere für die Mannschaft selbst innerhalb der Vorbereitung auf den höchsten Leistungsbereich: „Seine Führungsqualitäten, seine Fähigkeit ,Feedback zu geben', sein Verständnis für das Spiel... (...) [Was Xabi uns gegeben hat], ist die Kunst die Jungs davon zu überzeugen, dass sie bereit sind und dass es nicht so sehr ums Gewinnen geht, sondern darum, wie man gewinnt."[188] Alonso selbst beschrieb seine Aufgabe bei „Sanse" so: „Sanse ist der letzte Schritt in der gesamten Arbeit von Zubieta. Der Spieler erreicht mich als ein Produkt von allen, nachdem er sehr gute Konzepte gelernt hat. Und das ist der letzte, sehr wichtige Schritt, um sie darauf vorzubereiten, Profis zu werden. Wir wollen, dass sie den Profifußball kennenlernen, den Wettbewerb, die Trainingseinheiten, die Gewohnheiten, die man braucht, um es zu schaffen. Es ist wie ein Fließband, und wir setzen sie in die Box, um sie für die erste Mannschaft vorzubereiten, und wir müssen es richtig machen."[189]

---

185 Iriarte 2022.
186 Ebd.
187 Olabe zit. n. Romero 2023.
188 Ebd.
189 Alonso zit. n. Corrigan 2023.

Auch im Frauenbereich hat der Klub bereits eine beeindruckende Entwicklung hinter sich. Im nationalen Vergleich ist die Anzahl aktiver Spielerinnen (mit entsprechender, aktiver Spielberechtigung; in Spanien spricht man nicht von „Spielerpass", sondern von „Spieler-Lizenz") sehr hoch. Die Ausbildung endet dabei nicht bei den Spielerinnen und Spielern. Der Klub versucht bereits zu scannen, wer potenziell die nächsten Trainer sein könnten und hat sogar eine UEFA B-Lizenz nur für Frauen durchgeführt. Die Ausbildung der Menschen in der Region für den Fußball durch den Klub ist damit ein weiterer Baustein, mit dem der Verein einerseits seiner sozialen Verantwortung nachkommt und andererseits die Grundlage für eine erfolgreiche eigene Zukunft schafft.

KAPITEL 2

Ein pragmatischer Start

Xabi Alonso übernahm Bayer Leverkusen auf dem vorletzten Tabellenplatz im Oktober 2022. Es war offensichtlich, dass die Mannschaft unter ihren Möglichkeiten blieb, allerdings waren oft genug in der Bundesliga-Geschichte Mannschaften, die nach ihrem Selbstverständnis „zu gut" für den Abstiegskampf waren, in ebenjenen geschlittert und konnten oftmals nur mit Mühe den GAU eines Abstieges abwenden – und manche eben auch nicht. Gleichzeitig sah Xabi Alonso bereits zu jenem Zeitpunkt das herausragende Potenzial der einzelnen Akteure und hatte klare Ideen, wie er die Mannschaft stabilisieren und weiter entwickeln wollte. Der Blick und die Analyse dieser ersten Saison betrachtet nicht jedes Spiel einzeln, sondern wirft immer wieder Schlaglichter auf einzelne Partien und versucht anhand dieser Momente innerhalb der Saison die Weiterentwicklung nachzuzeichnen, die diese Mannschaft genommen hat. Bereits ab den ersten Spielen finden sich außerdem immer wieder typische Elemente der Spielidee von Xabi Alonso, die auch in der Meistersaison die Basis für die Spielweise der Mannschaft bilden. Die Betrachtung fokussiert sich dabei vor allem darauf, die bereits angesprochenen Konzepte (sowie viele weitere) mit Leben zu füllen und mit Beispielen zu verdeutlichen, an welcher Stelle diese Mannschaft bereits bestimmte Inhalte des Spiels von Xabi Alonso umgesetzt hat. Einen riesigen Entwicklungsschritt nahm die Mannschaft in der WM-Pause zwischen November 2022 und Januar 2023, die den Prozess für Alonso sicher erleichtert hat. Aber dazu später mehr, denn jede Reise beginnt mit dem ersten Schritt und in diesem Fall mit dem ersten Spiel gegen Schalke 04.

Heimdebüt, 08.10.2022

Leverkusen beginnt in einer 1-5-3-2 Grundordnung, die in Ballbesitz zu einem 1-3-4-3 wechselt. In der Abwehr pendeln wechselweise die Außen Bakker und Frimpong nach innen, um situativ eine Viererkette herzustellen. In eigenem Ballbesitz wird das 1-3-4-3 mit hängenden Spitzen; also eingerückten vorderen Spielern gespielt, die ihre Rollen jedoch unterschiedlich interpretieren. Auffällig ist insbesondere das Zusammenwirken der Spieler auf der rechten Seite, bei der sich Tapsoba als aufbauender rechter Innenverteidiger stets etwas breiter positioniert, um so besser die Tiefe über die schnellen Außen attackieren zu können. Im Zusammenspiel zwischen Tapsoba und Diaby und Frimpong auf der rechten Seite zeigt sich bereits eine sehr gute (sozio-affektive) Verbindung der Spieler, die sich deutlich in ihrer Wirkungsweise von der linken Seite (Hincapié und Bakker mit Hudson-Odoi) abhebt, weshalb die rechte Leverkusener Seite erhebliche Gefahr ausstrahlt und regelmäßig das Tor der Schalker bedrohen kann.

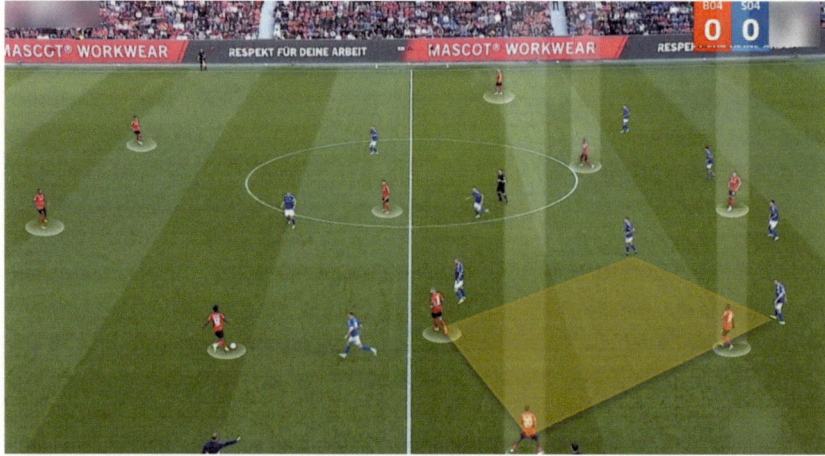

Positioneller Vorteil („wir sind besser positioniert") von Leverkusen. Die Leverkusener Spieler binden die letzte Linie von Schalke 04 durch ihre Positionierung in den Zwischenräumen. Schalke ist dort zwar nicht in Unterzahl, hat jedoch keinen Zugriff auf die Spieler zwischen den Linien. Im markierten Raum ist Schalke ebenfalls nicht in Unterzahl, hat jedoch grundsätzlich die schlechtere Position, da mit einem Pass nach Außen oder einem Überspielen der Gegner schnell Überzahl am Flügel hergestellt und in der Folge und als Konsequenz des Profils der Spieler Dynamik erzeugt werden kann.

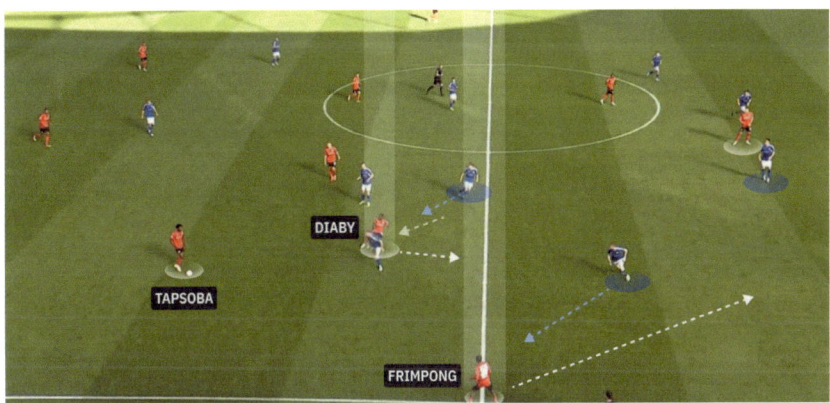

Diaby läuft kurz in den Rücken des nächsten Gegenspielers von Tapsoba, der diesen eigentlich pressen könnte, was Tapsoba mehr Zeit verschafft. Tapsoba mit der Option, kurz nach Außen auf Frimpong oder in den befreiten Raum zu spielen, um dessen Tempo zu nutzen. Gutes Lesen der Körperhaltung und Intentionen von Frimpong durch Tapsoba, der in der Folge eine torbedrohende Situation herstellen kann. Zuordnungsprobleme bei Schalke 04, da kein Druck auf den Ball und die nächsten Gegner erfolgt und keine klare Entscheidungshierarchie erkennbar ist (Zentrum schützen oder Zugriff auf Gegner haben? Raum schützen? Unklare Zuständigkeiten.)

Struktur des Leverkusener Positionsspiels. Der Raum der BASE ist besetzt. 8er / 10er an der Seite der gegnerischen 6er, die damit Entscheidungsprobleme in der Zuständigkeit zwischen gegnerischem 6er und AV herstellen. Der Leverkusener Stürmer steht im Rücken der Verteidiger bewusst im Abseits, sodass diese permanent über die Schulter schauen müssen, um seine Position zu kennen und ihn zu kontrollieren. Leverkusens

Außenverteidiger ganz breit positioniert, um Raum zu schaffen. Viele offene Passlinien / Kommunikationskanäle für Leverkusen in Ballbesitz, während der Gegner keinerlei Zugriff auf einen Spieler hat.

Enge Abstände von Leverkusen im defensiven Spielmoment. Grundsätzlicher Zugriff auf alle ‚anspielbaren' Gegner. Leverkusen macht das Spiel des Gegners vorhersehbar, sodass der linke Innenverteidiger aus der 5er-Kette (Hincapié) seinen sich geschlossen (Blick zum eigenen Tor) anbietenden Gegner weit nach vorne verteidigen kann, ohne dass Schalke in dem sich durch seine Aktion öffnenden Raum gefährlich werden kann (keine korrespondierende / interagierende Freilaufbewegung Schalke 04).

Spielfazit

Das Spiel endet mit einem Sieg für Bayer Leverkusen, insbesondere weil defensiv alles kontrolliert wird gegen offensiv recht einfallslose Schalker. Schalke bekommt die rechte Seite Leverkusens nie in den Griff und hat entscheidende Tempo- und Positionierungsnachteile. Bei Leverkusen ist bereits eine gewisse Sicherheit in Ballbesitz ersichtlich und eine Grundstruktur (im 1-3-4-3) ebenfalls vorhanden, welche sich im weiteren Verlauf der Saison als stabiler Faktor hindurchziehen wird.

Tiefpunkt, 15.10.2022

Unter der Woche hatte Leverkusen mit einem 0:3 gegen den FC Porto in der Champions League nahezu alle Ambitionen auf ein Weiterkommen begraben müssen. Nun geht es gegen Eintracht Frankfurt, die durch ihre Herangehensweise an das Spiel, das Spiegeln der Formation (1-3-4-3 von Leverkusen gegen 1-3-5-2 von Frankfurt) und ihr permanentes Suchen der persönlichen Duelle versuchen, die Werkself nicht ins Spiel kommen zu lassen. Dabei machen sich die Frankfurter das im letzten Bild beschriebene „Vorverteidigen" der Leverkusener Hintermannschaft zunutze und versuchen immer wieder in den Rücken der Verteidiger zu kommen. Leverkusen schafft es nur selten, eigene starke Spielmomente zu kreieren.

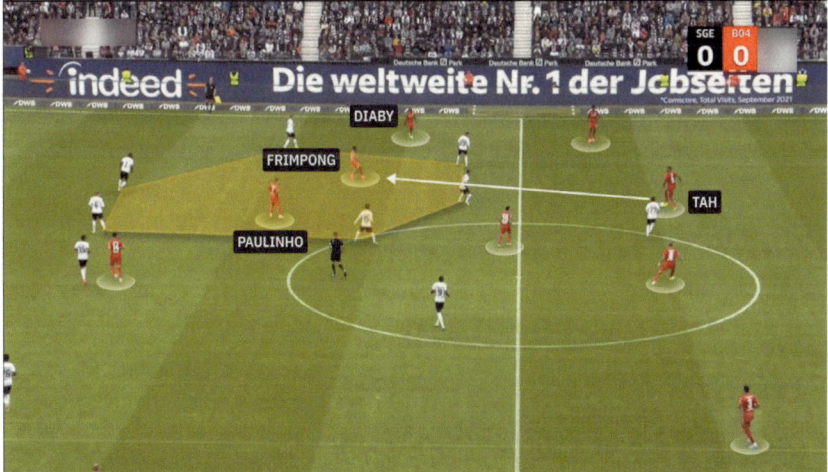

Leverkusen mit einem Überladen des rechten Halbraumes. Halbstürmer / hängende Spitze Diaby rotiert nach außen, während Frimpong vom Flügel nach innen gegangen ist und sich zwischen den Linien positioniert. Gleichzeitig ist die linke hängende Spitze (in diesem Spiel Paulinho) mit nach rechts zwischen die Linien gekommen, sodass Leverkusen nun zwei Spieler „im Quadrat" zwischen den gegnerischen Linien positioniert hat, die aufgrund ihrer Nähe gut miteinander interagieren können. Für Ballbesitzer Tah ergeben sich nun mehrere Passoptionen. In dieser Situation setzt er mit einem Pass auf Frimpong fort, der das Spiel mit einem Tempodribbling beschleunigt.

Spielfazit

Eintracht Frankfurt mit viel Punch, Tempo und Aggressivität, die Leverkusen insbesondere in der Startphase des Spiels Probleme bereiten. Die Positionen der Spieler im Vergleich zum letzten Ligaspiel sind ähnlich, allerdings trauen sich die Aufbauspieler noch nicht so häufig, konsequent vorwärts zu spielen und Angebote zwischen den Linien zu finden.

Defensiv ist vor allem der bewegliche Frankfurter Kolo Muani für die Leverkusener schwer zu kontrollieren. Die Leverkusener „mühen sich" ins Spiel, aber insbesondere das Gegenpressing in der gegnerischen Hälfte will nicht greifen. Die Werkself spielt in Ballbesitz zu viel quer, obwohl vertikale Angebote vorhanden sind. Die Gegentore resultieren aus eigenen, „einfachen" Ballverlusten, die dann mit Wucht durch Frankfurt genutzt werden. Die Eintracht ist zu diesem Zeitpunkt in einem anderen Zustand und auf einem anderen Level. Leverkusen fehlt das Zutrauen in die eigenen Aktionen und sie finden nicht die „Verbindungen" zu ihren Mitspielern, sodass sie über gute Ansätze nicht hinauskommen.

Direkt nach dem Spiel ist Alonso bereits sehr klar in seinem Fazit: „Wir sind von Beginn an in Probleme geraten. Wir hatten nicht die Intensität, die es auf diesem Level braucht. Wir sind daran schuld, uns kann kein anderer helfen – keine Ausreden. Um wettbewerbsfähig zu sein, müssen wir uns verbessern. Wir haben jetzt eine intensive Woche vor uns."[190] Zu jenem Zeitpunkt hatte die Presse bereits erste Zweifel, ob „die Aura" und das „weltmännische Auftreten" alleine reichen würden, um Leverkusens „Systemabsturz" zu beheben.[191] Xabi Alonso jedoch tat genau das, was er angekündigt hatte: Er arbeitete an der Verbesserung der Mannschaft. Von den verbleibenden sieben Spielen bis zur WM-Pause verlor Leverkusen nur noch gegen Leipzig; erreichte in der Champions League zwei Unentschieden (gegen Atletico Madrid und den FC Brügge) und eines in der Bundesliga gegen Wolfsburg – und begann damit, Spiele zu gewinnen (drei Siege in Serie).

190   Alonso in SZ online 15.10.2024.
191   SZ online vom 15.10.2024.

Xabi Alonso erinnert sich rückblickend an jenen Moment in Frankfurt und seinen Start: „Ich glaube, es gibt für jeden jungen Trainer irgendwann den Moment, wo man sich im Stadion umschaut und denkt: ‚Was mache ich eigentlich hier? Wie bin ich hier hingekommen?‘“.[192] Alle „Ideen", der ganze Matchplan, die unzähligen Notizen und Stunden des Videos – „alles für den Müll. (...) Das Resultat [5:1 für Frankfurt] lügt nie."[193]

Der Grundstein, um einen Titel zu gewinnen, wurde laut Alonso genau in jenem, schwierigen Moment gelegt. Ab dem Spiel gegen Atletico, wo die Mannschaft sich zu einem Unentschieden zurückkämpfen konnte, sah er etwas, was ihn zuversichtlich stimmte: „Ich konnte einfach spüren, dass wir eine besondere Gruppe hatten. Die Spieler hatten diesen Blick in den Augen – *Glauben*. Wenn du jemals Trainer warst, dann weißt du, dass du deinen Spielern in den ersten zwei oder drei Minuten in die Augen schauen kannst und einfach weißt, ob es ein guter Tag oder ein schwieriger Tag werden wird. Entweder ist der Glaube da oder nicht. Wir hatten den Glauben, selbst in der Niederlage."[194]

Brustlöser, 06.11.2022

Auch nach dem Trainerwechsel zu Xabi Alonso schien sich Leverkusen (zumindest rein ergebnistechnisch) nicht wirklich weiterzuentwickeln. Dabei verbesserte sich das Team bereits, wenn auch für Außenstehende noch nicht klar ersichtlich. Die Konstellation an jenem 13. Spieltag ist aus heutiger Sicht ungewöhnlich: Leverkusen spielt als Tabellenvierzehnter gegen den Dritten der Bundesliga: Union Berlin. In diesem Spiel stellt Bayer sein Personal etwas um: Zwar agiert die Mannschaft nach wie vor aus einem 1-3-4-3 in eigenem Ballbesitz, allerdings rückt in gegnerischem Ballbesitz vor allem Bakker als linker Verteidiger in die sich dann formierende Viererkette, während Tapsoba vor allem zentral bleibt; wohl auch aufgrund seiner Robustheit und Kopfballstärke, um den langen Bällen des Gegners zu begegnen. Frimpong positioniert sich weiter vorne, damit er mit seiner Dynamik direkt für den Gegner gefährlich werden kann.

192 Alonso in Robles 2024.
193 Ebd.
194 Alonso in Robles 2024.

Union Berlin sucht die direkten Duelle und versucht mit langen Bällen, Zweikämpfen und viel Personal in der letzten Ebene Leverkusen vor Probleme zu stellen. In dieser Situation sieht man sehr gut den Zugriff von Bakker und Hincapié und die enge Orientierung des Leverkusener Defensivverbundes, während hingegen Union Berlin keine nächsten Verbindungsebenen für die vorderen – eng markierten – Stürmer hat.

Leverkusens 3er- / 5er-Kette ist gut auf das Spiel mit langen Bällen der Unioner vorbereitet: Sie schieben sehr eng zusammen und haben bereits mögliche nächste Passempfänger der Kopfball-Verlängerung von Jordan im Blick und unter Kontrolle. Hincapié verteidigt nach vorne für das Duell, während Bakker und Tapsoba hinter ihm schließen. Es entsteht eine 3+1-Struktur und damit nach wie vor Überzahl, um auch den zweiten Ball aufnehmen zu können.

Spielfazit

In der ersten Halbzeit hat Union mehr Ballbesitz, die den Ball allerdings konsequent lang spielen. Bis dahin gibt es keine Strafraumszene von Leverkusen, der beste Abschluss erfolgt nach einem Konter. In eigenem Ballbesitz sind die Abstände phasenweise zu groß, auch wenn strukturell eine Idee / Anpassung auf Unions 5er-Kette zu sehen ist. Der 1:0-Führungstreffer der Werkself resultiert aus einer Ecke und kommt beinahe aus dem Nichts (46.). Auch beim zweiten Treffer werden die Leverkusener beschenkt – dieses Mal vom Torwart, der sich einen unglaublichen Ballverlust weit vor seinem Kasten leistet. Durch diese Torfolge hat Union auch in der zweiten Halbzeit den Ball; kann damit jedoch wenig anfangen. Hier zeigt sich der Pragmatismus von Xabi Alonso: Anstatt den Anspruch zu verfolgen, das Spiel in Ballbesitz zu kontrollieren, überlässt er diesen dem Gegner, um ihn damit zu schwächen und kontrolliert das Spiel aus der eigenen Defensive heraus, die durch viele Erfolgserlebnisse weiteres Selbstvertrauen schöpfen kann.

An den Sieg gegen Union Berlin reihen sich Erfolge im Derby gegen den 1. FC Köln und gegen Stuttgart und die Werkself kann mit einem guten Gefühl in die WM- und Winterpause gehen. Damit endet eine intensive Startphase des jungen Trainers. Alonso über diese Zeit: „Wir hatten wenig Zeit, um in die Tiefe zu gehen, sondern hatten zehn Spiele in sechs Wochen zu bewältigen. Da konnte es nur darum gehen, sich auf eine Sache zu konzentrieren und die richtig zu machen. Am wichtigsten war mir, der Mannschaft Selbstvertrauen zurückzugeben und wieder eine positive Stimmung zu kreieren." [195] Daher habe er sich darauf fokussiert, viele persönliche Gespräche zu führen. „Die waren allein deshalb wichtig, um die Spieler kennenzulernen und zu verstehen, wo ich sie packen kann. Aber auch, weil ich zutiefst davon überzeugt bin, dass man ein Verpflichtungsgefühl am besten durch persönliche Bindungen erzeugt", sagt Alonso. [196]

Und mit der Rückkehr aus der Winterpause kommt auch die Rückkehr eines Spielers, den ganz Leverkusen sehnlichst erwartet hatte: „Florian ist ein Geschenk für mich als Trainer. Er ist ein Spieler, der ... anders ist. Aber wir können nicht darauf bauen, dass er alles allein richten wird. Damit würden wir weder ihm noch uns gerecht. Damit seine außergewöhnlichen Fähigkeiten aufblühen können, müssen wir ihm eine Basis geben. Dafür brauchen wir eine Struktur,

195   Alonso in Cáceres 2023.
196   Ebd.

viel Stabilität und ein klares Selbstverständnis."[197] Ein Schlüssel sei Wirtz nicht, aber eben sehr wichtig. Interessant an Alonsos Aussage ist außerdem, dass er die Gesamtorganisation anspricht, die entscheidend sei, damit Wirtz' Fähigkeiten zum Tragen kommen. Die Arbeit am Spielmodell der Mannschaft nimmt also einen zentralen Raum darin ein, die Fähigkeiten des einzelnen (Ausnahme-) Spielers zum Vorschein zu bringen.

Weiterentwicklung, 15.01.2023

Nach der Winterpause testet Bayer Leverkusen gegen den AC Venedig und den FC Kopenhagen und kann in beiden Spielen Siege einfahren. Viel spannender als die reinen Ergebnisse sind jedoch die Weiterentwicklungen, die bei der Werkself zutage treten. Dabei fällt nicht nur auf, dass mit der Rückkehr von Florian Wirtz auch direkt jeder andere Spieler besser wird. Auch im kollektiven Zusammenwirken agiert Leverkusen verändert: Im Angriffspressing ist nun eine Mannorientierung erkennbar, verbunden mit der Intention, das Spiel des Gegners vorhersehbar zu machen. Dabei wechselt das klare 1v1 im Angriffsdrittel immer wieder zu der Aufgabe, mit weniger Spielern mehr Gegner zu kontrollieren (wie z. B. gegen Venedig, als zwei Stürmer Leverkusens die Aufgabe haben, den gegnerischen 3er-Aufbau zu kontrollieren). Das Ziel ist die nächsten Anspielstationen des Gegners unter Kontrolle zu haben, um mit dem Pass gleichzeitig beim Gegner anzukommen.

Die Mannschaft wird variabler in ihrer Herangehensweise an Spiele und schafft es im zweiten Test gegen Kopenhagen immer wieder, in einem kompakten Block (Abstand des Mannschaftsverbundes ca. 15 m) die Mitte zu schützen. Die beiden Stürmer (vorderen Spieler) versuchen vor allem auf die Außenverteidiger zu pressen.

197 Ebd.

Im eigenen Ballbesitz koexistieren die Intentionen und Bewegungen der Spieler nicht mehr nur vereinzelt nebeneinander – es greifen gezielte Bewegungen harmonisch ineinander und es besteht immer mehr Interaktion zwischen den Spielern auf dem Feld (z. B. durch das einander Freiziehen von Räumen). Dies hatte es in diesem Umfang zum Ende der Hinrunde 2022/2023 noch nicht gegeben und bildet eine klare Weiterentwicklung. Auch die verschiedenen Positionen werden eher in Rollen anhand der individuellen Spielercharakteristika interpretiert. Gegen Venedig agieren Wirtz und Amiri beispielsweise als 8er, auch wenn sie verschiedene Aufgaben einnehmen. Gegen Kopenhagen spielt Amiri plötzlich auf Außen, was andere interessante Synergien zum Vorschein bringt.

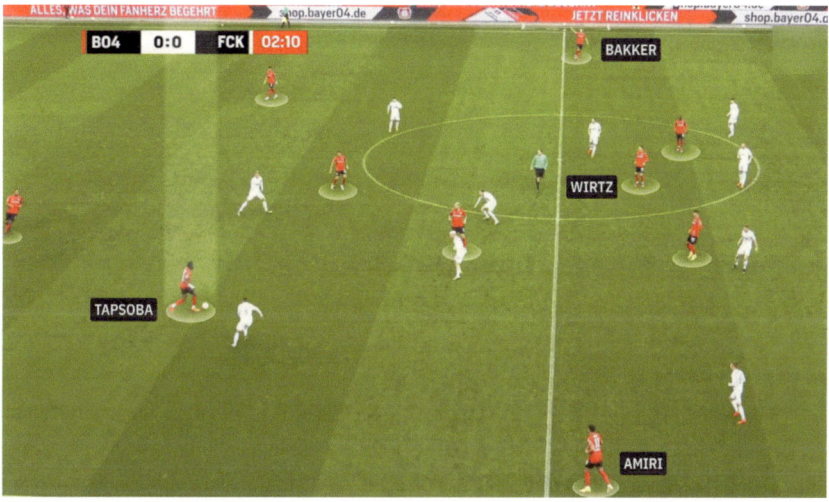

In dieser Situation lässt sich sehr gut der Unterschied zwischen der 1-2 Formation (sprich mit 2 Stürmern) in der Spitze erkennen im Vergleich zu der – bis zur Winterpause dominierenden- 2-1 Formation der letzten Linie (also mit 2 hängenden Spitzen und einem klaren Stürmer). Wirtz nimmt den Zwischenraum auf der 10 ein, was seinen fußballerischen Charakteristiken in Ballbesitz sehr zugutekommt. Besonders in diesem Spiel fällt auf, dass Amiri als Außenverteidiger wirkt und seine eher offensiv orientierten Fähigkeiten als „zusätzlicher" Stürmer aus der Breite kommend miteinbringen kann. Leverkusen steht in dieser Situation 1v1 auf der letzten gegnerischen Linie und könnte sogar durch eine Spielverlagerung auf den tiefstartenden Bakker kurzzeitige Überzahl und eine Tempoverschärfung herstellen. Im Sinne des kontrollierten Aufbaus ist ein Pass ins Zentrum auf den zentralen Spieler der *Base* (in den Vorderfuß) möglich und offen, auch wenn sich Tapsoba gleich für einen Kontakt mehr im Dribbling entscheiden wird, weshalb sich die Möglichkeit wieder verschließt.

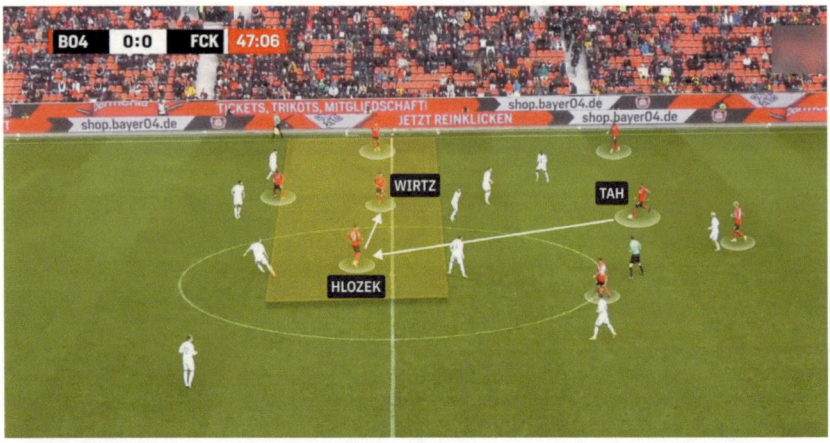

Leverkusens Innenverteidiger immer mit der Intention, Linien und damit Gegner zu überspielen. Hier wird mit Wirtz wunderbar der dritte Spieler gefunden, der darüber hinaus das Spiel unmittelbar wieder vor sich hat und dynamisch fortsetzen kann. Insgesamt sind direkt drei Spieler von Leverkusen im Rücken der Gegner (Konzept „Rücken gewinnen") und besetzen das sogenannte „Quadrat" zwischen Abwehr- und Mittelfeldreihe. Ermöglicht wird dies durch viele ballnahe Spieler mit offenen „Passlinien".

Reife, 22.01.2023

Die zweite Saisonhälfte nach der Weltmeisterschaft in Qatar beginnt für die Werkself mit einem Auswärtsspiel in Gladbach und einem Weltmeister mehr in den eigenen Reihen: Exequiel Palacios gehörte zum Kader der argentinischen Nationalmannschaft, die sich zum Weltmeister krönte und kam im Turnier auf insgesamt 50 Spielminuten (verteilt auf drei Einsätze).
Leverkusen agiert in einem 1-3-4-1-2 mit Adli und Diaby als Stürmer und Hložek als 10er, die diese Positionen allerdings sehr flexibel interpretieren. Alle Stürmer haben ein Profil, was darauf ausgelegt ist, die Tiefe zu attackieren und Dynamik zu erzeugen, was immer wieder gelingt. Gleichzeitig agieren die Drei extrem ballorientiert und bleiben in Ballbesitz nah beieinander, um miteinander zu interagieren. Im Spiel wird immer wieder der Rücken der Gegenspieler gesucht und sich zwischen den gegnerischen Positionslinien positioniert. Durch die kurzen Abstände zueinander im eigenen Ballbesitz ist ein schnellerer Ballfluss ermöglicht und das Pressing des Gegners erschwert.
Im Konter wird der Ball bevorzugt diagonal gespielt und konsequent in die Box kombiniert.

Defensiv wirken die drei Innenverteidiger sehr gut zusammen und verschließen konsequent das Zentrum, während die Außenbahnspieler immer wieder aus der Organisation der Kette vorstechen, um die gegnerischen Außen anzulaufen. Der Rest der Kette schiebt durch und „pendelt" zu einer Viererkette, wobei der Zugriff auf den Gegner an erster Stelle steht.

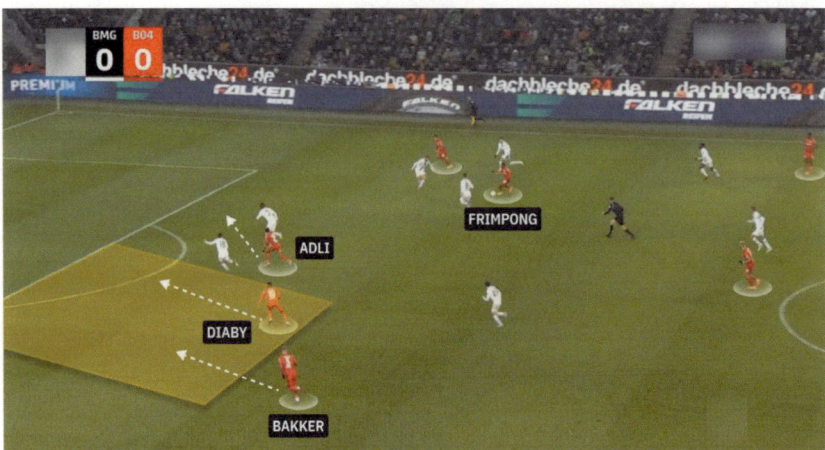

Nach einem guten initiativen Dribbling und einer tollen Drehung von Frimpong geht dieser ins Tempo. Ballfern erkennt man bereits eine Überzahl (durch Diaby und Bakker als vorgerückter Außenverteidiger). Adli zieht nach halbrechts, wodurch beide Verteidiger mitgelockt werden. Der linke Halbraum öffnet sich für eine diagonale Verlagerung zur Torchance.

Leverkusen im hohen Pressing mit klarer Zuordnung zu den Gegenspielern, die auf dem ganzen Platz ein 1v1 herstellen. Aufgrund der engen Abstände sind dadurch für den Gegner lediglich klare Passoptionen in dem Raum hinter der Kette vorhanden, die gleichbedeutend mit einem Laufduell oder einem vorherigen Luftduell sind. Beides kommt dem Profil der Verteidiger von Leverkusen entgegen.

Spielfazit

Leverkusen zu Beginn mit sehr vielen Ballverlusten, da aufgrund mangelnder Staffelung (Etagen) und flacher Interpretation der Spitzen weniger Anspielstationen und weniger Raum im Zentrum vorhanden sind. Trotz anfänglicher Probleme bei gegnerischen Standards führt Leverkusen durch gut gesetzte Konter mit 2:0 zur Halbzeit.

Die Gladbacher zeigen sich in der zweiten Halbzeit verbessert in ihrer Struktur und sorgen mit schwer zu greifenden Läufen in die Tiefe und ihrer Standard-Stärke für Gefahr. Leverkusen sorgt mit einem Konter, bei dem herausragend von Amiri und Adli in den Strafraum kombiniert wird, für das vorentscheidende 3:0. Die Hausherren mit einem phänomenalen Anschlusstor (82.), bei dem der Raum gegen die Innenverteidiger freigezogen wird und über kreuzende Laufwege und Nähe zueinander gut miteinander interagiert und kombiniert wird. Am Ende wird das Resultat dank eines zweiten Traumtores (Volley Stindl) nochmal knapp, aber nicht gefährdet, weil Leverkusen alle weiteren Versuche souverän wegverteidigen kann. Die erste Reifeprüfung der Werkself scheint bestanden.

Pragmatismus, 25.01.2023

In das nächste Spiel gegen den VfL Bochum zum Abschluss der Hinrunde geht Bayer Leverkusen mit auf den ersten Blick veränderter Struktur, Anordnung und Veränderungen im Personal. Tatsächlich ändert sich dadurch das Wesen und die Spielweise der Mannschaft nicht in entscheidendem Maße. Wer nur die verschiedenen Grundordnungen und Anordnungen in den Phasen des Spiels betrachtet, der hat Schwierigkeiten zwischen den verschiedenen Strukturen (1-4-2-3-1; 1-4-2-4; Asymmetrie im Aufbau, wenn mit Dreierkette eröffnet wird und Frimpong hochgeht) zu unterscheiden. Allerdings zeigt sich gerade hier der pragmatische Ansatz Xabi Alonsos, ähnlich wie beim Sieg in der Hinrunde gegen Union Berlin, auch hier die potenziellen Stärken des Gegners zu eliminieren und stattdessen das Spiel zum eigenen Vorteil zu gestalten. Die Mannschaft organisiert sich defensiv in diesem Spiel in der Regel mit einer Viererkette (ein Stilmittel, dass in bestimmten Spielphasen und gegen bestimmte Gegner immer wieder auftauchen wird), bleibt jedoch in Ballbesitz in den eingeführten Grundabläufen. Besonders in diesem Spiel ist, dass Amiri in die Startelf rückt und als 6er / 8er zum Einsatz kommt und damit eine Rolle spielt, die er vorher in seiner Karriere nicht zu häufig eingenommen hatte (zuvor vor allem als „Dribbler" eingesetzt). Darin lässt sich die Fantasie Alonsos erkennen, Spieler anhand ihrer Eigenschaften und ihrer Einwirkung in den verschiedenen Räumen auf dem Platz zu beurteilen und einzusetzen.

Das Spiel hat im Vergleich zu anderen Partien eine geringe effektive Spielzeit (unter 60 Minuten), was für viele Spielunterbrechungen (Fouls, Ball im Aus) spricht.

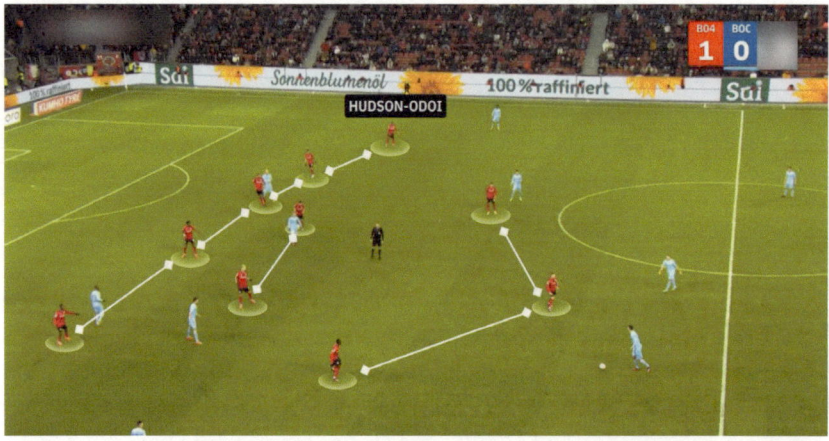

Leverkusen bleibt Leverkusen: Auch wenn im Spiel gegen Bochum phasenweise eine 4er-Kette zu erkennen war, lässt sich Hudson-Odoi immer wieder als Linksverteidiger in die Abwehr zurückfallen, um ein stabiles Zentrum zu gewährleisten. Wandert der Ball auf die andere Seite und weiter nach vorne (respektive in Bochums eigene Hälfte), schiebt Hudson-Odoi vor, um Balldruck auszuüben – und die Abwehrreihe wird zur „gependelten" Viererkette. Damit nimmt der offensive (Außen-)Spieler Hudson-Odoi immer wieder die Rolle des Außenverteidigers ein; lange Zeit bevor ein Bundestrainer für eine ähnliche Idee mit einem Offensivspieler in einem Länderspiel kritisiert werden sollte. Obwohl Xabi Alonso den Matchplan auf Gegner Bochum zugeschnitten und angepasst hat, gibt es gleichzeitig immer wieder Spielphasen, in denen die Mannschaft auf bekannte und bereits implementierte Verhaltensweisen zurückgreifen kann, die bereits Teil ihrer Identität geworden sind, die gleichzeitig weiterentwickelt wird.

Leverkusen mit einer fast perfekten Zuordnung in der Boxverteidigung: Alle Verteidiger (sowie Andrich, der seinen Gegenspieler aufgenommen und sich aus dem Mittelfeldzentrum mit fallengelassen hat), haben sowohl ihren Gegner (mindestens im Augenwinkel) im Blick als auch den Ball und können damit sowohl auf jede Bewegung als auch auf die Flugkurve des Balles adäquat reagieren und den Ball klären.

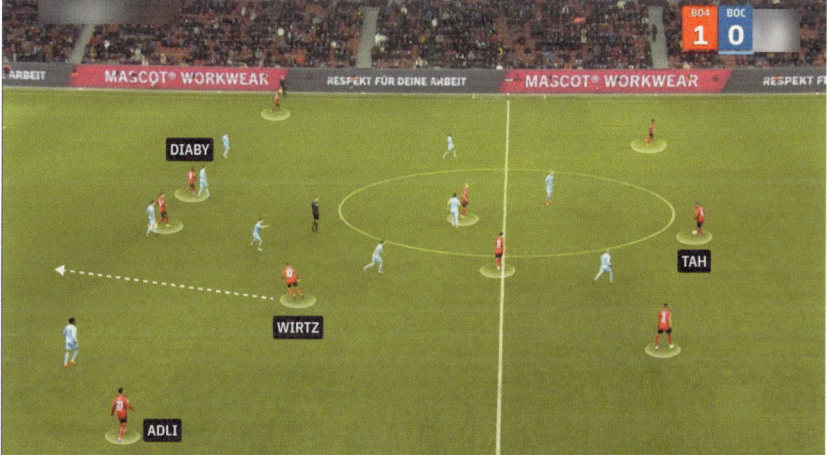

Anpassungen zur Pause: Mit dem Wechsel von Adli für Hudson-Odoi ist ein Profil für mehr Torgefährlichkeit auf dem Platz, der aber auch als Dribbler die breite Position in Alonsos Sinne interpretieren kann. Gegen die letzte Linie von Bochum wird nun im Prinzip Gleichzahl hergestellt, da Diaby eingerückt spielt wie ein Stürmer. Beide Stürmer sind innen an den Verteidigern positioniert, was die potenzielle Gefährdung des gegnerischen Tors zusätzlich verstärkt. Diese 1v1-Situationen bedrohen ohnehin schon den Raum hinter der Kette, sorgen aber auch dafür, dass Spieler wie Wirtz noch mehr Freiheiten im Raum zwischen den Linien genießen und diesen nutzen, indem sie aus diesem Raum die Schnittstellen der Abwehrreihe in die Tiefe belaufen.

Spielfazit

Bayer Leverkusen hat nur wenig Ballbesitz und versucht immer wieder, das Pressing von Bochum zu überspielen. Die Werkself kann immer wieder durch die beweglichen Frimpong und Diaby für Gefahr sorgen, die durch ihr Tempo, ihre Beweglichkeit und Leichtfüßigkeit für den Gegner zu keinem Zeitpunkt in den Griff zu bekommen sind.

Bochum hingegen fällt mit dem Ball wenig ein, was zu einer unmittelbaren Gefahr oder Bedrohung des Leverkusener Tores führen kann. Die grundsätzliche Neigung und Positionierung (Außenbahnspieler agieren phasenweise als Außenverteidiger) der Außenspieler von Leverkusen hilft ihnen in bestimmten Spielphasen, wenn es um das Verteidigen geht. Die Außenspieler sind daran gewöhnt, sich in die Kette fallen zu lassen und situativ eine 5er-Kette herzustellen.

Zu Beginn der zweiten Hälfte, verändert Leverkusen die Positionierung der vorderen Spieler leicht (Einwechslung Adli für Hudson-Odoi), was zu etwas mehr Ballbesitz und in der Folge recht schnell zum 2:0 (53. – Hložek) führt.

Den Rest des Spiels verteidigt Leverkusen die hohen Bälle relativ souverän.. Lediglich zwei Tormöglichkeiten springen für Bochum heraus, darunter allerdings eine Großchance, während Leverkusen sich darauf verlegt, mit Kontern für die Entscheidung zu sorgen. Zwischendurch gibt es zwar immer mal wieder Ballbesitzphasen von Leverkusen – diese sind aber eher leichte Andeutungen als tatsächliche Strukturgeber. Am Ende steht ein pragmatischer Sieg.

Wachsen, 23.02.2023

Die folgenden Wochen gestalten sich wechselhaft für Xabi Alonsos Team, dem aus den kommenden fünf Spielen nur ein Sieg gelingt.

Beim 0:2 gegen den BVB versucht die Mannschaft von Xabi Alonso das hohe Anlaufen des Gegners mit einer flachen Viererkette zu lösen; allerdings schaffen sie es dann oft nicht, die nächste Linie des Gegners zu überspielen. Bereits in diesem Spiel tritt allerdings eine nächste Weiterentwicklung zu Tage: die Mannschaft verfügt über einiges an Qualität, wenn sie im Mitteldrittel den Ball hat und über Positionsspiel und Freilaufbewegungen neuen Raum kreieren und damit die Tiefe attackieren kann. Leverkusen zeigt, dass sie etwas mehr „Punch" und Kampfgeist entwickelt haben, als noch in der Hinrunde. Zu Beginn der zweiten Halbzeit gelingt es Leverkusen, in der Spieleröffnung engere Abstände herzustellen, die eine Vernetzung miteinander vereinfachen. Hinzu kommt eine verbesserte Staffelung für den zweiten Ball, sofern sich die Mannschaft dazu entscheidet, das Pressing des Gegners hoch zu überspielen. Direkt mit der ersten Torchance von Dortmund im zweiten Durchgang fällt das 0:2 (54.), als nach einem Einwurf und diagonalem Wechsel die nachlaufenden Spieler nicht gut aufgenommen werden und Haller am Ende die sehr scharfe Hereingabe glücklich (weil im Zweikampf mit Tapsoba) direkt verwerten kann. Offiziell wird dieses Tor als Eigentor gewertet werden. In der 62. Spielminute wird der Wert der ‚expected Goals' (xG) eingeblendet: Er liegt bei 0,83 für Leverkusen und 0,54 für Dortmund. Um dem Spiel doch noch eine positive Wendung zu geben, verändert Xabi Alonso das Personal und sorgt mit seinen Wechseln für mehr Präsenz im Strafraum. Bakker, Bellarabi und Frimpong sollen über Flanken für Hložek und Azmoun Torchancen kreieren, zusätzlich sind mit Diaby (ebenso wie Bellarabi in Verbindung „Dribbling") und Demirbay (dann in Verbindung „kombinieren" und aus der Distanz verwerten) zusätzliche Offensivspieler auf dem Platz. Leverkusen verliert schließlich trotz eines ordentlichen Spiels. Es ist schwierig zu belegen, allerdings wirkt es so, als ob die Mannschaft zu jenem Zeitpunkt noch nicht über die nötige Selbstverständlichkeit in ihrem Spiel verfügt. Das Spiel, das die Zuschauer sahen, war ein Spitzenspiel, auch wenn die Tabellenkonstellation dies zu jenem Zeitpunkt (noch) nicht widerspiegelte.

In der Europa League steht wenige Wochen später in einem sehr harten Februar das Hinspiel gegen die AS Monaco an. Leverkusen nähert sich dem 1-5-2-3-System des Gegners, der in Ballbesitz eher langsam und bedächtig agiert, bis in der gegnerischen Hälfte Tempoverschärfungen hergestellt werden sollen, mit einer 1-4-2-3-1-Formation, in der Hložek als klare 9 agiert, unterstützt von Diaby links, Wirtz auf der 10 und Amiri rechts. Das Hinspiel der Europa League zeigt eine hohe effektive Spielzeit (82 Minuten), was an den vielen Ballbesitz-Passagen beider Mannschaften liegt. Es ist ein Spiel beinahe ohne Zweikämpfe und auch der Ballbesitz der beiden Teams schafft es durch die sehr positions-orientierte Interpretationsweise nicht so richtig, Torgefahr zu erzeugen oder einen entscheidenden Tempowechsel herzustellen. Sehr viele Bälle werden quer gespielt; zu selten gelingt es den Mannschaften diagonal vorwärts zu spielen. Bereits nach neun Minuten geht Monaco durch ein sehr bizarres Eigentor von Lukas Hrádecký in Führung. Leverkusen gelingt nach der Pause der schnelle Ausgleich, als Frimpong den Ball in Richtung Wirtz und Diaby spielt. Diaby profitiert dabei von der Interaktion mit Wirtz, zeigt seine ganze Qualität und Beweglichkeit und verwertet zum 1:1. Kurz darauf schafft es Leverkusen sogar auf 2:1 zu stellen, verliert dieses typische „Unentschieden-Spiel" jedoch am Ende durch zwei Fernschüsse in der Nachspielzeit noch mit 2:3.

Wenige Tage später folgt das nächste Bundesligaspiel: Mainz 05 ist zu Gast in der BayArena. Xabi Alonso rotiert seine Mannschaft kräftig durch (u. a. rücken Demirbay, Kossounou, Azmoun und Sinkgraven in die Mannschaft), auch wenn die grundsätzliche Aufgabenverteilung insbesondere in Ballbesitz gleich bleibt. Leverkusen kommt schwer in Fluss und spielt mit großen Abständen, die das Zusammenwirken erschweren. Gleichzeitig wird ersichtlich, dass das gegenseitige Spielverständnis zwischen allen Spielern noch nicht maximal ausgeprägt ist und die negative Spirale, die die Mannschaft bereits zu Saisonbeginn erfasst hatte, noch nicht gänzlich abgeschüttelt ist. Tapsoba verschießt einen Strafstoß (23.); dennoch schafft Leverkusen den Ausgleich per Konter (Amiri, 32.). Es bleibt jedoch ein unglückliches Spiel der Werkself: In der Nachspielzeit der ersten Hälfte verliert Leverkusen zweimal ein Duell im eigenen 16er und kassiert das 1:2. Zur Halbzeit kommen Hincapié und Frimpong, die das anfängliche 1-4-2-3-1 wieder auf 1-3-4-1-2 (wie gewohnt) verändern. Nach einem Konter zu Beginn der zweiten Hälfte (58.) schafft Schick das 2:2, in dem er einen Abpraller vollendet. Schließlich sieht Adli knappe zehn Minuten vor Schluss Rot nach einer Notbremse – Mainz verwertet zum 3:2-Endstand per Foulelfmeter.

Insgesamt fehlt dem Leverkusener Spiel an diesem Tag Struktur, Balance und Sicherheit. Kossounou spielt eher wie ein richtiger AV. Adli lässt sich als Stürmer selten zurückfallen.

Das Rückspiel gegen die AS Monaco sollte einen Wendepunkt in der Saison bilden und die Mannschaft massiv zusammenschweißen. Leverkusen startet in vermeintlicher Bestbesetzung mit dem Ziel, durch eine erfolgreiche Europa League-Saison den Einzug in den internationalen Fußball in der kommenden Saison sicherzustellen.

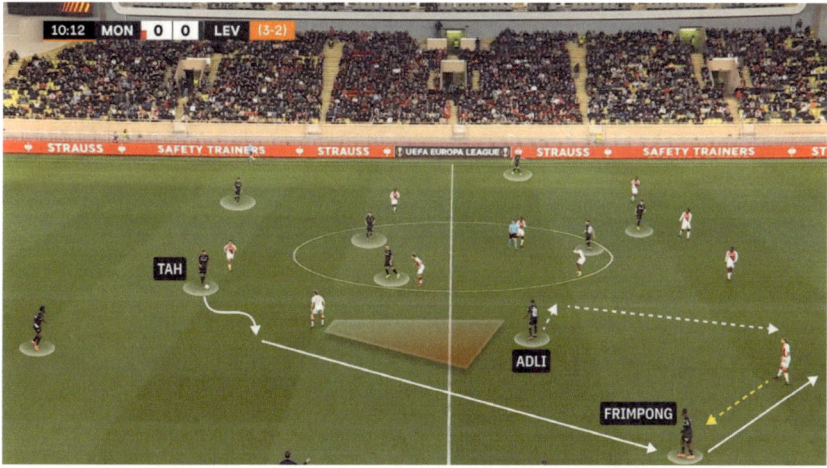

Tah dribbelt auf den nächsten Gegner zu, der einen Schritt nach rechts macht, um Adli in den Deckungsschatten zu stellen. Adli wechselt seine Passlinie und läuft im Rücken seines Gegners in den Raum, um für Tah eine linienüberspielende Passoption zu sein (Konzept: *cambiar linea* durch den Passempfänger). Dadurch öffnet sich der Passweg auf Frimpong, der sich seinem direkten Gegner entzogen hat. Der Linksverteidiger von Monaco rückt mit dem Pass von Tah auf Frimpong heraus und öffnet so die Schnittstelle zwischen ihm und seinem Innenverteidiger, die Adli sofort beläuft. Frimpong nimmt dies wahr und legt den Ball getimt in den Raum zu Adli, der es schafft, in den 16er zu dribbeln und zum Abschluss zu kommen.

Das Konzept der „Passlinien wechselnden Spieler" zeigt Leverkusen in diesem Spiel häufiger, insbesondere im Zentrum mit der Idee in der Spieleröffnung mit beiden zentralen Spielern in unterschiedlichen Etagen auf die Ballseite zu gehen, um das Pressing Monacos auszuspielen.

Leverkusen agiert im hohen Pressing mannorientiert. Einzig Hložek kontrolliert zwei Gegner, damit Wirtz den Torhüter attackieren kann. Den langen Schlag des Torhüters kann in der Folge Andrich mit dem Kopf kontrollieren.

Leverkusen schafft es, sich nach einem Tempo-Gegenstoß am gegnerischen 16er fest-zuspielen. Palacios und Wirtz zeigen mehrmals tolle Kombinationen und Interaktionen. Der Angriff wird finalisiert von Adli, der einen Chip von Wirtz auf die 5er-Kante gefühl-voll in die lange Ecke köpft. Besonders ist der Moment der Wahrnehmung von Wirtz, der kurze, verbindende Blickkontakt mit Adli, der dieselbe Fantasie und Intention für den Raum und den Pass mit Wirtz teilt und aus dem Rücken der Verteidiger startet, um den Angriff zu verwerten.

Spielfazit

Im Vergleich zum Hinspiel zeigt Leverkusen ein verändertes Gesicht: In der gewohnten – besten – Struktur mit dem wahrscheinlich besten verfügbaren Personal spielend, schafft es Leverkusen sofort, Druck auszuüben und nach 13 Minuten mit 1:0 in Führung zu gehen (Wirtz). Leverkusen ist gut im Spiel, verursacht dann einen Foulelfmeter, der zum 1:1 aus dem Nichts verwandelt wird (19.). Die Werkself lässt sich nicht beeindrucken und macht sofort weiter, was für eine schnelle, erneute Führung sorgt.

Insgesamt ist es ein guter Auftritt, auch wenn phasenweise zu viele Spieler in der obersten Linie auf einer Höhe und ohne Staffelung positioniert sind. So können sie sich oftmals nur entgegenkommend und in geschlossener Stellung anbieten oder aber direkt die Tiefe attackieren – beides macht ein geordnetes Vorrücken in Ballbesitz schwieriger.

In der zweiten Halbzeit kontrolliert Leverkusen das Spiel und kommt in der 58. Spielminute nach einem schönen Ball von Wirtz auf Adli sogar zum 3:1. In ihrem Spiel wird ihre klare Idee ersichtlich, allerdings sieht man auch, dass noch nicht alles stabil und „in Fleisch und Blut" übergangen ist. Insbesondere defensiv agiert Bayer phasenweise unsortiert und bekommt nicht den „richtigen" Zugriff, was in der Folge zu zu vielen guten Chancen gegen sie führt, ohne dass Monaco im Minutentakt Leverkusen unter Druck setzt. Leverkusen drängt in dieser Phase mit Kontern und viel Zug zum Tor auf die Entscheidung, ist trotz zahlreicher Chancen jedoch nicht erfolgreich. Monacos Ausgleich durch Embolo nach Flanke von rechts (Leverkusens linker Seite), ist die Folge und wird von unzureichender Zuordnung und Duellführung in der Box begünstigt. Das Spiel geht in die Verlängerung, wo es Leverkusen mit zunehmender Dauer gelingt, mehr (Ball-) Kontrolle herzustellen, wenn auch ohne klare Torchancen zu erspielen. Kurz vor Schluss kippt das Spiel dann nochmals in Richtung Monaco – es fällt jedoch kein Tor mehr. Leverkusen siegt im Elfmeterschießen – alle Schützen treffen.

Serie, 12.03.2023

Der Sieg in Monaco im Elfmeterschießen ist so etwas wie eine Initialzündung für die Mannschaft. Nach dem sehr harten Februar sollte es nun bis Anfang Mai dauern, bis die Werkself wieder eine Niederlage hinnehmen muss.

In Spiel zwei nach Monaco feiert die Werkself einen deutlichen Sieg gegen die „alte Dame" aus Berlin, ist dabei jedoch insbesondere begünstigt durch die eigene, eiskalte Chancenverwertung und durch das hohe, sozio-affektive Verständnis zwischen Frimpong und Diaby, die als Traum-Duo auf der rechten Seite brillieren. Das 1:0 wird in Koproduktion vorbereitet und das 2:0 verwertet. Zwischendurch verursacht Leverkusen einen Strafstoß gegen sich – alleine in der Bundesliga-Saison 2022/2023 werden es am Ende sieben sein. Trotz des klaren Ergebnisses ist es ein unspektakuläres Spiel, welches Leverkusen am Ende beinahe mühelos mit 4:1 gewinnt, ohne selbst dabei übermäßig zu glänzen. Auf Leverkusener Seite sticht Diaby mit herausragender Initiative und seiner Beweglichkeit heraus, sowie Wirtz, der immer wieder andeutet, mit seiner Beteiligung Spiele allein entscheiden zu können.

Die Werkself entwickelt ein immer besseres Selbstverständnis für das eigene Spiel, welches dennoch instabil bleibt. Die Spieler wirken immer besser zusammen, was sich auch beim Ausgleichstreffer gegen Werder Bremen zeigt:

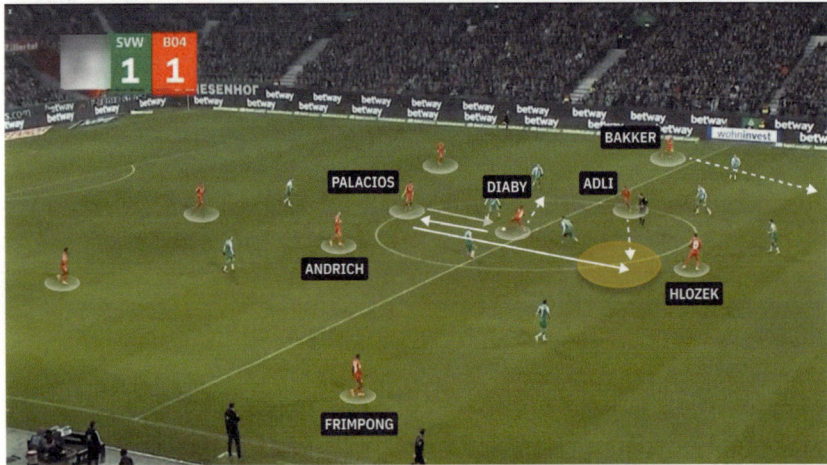

Der Ausgleich gegen Bremen: Positionell sorgen Hložek und Frimpong für Tiefe und binden den Gegner. Diaby lässt sich aus dem Raum zwischen den Linien in den Mittelkreis zurückfallen und zieht so einen Innenverteidiger Bremens aus der verteidigenden Ordnung. Diaby sorgt gemeinsam mit Adli dafür, dass sich ein Quadrat gemeinsam mit den 6ern Palacios und Andrich bildet. Er lässt den Pass von Palacios etwas zeitverzögert zurückprallen (um den Gegner noch mehr anzulocken) und bietet sich in einem neuen Raum seitlich an. Adli hat den frei gewordenen Raum wahrgenommen, startet diagonal in den Rücken seiner Gegner und bekommt den Pass durch die Schnittstelle von Palacios. Durch die folgende Tempoverschärfung und das Attackieren der Box trifft im weiteren Verlauf der linke Außenbahnspieler Bakker zum 1:1-Ausgleich per Volley.

Spielfazit

Zu Beginn sehen die Zuschauer in Bremen ein ausgeglichenes Spiel, was mit 1:1 in die Pause geht. Bremen schafft es dabei immer wieder durch gut getimte Laufwege die Leverkusener Manndeckung in der 5er-Kette zu nutzen und Räume freizuziehen, in die hinein gestartet wird. Dies sorgt hin und wieder für Gefahr. Leverkusen versucht das Spiel zu kontrollieren, was jedoch erst zum Start der zweiten Halbzeit gelingt und prompt durch einen abgefälschten Torschuss (Marke „Kacktor") mit dem 2:1 belohnt wird (56. Frimpong – bereits sein 7. Bundesligator). In der Folge versucht Bremen viel; Leverkusen schafft es aber, dem Bremer Druck Stand zu halten. In der 83. Minute setzt Leverkusen den entscheidenden Konter über die linke Seite, den Hložek per Kopf zum 3:1 verwertet. Daran ändert auch der Handelfmeter drei Minuten später für Bremen nichts, der zum 3:2-Endstand verwandelt wird.

Andeutungen, 19.03.2023

Auf den Sieg in Bremen folgt das ungefährdete Weiterkommen in der Europa League gegen Ferencváros Budapest, wo die Werkself sowohl im Hin- als auch im Rückspiel ungefährdet mit 2:0 gewinnen kann. In der Bundesliga steht der größtmögliche Härtetest an: Leverkusen empfängt den deutschen Rekordmeister. Unterschiedlicher könnten dabei die Stimmungslagen auf beiden Seiten nicht sein: Leverkusen, das einen guten Lauf hat und seine Siegesserie mit jedem Spiel ausbaut und auf der anderen Seite die Münchener, die sich in einer permanenten (Stimmungs-)Krise zu befinden scheinen. Bayern-Trainer Julian Nagelsmann, der – auch wenn dies zu diesem Zeitpunkt noch niemand ahnt – sein letztes Spiel als Bayern-Trainer absolvieren wird, vertraut auf eine 1-3-5-2 / 1-5-3-2-Anordnung seiner Mannschaft. Dabei schieben die Münchener immer wieder sehr viel Personal hoch und drücken Leverkusen auf die letzte Linie (Breite und fester Stürmer immer besetzt, darüber hinaus werden Zwischenräume durch Läufe attackiert). Xabi Alonso wählt eine Herangehensweise, die wir auch in der Folgesaison noch häufiger sehen werden: Ein 1-3-4-3 ohne klare Stürmer und dadurch extrem flexibel in der Raumbesetzung vorne. Es gibt mehrere interessante Personalentscheidungen: Andrich spielt als zentraler Innenverteidiger gemeinsam mit Tapsoba und Kossounou; Hincapié (der auch als linker Halbverteidiger agieren kann) spielt als Außenverteidiger links. Frimpong auf der rechten Seite agiert wie gewohnt hoch und breit. Demirbay und Palacios bilden das Zentrum, während der Sturm vorne fließend und flexibel mit den wendigen, schnellen Diaby, Wirtz und Adli agiert, die immer wieder abgestimmt und aufeinander achtend in Räume hineinstoßen.

Insbesondere defensiv ist die Werkself herausgefordert und schafft es durch eine gute Aktivität und ein gutes Kollektiv, das Wirken des Gegners zu minimieren.

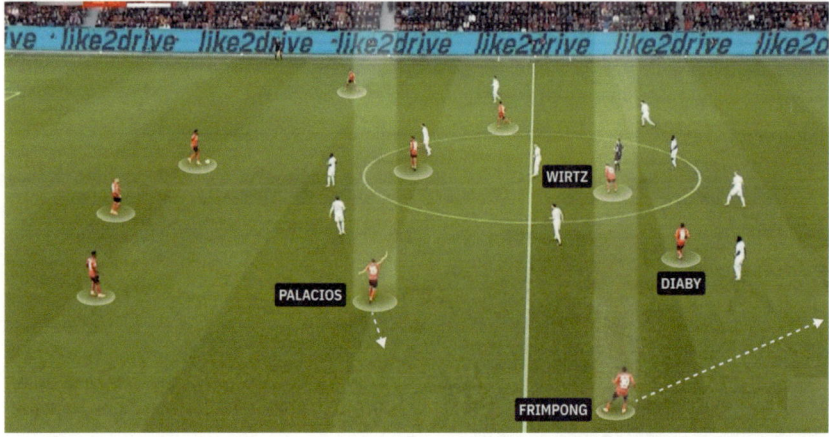

Leverkusen schafft durch Positionierungen Überzahl und Vorteile auf der rechten Seite: Palacios hebt schon den Arm und zeigt an, dass er nach rechts herausziehen wird. Frimpong steht hoch und startbereit, um den Raum zu attackieren, während Diaby seinen Gegenspieler innen bindet und Wirtz durch seine Position zwischen Linien die Aufmerksamkeit der gegnerischen Innenverteidiger erregt, die deshalb auf dem Sprung vorwärts sind.

Leverkusen kontrolliert mit einer 5er-Kette die sehr breiten Außen von Bayern. Die inneren Verteidiger der Dreierkette sind immer wieder bereit, die Bewegungen / Positionswechsel der Stürmer und offensiven Zentrumsspieler von Bayern aufzunehmen und situativ herauszustechen. Die vordere 3er-Reihe von Leverkusen gibt keinen Balldruck, sondern verschiebt und verengt – lauert jedoch auf den Ballverlust. An der Körperhaltung der letzten Linie von Leverkusen sieht man außerdem, wie sie sich anhand der Intentionen (Blickrichtung, Dribbelrichtung) und der Körperhaltung des Ballbesitzers in ihrer seitlichen Stellung ausrichten, um dadurch einen schnelleren Zugriff auf den nächsten Pass zu haben.

Leverkusen attackiert den Ball mit Frimpong, während der Rest der Mannschaft seitlich verschoben ist. Kossounou ist bereit, auf Mané herauszustechen, während Palacios den tiefen Laufweg von Goretzka aufnimmt und verteidigt. Frimpong verteidigt Davies in dieser Szene nach innen und versucht ihn, auf seinen rechten (vermeintlich schwächeren) Fuß zu lenken.

Alonso und Leverkusen mit leichten Anpassungen zur Pause: Durch mehr Anspielstationen in der Spieleröffnung (mehr Spieler kommen kurz) werden die Anlaufwege der Bayern länger. Die vordere Reihe verschiebt ballorientiert mit und ist in der Tiefe sowohl im Fuß als auch für einen Pass in den Raum anspielbar. Dadurch schafft es Leverkusen, die Dynamik der Offensivspieler in der gegnerischen Hälfte ins Spiel zu bekommen. Bayern versucht dies zu kompensieren und stellt überall auf dem Platz ein 1v1 her und spielt damit mit direkter Zuordnung. Dadurch gehen die Münchener ein hohes Risiko ein, da nun ein langer Ball und ein verlorenes Laufduell gegen die sehr schnellen Leverkusener Stürmer ausreichen, um eine hochkarätige Torchance für Leverkusen herzustellen.

Spielfazit

Die erste Torchance von Bayern – ein abgefälschter Schuss von Kimmich – bringt das 0:1. Vorher agiert Leverkusen wach, gut auf dem Vorderfuß und grundsätzlich mit guter Aktivität mit und gegen den Ball. So geht es auch mit dem knappen Rückstand in die Halbzeit, ohne dass Leverkusen zu einer klaren Torchance kommt. Im Gegenteil – Bayern zeigt ein gutes Spiel, ohne dabei maximal zu dominieren. Zur Pause wechselt Nagelsmann dreimal: Müller, Mané und Cancelo gehen raus – Musiala, Gnabry und Coman kommen rein. In der zweiten Hälfte fällt auf, dass Leverkusen vermehrt weiter vorne anläuft und Bayern bereits früher attackiert.
Kurios in diesem Spiel: Bayer dreht das Spiel nach doppeltem Videobeweis und es gibt zweimal Strafstoß – zweimal nach Foul an Adli, dem in beiden Fällen eine Schwalbe unterstellt worden war. Auf Leverkusener Seite brilliert besonders Palacios, der sich extrem zweikampfstark zeigt und viele Bälle abfängt. Darüber hinaus hat er die Fähigkeit, auf seine „argentinische" Art „Zeichen zu setzen". Mit

Blick auf die reine Spiel-Leistung fällt es schwer zu verstehen, warum Julian Nagelsmann in der Folge als Bayern-Trainer freigestellt wurde: Das Freilauf-Verhalten, die Positionierungen und die Möglichkeiten des Rekordmeisters hätten auch ein anderes Resultat zugelassen; Leverkusen gewinnt durch zwei Foulelfmeter, die vor allem auf ein individuell nicht gutes Zweikampfverhalten zurückzuführen sind. Die wenigen klaren Torchancen der Bayern sind ein Beleg für die gute defensive Organisation, die Xabi Alonso seit seinem Amtsantritt seiner Mannschaft gegeben hat. Leverkusen setzt mehr als eine erste Duftmarke und zeigt, dass mit dieser Mannschaft in der kommenden Saison zu rechnen sein wird.

Bewerbungen, 20.04.2023

Die Leverkusener Serie hält trotz des Sieges gegen den Rekordmeister weiter an. Zu oft hatten Mannschaften in der Vergangenheit nach einem Sieg gegen die Bayern Schwierigkeiten gehabt, in den „normalen" Liga-Alltag zurückzukehren, doch bereits hier zeigt die Werkself einen beeindruckenden Reifeprozess, von dem die Mannschaft in der Folgesaison profitieren wird. Die Spiele gegen Schalke und Eintracht Frankfurt entscheiden die Leverkusener für sich, ehe die nächste Herausforderung in der Europa League wartet: Das belgische Überraschungsteam Union Saint Gilloise (USG), mit dem bereits Union Berlin unliebsame Erfahrungen machen musste, fordert nun die Werkself. Trainer Karel Geraerts hat aus der sehr interessanten Mannschaft einen schwierig zu bespielenden Gegner gemacht: In einer Mischung aus 1-5-3-2 und 1-3-4-3 suchen die Belgier immer wieder Duelle und einen sehr direkten Weg zum gegnerischen Tor. Besonders auffällig ist Stürmer Victor Boniface, der in der Europa League für USG bereits fünfmal traf. Der sehr direkte Stil wird auch dadurch begünstigt, dass neben der Physis auch die Umtriebigkeit von Boniface in der vorderen Reihe es sehr schwer macht, diesen zu kontrollieren und in jeder Situation zu verteidigen. Zu Beginn des ersten Spiels agiert dieser eher als Linksaußen und noch etwas weiter weg vom Tor; dies ändert sich in der zweiten Hälfte, als der Nigerianer direkt die erste Torchance zum 0:1 verwandelt.

Die erste Torchance im Hinspiel haben die Leverkusener bereits nach sieben Minuten durch einen Konter. Die Werkself agiert insgesamt sehr breit, hat wenige Spieler zwischen den Linien; die Mitte ist regelrecht leergefegt. In der ausgeglichenen ersten Hälfte ist USG ein unangenehmer Gegner, der viel Personal mit Wucht und körperbetonter Spielweise durch viel direktes (und langes) Spiel einsetzt. Zur Halbzeit passt Xabi Alonso mehrere Dinge an, sodass die Distanzen der Spieler untereinander kleiner werden, weshalb bessere Verbindungen und in der Folge eine bessere Spielkontrolle in Ballbesitz möglich ist. Dies ändert sich auch nicht durch das 0:1 durch Boniface; allerdings bleibt das Spiel kompliziert: USG zeigt eine gute Leistung und wird immer wieder durch gut getimte und einstudiert wirkende Gegenangriffe gefährlich. Gleichzeitig verteidigen die Belgier konsequent und klar. Es dauert bis zur 82. Minute, ehe Wirtz die Werkself erlöst und nach einer Ablage von Stürmer Azmoun zum Ausgleich per Fernschuss ins Netz trifft. Dem Tor vorausgegangen war ein grundsätzlich typisches Prinzip: Verlagerung diagonal auf halblinks, von wo aus Hincapié diagonal mit einem Pass den Stürmer sucht, der nach vorne nicht durchkommt und dann auf Wirtz ablegen kann. In der Endphase der Partie versucht Leverkusen nochmals den Druck zu erhöhen, ohne jedoch zu klaren Abschlüssen zu kommen. So geht es, begleitet von einem weiteren Unentschieden in der Liga, ausgeglichen ins Rückspiel nach Belgien.

Leverkusen kontrolliert den Ballbesitz von Saint-Gilloise ohne einen tatsächlichen Zweikampf zu führen. Das Stellen des Gegners durch Amiri verhindert den Spielfortschritt, da sich der Gegner nicht traut, ins 1v1 zu gehen und so nicht ins Tempo kommen kann. Alle nächsten Anspielstationen sind verstellt bzw. durch Leverkusener Zugriff gesichert. Durch enge Abstände wird das Feld klein gehalten, gleichzeitig sind Pässe in den Raum hinter der Kette erschwert. Für Union Saint-Gilloise bleibt nur die Exit-Option hintenherum.

Spielfazit

Leverkusen kommt wie ein Torpedo ins Rückspiel: Sprintstark und mit Lust auf Pressing erzielt Diaby nach einem zweiten Ball im Gegenpressing und einem folgenden Steckpass direkt das 1:0 nach zwei Minuten. Leverkusen bleibt effektiv (zweiter Schuss aufs Tor) und schafft nach einem Tempoangriff das 2:0 von Bakker (37.). Dennoch ist es ein kompliziertes Spiel für die Werkself, bei dem Leverkusen darauf bedacht ist, die Kontrolle zu behalten und keine Angriffe oder Torabschlüsse des Gegners zuzulassen. Selbst können sie durch ihre Dynamik immer wieder für Gefahr sorgen und gleichzeitig über die eigene Ballsicherheit den Gegner kontrollieren. In der 60. Minute schließlich entscheidet Leverkusen das Spiel: Aus dem Pressing heraus attackiert Bakker den Torhüter, der unter Druck den Ball Frimpong in die Füße spielt. Dieser versenkt den Ball ohne Probleme im leeren Tor. Nach dem Anschlusstreffer von USG wackelt Bayer kurz und lässt noch weitere Abschlüsse zu (u. a. Lattentreffer); fällt jedoch nicht. Stattdessen ist es Hložek, der das Spiel nach einem abgeprallten Schuss von Diaby mit dem 4:1 entscheidet. Ein verdienter Sieg gegen einen sehr schwierig zu spielenden Gegner, bei dem scheinbar insbesondere Victor Boniface einen sehr bleibenden Eindruck in Leverkusen hinterließ.

Der letzte Sieg der Saison, 23.04.2023

Die Freude über den Halbfinaleinzug in die Europa League ist groß bei der Werkself, die jedoch im Takt der englischen Wochen auch in der Bundesliga unmittelbar wieder bei RB Leipzig gefordert ist. Mit Blick auf die Belastungen in der Europa League rotiert Xabi Alonso das Personal etwas; die Grundsystematik und -positionierung bleibt allerdings gleich. Besonders auffällig im Spiel gegen RB ist das Verhalten der zentralen Mittelfeldspieler Demirbay und Andrich, die sich immer wieder wechselweise neben den zentralen Innenverteidiger (Tah) fallen lassen, wodurch der jeweilige Halbverteidiger weiter herausschieben kann und auf der Außenbahn mehrere Höhen bzw. Etagen entstehen. Insbesondere für die rechte Seite ist dies relevant, da Frimpong so direkt in die höchste Höhe gebracht und in einer Rolle als Außenstürmer aktiviert werden kann. Auch in diesem Spiel lassen sich mehrere Konzepte beobachten, die ebenfalls in der Meistersaison ihre Wirkung entfalten.

Gegengleiche Laufwege, um die Innenverteidiger herauszulocken: Adli kommt als Anspielpunkt entgegen, während Diaby gleichzeitig versucht, die Lücke / Schnittstelle zwischen beiden Verteidigern mit einem tiefen Lauf zu attackieren. Leipzig-Verteidiger Klostermann nimmt dies rechtzeitig wahr und verfolgt Adli nicht, sondern verschließt damit die vermeintliche Lücke in die Tiefe.

Das 1:0 für Leverkusen durch eine Tempoverschärfung: Andrich erhält den Ball von Kossounou in offener Spielstellung und hebt, während der Ball unterwegs ist, bereits dreimal den Kopf. Er sieht, wie Diaby die (gleichen) Möglichkeiten (wie Andrich) in dieser Situation erkennt und in die Tiefe startet. Diabys direkter Gegenspieler Gvardiol hat diese Situation nicht rechtzeitig erfasst und steht noch frontal, was es ihm – nicht nur angesichts Diabys grundsätzlicher Dynamik – nahezu unmöglich macht, diesem zu

folgen oder diesen aufzuhalten. Diaby bekommt den Ball in die Tiefe und findet anschließend mit seiner Eingabe Hložek, der zum 1:0 verwertet. In der TV-Wiederholung des Tores erscheint es beinahe, als ob der Pass für Andrich zu lang gerät und dieser deshalb ins Tempo gezwungen wird. Er berührt den Ball nur noch mit der Fußspitze und drückt diesen in Richtung des startenden Diaby. Mit Erfolg – und ein Beispiel für die geteilte Intentionen in der Spielsituation beider Spieler.

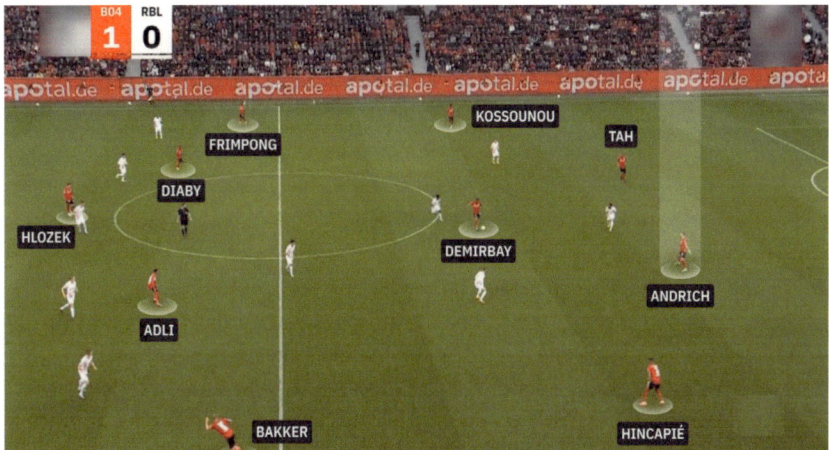

In dieser Einstellung sieht man sehr gut die Besonderheit der Positionierung von Andrich, der normalerweise als defensiver Mittelfeldspieler im Zentrum vor der Abwehr agiert. Er lässt sich neben Tah fallen und stellt so in der Spieleröffnung bzw. im Moment der Ballverteilung aus der eigenen Hälfte heraus eine Viererkette her. Die Halbverteidiger Kossounou und Hincapié positionieren sich etwas breiter und erlauben den „eigentlichen" Außenspielern, Frimpong und Bakker, extrem hoch zu stehen. Mit den im Halbraum agierenden Adli und Diaby, sowie Hložek als Spitze, entsteht ein 5v5 bzw. ein 1v1 auf der letzten Linie. Gleichzeitig kann Leverkusen das Spiel in der eigenen Hälfte in Überzahl mit dem Ball kontrollieren.

Spielfazit

Zu Beginn ist Leverkusen sehr auf das Verteidigen des eigenen Tores fokussiert und schafft kaum Entlastung. Gleichzeitig sind auch klare Abschlüsse der Leipziger Mangelware, die dennoch das Spiel kontrollieren. In der Folge kommt Leverkusen besser ins Spiel, ohne dabei selbst zu torgefährlichen Szenen zu kommen. Es entwickelt sich ein sehr ausgeglichenes Spiel, in dem beide Teams versuchen, die Gefahren des jeweils anderen zu eliminieren. Das erste Ausrufezeichen setzt der aufgerückte Hincapié per Fernschuss an die Latte (32.) Das 1:0 für Leverkusen gegen Ende der ersten Halbzeit kommt beinahe aus dem Nichts. In der 44. Minute stehen die Teams in puncto Chancen nahe beieinander (*xG* B04: 0.25 zu RBL: 0.22) – das Spiel ist also weiterhin extrem ausgeglichen und eher chancenarm. In der zweiten Halbzeit hat Leverkusen dann noch einiges auszustehen, bis die letzten drei Punkte der Saison im Sack sind: Leipzig erhöht den Druck, sodass Hrádecký und Co. mehrmals in höchster Not retten müssen. Im eigenen Ballbesitz gibt es zwar kurze Phasen der Spielkontrolle; insgesamt ist dies aber sicher kein kontrolliertes, sondern ein sehr kompliziertes, herausforderndes Spiel für Alonsos Leverkusener. In der 84. Minute kommt dann der finale Konter der Werkself, der im Strafraum nur per Notbremse gestoppt werden kann: Eine rote Karte und ein Strafstoß sind die Folge, den Amiri zum 2:0-Siegtreffer verwandeln kann. Dieser Sieg der Werkself zeigt eine schöne Evolution der Mannschaft innerhalb der Saison: Leverkusen kann auch unangenehm spielen und gewinnen; nicht nur mit Tempo, nicht nur mit Ballbesitz, sondern mit vielen Facetten. Die zu Saisonbeginn etwas wackelige Defensive scheint ebenfalls genau rechtzeitig vor den Finalwochen der Saison stabilisiert. Was noch keiner ahnt: Es bleibt der letzte Sieg in der Saison 2022/2023 für die Leverkusener.

Derby, 05.05.2023

Mit einem torlosen Unentschieden gegen Union Berlin schließt Leverkusen den April ab – und damit auch die beeindruckende Serie von insgesamt 14 wettbewerbsübergreifenden Spielen ohne Niederlage. Im Derby gegen den FC ist auffällig, dass der linke Außenverteidiger Bakker seine Position sehr hoch interpretiert und insbesondere während des hohen Pressings nur mit einer Viererkette verteidigt wird. Bakker ist in diesem Fall dafür zuständig, dass der dritte Stürmer hergestellt wird (mit Diaby und Adli), da Wirtz sich zurückfallen lässt auf die 10er/8er-Position. Frimpong adaptiert sich diesbezüglich zu dem Verhalten von Adli und entscheidet situativ, ob er wie ein Rechtsaußen agiert oder entsprechend leicht dahinter. Die Außenverteidiger agieren bereits so, wie es in der Folgesaison zum Markenzeichen der Werkself wird: Sie laufen diagonal zum Tor durch und haben somit fast immer eine Boxberührung im eigenen Angriff.

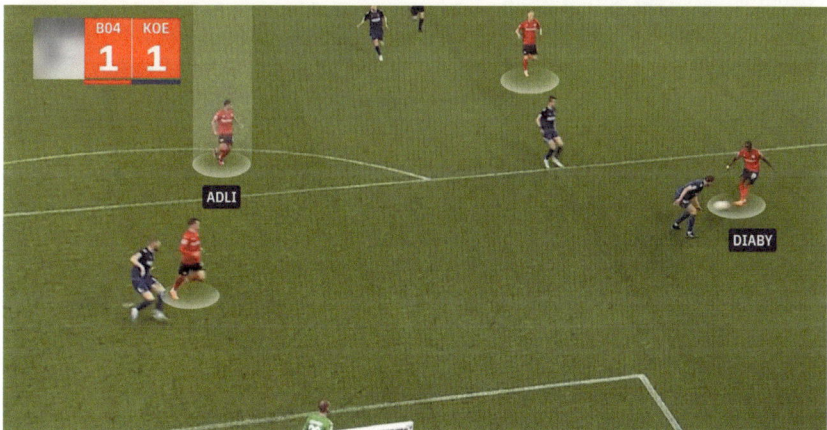

Leverkusens Prinzipien im Konter: Vermeidung direkter Zweikämpfe, aber im „Vorwärts"-Modus bleiben. Die bevorzugte Spielrichtung ist diagonal, es kann aber auch ein Querpass erfolgen, wenn er den Ballbesitz sichert. Grundidee ist, ein „Spiel und Geh" zu praktizieren, da der Spieler, der gestellt wird und damit das erste Ziel des Gegenpressings ist, in der Folge von den balljagenden Gegnern aus den Augen verloren wird. Daher spielt Adli den Ball im Mittelkreis zur Seite weg (anstatt mit einer Bewegung im Dribbling an seinem Gegner vorbeizugehen und damit seinen Beweglichkeits- und Tempovorteil zu nutzen) und läuft anschließend weiter durch. So kommt er beim Querpass von Diaby frei zum Abschluss, weil alle Gegner zum Ball orientiert sind, ihn jedoch aus den Augen verloren haben – und trifft in der Folge zum 1:1-Ausgleich gegen Köln.

Spielfazit

Leverkusen mit einem druckvollen Start, wenn auch etwas weniger Spielkontrolle durch Ballbesitz oder eine organisierte Defensive. Das sehr unkonventionell und geradlinig agierende Köln schafft mit der ersten Offensivaktion in der 14. Minute durch Selke das 1:0. Das Gegentor ist ein weiteres Beispiel für das nach wie vor vorhandene Potenzial im Defensivverhalten der Leverkusener Hintermannschaft. In der 28. Minute schafft Bayer dann den Ausgleich: Nach Ballgewinn an der eigenen Grundlinie kontert das Team diagonal vorwärts, dabei nicht immer sofort tief spielend, sondern sich miteinander kurz vernetzend, bis tiefe – gute – Angebote im Rennen gefunden werden können. Man könnte es so beschreiben, dass weil etwas weniger vertikal agiert wird, stattdessen mehr Spieler mitgenommen werden können und so dafür gesorgt wird, dass der Ball nicht direkt wieder verloren geht (es wird der Zweikampf vermieden und immer dann direkt weggespielt, insbesondere diagonal bzw. zur Seite, wenn der Gegner kommt). Dies hat auch zur Folge, dass viele Spieler gemeinsam mit Wucht im gegnerischen 16er ankommen.

Mit dem Ausgleich ist Leverkusen besser im Spiel, kombiniert gut, setzt den Gegner besser unter Druck und kommt damit zu Torchancen. Die Abstände in Ballbesitz sind direkt enger, was bessere Verbindungen mit- und zueinander erlaubt. Genau in diese Phase trifft Köln mit dem zweiten Treffer von Davie Selke und dem zweiten Kölner Schuss aufs Tor – wieder nach einem Angriff über Leverkusens linke Seite (36.). Mit der Einwechselung von Palacios nach 60 Minuten kommt wieder etwas mehr Punch und Struktur in das Spiel von Leverkusen, die versuchen, das Spiel zu drehen, allerdings gelingt dafür zu wenig. Köln versucht wiederum gegen die 3er-Kette direkt drei offensive Spieler zu stellen und sorgt damit für eine permanente Bedrohung der letzten Linie von Leverkusen. In der zweiten Halbzeit verbessert sich die Spielstruktur von Leverkusen, dadurch die Beziehungen zueinander und damit auch die Interaktionen. Am Ergebnis kann dies allerdings nichts ändern.

Mourinho, 11.05.2023

Im Halbfinale der Europa League kommt es für Xabi Alonso zum Wiedersehen mit Ex-Trainer José Mourinho. Der extrovertierte Portugiese, der mit seiner Herangehensweise an Spiele schon viele Titel einfahren, dabei allerdings nicht immer das Publikum für sich begeistern konnte, stellt mit dem AS Rom eine schwierige Herausforderung für die Werkself dar. Die Römer verdichten extrem das Zentrum und lenken Leverkusen aggressiv von Innen nach Außen. Dadurch haben Andrich und Palacios Probleme ins Spiel zu finden und eingebunden zu werden. Lediglich Pässe auf die Außenbahnen sind möglich. Gleichzeitig befindet sich die letzte Linie von Rom permanent auf einer Höhe, die es für Leverkusen schwierig macht, in die Dynamik zu kommen. Leverkusen versucht dieser Herausforderung durch Angriffe über die Halbspur zu begegnen, um den Raum vor der gegnerischen Abwehrreihe zu finden und den ersten kompakten Block zu umspielen. Wenn dies passiert, fallen die äußeren Spieler Roms nach hinten, sodass die letzte Linie immer mit fünf Spielern besetzt ist. Insgesamt agiert das Team darin sehr funktional und abgestimmt, was das Finden von Lücken maximal erschwert.

Leverkusen selbst versucht viel über einen mobilen Stürmer (Hložek) zu lösen, der Überzahl schafft und als tiefer Anspielpunkt entgegenkommt, um anschließend den Ball prallen zu lassen oder abzulegen, damit wieder vorwärts gespielt werden kann. Dabei wird er von seinem Gegner grundsätzlich nicht aufgenommen oder verfolgt.

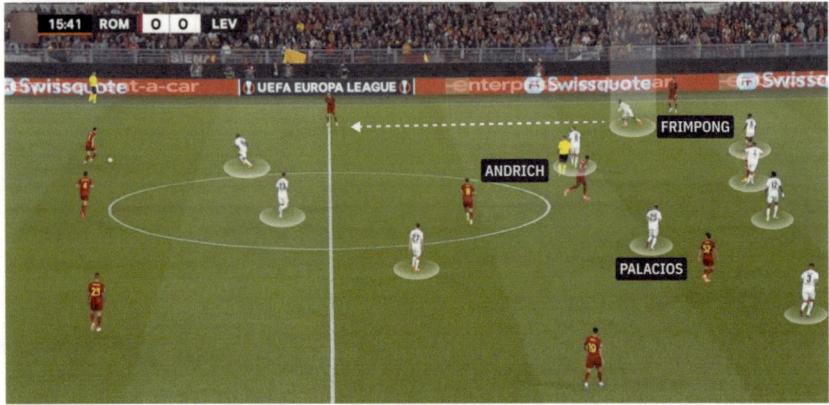

Leverkusens 5er-Kette schiebt durch und „pendelt" zur 4er-Kette: Frimpong attackiert raus auf den linken Verteidiger Roms, während die verbleibenden vier Verteidiger die Angreifer kontrollieren. Gleichzeitig erkennt man hier bereits potenzielle Gefahren / Herausforderungen für Leverkusen: Durch zwei Spieler im Zwischenraum, die bereit sind, in die Tiefe zu starten und die Schnittstellen der Kette zu attackieren, muss durch gute Orientierung und hohe Aufmerksamkeit für „die nächsten Pässe" direkt der Gegner aufgenommen werden. Die vorderen drei Spieler Leverkusens versuchen in Verbindung mit den zentralen Palacios und Andrich, das Zentrum zu sichern und direkte Angriffe durch die Mitte zu verhindern.

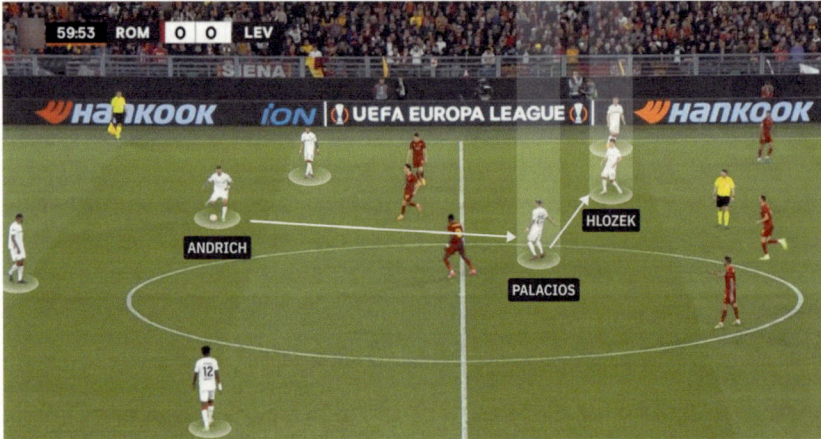

So schafft es Leverkusen gegen die Roma ins Tempo: Andrich spielt einen verdeckten Pass (seine Körperhaltung deutet einen Querpass an, er überwindet jedoch die erste Verteidigungslinie Roms) und findet Palacios, der aus seiner geschlossenen Stellung den Ball direkt auf Hložek prallen lässt (Spiel auf den 3. Mann). Dieser kann sofort im Duo mit Bakker auf der linken Seite ins Tempo gehen und schafft gemeinsam einen raumgreifenden Vorstoß bis zum 16er. Gegen die engen römischen Verteidigungslinien sind Tempowechsel durch vertikale Pässe mit anschließender Nähe, um einander stützen zu können, ein gutes Mittel, um den Gegner zu überwinden.

Spielfazit

Der erste Abschluss der Partie gehört Leverkusen nach 43 Sekunden. In der ersten Halbzeit ist es ein sehr enges, kontrolliertes Spiel, bei dem beide Teams um die Stärken der jeweils anderen Mannschaft zu wissen scheinen und alles versuchen, um diese nicht zum Tragen kommen zu lassen. Mit dem Start der zweiten Hälfte scheint Leverkusen besser in die Partie zu kommen und schafft immer häufiger kontrollierte Vorstöße gen 16er. Diese gelingen häufig durch Überspielen der ersten Verteidigungslinie und einem damit verbundenen Tempowechsel. Mitten in diese Phase fällt „aus dem Nichts" mit der ersten richtigen Torchance das 1:0 für die Roma durch Bove (63.). Nach dem Tor steht Rom sofort tiefer und verteidigt aus dem 1-5-3-2 in der eigenen Hälfte. Dies ist jedoch zunächst kein Dauerzustand – die Verteidigungshöhe wird immer wieder variiert – und für Leverkusen damit eine sehr schwierige Aufgabe. Gegen die gut organisierte Struktur der Römer bleibt es eine Herausforderung, selbst ins Tempo zu kommen oder für Überraschungsmomente zu sorgen, während Rom selbst immer wieder Gegenstöße setzen kann. Es dauert bis zur 88. Minute, ehe Frimpong nach einem Aussetzer von Rom-Keeper Rui Patrício die riesige Chance zum Ausgleich hat, aber der Schuss wird auf der Linie geklärt.

Insgesamt schöpft Rom alle zur Verfügung stehenden Mittel aus, um das Spiel (egal wie) zu gewinnen. Dies gelingt final, weil Leverkusen es nicht schafft, gegen diese Spielweise viele Torchancen herauszuspielen.

Im Rückspiel ist es ein unverändertes Bild – und die Leverkusener beißen sich an der gut organisierten Defensive der Italiener die Zähne aus, die darüber hinaus keine Mittel scheuen, das Spiel in ihrem Sinne zu beeinflussen.

Mit dem Ausscheiden im Europa League-Halbfinale klingt die Saison beinahe bedeutungslos aus; wodurch die Werkself fast die Teilnahme am europäischen Wettbewerb in der Folgesaison verliert. Dabei hat Xabi Alonso in seiner ersten Saison als Bundesliga-Trainer bereits Vieles geschafft: Die Mannschaft, die er im Oktober übernahm, hat seine Spielidee mehr und mehr angenommen und verinnerlicht; er hat die Defensive stabilisiert und hat die vorhandenen Stärken der Spieler genutzt, um mit ihrer Dynamik und ihrem Tempo ein erfolgreiches Konterspiel zu etablieren. Alonso hat die Werkself aus der Abstiegszone heraus- und darüber hinaus bis ins Halbfinale der Europa League geführt. Vor allem wirkt die Mannschaft reifer und klarer (auch wenn dies im letzten Saisonspiel gegen den VfL Bochum nicht so wirkt). Damit steht eine Basis für eine historische Saison, auch wenn diese Basis, von Außen betrachtet, zu jenem Zeitpunkt nicht so klar ersichtlich gewesen sein mag. Xabi Alonso selbst trägt bereits zu jenem Zeitpunkt eine absolute Überzeugung in sich: „Zum Saisonende bat ich einige Spieler, die auch Angebote von anderen Klubs hatten, darum, zu bleiben. Ich sagte: ‚Bitte vertrau mir. Wenn du aus dem Sommer zurückkommst, werden wir eine herausragende Saison haben'."[198] Wie sehr er Recht behalten sollte ...

198   Alonso in Robles 2024.

Exkurs: Phasenräume

„Wir alle müssen alles nach dem Ball ausrichten; er ist der zentrale Akteur. Ohne den Ball gibt es nichts; der Ball ist die Mutter, die Quelle des Lebens im Fußball. Wozu ist das Tor da? Damit der Ball hineinkommt. Ohne den Ball hat nichts eine Bedeutung."[199]

JUANMA LILLO

Jorge Valdano, Weltmeister 1978 mit Argentinien als Spieler, außerdem ehemaliger Trainer und Funktionär von Real Madrid und bekannt als Fußballphilosoph, ist klar in seiner Aussage: „Dieses Leverkusen ist rund um den Ball entstanden. Es ist eine Mannschaft, die beides beherrscht: die Räume, aber auch den Ball. Sie haben einen so großen Sinn für Rhythmus und so viel Überzeugung, dass sie keine ängstlichen langen Bälle schlagen. Sie spielen sich immer weiter ihre kurzen Bälle zu, mit unendlicher Geduld, bis sich eine Lücke auftut."[200] Eine Mannschaft, die sich rund um den Ball organisiert, die deshalb andere Strukturen und Formen aufweist, erfordert auch eine andere Betrachtungsweise. Daher wollen wir uns nun mit dem Konzept der Phasenräume beschäftigen, das innerhalb der Methodik des FC Barcelona eine große Rolle einnimmt und in der Folge auch andere Trainer innerhalb Spaniens stark beeinflusste. Dabei geht es einerseits um die Betrachtung des Fußballspiels als solches als eine Abfolge von einander bedingenden Situationen und Sequenzen. Andererseits geht es um die Organisation der eigenen Mannschaft um den Ball herum als wichtigstes Element anhand bestimmter Leitfragen und Kriterien, die dabei helfen sollen, den Spielern durch entsprechende Referenzpunkte bessere Entscheidungen zu ermöglichen. Losgelöst von klassischen Formationen und Denkmustern entsteht in der Folge ein fluides Gebilde, das den Spielern intuitiv und abgestimmt erlaubt, miteinander zu interagieren, um das entsprechend nächste Spielziel auf Basis gemeinsam geteilter Intentionen (siehe Extra-Exkurs) zu erreichen.

199   Lillo 2011.
200   Valdano in Cáceres & Selldorf 2024.

Raumzeit

Im Fußball wird Zeit durch Raum bestimmt und umgekehrt. Der Raum, die Zeit und die Gelegenheit sind drei eng miteinander verbundene Variablen. Eine Variable kann nicht ohne die andere verstanden werden. Die für eine bestimmte Intervention von Spielern vorgesehene Zeit wird reduziert, wenn sie näher am gegnerischen Ziel ist. In den allermeisten Spielsituationen bleibt wenig Zeit zum Eingreifen.[201] Geschwindigkeit alleine führt in einem Sport wie dem Fußball nicht zum Erfolg, sondern das Management derselben. Die Gelegenheit ist der genaue Moment, in dem man mit einer bestimmten Handlung im richtigen Augenblick in das Spiel eingreift. Das Ziel im Fußball ist also, nicht schnell zu handeln, sondern im richtigen Moment mit der passenden Dosierung; mit anderen Worten: im perfekten Timing.

Die Kontrolle des Raumes ist eine wesentliche Variable, um in der Folge diesen optimal zu besetzen und neuen Raum zu schaffen. Mit Blick auf das Profil unserer Spieler lohnt es sich, darüber nachzudenken, welches Profil und welchen Charakter der Trainer in welchem Raum auf dem Spielfeld haben möchte (gegen welche nächsten Gegner mit ihren individuellen Charakteristiken). Ebenso sollten unsere Spieler Kenntnis darüber haben, wie sie ihren Mitspielern mehr Zeit (und Raum) verschaffen können. Oft ist das Täuschen und das Verdecken der eigenen Intention der Schlüssel hierzu.

Wenn wir ein Fußballspiel betrachten, dann vergleichen manche Beobachter ein Spiel auch mit einem guten Film: Damit Handlungsketten ineinander greifen können, ist es wichtig, die innere Logik des Filmes beizubehalten. Und diese ist für gewöhnlich konditioniert durch das, was in einem bestimmten Zeitraum vorher passiert ist, was also die Grundlage für die augenblickliche Situation legt und damit die Basis für das, was gleich (in naher Zukunft) passieren wird. Einem ähnlichen Konzept folgt auch die Idee der „Phasenräume": Alles, was im Spiel passiert, hat seinen Ursprung im Vorher und konditioniert das Nächste. Ähnlich wie im Film wird also ein Szenario aufgebaut, aus dem sich neue Handlungsoptionen ergeben. Das Besondere am Fußballspiel – anders als beim Film – ist, dass das Spiel weniger einem Drehbuch folgt, sondern eher einem permanenten Improvisationstheater gleicht: Wir wissen zwar grob, über welches Thema wir spielen sollen, aber nicht jeder Satz und Moment ist festgeschrieben. Es handelt sich also, vereinfacht gesagt, um Ereignisse innerhalb des Spiels, die sich in ein „Vorher", „Während" und „Danach" einteilen lassen und nicht repro-

201 Moreno 2013.

duzierbar sind. Es sind dynamische Interaktionsräume, die sich danach ausrichten, wo gerade der Ball ist und zahlreichen Einflussfaktoren unterliegen (Umfeld, Spielminute, Spielstand, Emotionen, ...).[202]

Als Kriterien für die Beurteilung einer Spielsituation (ebenso wie im Training) schlägt der langjährige Barca-Trainer Joan Vila die folgenden vier vor: Ball, Raum, Mitspieler, Gegenspieler. Dabei geht er anhand von folgenden Fragen vor: [203]

Was?	Der Ball – wie ist die Situation, wo ist der Ort, zirkuliert er (wo? Wer ist in Ballbesitz?)?
Wo?	Raum / Ort – wie sind die Abstände zwischen den Spielern in Bezug auf den Ball?
Wer?	Mitspieler – wie und in welche Richtung sind die Laufwege mit (in Ballbesitz / Dribbling) und ohne Ball (Unterstützung und Angebote; Moment des Ballrückgewinns?) und wie ist die Orientierung meiner Mitspieler (Blickrichtung, Körperausrichtung, wohin verläuft das Spiel gerade?)
Warum?	Gegner – wie ist der Gegner organisiert? Müssen wir uns neu organisieren? Können wir den Gegner desorganisieren?
Wozu?	Um ein Tor zu schießen! (Das Spiel zu genießen! Überlegenheiten gegenüber dem Gegner zu erzeugen. Als Mannschaft das Spiel dominieren! Besser zu wetteifern und zu gewinnen!)

Das Fußballspiel wird nicht gelesen – es wird erdacht, geschrieben, geschaffen und antizipiert. Wenn wir das Spiel lesen, dann deshalb, weil es schon vorbei ist. Die Spieler müssen wissen (oder zumindest fühlen, denn es geht vor allem um Intuition), was passiert – dann können sie die Initiative ergreifen. Jeder Spiel-

202 Peris 2022.
203 Vila 2023.

raum hat seine Prioritäten, in denen der Spieler identifizieren muss, was er zu tun hat. Dies ist entscheidend abhängig von der Positionierung des Gegners.

Dabei ist der Ausgangspunkt stets der Ball. Er ist der wichtigste Referenzpunkt. Wo ist er? Wer hat ihn? Was können wir mit ihm anfangen? Wir wollen Ballbesitz haben, mit dem Ziel, ein Tor zu erzielen. Die Positionierung der Spieler erfolgt dabei nicht im klassischen Sinne in Positionslinien, sondern in Räumen von einer gewissen Dimension. Das Fußballspiel wird als eine Abfolge von Raumbesetzungen verstanden, in der jede Phase von der jeweils vorherigen abhängt und stets etwas Unerwartetes hinzugefügt wird, was typisch am Fußball ist. Passlinien werden als Kommunikationskanäle verstanden, bei denen nicht nur ein einfacher Pass gespielt wird, sondern gleichzeitig mit dem Pass noch eine Botschaft verbunden ist.

„Die Interaktionen zwischen den Spielern sind der Pass, der Laufweg, der Raum, die Überzahlsituation. Wer sie beobachtet, sieht schnell Elemente, die deutlich machen, dass eine Idee noch nicht die gewünschte Dimension erreicht hat. Denn um diese Dimension zu erreichen, muss man wissen, welche Elemente das Spiel ausmachen. Wer nur auf den Spielzug schaut und nicht auf den Pass achtet, wird sie nicht erkennen. Jeder Pass ist eine Botschaft."[204]

PACO SEIRUL·LO

Natürlich sind auch hier viele Inhalte von der Grundidee des FC Barcelona beeinflusst, allerdings helfen uns diese Kriterien, das Spiel insgesamt besser zu verstehen. In die gleiche Richtung geht auch die Betrachtung des Spiels anhand von Phasenräumen. Paco Seirul·lo, der lange Jahre im Staff von Johan Cruyff und Pep Guardiola in Barcelona gearbeitet und in der Folgezeit die Methodik und Arbeitsweise von La Masia, der berühmten Nachwuchsakademie des FC Barcelona bestimmt und geprägt hat, erklärt das Konzept der Phasenräume so:

„Wir wollen nicht das Einfache und Lineare betrachten, sondern das Komplexe: Alles hat mit allem zu tun, es passiert nicht, was nicht passieren kann, aber alles, was die Spieler machen, sind Interaktionen, nicht nur Aktionen. (...) Es ist keine Aktion, es ist eine Interaktion. Denn wenn ich etwas mit dir mache, dann ändert sich etwas bei dir, und du änderst etwas bei mir. (...) Im Fußball gibt es keine Spielzüge. Alle Welt spricht immer von Spielzügen. (...) Dabei sollte man

endlich begreifen, dass Fußball keine Abfolge von Spielzügen ist, sondern eine Abfolge von komplexen Situationen. Messi hat den Ball und befindet sich in einer bestimmten Situation, weil vorher etwas passiert ist; und während er eine Aktion ausführt, passieren um ihn herum Dinge, die sie möglich machen. (...)

Wir versuchen so schnell wie möglich die Initiative zu ergreifen, und zwar nicht, weil wir den Ball haben wollen, sondern weil wir eine Situation herstellen wollen, die für uns günstig ist. Das nennen wir ,Phasenraum'. Definiert wird er durch folgende Überlegungen: Wo ist der Ball? In welcher Situation ist er? Wo sind die Gegner? Wie groß ist der Abstand zwischen Ball, Gegnern und unseren Spielern? Welcher Spieler bewegt sich gerade wohin? Und wohin der Ball? In welche Richtung bewegt sich das Spiel insgesamt? Wie ist es gerade organisiert? Wir sprechen hier von lediglich einer einzigen Spielsituation, die vielleicht nur den Bruchteil einer Sekunde dauert. Sobald der Ball bewegt wird, bewegen sich auch die Spieler und eine neue Situation entsteht."[205]

Es nehmen immer alle Spieler an der Spielsituation teil. Was tue ich in Ballbesitz (mit dem Ball), um mit meinen Mitspielern zu interagieren? Wie ist meine Körperhaltung? Wie ist meine Körperposition und -ausrichtung? Welche Signale gebe ich meinen Mitspielern (und meinen Gegnern) durch meine Positionierung und Ausrichtung? Was ist unsere Intention? Das gleiche gilt, wenn meine Mannschaft in Ballbesitz ist, ich selbst jedoch nicht am Ball, sondern etwas weiter weg von diesem positioniert bin: Was kann ich tun, um die Aufmerksamkeit des Gegners zu erzeugen, damit die Ballsituation zu unserem Vorteil bleibt? Wie kann ich einen Pass ermöglichen oder einen Raum freiziehen? Wie kann ich das Spiel für meine Mitspieler leichter machen? Was kann ich tun, um unsere Folgeaktion zu vereinfachen? Es ist naheliegend, diese Fragen umzuformulieren, wenn der Gegner in Ballbesitz ist. Entscheidend ist, dass alle Spieler auf dem Feld in einer permanenten Interaktion miteinander stehen und diese zu ihrem Vorteil auszunutzen versuchen.

---

205 Seirul·lo zit. n. Perarnau 2016.

Im ersten Teil des Buches haben wir bereits die verschiedenen Arten der Unterstützung und des Passangebotes betrachtet, die hier ebenfalls eine Rolle spielen.

All diese Fragen nehmen Bezug auf die Kriterien, anhand derer die Phasenräume beurteilt werden können. Diese Kriterien[206] können Trainern nicht nur in der Beurteilung innerhalb des Spiels, sondern ebenfalls im Coaching während der Trainingssituation helfen:

→ Ort (Wo befinde ich mich gerade? In welcher Spur in welcher Höhe / Zone?)

→ Distanzen / Entfernungen (In welchen Abständen befinden wir uns? Wer ist nah und wer ist fern?)

→ Orientierung (Wohin schaue ich? Wie ist meine Körperhaltung? In welche Richtung sind wir unterwegs? Wer kann mit welcher Intention den Ball bekommen? ... entsprechend der Absichten und Intentionen während und für alle Momente des Spiels und in alle Richtungen)

→ Bewegungen (Mit welchen Intentionen interagieren wir? Die Grundintentionen dabei sind, den Ball zu behalten und den Gegner zu desorganisieren. Verlaufswege aller Spieler und des Balles)

Bezüglich des Raumes und Ortes, in dem sich ein Spieler befindet, kann weitergehend eine tiefere Betrachtung in Bezug auf seine Position (seine Körperausrichtung und -haltung in Bezug auf die entsprechenden Räume) und seine Situation (Zeit in der Unterscheidung von Rhythmus und Tempo) und Raum (und inwieweit sich dieser durch Laufwege und Bewegungen des Balles und der Spieler verändert) erfolgen.[207]

206 Peris 2022, Damunt & Quintana 2023, Seirul·lo 2024.
207 Damunt & Quintana 2023.

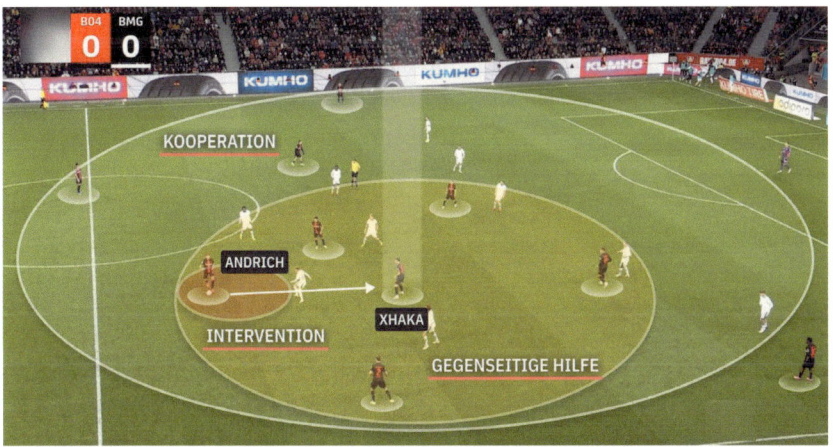

Der langjährige Barca-Trainer Albert Peris vergleicht die Phasenräume mit der Vielzahl von Pixeln, die gemeinsam ein bestimmtes Foto ergeben.[208] Das Konzept des Phasenraums dient dem Verständnis der Organisation einer Mannschaft in Bezug auf den Ball im Raum. Der Ball ist daher nicht nur das Mittel, sondern auch der Kern und das Ziel des Spiels.[209] Das Konzept des Phasenraumes kann dafür genutzt werden, Fußball aus einer anderen Perspektive zu verstehen, die in ihrer Konsequenz angewendet auch die klassischen Spielsysteme ersetzt: Da die Organisation einer Mannschaft rund um den Ball erfolgt und nicht im klassischen Sinne durch Positionen, ergeben sich dementsprechend auch andere Rollen, Profile und Handlungen für die Spieler, die alle gemeinsam den Ball auf Basis „eines hohen Maßes mannschaftsinterner Kommunikation" teilen, die für den Gegner nicht zu entschlüsseln ist.[210] Dabei ist wesentlich, dass alle spielen und nicht einige angreifen, während andere verteidigen. Die Besetzung erfolgt rational im Sinne der Funktionalität innerhalb der Spielsituation mit dem Ziel, einen der vier genannten Vorteile zu schaffen (in Bezug auf Position, Überzahl, Qualität oder Sozio-Affektivität).[211]

Der Ball ist für die Positionierung der Mannschaft der zentrale Bezugspunkt. Um ihn herum werden sogenannte „Konturlinien" gebildet, die die Morphologie der Phasenräume bestimmen. Diese Morphologie entsteht „durch das Verfolgen einer ‚imaginären' Linie (...), die die Spieler, die eine Konturlinie bilden, in Bezug

---

208 Peris 2022.
209 Guardiola in Seirul·lo 2024.
210 Seirul·lo 2024.
211 Ebd. & Peris 2022.

auf den Ball zu einem bestimmten Zeitmoment (...) verbindet."[212] Die Eigenschaften der Spieler, die diese Konturlinien bilden, bestimmen die Architektur der Phasenräume und stellen die qualitativen Elemente dar.[213] Man kann sich die Konturlinien ähnlich der Linien rund um ein atmosphärisches Hochdruckgebiet vorstellen oder aber wie die Umrandungen in einer topografischen Karte, die die Höhe angeben.[214] Folglich bilden sie eine abweichende Organisations- und Darstellungsform von der typischen Herangehensweise, Mannschaften in klaren Positionslinien zu organisieren. Damit einhergehend ändern sich auch die Positionen, die eher zu situativen Rollen und Funktionen innerhalb eines Beziehungsgeflechts werden, als zu klaren positionsbezogenen Aufgaben.

Innerhalb dieser Konturlinien dient die Position der Spieler als Kommunikationskanal und soll dem ballbesitzenden Spieler helfen, das momentan wichtigste Interesse des Teams durchzusetzen.[215] Paco Seirul·lo spricht von der „soziale[n] Motorik des Spiels, die durch die interne Kommunikation erreicht wird."[216] Anhand der Abstände zum Ball bilden sich verschiedene Interaktionszwischenräume, die je nach Nähe zum Ball in drei verschiedene Räume gegliedert werden:[217]

→ (Raum der) Intervention
  (in Ballbesitz einhergehend mit dem Gefühl, diesen zu ‚besitzen')[218]
→ (Raum der) gegenseitigen Hilfe (mit dem Gefühl ‚nahe' zu sein)[219]
→ (Raum der) Kooperation (mit dem Gefühl ‚fern' zu sein)[220]

Da das Spiel und die Positionierungen zueinander auch von den Beziehungen der Spieler untereinander und ihren Intentionen abhängig sind, lassen sich die Positionierungen nicht von der jeweiligen Emotion trennen. Innerhalb des Spiels müssen die Spieler ein gewisses „Spielgefühl" zueinander entwickeln, um am Ende auch das Spiel „zu fühlen" und in den Flow zu finden (vgl. weitere Erläuterungen im Kapitel der Trainingsvorschläge).

212 Seirul·lo 2024.
213 Ebd.
214 Damunt & Quintana 2023.
215 Ebd.
216 Ebd.
217 Ebd.
218 Ebd.
219 Ebd.
220 Ebd.

Der *Raum der Intervention* wird von den Spielern gebildet, die dem Ball am nächsten sind, und die mit einer Aktion direkt in die Situation rund um den Ball eingreifen können, „ohne dass sie sich wesentlich bewegen müssen." Der Raum der Intervention ist der kleinste Zwischenraum rund um den Ball, in dem die Zahl der Spieler für gewöhnlich gering ist.[221]

Den *Raum der gegenseitigen Hilfe* teilen jene Spieler, die durch ihre Positionierung und (gegenseitige) Kommunikation dem Ballbesitzenden die nächsten Folgeoptionen bieten. Dabei steht insbesondere das Kennzeichen des assoziativen Spiels, das Helfen, im Fokus. Der *Raum der gegenseitigen Hilfe* ist größer als der *Interventionsraum*, und „seine Grenze liegt in der zeitlich-räumlichen Anpassung, in der die Spieler in der Lage sind, in diesem Zwischenebenenraum in allen Spielmomenten (Ballbesitz und Ballrückeroberung) effektiv zu kommunizieren."[222] Die Spieler, die in den Konturlinien der *gegenseitigen Hilfe* positioniert sind, sollten Wege ausführen, die für ihre Gegner schwierig zu antizipieren sind und die Gegner täuschen und den eigenen Spielfortschritt vereinfachen.[223] Das Konzept des „Täuschens" („*engañar*") und „Betrügens" nimmt innerhalb des Fußballs eine große Rolle ein. Paco Seirul·lo schreibt dazu in seinem Buch „ADN Barca":„Unter dem Begriff ‚austricksen / betrügen' fassen wir alle Bewegungen zusammen, die unsere Passempfänger ausführen, indem sie sich in Aufbruchstimmung [*bzw. „Umtriebigkeit", wobei das Wort ‚trajín' kann auch eine vulgärere Bedeutung einnehmen, die sinngemäß darauf abzielt, dem anderen massiv zu schaden; Anm. d. Autors]* von einer Seite zur anderen bewegen, aber immer etwas Nützliches tun, in diesem Fall für andere. Ihr Ziel ist es, den ballführenden Mitspieler zu begünstigen. Dabei handelt es sich im Allgemeinen um sehr kurze Laufwege ohne Ball, die im richtigen Raum und zur richtigen Zeit ausgeführt werden, um die Absichten der Gegner zu stören und die Leistung des ballführenden Spielers zu unterstützen."[224] Diese Spieler erscheinen zumeist im Raum der gegenseitigen Hilfe, indem sie aus ihrem vorherigen Raum der Kooperation Nähe zum Ballbesitzer herstellen.[225] Gerade der Wechsel zwischen unterschiedlichen „Konturlinien" kann dafür sorgen, einen offenen Kommunikationskanal und damit eine optimale Passverbindung zum Ballbesitzer herzustellen und einen neuen Phasenraum zu schaffen. Dabei sollte der Mitspieler seine Intention solange wie möglich verbergen und sie erst im letzten Moment zeigen, sodass die Gegner in der Nähe überrascht sind, nicht jedoch der Ballbesitzer.[226]

221 Seirul·lo 2024.
222 Ebd.
223 Ebd.
224 Ebd.
225 Ebd.
226 Ebd.

Eine andere Option bietet das „Erscheinen": Der Mitspieler unterstützt seinen Ballführenden, indem er aus dem Rücken des Gegners auf dessen „blinder" Seite auftaucht, während dieser den Ballführenden beinahe statisch erwartet.[227] So entsteht eine kurzzeitige 2v1-Überzahl, die die ballführende Mannschaft für sich nutzen kann.

Eine Option des Eingreifens in Ballbesitz, ohne den Ball zu berühren, ist das Blocken: Dabei geht es darum, den Laufweg des Gegners zu antizipieren und sich diesem in den Weg zu stellen, sodass dieser einen „kleinen Umweg" machen muss, um Richtung Ball zu kommen. Diese Aktion verschafft dem Ballführenden mehr Zeit, um seine Folgeaktionen auszuführen. Paco Seirul·lo weist darauf hin, dass es notwendig ist, „nicht die Arme als Hilfsmittel zu benutzen", da dies ein Foul und somit gleichbedeutend mit einem Ballverlust wäre.[228]

Die Spieler, die sich nicht in eine der eben genannten Konturlinien oder Ebenen um den Ball herum befinden, sind im *Raum der Kooperation* positioniert. Ihre Funktion besteht im Wesentlichen darin, „die Effizienz und Stabilität der Mannschaft in der Phase, in der sie sich befindet, zu gewährleisten, indem sie eine globale Organisation vervollständigen, von der sie wissen, dass sie ihnen helfen kann, ihre gemeinsamen Ziele zu erreichen."[229] Dabei spielt insbesondere das Antizipieren der Folgesituation eine große Rolle. Martí Cifuentes betont die wichtige Rolle der ballfernen Spieler:

„Die Spieler, die Gegner binden [‚fixieren'] (obwohl ballferne Spieler auch ‚Korrektoren' [im Sinne von "ausgleichen„ der Struktur] sein können) müssen immer eine Bedrohung für die gegnerische Abwehrreihe darstellen. Wenn das nicht der Fall ist, wird die Fähigkeit, Zwischenräume zu schaffen, die andere Spieler ausnutzen können, geschwächt. Cruyff pflegte den Spielern zu sagen, dass sie beim ersten Pass versuchen sollen, in die Tiefe zu schauen (und die entfernten Spieler anzuspielen); das ist eine Möglichkeit, die Linien zu überspielen [‚durchbrechen'], und im Falle eines Ballverlusts schafft das normalerweise einen Kontext, der dem Gegenpressing förderlich ist. Meiner Meinung nach wird auch wenig über die Wechselbeziehungen gesprochen, die zwischen den ballfernen Spielern entstehen können. Nicht nur, dass der gegnerbindende Spieler [‚Fijador' / wörtlich: Fixierer] Vorteile für die vorangehenden Linien schafft, sondern ich denke, dass es essentiell ist, Leitlinien zu schaffen, wie sie sich einander begünstigen können."[230]

227 Seirul·lo 2024.
228 Ebd.
229 Ebd.
230 Cifuentes in Ballesteros 2020.

Das Verstehen ihrer Rolle im Sinne dieses Kontextes und der bestätigenden Kriterien der Raumphasen ist insbesondere bei der Umsetzung des Positionsspiels entscheidend. Eine effiziente strukturelle Form eines Phasenraumes wird durch die ungefähre Belegung von zwei Zonen und drei Spuren, durch ihre drei Konturlinien, bestimmt.[231] Die Spieler sollten aus ihrer Position heraus den Ball sehen können, „d. h. kein Spieler ‚verdeckt' einen anderen Mitspieler und befindet sich in einem ‚funktionalen' Abstand zu allen Mitspielern."[232]

Das Ziel ist die „kommunikative Effizienz, um mit ‚optimalem' Aufwand alle Formen der Intrakommunikation zu erreichen, um möglichst ‚durchsetzungsfähig' in den Phasen des Teilens des Balles und ‚einfühlsam' in den Phasen der Ballrückgewinnung unserer Spieler zu sein."[233]

„Auch um den Spielern klar zu machen, dass ihre Position zu einem bestimmten Zeitpunkt eine Funktion hat. Wenn du [selbst] in Ballbesitz bist, was kannst du mit dem Ball tun, um Vorteile zu erzielen? Wenn du ein naher Passempfänger [im Raum gegenseitiger Unterstützung] bist, was willst du erreichen? Willst du den Ball bekommen? Willst du den Gegner anlocken? Willst du das Spiel voranbringen? Willst du Raum für einen anderen Mitspieler schaffen? Wenn du ein Spieler in einem entfernten Raum [Kooperation] bist: Was ist deine Rolle in diesem Moment? Hast du im Kopf, dass du im nächsten Augenblick ein möglicher Ballempfänger sein könntest? Gleichzeitig könntest du aber auch durch deine Position ausgleichend kompensieren (‚Kompensator'), was die Basis für das Gegenpressing ist? Ist es möglich, dass sich deine Position so verändert, dass du Gegner bindest? Könnte es sein, dass deine nächste unterstützende Position die des Verwerters wird?"[234]
CARLES MARTÍNEZ

Da die Mannschaft sich in dem Konzept der Phasenräume um den Ball herum organisiert, entsteht eine „hybride Organisationsform", die durch immer neue Spielräume, ein gewisses Maß an Improvisation erfordert und in der die mannschaftliche Fähigkeit der Antizipation das Zusammenspiel erleichtert.[235] Diese Organisation vermeidet jede statische Ordnung, um sich auf die fortwährenden

---

231 Seirul·lo 2024.
232 Ebd.
233 Seirul·lo 2024.
234 Martinez in Ballesteros 2020.
235 Seirul·lo 2024.

Veränderungen innerhalb des Spiels einzustellen. Dafür ist es wichtig, innerhalb des Ballbesitzes die persönliche Kreativität und freie Intrakommunikation der Mannschaft zuzulassen, um beim Gegner Zweifel hervorzurufen und diesen zu überraschen. Im gegnerischen Ballbesitz ist die persönliche Initiative und die „wettbewerbsfähige Energie" der Mannschaft gefragt, um die gesamte Initiative der Gegner einzuschränken.[236] Durch permanente Reorganisation in Ballbesitz bzw. Autoorganisation im Moment der Ballrückgewinnung werden neue Phasenräume geschaffen, die auf den entstehenden beziehungsgemäßen Vorteilen basieren und der Mannschaft erlauben, möglichst effektiv und effizient zu sein.[237]

Seirul·lo begründet auch, warum das Spiel nicht „gelesen" werden sollte: Das Konzept des Lesens „geht davon aus, dass es eine feste, bereits geschriebene, also statische, unbewegliche Vergangenheit gibt, die in der Schrift unveränderlich ist; daher könnte sie jeder leicht lesen, weil sie in der Zeit stabil ist. Eine solche Möglichkeit gibt es im Fußball nicht, wo das ungewiss-unmittelbare, einmal Gelebte nun vergangen ist, sich nicht wiederholt und nicht niedergeschrieben bleibt, um gelesen zu werden. Aus diesem Grund ist es notwendig, das zu antizipieren, was gespielt werden wird, während man in dieser flüchtigen Gegenwart lebt."[238]

Das Ziel ist, die permanente Initiative im Spiel innezuhaben und in der Folge auch in hoher Frequenz das gegnerische Tor zu bedrohen. Dies setzt „eine exzellente Organisation der gesamten Mannschaft" voraus, „die effektive und effiziente Phasenräume bildet, in denen sich das durchgeführte Training manifestiert, denn niemand erwirbt diesen Spielstil nur durch das Wechseln des Trikots, sondern durch das Schwitzen während des Trainings, in dem die oben erwähnte räumliche Variabilität wächst und verstanden wird. (...) Durch das Spielen in der gegnerischen Hälfte, erhält die Initiative eine neue Dimension."[239]

Die Phasenräume sind insgesamt multifunktional: Sie erlauben einerseits der Mannschaft eine variable Anordnung im Raum durch eine entsprechende Organisation innerhalb der verschiedenen Positionsebenen um den Ball und den Ballbesitzer herum und berücksichtigen dabei in ihrer Variabilität außerdem die Qualitäten und Anzahl der Spieler. Ziel ist es, effizient in Ballbesitz und effektiv

236 Seirul·lo 2024.
237 Ebd.
238 Seirul·lo 2024.
239 Ebd.

in der Ballrückeroberung zu sein.[240] Anderseits können in den entsprechenden Räumen fortwährende, beziehungsgemäße Vorteile generiert werden, die dafür sorgen, die Initiative und Stabilität der Mannschaft zu erreichen und zu behalten. Dies alles dient dem gewünschten Prozess, dass die Spieler sich innerhalb des Spielraumes in alle Richtungen durch den Ball austauschen und kommunizieren können. Dies gibt ihnen die Freiheit und spricht ihre Kreativität an, um gut Fußball zu spielen.[241]

Die Art des fließenden Fußballs, der aus dieser Organisationsform entsteht, bezeichnen die ehemaligen Trainer von Barcelonas Nachwuchsakademie „La Masia" Xavier Damunt und Marc Quintana als „Spiel des Raumes" bzw. „Raumspiel" (*Juego de Ubicación*), um damit den Unterschied zur klassischen Interpretationsweise des Positionsspiels (*Juego de Posición*) zu verdeutlichen.[242] Dabei ist der Begriff des Raumes deshalb gewählt, weil er dynamischer ist als der Begriff der Position, der keine Bewegungsidee verkörpert.[243] Der Begriff des Raumes kombiniert stattdessen die Position (Körperstellung und -profil zum Ball und seinen Mitspielern) und die Situation (Orientierung mit Blick auf Zeit und Raum), um als konsequente Weiterentwicklung des Positionsspiels gemeinsam verschiedene Räume zu bespielen und ‚gemeinsam mit dem Ball zu reisen'.[244] Innerhalb dieser verschiedenen Sichtweisen über das Positionsspiel gibt es, wie bereits kurz in der Debatte des „Beziehungsspiels" angedeutet, etliche Schattierungen und Unterschiede in Nuancen. Festzuhalten bleibt, dass diese Art des Fußballs ein hohes Maß an Sozio-Affektivität („aufeinander achten") und damit Beziehungen benötigt; ebenso wie ein gemeinsames Spielverständnis auf Basis gemeinsam geteilter Intentionen und, dass diese Mannschaften sich für gewöhnlich rund um den Ball organisieren. Isaac Guerrero, ehemaliger Leiter der Methodik-Abteilung des FC Barcelona und derzeit für den AC Venedig tätig, sieht eine Analogie zu einer Körperzelle, die mit dem restlichen Körper verbunden sein muss, um zu überleben.[245] Andersherum kann eine Zelle, die mit dem Gesamtsystem verbunden ist, nicht so einfach beschädigt werden, da sie von diesem aufgenommen wird, ebenso wie der Spieler innerhalb des Spiels.[246] Das Spiel soll daher alle Spieler miteinander verbinden und der Ball miteinander geteilt

240 Seirul·lo 2024.
241 Ebd.
242 Damunt & Quintana 2023.
243 Guerrero 2020.
244 Ebd.
245 Ebd.
246 Ebd.

werden, um das gemeinsame Ziel – das Tor – zu erreichen. Die Vernetzung untereinander ist dafür ein elementarer Bestandteil.[247] Die weiteren Interpretationsweisen des Positions- oder Raumspiels sind abhängig von der näher definierten Spielidee des Trainers, den Charakteristiken der jeweiligen Spieler sowie der weiteren, kulturellen und beeinflussenden Gegebenheiten jedes Ortes. Innerhalb des „Raumspiels" definiert Isaac Guerrero die drei „R", die als Weiterentwicklung der drei „P" (*Posición, Possesión, Presión*) des FC Barcelona gelten können: [248]

→ *Redistribución* („Neuverteilung")
  ↳ Die Spieler lassen den Ball laufen und halten den Ball ohne die Notwendigkeit des Spielfortschritts.
  ↳ Diese Zeit kann genutzt werden, um sich neu zu organisieren. Der Ballbesitz ist kein Selbstzweck; es geht darum, die nächste erfolgversprechende Situation vorzubereiten.
→ *Reubicación* („Neuplatzierung" / „Neupositionierung" / „Neuausrichtung")
  ↳ Die Spieler richten sich neu aus und bereiten „einen neuen Anlauf" vor.
  ↳ Dazu gehören Positionswechsel oder Modifikationen in Körperstellung und -haltung; permanentes „neu Finden" der Position bzw. des „besten Ortes" in Bezug auf die aktuelle Spielsituation.
  ↳ Dabei werden die natürlich bevorzugten Spielräume der Spieler berücksichtigt, damit diese sich gemäß ihrer Stärken ausdrücken können.
→ *Recuperación* („Rückgewinnung")
  ↳ In diesem Moment geht es um die sofortige Rückeroberung des Balles.
  ↳ Gegenpressing ist für diese Interpretation des Fußballs elementar.
  ↳ Die vorherige Anordnung der Spieler im Raum hat die besten Bedingungen dafür geschaffen, den Ball so schnell wie möglich zurückzuerobern.

Diese Idee des Fußballspiels hilft der Mannschaft, sich selbst auszudrücken. Jeder kann daran teilhaben. Das Spiel ist durch die kontinuierliche Interaktion komplett kommunikativ.[249] Die Spieler erkennen die Bedürfnisse ihrer Mitspieler, mit denen sie interagieren möchten, innerhalb des Phasenraums.[250] Durch diese kontinuierliche Interaktion, die die Spieler miteinander genießen, um ihren ge-

---

247 Guerrero 2020.
248 Ebd.
249 Ebd.
250 Seirul·lo 2024.

meinsamen Intentionen zu folgen, entstehen permanent neue Lösungen und die Spieler kommen regelrecht in einen Flow[251] (weitere Ausführungen zum Thema „Flow" im Kapitel der Trainingsvorschläge). Daran anknüpfend nennen Damunt und Quintana drei weitere Schlüsselfaktoren für eine erfolgreiche Umsetzung des „Raumspiels":[252]

→ **Kommunikation:** Um auf so engem Raum miteinander zu spielen, ist eine optimale Kommunikation zwischen den Mitspielern notwendig. Diese kann durch Bewegungen oder durch den Ball geschehen. Eine optimale Kommunikation erlaubt, dass die Spieler einander verstehen, die Intentionen der Mitspieler erkennen und adäquate Lösungen anbieten, bevor der Gegner dies tut. Gleichzeitig sollte auch versucht werden, durch die eigene Kommunikation den Gegner in die Irre zu führen und zu täuschen, sodass unser Handeln nicht offensichtlich vorhersehbar wird.[253]

→ **Multidirektionalität:** Ein Merkmal des „Raumspiels" ist der Umstand, dass die Spieler nicht den permanenten Spielfortschritt als Ziel haben. Das bevorzugte Ziel ist der eigene Ballbesitz und diesen zu teilen. Aus diesem Spielkonzept entsteht ein Spiel, das in jede Richtung stattfinden kann. Damit behält die Mannschaft nicht nur den Ball, sondern desorganisiert den Gegner, um das Spiel jedes Mal näher Richtung gegnerisches Tor zu tragen. Dabei bleibt das Spiel multidirektional mit dem finalen Ziel, ein Tor zu erzielen.

→ **Dynamisches Gleichgewicht:** Aufgrund des Umstandes, die drei „R" permanent zu trainieren, muss sich die Mannschaft konstant unter den verschiedenen Prämissen (wie z. B. der Abstände untereinander, einer gewissen Anzahl von inneren Spielern, etc.) an neue Kontexte anpassen. Das dynamische Gleichgewicht ist diese konstante Anpassung an den Kontext im gesamten Spielfluss, während die genannten Prämissen beibehalten werden, um vorteilhafte Phasenräume zu erreichen. Innerhalb des Spiels geht es darum, die passende Symmetrie zur Organisation des Gegners zu finden.

251 Guerrero 2020.
252 Damunt & Quintana 2023.
253 Peris 2022.

Das Konzept der Phasenräume hilft dabei, eine andere Organisationsform als die traditionelle Positionierung einer Mannschaft innerhalb des Spiels zu erkennen und beinhaltet darüber hinaus viele weitere Komponenten, die bei der Umsetzung dieser Fußballidee helfen. Abschließend benennen Damunt und Quintana sieben Schlüsselwörter für die Identität des Spiels nach dieser Idee[254], die allesamt auch auf das Spiel Bayer Leverkusens anwendbar sind:

→ Initiative
→ Ballbesitz
→ Ballrückgewinnung [im Sinne von ‚Gegenpressing']
→ Geduld
→ Widerstandsfähigkeit
→ Unterwerfung [des Gegners]
→ Neuanfang [als wiederkehrendes Element des fliegenden ‚Re-Start' des Spiels in Ballbesitz, wenn erneut ein weiterer Angriff kreiert wird]

254 Damunt & Quintana 2023.

KAPITEL 3

Der Meistermacher

Zur neuen Saison verändert sich der Charakter der Mannschaft, was insbesondere auch an dem sehr erfolgreichen Transferwirken von Leverkusen-Manager Simon Rolfes liegt. Im Zusammenspiel mit Xabi Alonso gelingt es, präzise abgestimmt auf die Spielidee des Basken eine Mannschaft zusammenzustellen, bei der jeder Spieler die Grundfähigkeiten und -charakteristiken mitbringt, um die entsprechende Rolle auf dem Platz zu erfüllen. Alonso dazu: „Letztes Jahr waren wir keine Ballbesitzmannschaft, wir waren eine Umschaltmannschaft oder eine Kontermannschaft. (...) Ich bin kein Fundamentalist, der verlangt, dass wir auf eine bestimmte Art und Weise spielen müssen, oder dass dies die einzige Art und Weise ist, auf die ich meine Mannschaft jemals spielen lasse."[255] In seine Ideen mit eingeflossen sind auch seine Beobachtungen, die er in seiner Premierensaison als Bundesligatrainer gemacht hat: „Hier ist der Spielrhythmus die ganze Zeit über sehr hoch. Wenn man die Übergänge [Umschaltphasen] nicht kontrolliert, leidet man. In Spanien spielen wir in mehr in Zwischenräumen, in England werden die Räume je nach Gegner verengt und hier gibt es größeren Raum, weitläufiger, man bewegt sich von Raum zu Raum. Es ist sehr kompliziert, den Gegner so zu dominieren, weil viele Mannschaften in die Offensive gehen. Hier [in Deutschland] sind die Trainer sehr mutig, wenn es darum geht, den Spielern zu vermitteln, dass sie nach vorne gehen sollen. Man sieht nicht viele sehr defensive Mannschaften. Hier ziehen sie los, pressen hoch, schaffen viele Mann-gegen-Mann-Situationen. Mehr als in der Premier League. In der Premier League gibt es einige großartige Mannschaften, die mit einem ‚niedrigen Block' [zurückgezogen in der eigenen Hälfte] spielen, und sie machen das sehr gut. In LaLiga haben sie ein anderes Tempo. Das Spielerprofil ist anders."[256]

255 Alonso in Bienkowski 2024.
256 Alonso in Torres 2023.

Am Ende des Transferfensters haben die Leverkusener acht Spieler verpflichtet, darunter Matěj Kovář, Granit Xhaka, Victor Boniface, Alejandro Grimaldo, Jonas Hofmann, Nathan Tella und Josip Stanišić (per Leihe aus München), die allesamt eine wichtige Rolle innerhalb des Saisonverlaufs einnehmen sollten (der Brasilianer Arthur ist nur deshalb nicht Teil der Aufzählung, da er über weite Strecken der Saison verletzungsbedingt ausfällt). Bereits im Trainingslager im österreichischen Saalfelden ist Alonso sehr optimistisch: „Letzte Saison kam ich mitten in der Saison, und da muss man sich anpassen. Jetzt haben wir Zeit zu arbeiten und den Kader zu gestalten, und man hat das Gefühl, dass die Mannschaft mehr zu einem selbst gehört. Wir können uns noch verbessern, aber ich bin zufrieden mit der Arbeit, die der Verein auf dem [Transfer-]Markt geleistet hat."[257] Gleichzeitig betont der Coach: „Ich will nicht, dass es Xabis Bayer ist, ich will, dass es ein Team ist. Ich möchte, dass die Mannschaft weiß, wie man in allen Bereichen spielt, dass sie den Ball gut kontrolliert, dass sie in der Verteidigung stabil ist, dass sie ausgeglichen ist, dass sie einen guten Rhythmus hat, dass sie weiß, wie man die Spiele interpretiert... Jetzt haben wir Zeit, gut zu arbeiten und zu sehen, womit wir uns wohlfühlen und was funktioniert und was nicht."[258]
Die Vorgaben für die Spieler und die Idee des Trainers sind dabei klar: „Ich habe Spiele immer gerne kontrolliert, aber das ist nicht einfach, weil die Bundesliga ‚hektisch' ist. Wir wollen eine dynamische Mannschaft sein, die attraktiven Fußball spielt und den Zuschauern Spaß macht... aber gleichzeitig wollen wir intensiv sein, die Ergebnisse halten und defensiv nicht anfällig sein."[259]

257 Alonso in Rubio 2023.
258 Alonso in Rubio (2) 2023.
259 Alonso in Rubio 2023.

Erste Eindrücke von dieser Spielweise lassen sich bereits in den ersten Testspielen erkennen: Sowohl gegen den SC Paderborn, Real Sociedad als auch Olympique Marseille ist in vielen Situationen bereits ein modifizierter Spielstil hin zu mehr eigenem Ballbesitz wahrnehmbar.

Die Saisoneröffnung bestreitet die Werkself gegen das Team von West Ham United. Und die Werkself ist bereit, den eigenen Zuschauern einiges zu bieten: Leverkusen strotzt vor Spielfreude und kombiniert rennend vorwärts miteinander. Das 1:0 gelingt Hofmann durch einen Freistoß nach vorangegangenem Konter (Balleroberung Wirtz – Interaktion Boniface). Große Spielfreude (u. a. Hackentrick) ist auch beim 2:0 nach 17 Minuten zu sehen. Dem Leverkusener Angriffswirbel bleibt wenig entgegenzusetzen; voller Selbstvertrauen und Spielfreude kombiniert die Werkself miteinander und berauscht sich beinahe selbst am eigenen Spiel. Besonders auffällig ist immer wieder das Attackieren des Rückens von herausrückenden Gegnern.

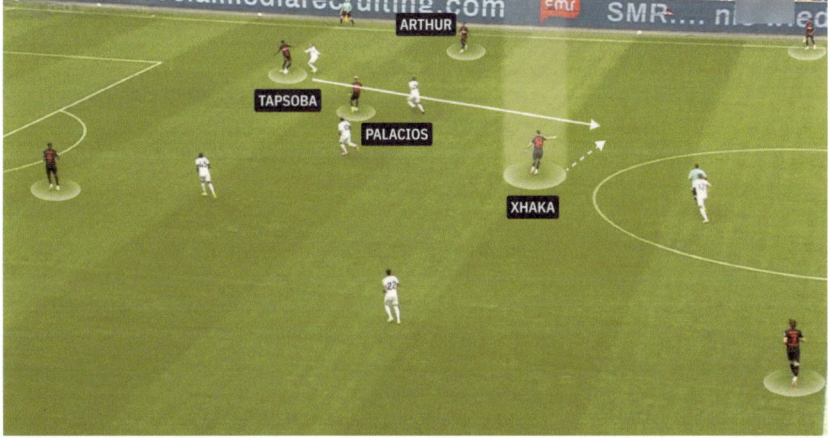

Angebot im Rücken des pressenden Spielers: Weil Palacios (mit blondierten Haaren) sich kurz anbietet, lockt er durch sein Angebot Gegner an, die auf den kurzen Pass lauern. Der ballführende Tapsoba erkennt dies und überspielt beide Gegenspieler, um Xhaka im freien Raum zu finden, der erneut im Rücken der pressenden Spieler seine Position verändert, um eine Passlinie zu bilden („cambiar línea"). West Ham ist in seinen Mannschaftsteilen weit auseinander gezogen, weil die vordere Linie von Leverkusen entsprechend breit und tief positioniert ist. Mit Tapsobas Pass in die Tiefe verändert sich der Spielrhythmus und Bayer kombiniert laufend vorwärts.

Bild links: Leverkusen zeigt eine große Flexibilität im eigenen ‚Positionierungsspiel': Der Grundsatz, sich im Rücken und in den Zwischenräumen der gegnerischen Verteidigungs- linien zu positionieren ist klar erkennbar – egal, welche ‚ursprüngliche' Position eigent- lich bei den Spielern ‚normalerweise' gespielt wird. So rückt Xhaka als ein Spieler mit 6er-Profil als Halbverteidiger in den Aufbau, während beispielsweise der linke Außen- verteidiger Arthur nach innen in den 8er-Raum rutscht, da gleichzeitig Adli hoch und breit positioniert ist. Die Spieler positionieren sich also einerseits in Funktion des Balles und der Gegner, andererseits auch entsprechend ihrer persönlichen Charakteristiken, die ihnen einen unterschiedlichen Aktionsrahmen je nach Spielraum geben.

Bild rechts: Nun sieht man auch die zuvor angesprochene Positionierung der Offensiv- Spieler Leverkusens, die entsprechend die letzte Linie West Hams gebunden haben. Obwohl es so aussieht, als ob diese sehr „nebeneinander" agieren, achten die Spieler darauf, sich immer in verschiedenen Höhen zu bewegen und permanent unterschied- liche Passlinien zu bilden. Dem Konzept der „Phasenräume" folgend, sieht man nun sehr schön, dass die vorangegangene Aktion die nachfolgende bedingt: Die ballnächs- ten Spieler schaffen es allesamt, eine andere Passlinie zu bilden. Obwohl Leverkusen in Ballnähe nicht in Überzahl ist, sind nahezu alle Leverkusener in einer besseren Position (positioneller Vorteil) und organisieren sich in Funktion des Balles bzw. rund um den Ball (siehe rechtes Bild). Dadurch können mehrere Spieler unmittelbar in der Aktion „inter- venieren" (kleiner roter Kreis), sind eine unmittelbare Hilfe für den Ballbesitzer (gelber Kreis) oder bieten zumindest die Möglichkeit, das Spiel in einem entfernteren Raum fort- zusetzen (großer grüner Kreis – Kooperation). Diese Organisation erlaubt es Leverkusen, laufend und kombinierend vorzurücken und den Angriff bis zum Abschluss aus dem geg- nerischen 16er vorzutragen.

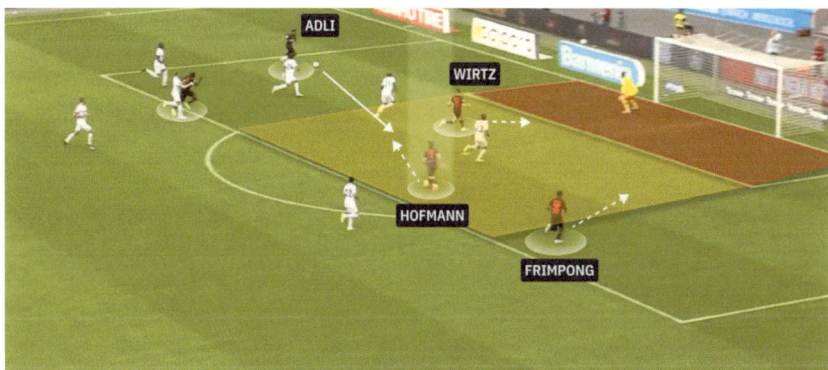

Bild rechts oben: Ball von außen und die Positionen sind klar besetzt: Mit der Hauptintention einer flachen Eingabe und eines Abschlusses aus dem Strafraum, sind die drei Abschlusspositionen besetzt: Vorne am 5er, falls die Flanke flach an den 5er kommt, darüber hinaus am zweiten Pfosten, falls der Ball durchrutscht. Und im Rückraum am Elfmeterpunkt – bei der der Ball entgegen der Bewegungsrichtung aller zum eigenen Tor orientierten Verteidiger gespielt wird und dem kurz darauf abschließenden Hofmann etwas mehr Zeit für einen präzisen Abschluss verschafft.

Ein Mittel, was mit einem flexiblen Profil wie Victor Boniface als Stürmer immer wieder möglich ist: Der nicht nur als Zielspieler fungierende, sondern auch als sehr beweglicher 9er agierende Stürmer kommt entgegen, um sich anspielen zu lassen und zieht dabei seinen direkten Gegenspieler mit. Jonas Hofmann erkennt die Bewegung von Boniface und den freien Raum in seinem Rücken und attackiert diesen direkt mit einem Laufweg.

Leider nimmt Xhaka in diesem Augenblick nicht die gleiche Intention wie Hofmann (und ggf. Boniface) für den freien Raum in der Tiefe wahr und verlagert das Spielgeschehen auf die andere Seite. Einer der größten Fortschritte in der Entwicklung der Mannschaft von Xabi Alonso sind die zunehmend gemeinsam geteilten Intentionen und das gezielte Zusammenwirken miteinander in den verschiedenen Spielerrollen.

Erst zum Ende der ersten Halbzeit nimmt Bayer kurzzeitig den Fuß vom Gaspedal – lediglich um zu zeigen, dass die Mannschaft auch in der Lage ist, ohne eigenen Ballbesitz das Spiel zu kontrollieren. Auch im zweiten Durchgang bleibt Bayer drückend überlegen. Victor Boniface kommt zweimal frei vor den Torwart zu Torchancen nach Steilpässen in die Tiefe – beim zweiten Mal (und nach einem Foul an Boniface) verwandelt Robert Andrich den fälligen Foulelfmeter zum 4:0-Endstand.

Traumstart, 19.08.2023

Im Vergleich zum Vorjahr hält sich die Werkself in der ersten DFB-Pokal-Runde beim Hamburger Regionalligisten Teutonia Ottensen schadlos und gewinnt klar und deutlich mit 8:0. Hier zeigt sich bereits die neu entwickelte Stärke bei offensiven Standards, in die Robert Andrich interessante Einblicke gewährt. Gegenüber dem *kicker* erklärt er: „Es geht darum, dass wir Standardtore machen, dann gibt es ein kleines Bonbon von den Trainern."[260] Mit Blick auf den Saisonverlauf und die weitere Verteilung der erzielten Tore scheint sich diese Motivationshilfe ausgezahlt zu haben.

Das Spiel gegen RB Leipzig sollte ein Spiel werden wie ein Werbefilm für die erste deutsche Fußball-Bundesliga: Schnell, dynamisch und aggressiv. Insbesondere spielgeschlossen stehende Spieler werden immer wieder im Sprint angelaufen – und das Spieltempo beider Teams ist extrem hoch.

260 Andrich zit. n. Kicker online 12.08.2023.

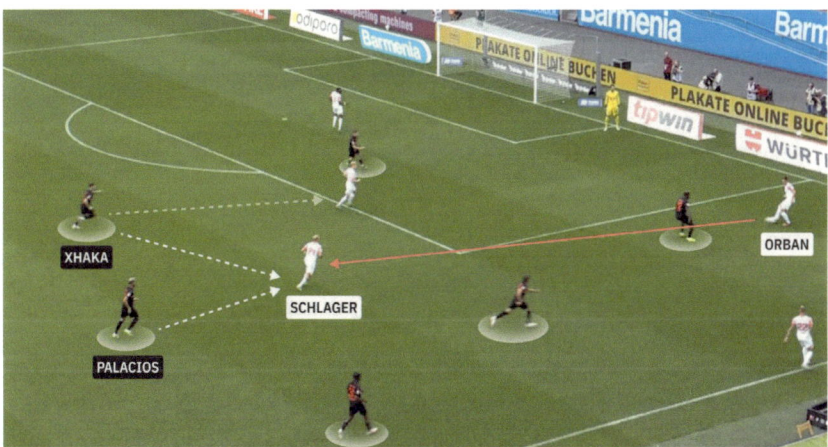

Leverkusen wechselt ins hohe Pressing. Dabei haben die Leverkusener einerseits Zugriff auf den nächsten Gegner, andererseits sieht man auch, wie herausragend Xhaka und Palacios in dieser Situation den Pass von Orban auf Schlager antizipieren und diesen in seiner spielgeschlossenen Position doppeln und dadurch den Ball gewinnen. Xhaka hat zusätzlich auch noch auf einen zweiten Gegner Zugriff, ändert aber seine Laufbahn in Abhängigkeit zum Pass von Orban ab und gewinnt am Ende den Ball.

Kossounou mit einem unglaublich herausragenden Pass auf Hofmann, der mit einem Mal sieben Gegenspieler überspielt. Der Pass wird über den Fuß gespielt, ist dadurch für die Gegner extrem schwer zu sehen und öffnet sofort das Spiel diagonal. Der Pass auf den sich aufdrehenden Hofmann ist gleichbedeutend mit einem Tempowechsel und einem Attackieren der Tiefe der Leverkusener.

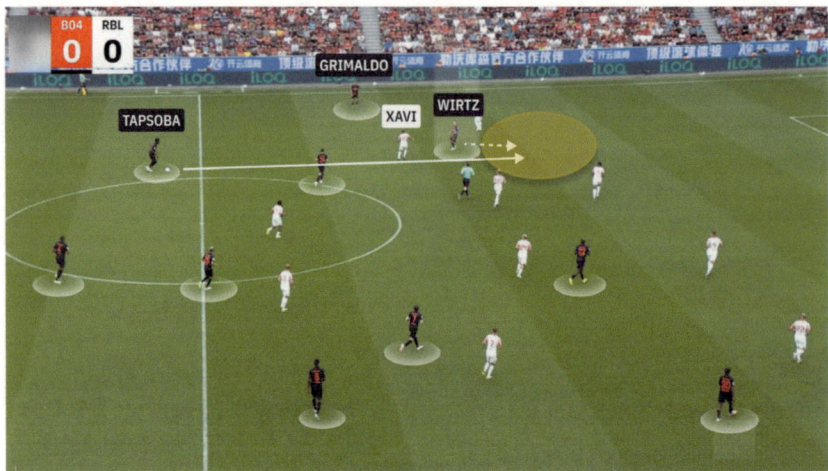

Leverkusen in der typischen Struktur mit mehreren Spielern zwischen den Linien bzw. im Rücken der gegnerischen Mittelfeldreihe positioniert. Mit dem Passverlauf zu Tapsoba, der Zeit und Raum hat, zieht Wirtz auf die Schnittstelle zwischen Innenverteidiger und Außenverteidiger: In dem Augenblick, in dem sich der gegnerische Außenverteidiger schon zum Außenspieler Grimaldo orientiert, läuft Wirtz rückwärts in die Höhe, um den Ball in der Schnittstelle zu bekommen. Der vertikale Pass ist gleichbedeutend mit einem Tempowechsel, um sofort die letzte Linie und damit auch das Tor von RB Leipzig zu attackieren.

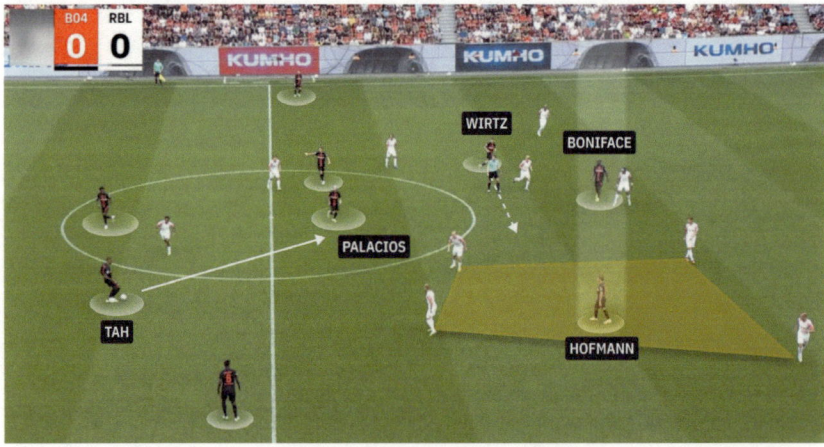

Leverkusen mit Tah in der Spieleröffnung in Ballbesitz. Hinsichtlich der Positionierung der Werkself sehen wir viele Optionen, um dem Spiel Fortschritt bzw. Kontinuität zu verleihen (ballnahe Passoptionen, ohne Risiko eines Ballverlustes). Zusätzlich hervorheben lässt sich die Position von Hofmann, der im ‚cuadrado‘ steht. So wird im Spanischen der Raum zwischen den Linien genannt, der – im übertragenen Sinn – durch die Positionen von äußerem Mittelfeldspieler, zentralem Mittelfeldspieler, Innenverteidiger und Außenverteidiger entsteht (siehe auch Einführungskapitel). Eine Grundvoraussetzung dafür ist, dass Gegner durch eine Positionierung gebunden werden, wie hier beispielsweise durch Boniface als zentralem Stürmer und Frimpong als Außenspieler. Palacios erhält in dieser Szene (im Rücken der ersten Pressinglinie positioniert) den Ball und kann dann das Spiel vorwärts fortsetzen und die bestehenden Vorteile miteinander verbinden (im spanischen ‚encadenar'). Wirtz läuft quer und stellt Ballnähe her, wodurch er in der Bewegung angespielt wird. Da alle Gegner nur auf den Ball fokussiert sind und nicht gleichzeitig seine Bewegung wahrnehmen, bekommt er den Ball mit einem dynamischen Vorteil, der die Fortsetzung des Angriffes gemeinsam mit Hofmann erlaubt.

Mit zunehmender Spieldauer übernimmt Leverkusen mehr Spielkontrolle durch Ballbesitz und kann gute Kombinationen zeigen. Es ist jedoch ein Ballgewinn im Angriffsdrittel, der das 1:0 bringt: Wirtz findet mit einem feinen Pass Victor Boniface, der den Ball zwar kontrollieren, jedoch noch nicht verwerten kann. Er sichert den Ballbesitz mit einem Dribbling nach Außen und findet schließlich Frimpong mit einem flachen Pass an den 5er, der nur noch verwerten muss (24.). Das 2:0 folgt nach einem Kopfball von Tah nach einer Ecke (35.). Auffällig ist auch die Flexibilität hinsichtlich der Positionierung im Leverkusener Spiel: Xhaka lässt sich aus dem Zentrum heraus nach außen fallen, während Grimaldo unmittelbar auf die Bewegung reagiert und Xhakas Position im Zentrum übernimmt. Die beiden verweilen eine ganze Zeit in dieser Anordnung, was darauf schließen lässt, dass es für die Leverkusener Mannschaft ein klar kommuniziertes Prinzip ist, dass die Positionen entsprechend der Spielphase, Feldhöhe, Gegnerdruck und Ballposition zwar besetzt sein sollen – die funktionalen Rollen und Aufgaben innerhalb dieses Systems jedoch fließend sind und durchaus getauscht werden können. Grimaldo sucht dabei bewusst den Rücken des pressenden Spielers, um an diesem vorbei anspielbar zu werden. Gleichzeitig versucht er eine Höhe zu wählen, die es ihm erlaubt, sofort mit seinem ersten Ballkontakt seine nächsten Gegenspieler zu überwinden. Bereits vor der Pause köpft Dani Olmo nach einer Ecke von rechts den 2:1-Anschlusstreffer. In der zweiten Hälfte erreicht Leverkusen extreme Spielkontrolle und zeigt eine sehr starke Positionierung im eigenen Ballbesitz. Sie dominieren den Rhythmus (langsam – schnell) beinahe komplett nach Belieben und lassen den Gegner kaum zur Entfaltung kommen.

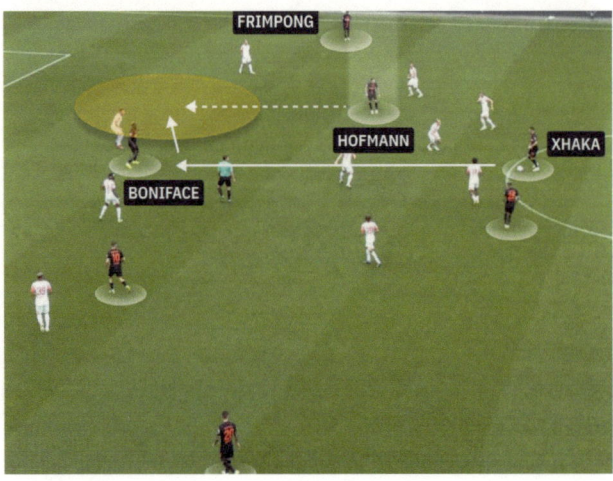

Typisches „Spiel auf den 3." in Verbindung mit dem Attackieren des Zwischenraumes zwischen Innenverteidiger und Außenverteidiger. Xhaka in Ballbesitz findet Boniface, der beim ballnahen Innenverteidiger positioniert ist und diesen damit bindet. Hofmann ist erneut in seiner Position im „Quadrat" bzw. zwischen den Linien und kann aus seiner jetzigen Position nicht optimal von Xhaka angespielt werden. Durch die Positionierung von Boniface beim ballnahen Innenverteidiger und von Frimpong in der Breite öffnet sich der Zwischenraum für Hofmann, in den der Ball von Boniface hineingelegt wird. Diese Bewegungen und Interaktionen sind in der Startphase der Saison sehr häufig zu beobachten.

Schließlich ist es doch ein Konter zur Vorentscheidung: Nach einem Ballgewinn im Mittelfeld spielt Kossounou den Ball über die rechte Seite zu Frimpong, der direkt mit dem ersten Kontakt den Ball quer legt und Wirtz per Lupfer-Abschluss das 3:1 ermöglicht. Leipzig kommt, erneut nach einem Standard (Freistoß aus dem Halbfeld), nochmal zum 3:2-Anschlusstreffer – am Ende schafft es Leverkusen jedoch, sich durchzusetzen und die ersten drei Punkte der Saison für sich zu erobern.

Im Flow, 26.08.2023 & 02.09.2023

Mit dem Auswärtsspiel gegen Borussia Mönchengladbach folgt nicht nur der nächste schwierige Gegner, sondern auch das Wiedersehen mit Ex-Trainer Gerardo Seoane. Die Werkself zeigt jedoch wenig Sentimentalität, sondern einen Auftritt voller Autorität und spielerischer Klasse. Dabei schafft es die Werkself, die gegnerische Box vielfältig zu attackieren und zu guten, hochkarätigen Torchancen zu kommen, von denen jedoch viele durch aufopferungsvolle Gladbacher geblockt werden. Leverkusen spielt in einer sehr hohen Frequenz mit vielen schnellen Pässen (mit einer extrem hohen Passdichte).

Gladbach mit zehn Spielern am eigenen Strafraum, ohne Druck auf den Ball auszuüben oder maximalen Zugriff auf die Gegner zu haben. Der Raum beim Schiedsrichter ist immer frei – diesen Rat beherzigt Wirtz, der von Xhaka mit einem verdeckten Pass gefunden wird. In dieser Szene rechnet der Beobachter als erstes mit einem gelupften Pass in die Box auf den startenden Grimaldo, stattdessen erhält überraschend Wirtz den Ball und kann mit Boniface gemeinsam einen Angriff zentral in die Box initiieren.

Hofmann ist zwischen den Linien („im Quadrat") positioniert und lockt den Innenverteidiger heraus. Er sieht an Wirtz' Bewegung, dass der gegnerische Innenverteidiger herausrückt – Wirtz nimmt sofort den Raum wahr und attackiert diesen mit einem Lauf. Gegengleiche Laufbewegungen finden die Leverkusener immer wieder; auch weil sich die Positionierungen von Spielern zwischen den Linien dazu anbieten, den Raum bzw. Rücken hinter den Gegnern zu attackieren. Ein Schlüssel dafür, dass diese Bewegung stattfinden kann und dieser Raum sich öffnet, ist die Position von Frimpong, der für eine gewisse Breite sorgt und damit den gegnerischen Außenverteidiger bindet.

Eine weitere gegengleiche Bewegung öffnet den Raum für das Leverkusener 1:0: Xhaka chippt den Ball in den Strafraum auf den startenden Grimaldo, der den Ball per Kopf ins Zentrum spielen kann. Dort setzt sich Boniface (ebenfalls per Kopf) durch und trifft zum 1:0. Besonders beeindruckend über den gesamten Saisonverlauf hinweg ist der Hunger und die Variabilität, die gegnerische Box zu attackieren – bevorzugt mit flachen Kombinationen von Fuß zu Fuß oder hohen Bällen in Richtung ballferner 5er-Kante.

Leverkusen geht mit einer hochverdienten 2:0-Führung in die Pause. Die Werkself findet immer wieder die Außenverteidiger in der Schnittstelle zwischen gegnerischen Innenverteidigern und Außenverteidigern und sorgt so für positionelle Vorteile. Als besonderes Duo sticht die Verbindung auf der rechten Seite zwischen Halbverteidiger Kossounou und Frimpong hervor, die besonders viele Angriffe initiieren. Die Gladbacher haben große Probleme, die Lücken ihrer Viererkette zu schließen – daran ändert sich auch in der zweiten Hälfte nichts, an deren Ende ein ungefährdeter 3:0-Erfolg für die Werkself steht, die eine extreme Selbstverständlichkeit in ihren Kombinationen zeigt.

Im nächsten Heimspiel gegen Aufsteiger Darmstadt 98 marschiert die Werkself unbeeindruckt weiter und bleibt im konsequenten „Vorwärts-Modus". Fällt das 1:0 von Boniface nach einem Konter noch nach einem sehr unglücklichen Zusammenprall zweier Darmstädter, so schaffen es die Leverkusener in der Folge unbeeindruckt vom zwischenzeitlichen Ausgleich ihr eigenes Spiel aufzuziehen und konsequent auf das nächste Tor zu spielen. Der 1:1-Ausgleich der Darmstädter nach einer Standardvariante (überlang gespielt und erneut quer vor das Tor gelegt) ist dennoch erwähnenswert; wird sich Leverkusen doch auf nahezu identische Weise noch weitere Gegentore einfangen.

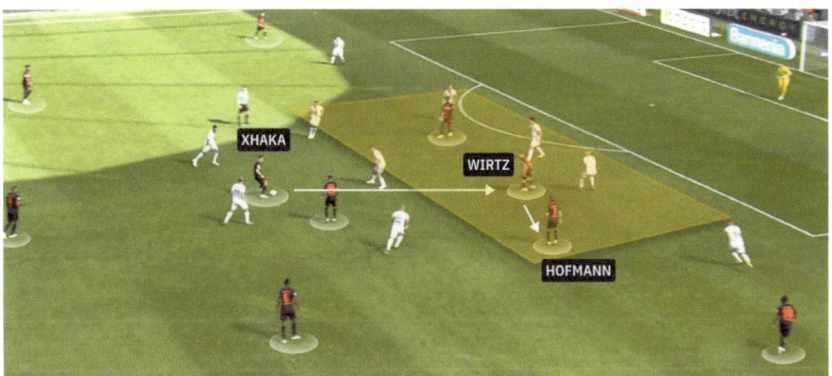

Leverkusen mit drei Spielern zentral vor den Innenverteidigern in positionellem Vorteil: Obwohl es eine Gleichzahl-Situation ist, hat kein Darmstädter Spieler Zugriff auf den Gegner. Wirtz und Hofmann sind nah beieinander positioniert, was einen schnellen Passverlauf erlaubt und eine Reaktion bzw. ein Zugreifen von Darmstadt zusätzlich erschwert. Insbesondere den Raum vor der Abwehr schafft Leverkusen immer wieder durch gute Positionierungen zu attackieren. Dem Gegner bleibt in dieser Situation nur das Reagieren, was mit einem permanenten „Zuspätkommen" einhergeht.

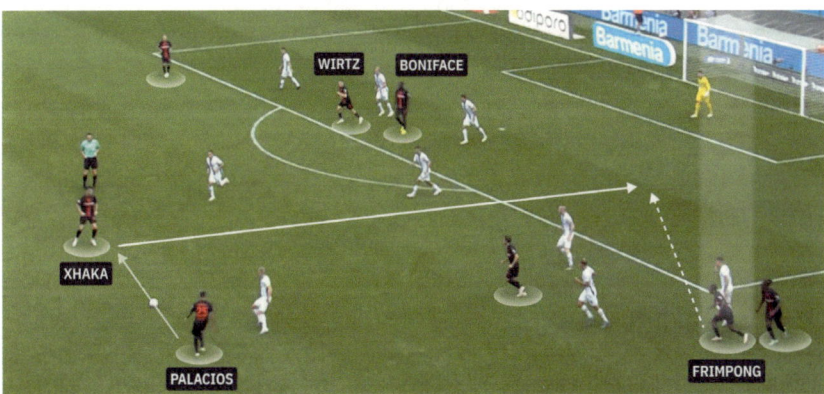

Auf einen Querpass folgt ein Pass in die Tiefe: Palacios findet Xhaka, der ansatzlos in die Schnittstelle auf den in die Box sprintenden Frimpong spielt. Frimpong attackiert dabei diagonal den Rücken der Verteidiger und kommt aus sieben Metern diagonal vor dem Tor frei zum Abschluss. Die sich bietende Lücke wird außerdem bedingt durch die Position von Boniface und Wirtz, die im Zentrum die zentralen Verteidiger binden.

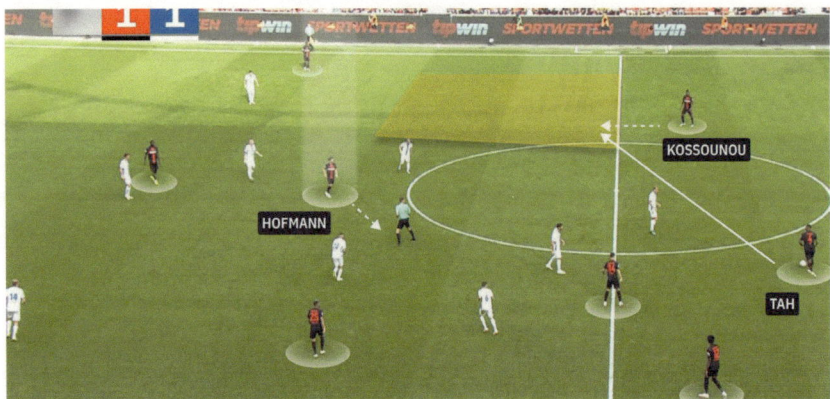

Hofmann zieht aus dem rechten Halbraum heraus und lockt damit sowohl den rechten Innenverteidiger als auch den rechten 6er heraus und bindet Aufmerksamkeit des Gegners. Dadurch öffnet sich der Raum, den Kossounou direkt nutzen kann und den Ball per Pass von Tah erhält.

Die Werkself startet nach der Pause wie die Feuerwehr: Frimpong setzt sich auf der rechten Seite durch und kommt in den Strafraum, von wo aus er den Ball perfekt in den Rücken der Abwehr Richtung Elfmeterpunkt, legt. Dort steht Palacios, dessen Schuss doppelt abgefälscht rechts unten einschlägt (49.). Ein perfekter Pass in den Schnittstelle zwischen AV und IV von Wirtz auf Boniface sorgt schließlich für das vorentscheidende 3:1 (61.).

Bild links unten: Wirtz erhält den Ball im Zehner-Raum direkt vor dem 16er und spielt mit dem zweiten Kontakt den Ball perfekt in die Schnittstelle und den Lauf von Victor Boniface, der zum 3:1 gegen Darmstadt trifft. Besonders bemerkenswert an dieser Szene ist die Position von Boniface: Im Rücken des gegnerischen Außenverteidigers, der auf den Lauf von Grimaldo reagiert (bzw. reagieren muss); gleichzeitig seitlich abgesetzt zum Innenverteidiger – sich selbst die Lücke öffnend. Ein weiteres Beispiel für den positionellen Vorteil, der hier zum Tragen kommt: Weil „wir" besser positioniert sind, bedrohen wir das Tor / den Gegner und schaffen eine torgefährliche Situation.
Insbesondere in der zweiten Hälfte sucht Boniface immer wieder den Raum halblinks zwischen Außenverteidiger und Innenverteidiger.

Im weiteren Spielverlauf spielt Leverkusen stets konsequent weiter auf das nächste Tor, ohne einen Gang zurückzuschalten. Am Ende steht es 5:1 für die Werkself. Insgesamt fühlt sich Leverkusen trotz vieler Gegenspieler sehr wohl dabei, durch den gegnerischen Block zu spielen.

Wie gut sind „wir" wirklich? 15.09.2023

Nach dem Traumstart in die Saison folgt bereits am vierten Spieltag ein richtungsweisendes Duell für Bayer 04: Es geht ausgerechnet auswärts gegen Rekordmeister Bayern München. Xabi Alonso belässt es dabei zunächst bei der Organisation im 1-3-4-3, wobei die Anordnung der vorderen Reihe als 2-1 mit Boniface als klarer Neuner zu interpretieren ist. Nach ungefähr 20 Minuten entscheidet sich der Baske für erste Anpassungen im gegnerischen Ballbesitz, was zu mehr Momenten mit vier Spielern in der hintersten Linie führt. Frimpong hält stattdessen die erste Pressinglinie länger und ist sehr an Bayerns Außenverteidiger Davies orientiert.
Bayern beginnt schwungvoll und mit einem guten Doppeln im Anlaufen. Gleichzeitig initiieren die Münchener immer wieder Angriffe bzw. gefährliche Konter, die schließlich auch etwas Zählbares einbringen: Nach einer Eckballverlängerung steht Harry Kane am 2. Pfosten frei und köpft zum 0:1 ein. Insbesondere in der Anfangsphase sind die Bayern sehr drückend – Leverkusen kann sich kaum befreien und über eine längere Zeit den Ball behalten und kontrollieren.

Goretzka versucht den Ball in die Schnittstelle auf Kane durchzuspielen. In dieser Szene sieht man sehr gut, wie Tapsoba im direkten Duell mit Kane agiert: Er erkennt frühzeitig die Intention von Kane, zwischen Tah und Tabsoba durchzustarten, blockt seinen Laufweg und verhindert damit ein getimtes Einstarten in die Box. Durch diese Verzögerung erhält Hofmann noch mehr Zeit den ballführenden Goretzka unter Druck zu setzen, sodass die drohende Gefahr vereitelt wird.

Man sieht die Qualität, Weiterentwicklung und eine gewisse Reife im Leverkusener Spiel: Wäre zu früheren Zeiten möglicherweise die Mannschaft in der Folge eines frühen Gegentors gegen die Bayern in München „zusammengebrochen" und hätte weitere Gegentore kassiert, bleibt sie jetzt klar und hält an ihrem Plan fest. Die Mannschaft bleibt ruhig in eigenem Ballbesitz und sucht konsequent ihre Stärken. Nach 20 Minuten gelingt dies zunehmend besser und die Mannschaft findet in ihre Kombinationen. Genau in diese Phase fällt der wunderschöne Ausgleichstreffer per Freistoß durch Grimaldo (24.). Bereits in der ersten Hälfte entsteht ein enges, intensives Spiel, in dem das Momentum stets hin- und herschwappt. Zum Ende der ersten Halbzeit gewinnen die Bayern abermals etwas die Oberhand und kommen zu sehr guten Torchancen.

In der zweiten Halbzeit versucht Bayern noch klarer die beiden 6er im Aufbau (Xhaka & Palacios) mit Kane und Müller zuzustellen. Leverkusen löst dies damit, dass sich Grimaldo als „dritter" 6er ebenfalls fallen lässt und damit anspielbar wird. Der von ihm freigezogene Raum wird sofort vom in die Tiefe startenden Palacios besetzt. So kommt Leverkusen – im Prinzip stufenartig – weiter in die nächste Feldhöhe.

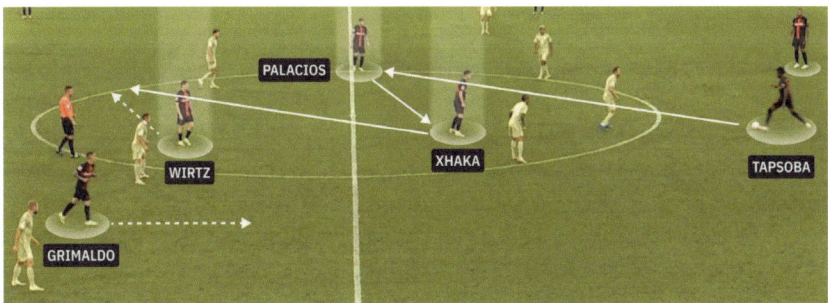

Leverkusen besetzt mit vier Spielern das Zentrum, die entweder im Rücken der ersten Pressinglinie positioniert sind oder aber in den Schnittstellen, um direkt und einfach in eine höhere Etage zu wechseln. Leverkusen schafft es beinahe stufenförmig vorwärts und überspielt durchs Zentrum mit drei Pässen sieben Gegner (zumindest im Bildausschnitt sichtbar). Die Pässe durchs Zentrum sind dabei gleichbedeutend mit einem Tempowechsel, wodurch der Gegner sofort „im Fluss" attackiert wird. Diese Passfolge zeigt sich ähnlich immer wieder bei der Werkself, die immer wieder versucht, durchs Zentrum mit schnellen Pässen nach vorne zu kommen.

In der 70. Spielminute liegt der xG-Wert von Bayern bei 2,27 – der von Leverkusen bei 0,48 – auch ein Ausdruck der Tatsache, dass Bayern gute Torchancen hat und schlußendlich vor allem an deren Verwertung scheitert. In der Folge kommt allerdings Leverkusen nochmals zu einigen Torchancen (Wirtz mit Boniface, Boniface selbst), die in dem offenen Spiel schon zeigen, dass jedes der beiden Top-Teams jederzeit im Stande ist, ein Tor zu schießen. Erst scheint es, als ob Bayern das letzte Wort hat: Goretzka verwertet in der 86. Minute zum 2:1. Doch dann kontert Leverkusen wieder einmal mit einem späten Tor. Die Leverkusener drücken, kommen aber nicht richtig zum Abschluss. Dann entscheidet der Unparteiische nach einem Zweikampf zwischen Davies und Hofmann im Strafraum der Bayern auf Foul – den fälligen Elfmeter versenkt Palacios in der 94. Minute zum Ausgleich. Ein Spitzenspiel, bei dem sich die Münchener aufgrund unzureichender Chancenverwertung und die Leverkusener mit dem sich selbst erarbeiteten Spielglück mit 2:2 trennen.

Wie ein Uhrwerk, 21.09.2023 – 24.09.2023 – 30.09.2023

Das Spiel gegen die Bayern war ein erster Selbsttest für die Werkself – und sie hat ihn bestanden. In den folgenden Partien fliegt Bayer geradezu von Ergebnis zu Ergebnis, auch wenn jedes einzelne Resultat auf Basis einer unermüdlichen, perfektionistischen Herangehensweise entsteht und keineswegs „von selbst" kommt. In der Europa League ist der schwedische Meister aus Häcken zu Gast, den Leverkusen mit 4:0 besiegen kann. Bereits hier fällt auf, dass Alonso in den Pokalwettbewerben Matěj Kovář im Tor vertraut und Spielzeit ermöglicht und darüber hinaus auch immer wieder andere Spieler wechselt. Doch die Rotation (die zu Saisonbeginn vereinzelter geschieht als im weiteren Saisonverlauf) schadet weder dem Spielfluss, noch der Lust der Spieler, miteinander zu kombinieren: Wirtz trifft nach einem Schnittstellen-Pass von Boniface, der aus seiner Position etwas zurückgefallen ist; Adli markiert das 2:0, als er mit herausragendem Tempo und Timing vom linken Flügel einläuft und eine Halbfeldflanke von Xhaka verwertet. Boniface und Hofmann machen in der zweiten Halbzeit „den Deckel drauf".

Im nächsten Spiel wartet der mutige Aufsteiger aus Heidenheim. Doch auch wenn die Werkself gegen die Kicker aus der Brenz zumindest phasenweise etwas Mühe hat, ist der qualitative Unterschied der einzelnen Spieler zu deutlich.

Das 1:0 für Leverkusen: Palacios erkennt, dass Boniface seinen direkten Gegenspieler kontrolliert und eine 1v1-Situation mit Rücken zum Gegner am 16er hat. Boniface dominiert seinen Gegner körperlich und nutzt seine Körpertechnik (und damit seinen qualitativen Vorteil), um sich um seinen Gegner herumzuwickeln und das 1:0 zu erzielen.

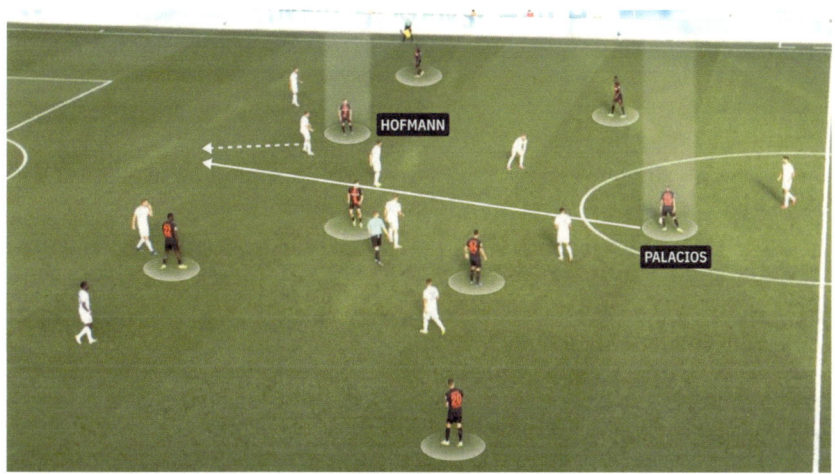

Palacios mit seinem zweiten Geniestreich gegen Heidenheim: Während der Argentinier sein Körperprofil (und damit seine Körperhaltung) eher nach Außen ausgerichtet hat, nehmen sowohl er als auch Hofmann den Raum hinter der Kette gegen einen sehr statischen Gegner wahr (kein Druck auf den Ball). Beide teilen in diesem Augenblick die gleiche Intention, diesen Raum zu attackieren, wobei Palacios zusätzlich durch seine Körperstellung den Gegner täuscht und der Ball in die Tiefe den Gegner kalt erwischt. Hofmann verwertet die sich bietende Torchance sicher zum 2:1.

Am Ende steht ein ungefährdeter 4:1-Erfolg für Leverkusen, bei dem das permanente Attackieren der gegnerischen Rücken und abgestimmte Laufwege in die Tiefe ein Schlüssel zum Erfolg waren.

Mainz 05 schafft es in der folgenden Partie, das Zentrum extrem zu verdichten, was zur Folge hat, dass viel Ballbesitz bei den Leverkusener Innenverteidigern liegt. In diesem Spiel ist die Werkself auch vom Glück begünstigt: Mit dem ersten richtigen Angriff kommt Leverkusen zur 1:0-Führung. Eine Eingabe von Frimpong wird von einem Mainzer ins eigene Tor geklärt (18.). Bis dahin hatte Leverkusen Mühe, gegen ein hart arbeitendes Mainz bis ins letzte Drittel zu kommen. Die Werkself versucht, das Spiel durch Ballbesitz zu kontrollieren und damit insbesondere die Gefahr möglicher Mainzer Gegenstöße zu minimieren. Daher wird der Ball vor allem auf engem Raum mit hoher Nähe der Spieler zueinander bewegt, ohne zwangsläufig einen Raumgewinn oder eine Torchance erzielen zu wollen – es geht zunächst um Spielkontrolle. In diesem Zusammenhang wird einmal mehr die hohe Qualität und Sicherheit im Passspiel der Leverkusener deutlich: Trotz hoher Aggressivität im Zweikampf und großer Aufmerksamkeit der Mainzer schaffen es Xhaka und Co., sich durchzukombinieren und in Ballbesitz zu bleiben. Dabei sind auch technische Details entscheidend: So spielt Xhaka dem sich im Rücken des Gegners absetzenden Wirtz den Ball direkt in den Vorderfuß zu, sodass dieser sich in einer fließenden Bewegung direkt aufdrehen und das Spiel nach vorne fortsetzen kann. Diese technische Übergelegenheit ist ein Schlüssel dafür, sich immer wieder dem zweikampforientierten Spiel der Mainzer zu entziehen. Dazu gehört auch eine entsprechende Balance und ein gutes Umschaltverhalten nach Ballverlust.

Leverkusen im Umschaltmoment nach Ballverlust: Insgesamt fünf Spieler schließen rennend die Lücken in die Tiefe, während Palacios den Gegner bremst und direkt auf eine Seite lenkt, damit die Spielverlagerung im Konter ausbleibt. Weiteres besonderes Detail: Nahezu alle Spieler der letzten Linie von Leverkusen blicken auf den Ballbesitzer und versuchen seine Intentionen zu antizipieren. Dadurch verändert Hofmann bereits seinen Lauf und bremst etwas ab. Ihm wird es eine Sekunde später durch sein gutes Antizipieren gelingen, den Pass abzufangen und den Gegenangriff zu starten.

Bild links unten: Alle zehn Leverkusener Feldspieler befinden sich in der Mainzer Hälfte. Man sieht die engen Abstände und die offenen Passlinien, die jederzeit ein Anspiel zum Mitspieler ermöglichen. Tapsoba erkennt, dass Wirtz und Boniface auf der letzten Linie nur begrenzt gedeckt sind – und auch dann ein 1v1 mit Gegner im Rücken hätten, was im Falle von Boniface bereits gegen Heidenheim aus einer ähnlichen Situation zum Tor geführt hat. Tapsoba spielt den Ball in die Tiefe auf Boniface, der gefoult wird. Den folgenden Freistoß verwertet Grimaldo sehenswert zum 2:0 für Leverkusen.

Als Hofmann nach einem Konter (perfekte Vorteilsauslegung durch den Schiedsrichter) zum 3:0 trifft (65.), ist die Partie endgültig entschieden. Insgesamt sieht man in diesem Spiel eine pragmatischere Seite von Leverkusen, was auch zeigt, wie viel Respekt die Leverkusener vor den Mainzern hatten. Es geht um maximale Spielkontrolle durch Ballbesitz – was durch den Spielverlauf und die maximal effiziente Chancenverwertung der Leverkusener am Ende auch aufgeht.

Start to dream, 08.10.2023

Auch im zweiten Gruppenspiel in der Europa League hält sich die Werkself schadlos und schafft es, trotz des ungewohnten Kunstrasens in Molde (Norwegen) nach schneller 2:0-Führung mit 2:1 zu gewinnen. Dabei zeigen auch die Spieler, die bislang noch nicht so viel Spielzeit erhalten haben, dass auf sie Verlass ist.

Ein Spiel, das in der Erinnerung von Xabi Alonso ein Punkt war, ab dem er ein bisschen mehr „träumen" sollte, war das Derby gegen den 1. FC Köln und dabei insbesondere das 1:0 von Jonas Hofmann: „Denn es war nicht das Tor von Jonas, sondern es war ein totaler Teamspielzug. Sie [Köln] haben uns stark unter Druck gesetzt. (...) Wir bauten Stück für Stück auf und lockten ihr Pressing an. Und sobald wir den Raum hinter ihren Sechsern erreicht hatten, haben wir das Spiel beschleunigt und mit vielen Spielern im Strafraum angegriffen. Boniface spielte den Ball weit nach außen, und nach einer Flanke von Grimaldo gab der Rückpass von Wirtz Jonas den Raum zum Tor. Das war eine perfekte Zusammenfassung unserer Ambitionen, wie wir spielen wollen. Wir hatten einen guten Tempowechsel zwischen dem ‚Stabilitätsmoment' und dem ‚Beschleunigungsmoment' und dann einen rücksichtslosen Abschluss."[261] Für einen Trainer komme dieser kollektive Moment beinahe der Freude gleich, die man beim Spielen selbst empfände, so Alonso, wobei er einschränkt: „Wenn man am Spielfeldrand steht und zuschaut, denkt man immer noch: ‚Ich wünschte, ich könnte das tun, was sie

261 Alonso in Robles 2024.

tun!' Wie dir jedes Kind sagen kann, geht es beim Fußball ums Spielen."[262] In jedem Fall ist die Werkself auf der richtigen Spur bei dem Versuch, die Ideen und Anweisungen ihres Trainers umzusetzen.

Bayer spielt kontinuierlich mit engen Abständen, gut vernetzt und in einem extrem hohen Tempo. Auffällig sind die Nähe zueinander und die vielen Tempowechsel, um dann konsequent den Tempovorteil auszunutzen, wenn die Mehrzahl der Gegner bereits überspielt wurde, und durch die Dynamik in die Box und zum Abschluss zu kommen. Dabei werden immer wieder innere Wege bzw. Doppelpässe nach innen gesucht (Spiel & Geh). Es zeigt sich das typische Leverkusener Spiel mit der gewissen Vertikalität und dem Zeigen von Passlinien im Rücken des Gegners bzw. in Zwischenräumen.

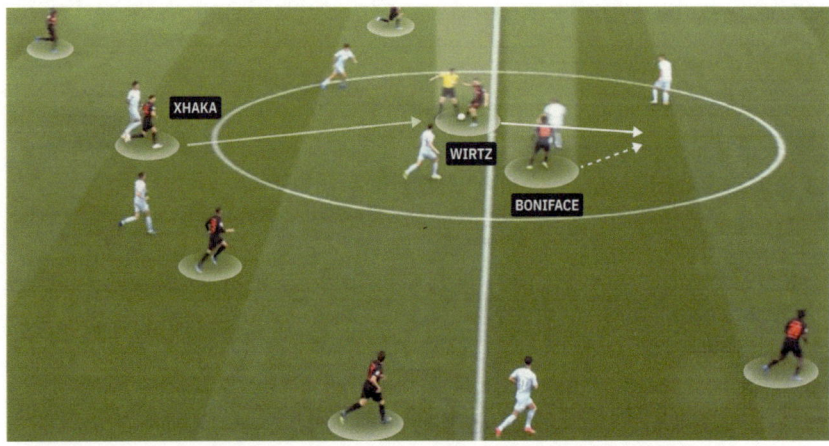

Frei nach dem Motto: Bist du beim Schiedsrichter positioniert, bist du immer frei. Leverkusen findet in der Spieleröffnung diagonal vorwärts Xhaka, der das Spiel durch das Zentrum (über den Mittelkreis) fortsetzen kann. Wirtz und Boniface sind dabei eng beieinander positioniert und perfekt miteinander synchronisiert: Wirtz spielt den Ball mit einem Kontakt hinter dem Standbein mit der Hacke in den Raum zu Boniface, der sich genau in den Rücken des Gegners bewegt und das Spiel weiter vorwärts beschleunigen kann. Der erste Tempowechsel wurde bereits mit dem Pass zu Xhaka initiiert, der nun mit dem Spielfortschritt über Wirtz und Boniface dafür sorgt, dass Leverkusen ins maximale Tempo gehen kann, um den Vorteil der vielen überspielten Gegner zu nutzen und das Kölner Tor zu attackieren.

262 Ebd.

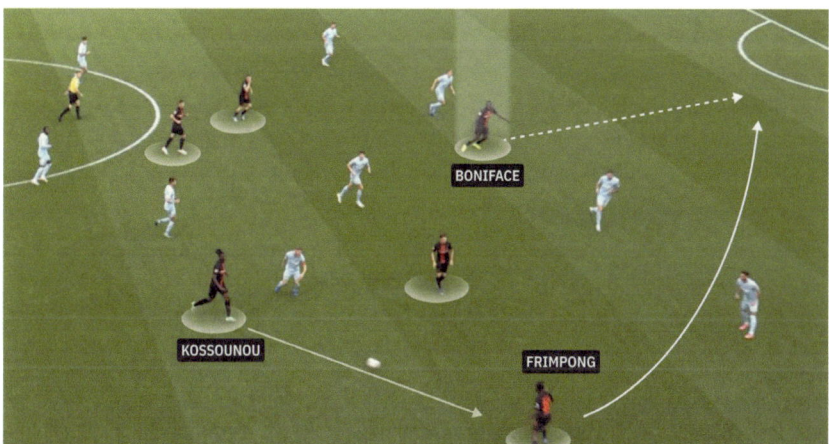

Boniface ist gut positioniert zwischen beiden Innenverteidigern und außerhalb des Zugriffs des Gegners. Gleichzeitig ist kein Druck auf dem Ballführenden durch das verteidigende Team. Kossounou findet den freien Frimpong, der den Raum und die Zeit hat, um eine Flanke in den freien Raum hinter der gegnerischen Viererkette zu schlagen, in den Boniface frei einstarten kann. Sein am nächsten positionierter Gegner / Innenverteidiger ist dabei in der schlechteren Position (weil hinter ihm) und kann nur mit größter Mühe einen Ballerhalt verhindern.

Direkt nach dem Führungstor: Leverkusen drückt Köln auf eine Seite und setzt den Ballführenden extrem unter Druck. Hier sieht man einmal mehr das Leiten und Lenken auf eine Seite, um dann in der Folge in direkten Duellen mit einer situativen Mannorientierung (bzw. im Raum, aber am Mann orientiert) die Balleroberung herzustellen.

Auch das 2:0 (32.) von Frimpong ist ein „typisches" Leverkusen-Tor: Vorbereitet von Grimaldo, der den Ball auf den 2. Pfosten flach durchbringt, sodass Frimpong als eingerückter und durchlaufender Außenspieler nur noch einschieben muss. Vorausgegangen war ein Angriff von Leverkusen, bei dem ein Klärungsversuch beinahe zufällig zu Grimaldo gesprungen war – dieser zieht mit einem Temposchritt in den 16er und legt quer.

In der zweiten Hälfte kontrolliert Leverkusen durch Ballbesitz in engen Abständen und effektives Gegenpressing die Partie und kommt durch Kontersituationen bzw. durch herausgespielte Momente immer wieder zu Torchancen.

Alle zehn Feldspieler von Leverkusen in einem Bild und in ihrer leicht nach rechts verschobenen, asymmetrischen Positionierung erkennbar. Besonders hervorzuheben sind die Positionen von Wirtz und Hofmann im Rücken ihrer Gegenspieler (zwischen den Linien, bzw. „im Quadrat"), sowie das Täuschen von Xhaka, der durch seine Körperhaltung einen geraden Pass auf Wirtz andeutet, den Ball jedoch diagonal auf Hofmann spielt, der den Ball mit seinem ersten Kontakt direkt für den spielbeschleunigenden Wirtz auflegen kann. Die beiden tiefen Spieler von Leverkusen Boniface und Frimpong halten die Tiefe und schaffen es, durch ihre Positionierung vier Gegenspieler der gegnerischen Kette zu binden. Damit sorgen sie dafür, dass der Raum „zwischen den Linien" so groß sein kann. Aus dieser Szene entsteht eine sehr gute Abschlussgelegenheit für Leverkusen.

Ein Angriff nach einer Spielverlagerung auf die rechte Seite mit einem typischen „Spiel und Geh" von Jonas Hofmann (im Duo mit Frimpong) ist schließlich die Aktion, die das 3:0 und damit die Vorentscheidung beschert. Boniface muss die flache Eingabe nur noch einschieben (67.).

Restart, 21.10.2023 – 26.10.2023

Auch nach der Länderspielpause, die für die deutschen Nationalspieler eine weite Reise in die USA bedeutete, läuft das Leverkusener Spiel weiter wie gewohnt: In Wolfsburg beginnt Leverkusen bestimmend, auch wenn das Spiel in der Anfangsphase offen bleibt. Das ändert sich jäh, als mit der ersten nennenswerten Aktion der Leverkusener direkt das 1:0 fällt (13.): Nach einem langen Ball dribbelt Boniface in den Strafraum und zieht die Aufmerksamkeit aller Verteidigenden auf sich. Am zweiten Pfosten steht Frimpong alleine, der per Lupfer den Ball erhält und diesen hinter die Linie drückt.

Leverkusens Spiel folgt dabei keinem Dogma oder ist eingegrenzt, was auch in der Spieleröffnung ersichtlich wird: Es muss nicht immer kurz eröffnet werden, wenn beispielsweise eine 1v1 Situation auf der letzten Linie hergestellt oder durch schnelles Nachrücken der zweite Ball gesichert werden kann. Gleichzeitig zeigt Stanišić, der als Halbverteidiger spielt, auf der rechten Seite gemeinsam mit Frimpong immer wieder getimte Aktionen, die auch ihn phasenweise in die Situation als Außenspieler bringen.

Konzept von „Fuß und Raum": Frimpong ist mittlerweile in die höchste Höhe gestartet und ist bereit, die Tiefe bzw. den Raum hinter der Abwehrreihe der Wolfsburger zu attackieren. Boniface schaut zum Ball und lauert daher nicht nur auf die Tiefe, sondern kann direkt in den Fuß angespielt werden, ohne dass damit ein Tempoverlust einhergeht. Dieses Konzept ist deshalb besonders, weil in diesen Situationen oftmals Spieler lediglich in die Tiefe starten und über einen Pass in den Raum oder in die Schnittstelle angespielt werden wollen, welcher, aufgrund der Schwierigkeit dieses Passes, dann nicht erfolgreich ist. Die tiefen Laufwege von Frimpong und seinem Pendant auf der anderen Seite bewirken jedoch, dass die Kette sinkt und Boniface den Ball von Tapsoba in den Fuß erhalten kann und dennoch schnell bleibt. Gleichzeitig nimmt Tapsobas Pass fünf Gegner aus dem Spiel und sorgt für eine 3v3 Situation knapp 45 Meter vor dem Tor.

Nach der Leverkusener Führung kommt Wolfsburg etwas mehr zum Zug, ohne tatsächliche Gefahr auszustrahlen. Dies ändert sich, als ein zweiter Ball nach einer Ecke im Tor zum Ausgleich verwertet wird (41.). Ab Beginn der zweiten Halbzeit dominiert und kontrolliert Leverkusen das Spiel durch Ballbesitz, ohne zu klaren und zwingenden Torchancen zu kommen. Dies ist allerdings gar nicht notwendig – die permanente Bedrohung, die in wenigen Aktionen beispielsweise von Boniface ausgeht, ist ausreichend, um zu verstehen, dass sich hier eher ein Tor für die Werkself vom Rhein abzeichnet. Es bleibt dabei ein Spiel der Außenspieler: Grimaldo trifft nach einer Hereingabe von Frimpong zum 2:1 (62.). Besonders hierbei: Nach erfolgreichem Gegenpressing im Angriffsdrittel wird Frimpong in der Schnittstelle zwischen Innenverteidiger und Außenverteidiger angespielt, kann in den Strafraum eindringen und bis zur Grundlinie vordringen. Er legt den Ball zurück, wo zunächst Wirtz verpasst, aber schließlich Grimaldo da ist und verwertet. Obwohl Leverkusen das Spiel kontrolliert und versucht, die verbleibende Zeit herunterzuspielen, kommt Wolfsburg durch Wind noch zu einer Top-Ausgleichsmöglichkeit. Hrádecký hält den Sieg fest.

Im dritten Europa-League Spiel gegen Qarabag spielt die Werkself wie aus einem Guss und überrollt den Gegner regelrecht. Folgerichtig fällt bereits nach vier Minuten das 1:0 durch Wirtz.

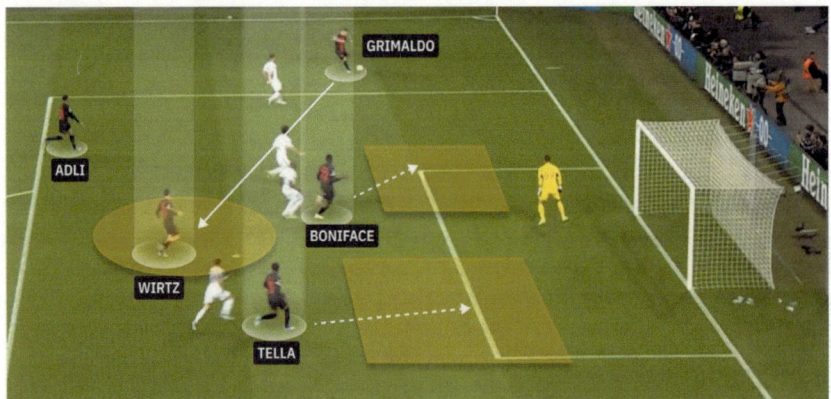

Leverkusen mit dem Führungstreffer durch Wirtz in der vierten Spielminute: Grimaldo legt seine Eingabe perfekt zurück auf den Elfmeterpunkt. Der Raum für Wirtz vergrößert sich auch dadurch, dass Boniface seinen Zielraum am ersten Pfosten konsequent beläuft und damit die Verteidiger mitzieht. Wir können außerdem erkennen, dass auch der Zielraum am zweiten Pfosten vom ballfernen Außenspieler (üblicherweise Frimpong; in diesem Spiel Tella) besetzt ist.

Aus keiner Chance kommt Qarabag dann nach eigenem Verschulden in der Spieleröffnung zum Foulelfmeter, der direkt zum 1:1 verwertet wird. Leverkusen behält das hohe Spieltempo bei und sucht dabei insbesondere die Außenbahnen, deren Hereingaben in 100%igen Torchancen münden. Die Werkself stellt insbesondere durch Kossounou immer wieder positionelle Vorteile auf der rechten Seite her, da dieser seine Rolle nicht wie ein typischer Außenverteidiger interpretiert, sondern in Ballbesitz ganz „normal" wie ein Halbverteidiger im Leverkusener Spielmodell agiert und extrem offensiv anschiebt, so wie auch beim 2:1 durch Grimaldo.

Leverkusens Positionierung in Ballbesitz im Mitteldrittel: Der Zugriff der pressenden Spieler wird extrem erschwert, da Leverkusen in diesem Raum 5v3 (und damit in Überzahl) steht. Gegen einen Angreifer sind zwei Innenverteidiger ausreichend, um Überzahl herzustellen, was es Kossounou als Halbverteidiger erlaubt hochzugehen und eine 2-3-Struktur herzustellen. Die Leverkusener Spieler sind außerdem in den Schnittstellen – neben den Gegnern – positioniert, was einen unmittelbaren Zugriff dieser weiterhin erschwert. Besonders bemerkenswert ist außerdem die Positionierung von Boniface, der immer wieder im Wechselspiel mit Wirtz auf der letzten Linie agiert. Boniface steht am Innenverteidiger in der gleichen Achse wie Wirtz, was den Zugriff und die klare Zuordnung auf Wirtz verkompliziert. Durch seine Position bindet Boniface darüber hinaus den Gegner, was Grimaldo und Wirtz erlaubt, zwischen den Linien im Rücken der Gegner frei zu sein. Adli ist in dieser Situation breit positioniert, was seiner Dynamik entgegenkommt. Grundsätzlich agiert er ebenfalls im Wechselspiel mit Grimaldo, was zu einem permanenten „Erscheinen" und „Verschwinden" der Leverkusener führt und durch die extrem hohe Mobilität und das Wechseln zwischen Räumen und Positionierungen den Gegner extrem fordert.

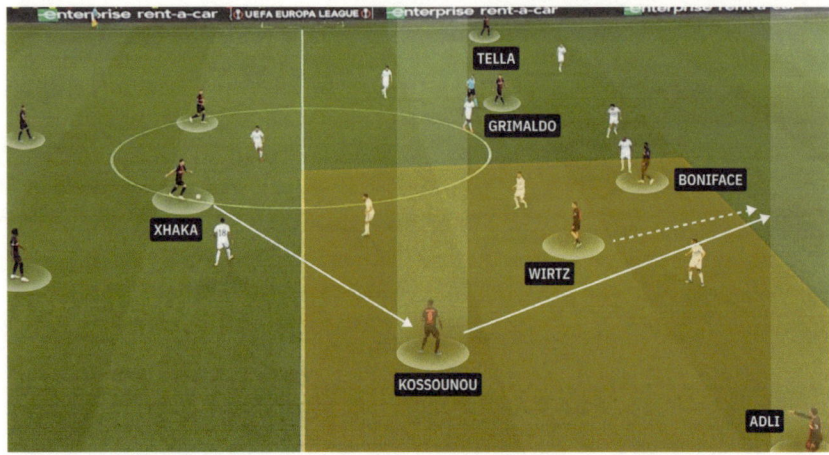

Das 2:1 für Leverkusen: Wieder ist Kossounou als Halbverteidiger höher positioniert und steht direkt in einer Schnittstelle außerhalb des gegnerischen Zugriffsbereichs. Gleichzeitig sorgt er gemeinsam mit dem auf die rechte Seite gewechselten Adli, dem zwischen den Linien bzw. neben dem gegnerischen 6er positionierten Wirtz und dem am Innenverteidiger postierten Boniface für eine positionelle Überlegenheit im rechten Halbraum (der Gegner hat zwar ebenso wie Leverkusen vier Spieler – mit diesen jedoch keinerlei Zugriff und Einwirkung auf diese). Grundsätzlich erkennt man gut die Intentionen in diesem Spiel von Leverkusen: In der Spieleröffnung schaffen die Innenverteidiger gemeinsam mit den 6ern eine 4v3-Überzahl. Die als 8er bzw. 10er agierenden Grimaldo und Wirtz sind neben den gegnerischen 6ern positioniert – leicht im Rücken und binden damit Aufmerksamkeit und schaffen eine Zuordnungsproblematik für den Gegner, die insbesondere durch den hochrückenden Halbverteidiger (in diesem Fall Kossounou) Früchte trägt. Die Außenspieler Adli und Tella sorgen für Breite im Spiel und konditionieren die gegnerischen Außenverteidiger. Boniface bindet den ballnahen Innenverteidiger durch seine Position und isoliert damit den linken Außenverteidiger, der Kossounou nicht attackieren kann und sich in der Folge zwischen dem Verteidigen von Adli und Wirtz entscheiden muss. Wirtz dribbelt bis in den 16er und findet mit seinem Querpass den nachstartenden Grimaldo, der zum 2:1 verwertet.

Boniface trifft kurze Zeit später sehenswert vom Strafraum nach einer Balleroberung von Andrich. Auffällig ist, dass sich der Stürmer immer wieder fallen lässt, bewusst Positionswechsel mit seinen Nebenleuten sucht und seine Position sehr fließend interpretiert. In der Folge kontrolliert Leverkusen das Spiel, bewegt den Ball gut und kombiniert. Dabei kommt es immer wieder zu guten Torchancen und in der Folge auch zu Toren: Grimaldo trifft ein zweites Mal (54.) nach einer schönen Kombination im rechten Halbraum. Das 5:1 besorgt dann (etwas ungewöhnlich) Innenverteidiger Tapsoba, der bei einem Tempogegenstoß nach vorne durchläuft und den Abpraller nach einem Boniface-Abschluss über die Linie drückt.

Goldener Herbst, 29.10.2023 – 01.11.2023 – 04.11.2023

Die Leverkusener Sieges-Serie hält auch bis in den November hinein. Gegen den SC Freiburg zeigt Boniface weiter seine Flexibilität als Stürmer, der auch in der Lage ist, mitzuspielen und Raum zu schaffen, damit dieser durch tiefe Läufe von Wirtz, Hofmann und in diesem Spiel insbesondere Palacios genutzt werden kann. Der Sportclub verteidigt diszipliniert, ohne selbst zu besonders nennenswerten Aktionen zu kommen. Dies liegt auch an der Leverkusener Fähigkeit, im gegnerischen Ballbesitz das Spiel vorhersehbar zu machen.

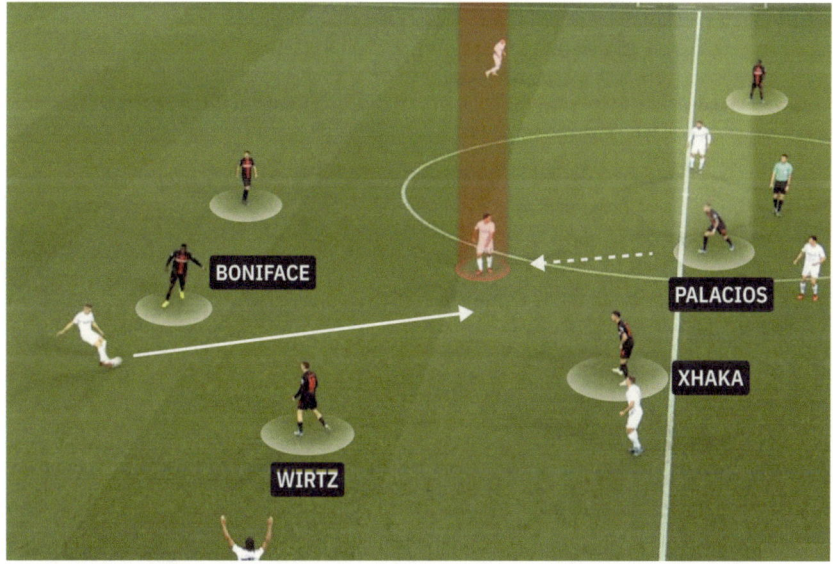

Leverkusen schafft es im Pressing, das Spiel des Gegners vorhersehbar zu machen: Boniface und Wirtz leiten ihren Gegner so, dass lediglich der Pass zur Mitte offen und attraktiv erscheint. Palacios kontrolliert aus einer Position heraus drei Gegner und ist auf dem Sprung, um den Pass zum gegnerischen 6er nach vorne zu verteidigen und den Ball zu erobern. In dieser Situation schafft Palacios den Spielfortschritt zu stoppen und den Gegner zum Rückpass zu zwingen.

Leverkusens Positionierung wirkt beinahe wie beim Handball: Im Bogen stehen die Spieler diagonal nebeneinander und versuchen, Passoptionen zwischen den Linien zu finden. Hofmann steht bereits „im Quadrat" (zwischen den Linien). Boniface hat sich erneut auf den linken Flügel fallen lassen – Wirtz hat seine Position besetzt. Nun zieht Wirtz wiederum aus der Spitze in den Raum zwischen den Linien. Grimaldo sieht den sich öffnenden Raum und attackiert diesen getimt mit einem tiefen Laufweg. Tah hat die gleiche Intention und schickt den Ball zu Grimaldo in die Box.

Das 1:0 von Wirtz nach einem zauberhaften Dribbling und einer absolut herausragenden Aktion in der 36. Minute öffnet das Spiel für Leverkusen, das vorher nur wenige klare Abschlussgelegenheiten herstellen konnte.

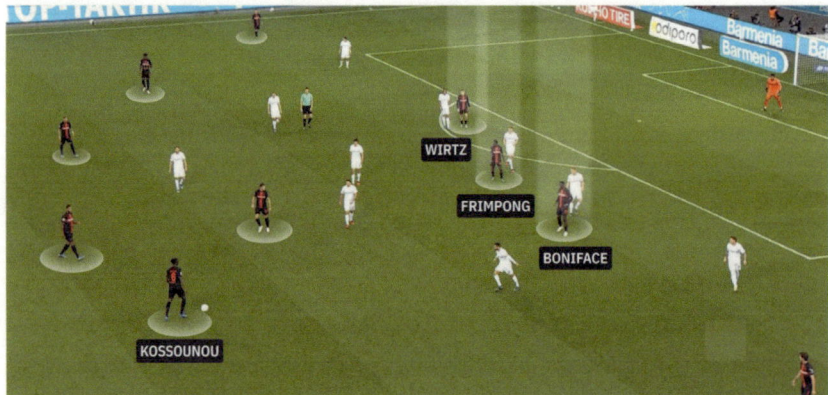

Auch in der zweiten Halbzeit wirkt Leverkusens Positionierung beinahe wie beim Handball: Im Bogen stehen die Spieler diagonal nebeneinander und versuchen, Passoptionen zwischen den Linie zu finden. Im Vergleich zur ersten Halbzeit stehen nun jedoch die Spieler bewusst bei ihren Gegenspielern (Freiburger Anordnung wirkt in dieser Situation wie eine 5er-Kette). Dadurch entstehen drei 1v1 Situationen an der Box mit Rücken zum Gegner. Interessant daran ist außerdem, welches Profil an Spielern in diese Situation gebracht werden: Boniface hat bereits in anderen Spielen seine qualitativen Vorteile in diesem Bereich gezeigt; Frimpong hat mit Hofmann die Position (und Rolle in diesem Moment) getauscht und ist ebenso wie Wirtz ein sehr wendiger, beweglicher und koordinativ starker Spieler mit tiefem Körperschwerpunkt. Alle drei sind im 1v1 so nahe am eigenen Tor extrem schwierig zu kontrollieren und können „zu allem Überfluss" auch noch miteinander und mit weiteren Nachstartern interagieren. Kossounou findet in dieser Situation Frimpong, dem es zwar gelingt, in den Strafraum zu dribbeln, dann jedoch nicht mehr den Ball beim Mitspieler anbringen kann.

In der zweiten Hälfte kontrolliert Leverkusen erneut das Spiel durch Ballbesitz, ohne selbst zu klaren Torchancen zu kommen. Es ist schließlich ein Konter in der 60. Minute, bei dem Wirtz das Spiel entscheidend vorantreibt, ehe der Ball am 16er zu Hofmann kommt, der abschließt. Der Ball prallt vom Pfosten an den Rücken des unglücklichen Torhüters, von wo der Ball ins Tor fällt. Das 2:0 ist die Vorentscheidung in einem engen Spiel. In der Folge kontrolliert Leverkusen das Spiel durch Ballbesitz und kommt, besonders durch Konter, zu eigenen, guten Torchancen. Beinahe aus dem Nichts – nach einer Freistoßflanke nahe der eigenen rechten Grundlinie – kommt Freiburg zum 2:1-Anschlusstreffer durch Gulde per Kopf (70.). Es ist (gefühlt) die erste Torchance der Freiburger in diesem Spiel. In der verbleibenden Zeit schafft es Leverkusen zwar auch, selbst zu Torchancen zu kommen, allerdings bleibt eine gewisse Freiburger Gefahr stets vorhanden: Besonders nach Standards und zweiten Bällen danach kommen die Freiburger zu Abschlussgelegenheiten. Am Ende bleibt es beim 2:1 für Leverkusen.

Auch die Hürde Sandhausen im DFB-Pokal überspringen die Leverkusener, die zunächst ihrer Favoritenrolle gerecht werden, ehe das Spiel kurzzeitig zu kippen droht. Doch bereits in dieser Saisonphase zeigt sich das Leverkusen der späten Tore: Hložek und Adli sorgen in den letzten zehn Minuten des Spiels für einen dann doch ungefährdeten 5:2-Erfolg. Ein interessanter Faktor in diesem Spiel ist das Mittel der zahlreichen Flanken noch im Moment des Unentschiedens, die auf zwei zentrale Stürmer (Hložek und Adli) gespielt werden. Mit der Führung im Rücken wechselt Adli schließlich auf den linken Flügel und entscheidet von dort das Spiel per Doppelpack.

In einem Spiel mit hoher effektiver Spielzeit gegen 1899 Hoffenheim zeigen die Teams erneut munteren Fußball und Leverkusen untermauert den Ruf und den eigenen Anspruch, für attraktiven Fußball zu stehen. Nach einer Anstoßvariante von Hoffenheim, die sie sogar bis in den gegnerischen Strafraum führt, kommt

Leverkusen durch Wirtz nach 30 Sekunden zur ersten Torchance im Spiel. Die Werkself geht dann auch in der 9. Minute nach einer schönen gemeinsamen Aktion von Boniface und Wirtz in Führung. Auch das zweite Tor ist besonders: Bereits in der Nachspielzeit der ersten Hälfte tritt Jonas Hofmann zur Ecke an. Alle Leverkusener Spieler blocken den Rückraum frei, aus dem Grimaldo herangestürmt kommt und den Ball sehenswert in den Winkel zum 2:0 versenkt.

Eine Eckenvariante bringt das 2:0 durch Grimaldo: Der Rückraum wird komplett frei geblockt. Im Moment des Eckballs blockt jeder Leverkusener mit seinem Körper und auch seinen Händen einen Hoffenheimer und schafft somit freie Bahn für Grimaldo, der aus dem Rückraum angestürmt kommt und den Ball im linken Torwinkel versenkt.

Zu Beginn der zweiten Hälfte wird Hoffenheim etwas stärker und kommt immer wieder zu Torchancen. Das 2:1 ist dennoch kurios: Nach einem Fehlpass von Hrádecký außerhalb des 16ers trifft Hoffenheim aus knapp 35 Metern (56.). Und dann geht es ganz schnell: In der 58. klatscht der Ball nach einem Fernschuss an den Pfosten – Weghorst staubt ab und plötzlich steht es binnen zwei Minuten 2:2 Unentschieden. Leverkusen fightet sich zurück ins Spiel, das jetzt hin- und herschwappt, ohne dass es klare Möglichkeiten im Minutentakt gibt. In der 70. Minute zeigen dann zwei Hauptakteure des Tages noch einmal ihre glänzende Form: Boniface behauptet herausragend den Ball im 16er und findet schließlich Grimaldo im Rückraum, der erneut mit links in den Winkel zum 3:2 trifft.

Die letzten 20 Minuten sind spannend, aber chancenarm: Leverkusen versucht, durch ein großes Ballbesitzspiel und seriöses Verteidigen den Sieg über die Zeit zu bringen und lässt keine Torchancen für Hoffenheim mehr zu. Hier zeigt sich, dass Leverkusen mittlerweile eine Mannschaft ist, die nicht darauf angewiesen ist, permanent den Ball zu haben, sondern die es auch schafft, eine längere Zeit konzentriert und stabil zu verteidigen und dem Gegner den Ball in der eigenen Komfortzone zu überlassen. Mit Blick auf das Leverkusener Spielmodell zeigen sich hier mehrere Facetten (Ballbesitz und seriöses Verteidigen) und das je nach Moment eine bestimmte Facette des eigenen Spiels innerhalb einer Partie mehr gefragt ist als eine andere. Vielmehr kommt Leverkusen selbst zu zwei guten Kontergelegenheiten und gewinnt 3:2.

Konsequent „drin bleiben", 12.11.2023

Nach einem glanzlosen Sieg im Regen von Aserbaidschan gegen Qarabag in der Europa League, sieht sich die Werkself der Mannschaft von Union Berlin gegenüber, die eine komplizierte Saison erlebt, jedoch nach wie vor durch ihr direktes und zweikampfbetontes Spiel Gegner vor Probleme stellen kann.

Leverkusen beginnt besser, drängt Union in die eigene Hälfte und zieht das eigene Spiel auf. Auffällig sind die vielen Spielverlagerungen, mit denen oftmals Frimpong gesucht wird, der ins Tempo gebracht werden soll. Doch auch die hohe Ballsicherheit und Kombinationslust der Werkself zeigen bald ihre Wirkung: Nach einem Positionsangriff und gutem Gegenpressing, ist es Grimaldo (23.) mit einem fantastischen Fernschuss von links außerhalb des 16ers, der Bayer zum Jubeln bringt.

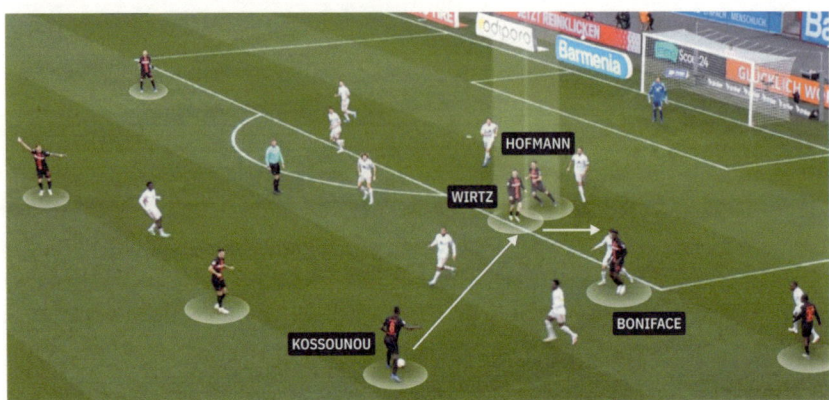

Wirtz und Hoffmann sind im gleichen Raum nahe an Unions Innenverteidiger. Es entsteht ein Zugriffs- und Zuordnungsproblem, da zwei Spieler im gleichen Raum auftauchen und dann weiter interagieren können. Im Spanischen ist das Konzept, den Gegner bzw. Verteidiger zu umringen („rodear"), ähnlich. Boniface geht zwar nicht auf die Idee von Wirtz ein, dennoch sind die Leverkusener optimal positioniert, um im Falle eines Ballverlustes im Gegenpressing sofort wieder Zugriff auf den Ball zu haben.

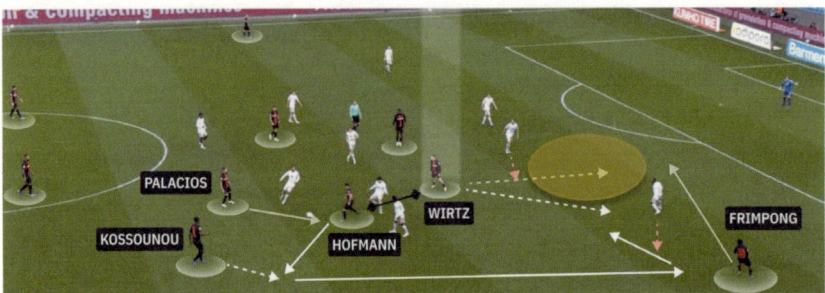

Leverkusen vernetzt sich im Dreieck: Palacios passt zu Hofmann, der auf Kossounou klatschen lässt, der wiederum Frimpong außen finden kann. Besonders an der Positionierung ist, dass Wirtz und Hofmann in derselben Achse stehen und Hofmann einen Gegner im Rücken hat. Mit dem Anspiel zu Hofmann wird dessen Gegner angelockt und „aus der Position gezogen". Dies erlaubt Wirtz, der wiederum im Rücken dieses Gegners ist, sofort den Raum in die Tiefe zu nutzen und zu attackieren, was er gleichzeitig mit dem Pass zu Frimpong auch versucht, da die Lücke zwischen Innenverteidiger und Außenverteidiger sich weiter geöffnet hat. Union ist in dieser Situation sehr aufmerksam, weshalb der tiefe Durchbruch nicht möglich ist und Leverkusen weiter auf Ballbesitz geht, um nach der nächsten Option Richtung Tor zu suchen.

Wie auch schon gegen Hoffenheim, verhilft Leverkusen eine Ecke zum Glück und beinahe zur Vorentscheidung (Kossounou, 57.). Bis dato hatte es Union nicht geschafft, selbst aus dem gegnerischen Strafraum gefährlich zu werden. Dies liegt auch an der sehr aufmerksamen Leverkusener Verteidigungsleistung.

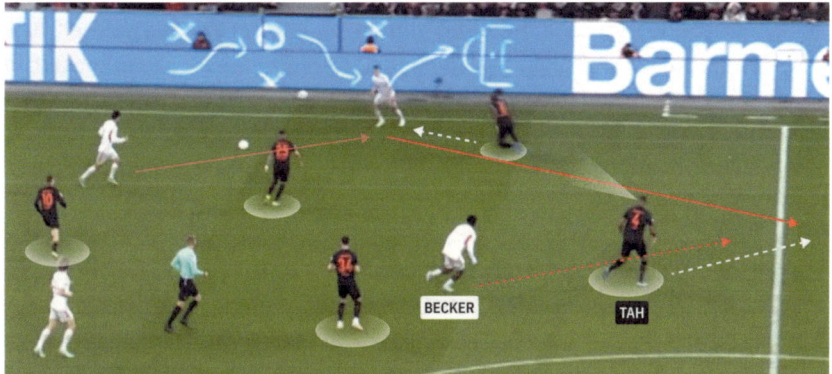

Kleines Detail, um die herausragenden Fähigkeiten der Verteidiger von Leverkusen hervorzuheben, die es ihnen ermöglichen, extrem hoch und weit weg vom eigenen Tor zu verteidigen: Bayer hat wieder den Gegner nach außen gelenkt und versucht zuzugreifen. Tah – als vorletzter Spieler – nimmt in dieser Situation sowohl seinen direkten (aufzunehmenden) Gegenspieler Becker, als auch die Situation rund um den Ballbesitzenden wahr. Dadurch kann er sowohl die Intentionen des Ballbesitzers erkennen als auch den Laufweg von Becker antizipieren. Tatsächlich hat er beinahe permanent den Ball im Blick, passt dabei dennoch seinen Laufweg die ganze Zeit über an seinen nächsten Gegenspieler an, um diesen zu kontrollieren.

Die Leverkusener bleiben gefährlich und treffen erneut nach einer Ecke durch Tah (73.). Den 4:0-Endstand besorgt Nathan Tella nach einem Konter in der 84. Minute. Leverkusen bleibt Spitzenreiter der Bundesliga.

Wut, 25.11.2023 – 30.11.2023 – 03.12.2023

Im Spiel beim SV Werder Bremen spielt Andrich als zentraler Innenverteidiger für Tah und nimmt diese Rolle sehr gut ein. Der gebürtige Berliner schafft es sehr aufmerksam, auch tiefe Bälle in seinen Rücken zu antizipieren und ist ein stabiler Faktor in der Dreierkette. Bayer beginnt wie gewohnt mit viel Ballbesitz und guter Positionierung. Das 1:0 in der 9. Minute kommt dennoch etwas überraschend, als nach einer Flanke von Hofmann im Nachgang zu einer Leverkusener Ecke dem Werder-Verteidiger Olivier Deman ein sehr unglückliches Eigentor unterläuft. In der Folge bleibt Bayer dominant und feldüberlegen, kommt allerdings nicht zu klaren Torchancen. Dies ändert sich nach einem zweiten Ball in Folge einer Ecke als Hofmann Hincapié findet, der sich drehen kann, aus halblinker Position in den 16er läuft und den Ball quer legt. Am zweiten Pfosten taucht Frimpong auf und trifft zur 2:0-Pausenführung (42.). In der zweiten Halbzeit kontrolliert Leverkusen weiterhin das Spiel. Dabei gibt es immer wieder Phasen, in denen die Leverkusener in einem tieferen Mittelfeldpressing verweilen, verteidigen und einfach Räume verschließen, damit vor allem Werder am Spielfortschritt hindern und ohne zu großen Aufwand einfache Ballgewinne erzielen können. In der 75. Minute schließlich gewinnt Leverkusen den Ball im Gegenpressing am linken Flügel zurück. Der eingewechselte Adli spielt den Ball zu Grimaldo, der diagonal in den 16er hineindribbelt. Während alle auf den Querpass warten, verwertet der Spanier ins kurze Eck hoch zum 3:0. Basis für das sehr stabile Leverkusener Spiel ist insbesondere die Defensive mit den beiden zentralen Palacios und Xhaka und die Dreierkette, die in verschiedenen Konstellationen (in diesem Spiel sogar mit Andrich) sehr zuverlässig spielt. Immer wieder blocken die Spieler insbesondere im zentralen Bereich vor dem Strafraum den Ball und schaffen es, eine gute Nähe zueinander aufzubauen, während gleichzeitig die Spieler dahinter aufmerksam die Optionen in der Box kontrollieren und verteidigen.

Auch im schwedischen Schneetreiben von Häcken in der Europa League bleibt Bayer eiskalt: Über das Duo der rechten Seite, Frimpong und Stanišić kommt Boniface zum 1:0 in der Anfangsviertelstunde. Und auch der Schlusspunkt wird über rechts finalisiert: Nach gutem Gegenpressing von Stanišić und folgendem Querball trifft mit Schick der nächste Mittelstürmer zum 2:0 (74.).

In der Bundesliga folgt das nächste Spitzenspiel gegen Borussia Dortmund. Und dies beginnt direkt mit einer kalten Dusche: Mit dem ersten richtigen Angriff des Spiels geht der BVB nach fünf Minuten mit 1:0 durch Ryerson in Führung. Zuvor hatte Leverkusen zwar dicht und eng verteidigt, jedoch nicht den entscheidenden Zugriff erlangt und Füllkrug darüber hinaus sehr gut den Ball im Strafraum behauptet. In der Folge kann man dabei zusehen, wie die Leverkusener von Minute zu Minute sortierter und stärker werden und zusehends die Spielkontrolle übernehmen, auch wenn Dortmund ein unangenehm zu bespielender Gegner bleibt, der die Werkself in viele Duelle verwickelt. Viele kleine Fouls unterbrechen den Leverkusener Spielfluss immer wieder.

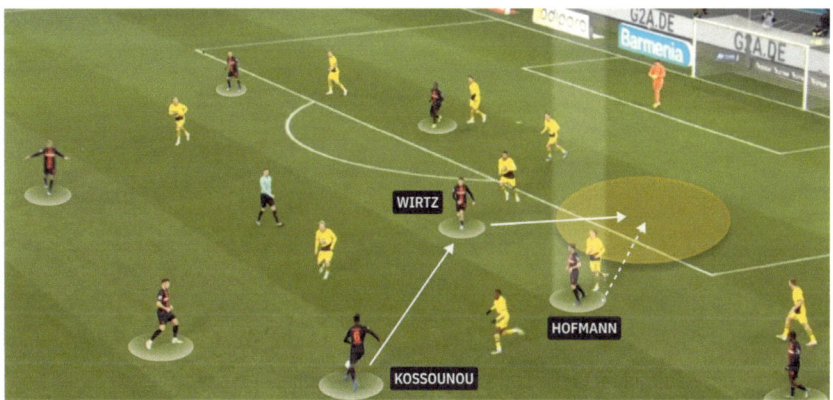

Ein weiteres Beispiel für gemeinsam geteilte Intentionen: Hofmann zieht durch seinen Lauf seinen direkten Gegenspieler aus der Kette heraus. Wirtz zeigt sich diagonal für den Ballbesitzenden Kossounou und leitet den Ball direkt für Hofmann weiter in den von diesem freigezogenen Raum. Hofmann und Wirtz erkennen beide den freien Raum und dieselben Möglichkeiten in diesem. Der BVB kann in der Folge nur mit Müh und Not klären.

Gegen Ende der ersten Hälfte versucht Leverkusen immer wieder, mit mindestens zwei Spielern nahe an der Kette positioniert zu sein. Neben Boniface, der dies insbesondere im linken Halbraum übernimmt, wechseln sich hier Hofmann und Frimpong ab, um Gegner zu binden und den gegnerischen 6er oder Außenverteidiger aus der Position zu ziehen. Wie schon gegen Union Berlin, positionieren sich häufig zwei Spieler nahe beieinander in der Schnittstelle zwischen Außenverteidiger und Innenverteidiger. Durch die gute Nähe zueinander und ein immer besseres Finden der Positionen, schafft es Leverkusen zunehmend, gefährliche Situationen im gegnerischen Strafraum herzustellen. Frimpong rückt sogar phasenweise neben Boniface in den Sturm, um ein 1v1 gegen die Dortmunder Innenverteidiger herzustellen.

Zu Beginn der zweiten Hälfte schöpft Leverkusen neuen Mut. Mehr Positionswechsel, mehr Rotationen und mehr Vertrauen in die eigene Intuition lassen das Team zurück in den Flow finden. Permanent attackiert die Werkself mit Läufen die Schnittstellen und nimmt immer wieder Abschlüsse aus der zweiten Reihe, die im Anschluss zu Eckbällen führen. Es ist ein Wirbelsturm aus Positionswechseln (Frimpong taucht plötzlich links auf, Grimaldo rechts), gegengleichen Bewegungen, tiefen Laufwegen, immer wieder auf Lücke freilaufenden, niemals aufhörenden Leverkusenern – nur unterbrochen durch vereinzelte lange, leicht lesbare Bälle der Dortmunder, die deshalb nicht weniger Gefahr bedeuten.

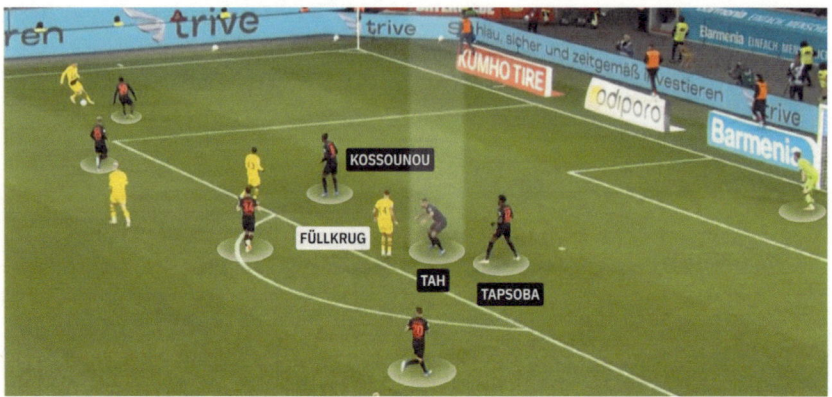

Blick auf das individuelle Verteidigungsverhalten in der Box: Mit dem leichten Zucken einer Absetzbewegung von Füllkrug nimmt Tah sofort einen tiefen Körperschwerpunkt ein und orientiert sich am Gegner. Peripher hat er den Ball im Blick, gleichzeitig ist er nun auf dem Vorderfuß und maximal bereit und flexibel, jeden Laufweg des Stürmers aufzunehmen. Kossounou ist weiter vorne positioniert und hat seinen direkten Gegner im Blick. Tapsoba orientiert sich und schaut, ob er einen Gegner aufnehmen muss oder im Raum verteidigend verbleiben kann.

Eine besonders schöne Aktion bringt den Ausgleich: Kossounou erobert den Ball und dribbelt in die gegnerische Hälfte hinein. Er täuscht durch seine Körperhaltung die Gegner und spielt einen verdeckten Pass zum perfekt positionierten Schick in die Box, der querlegt – Boniface ist da – 1:1 (79.). In den letzten zehn Minuten versucht der BVB kurzzeitig, aktiver zu werden, zu einzelnen Möglichkeiten kommt jedoch nur Bayer, auch wenn diese nicht zwingend genug werden. Es bleibt beim 1:1-Unentschieden.

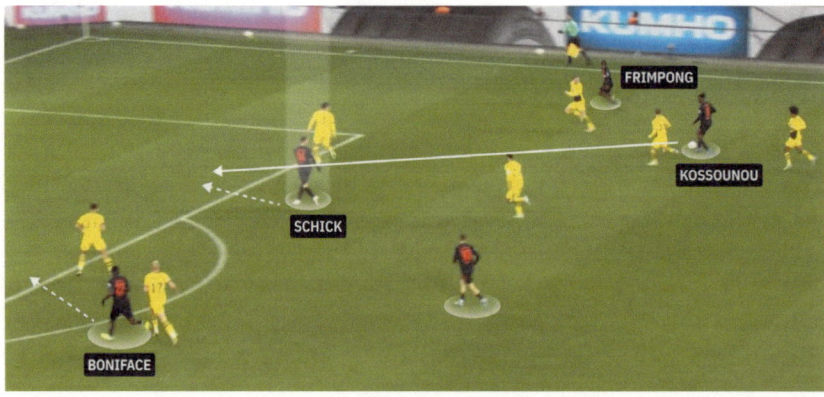

Bild links unten: Das lang ersehnte 1:1 gegen den BVB: Kossounou dribbelt nach Balleroberung in der eigenen Hälfte nahe der Mittellinie tief in die gegnerische Hälfte hinein. Dabei greifen zwei Ideen Alonsos Hand in Hand: Einerseits nach Ballgewinn so lange wie möglich am Ball zu bleiben und selbst Tempo zu machen, andererseits die eigenen Intentionen zu verdecken und nicht zu zeigen. Die Orientierung aller Dortmunder zeigt, dass alle einen Pass in den Lauf zu Frimpong erwarten. Kossounou schafft es jedoch diagonal in die Box zu Schick zu spielen, der nur noch quer legen muss auf den durchlaufenden Boniface: Tor und 1:1!

Nach dem Spiel ist Xabi Alonso dennoch wütend. Denn nicht nur das Ergebnis, das der sonst so ausgeglichene Baske sicherlich als unverdient empfindet, aber professionell einzuschätzen weiß, verfinstert sein positives Gemüt, sondern die Aussage von BVB-Coach Edin Terzić, der nach dem Spiel mit Blick auf den nahenden Afrika-Cup im Januar und Februar 2024 sagt: „Es ist noch so viel, was auf uns und auf Leverkusen zukommt. Ich glaube, Leverkusen hat im Januar eine sehr spannende Phase vor sich mit dem Afrika-Cup. Das wissen wir alle."[263] Leverkusen drohen fünf Abstellungen (u. a. Kossounou, Tapsoba und Boniface), doch das Prophezeien einer Schwächephase ärgert Alonso maßlos. Bereits im Hintergrund haben sein Staff und er Ideen und Pläne ausgearbeitet, wie durch den breiten und qualitativen Kader der individuelle Verlust des Einzelnen aufgefangen werden kann. Ein halbes Jahr später zum Rückspiel ist der Ärger schon längst verflogen. Dass die Werkself dann bereits Deutscher Meister ist, ahnt zu diesem Zeitpunkt jedoch noch niemand...

Topspiel, 06.12.2023 – 10.12.2023

Der November ist gerade vorbei – und in Paderborn ist noch „Movember"-Zeit: Jedenfalls sprießen die Schnauzer in voller Blüte. Bei der ursprünglich in Australien ins Leben gerufenen Aktion lassen sich jedes Jahr im November teilnehmende Männer auf der ganzen Welt einen „Moustache"-Bart wachsen (Moustache + November = „Movember"), um damit Geld für die Prävention, Erforschung und Behandlung von Prostata- und Hodenkrebs zu sammeln. Und die Paderborner Truppe ist bei dieser guten Aktion sichtbar engagiert dabei...

263   Terzic zit. n. Welt online 19.04.2024.

Paderborn verteidigt diszipliniert und stellt sehr gut das Zentrum zu im 1-4-2-3-1 mit der Intention, Leverkusens zentrale Mittelfeldspieler nicht ins Spiel kommen zu lassen. Leverkusens Spieler beantworten dies sofort mit einer höheren Positionierung und spielen mehrmals über die Halbspur um den Block herum. Insgesamt agiert die Werkself mit einer flexiblen Interpretation ihres typischen 1-3-4-3, bei dem Adli im vorderen Bereich links für die Breite zuständig ist, während Grimaldo alle Freiheiten genießt, in der Mitte und mitunter sogar rechts aufzutauchen. Dies öffnet in der Folge Lücken, um mit einem Pass durchs Zentrum mehrere Gegner aus dem Spiel zu nehmen. Leverkusen kontrolliert das Spiel mit Ballbesitz, bleibt dabei hungrig, dynamisch und vertikal orientiert und zeigt sich insbesondere im Gegenpressing sehr stark, was den Paderbornern keine Chance auf Konter gibt. Die Werkself trifft nach einer perfekten getimten Flanke von Stanišić, der Boniface in einer 1v1 Situation im Strafraum findet nach knapp elf Minuten zum 1:0 und erhöht in der 28. Minute durch Palacios mit einem Fernschuss nach Pass von Frimpong auf 2:0.

Nach dem 2:0 spielt Bayer etwas mehr auf Ballhalten und bestimmt das Tempo: Zwischen ruhigeren Passagen und lohnenswerten Tempowechseln in Abhängigkeit zum freien Raum, wird immer wieder variiert. Einziger Wermutstropfen: Wirtz muss zum Ende der ersten Halbzeit verletzt den Platz verlassen.

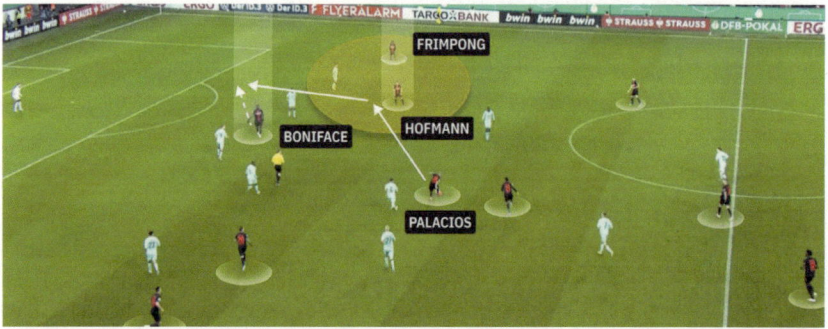

Leverkusen hat Paderborn durch viele Pässe mit viel Personal auf der linken Seite angelockt und verlagert nun das Spiel. Wir sehen, dass im gelb markierten Bereich Leverkusen sogar mit Frimpong und Hofmann in einer 2v1-Situation in Überzahl gegen den gegnerischen Außenverteidiger steht. Palacios findet Hofmann, der bereits in einer Schnittstelle außerhalb des Zugriffsbereichs der Gegner positioniert ist. Hofmann legt nun den Ball einfach mit einem geraden Ball in den Lauf von Boniface, der fast perfekt startet, um in eine 1vTW-Situation zu kommen. Paderborns Keeper ist jedoch aufmerksam und kann im letzten Augenblick das Gegentor verhindern.

Auch in der zweiten Halbzeit zieht Leverkusen weiter voll durch. Paderborn kommt nur selten zu Situationen nahe der Box, geschweige denn zum Abschluss. Auf kuriose Weise schafft Paderborn dennoch das 2:1: Nach einem guten Angriff über Leverkusens rechte Seite und flacher Eingabe, die von Tapsoba im Zweikampf mit Paderborns Grimaldo mit Mühe geklärt wird, prallt die Klärung der Leverkusener von Kinsombi zu Klaas, der nicht lange fackelt, sondern einfach schießt. Keeper Kovář ist noch hin- und hergerissen zwischen „helfen" und „im Spiel verbleiben" ob des angeschlagenen Grimaldos im Fünfmeterraum, sodass der Ball im Tor einschlägt (83.).

Leverkusen steht kurzzeitig stabil und verteidigt fokussiert, bevor wieder die Spielkontrolle durch Ballbesitz übernommen wird, was – durch konsequentes nach vorne spielen – erneut belohnt wird: Frimpong bedient den eingewechselten Schick, der zum 3:1 trifft (87.).

Nach dem Einzug ins DFB-Pokal-Viertelfinale geht es für die Werkself wenige Tage später zum Überraschungsteam aus Stuttgart, das ähnlich wie die Leverkusener einen erfrischenden, aufregenden Fußball spielt und dabei nicht nur die Zuschauer begeistert, sondern auch in der Bundesliga-Tabelle weit oben ist. Am 10.12.2023 treffen der Spitzenreiter und der Tabellendritte aufeinander.

Im „rasanten Topspiel" (kicker) mit einer sehr hohen, effektiven Spielzeit beginnen die Schwaben im eigenen Stadion wie die Feuerwehr und kommen bereits in den ersten zehn Minuten zu zahlreichen hochkarätigen Torchancen. Bayer stand in dieser Saison bislang selten so unter Druck wie in diesem Spiel.

Es bleibt ein intensives, relativ ausgeglichenes Spiel mit den besseren Torchancen für Stuttgart. Nach 28 Minuten haben die Stuttgarter einen xG-Wert von knapp 2 (Leverkusen von knapp 0,3), während es weiter beim 0:0 bleibt.

Leverkusen, in einer 4-4-2-Struktur, in einem Mittelfeldpressing stehend im gegnerischen Ballbesitz, um die doppelt besetzten Stuttgarter Außenbahnen besser zu kontrollieren, aber dennoch alle Vorteile im eigenen Ballbesitz zu nutzen und, durch die Profile der eigenen Spieler, flexibel zwischen den verschiedenen Systemen angepasst auf Situation und Pressinghöhe wechseln zu können.

Rettermentalität von Leverkusen: Hrádecký pariert einen Freistoß. Den abschließenden Querball und die folgenden tornahen Abschlüsse der Stuttgarter parieren allesamt Leverkusener Spieler auf der Torlinie. Die Verteidiger lassen sich im besten Sinne „abschießen" und werfen sich furchtlos in alle Abschlüsse mit maximalem Einsatz, um das Gegentor zu verhindern.

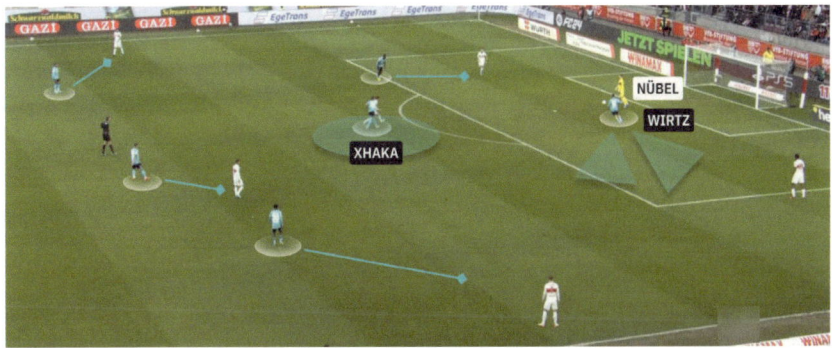

Leverkusen im Angriffsdrittel im (4-)3-3 Pressing. Wirtz läuft Stuttgarts Torwart Nübel so an, dass sowohl der linke Innenverteidiger als auch der Außenverteidiger durch seinen Deckungsschatten nicht anspielbar sind. Xhaka hat mannorientiert Zugriff im Zentrum; alle anderen Leverkusener sind so positioniert, dass sie mit der Ballbewegung gleichzeitig beim Gegner ankommen können. Nübel bleibt nur der lange Ball, den Leverkusen sofort im Luftduell abfangen kann.

Alle 20 Feldspieler innerhalb des Bildausschnitts. Leverkusen mit sehr engen Abständen in Ballbesitz, was man als „Zusammen reisen mit dem Ball" (‚viajar juntos') bezeichnen kann. Xhaka kommt aus einer tieferen Position kurz und zieht so den Gegner aus der Position. Palacios reagiert auf die Bewegung des Gegners, attackiert seinen Rücken und bekommt sofort von Wirtz den Ball an die 16er-Kante zugespielt. Adli und Grimaldo sind so positioniert, dass sie ebenfalls Gegner binden und die mannorientierte Verteidigung Stuttgarts vor Zugriffsprobleme stellen (extrem viele Spieler in Ballnähe, die gleichzeitig extrem gut für eine mögliche Spielfortsetzung und / oder Folgeaktion positioniert sind).

Leverkusen mit mehr Momenten im Verteidigen, worin sie sich wohlzufühlen scheinen, jedoch nicht alle temporeichen Angriffe der Stuttgarter kontrollieren können. Einer dieser schnellen Angriffe ist schließlich erfolgreich und Führich kann am zweiten Pfosten frei zum 1:0 treffen. Leverkusen ist in der Folge um mehr Ballbesitzanteile bemüht, doch die Führung hat die Stuttgarter beflügelt, die mit noch mehr Selbstvertrauen den Ball laufen lassen. Zur Halbzeit steht es nach *expected Goals (xG)* 3,32:0,61 – und in Realität 1:0 für Stuttgart.

Die zweite Halbzeit beginnt mit vertauschten Rollen und Leverkusen ist voll da: In der 47. Minute trifft Wirtz nach einer direkten Kombination von Xhaka und Boniface zum 1:1-Ausgleich.

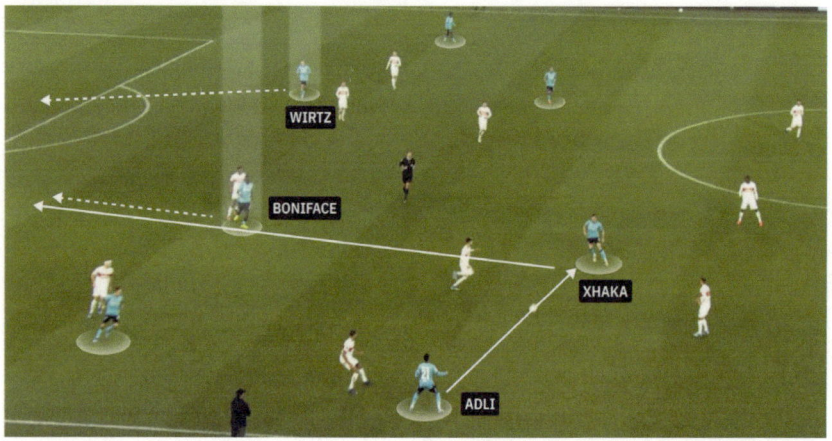

Der Ausgleichstreffer für Leverkusen: Xhaka erhält einen Querpass von Adli und „auf quer folgt tief": Xhaka spielt den Ball direkt in die Tiefe zu Boniface, der 1v1 gegen den Innenverteidiger positioniert ist, den Ball perfekt mit seinem Körper abschirmen kann und in die Tiefe nachstartet. Boniface spielt den Ball ebenfalls direkt zu Wirtz, der von seiner (im Moment des tiefen Passes von Xhaka) „Abseitsstellung" und dem damit einhergehenden Bewegungsvorsprung aus dem Rücken der Verteidiger profitiert und ungehindert einschieben kann.

Leverkusen bleibt feurig und trifft kurz danach durch Xhaka den Pfosten. Insgesamt wirken die Leverkusener nun griffiger, selbstbewusster und spielen mit mehr Persönlichkeit. Aber auch die Stuttgarter bleiben aktiv und suchen ihre Chance in der Offensive. Es bleibt ein enges, attraktives Spiel, welches beste Werbung für die Bundesliga betreibt. Beide Teams kommen noch zu Chancen, wenn auch Leverkusen insbesondere in der Schlussphase noch einmal drückt; am Spielstand ändert dies nichts: Es bleibt beim 1:1.

Vorbereitet in die Winterpause, 14.12.2023 – 17.12.2023 – 20.12.2023

Es bleiben intensive Wochen für die Werkself, die dank der Rotation ihres Trainers gut aufgefangen werden und allen Spielern des Kaders Möglichkeiten bieten, Spielzeit zu erlangen. Besonders beeindruckend: Der Bayer-Stil ist bereits jetzt so ausgeprägt, dass es für den Außenstehenden nahezu unabhängig davon zu sein scheint, *wer* auf dem Platz steht – die Mannschaft folgt stets einer (gleichen) klaren Idee.

Im finalen Match in der Gruppenphase der Europa League macht Leverkusen von Beginn an klar, dass die bereits qualifizierte Werkself das Spiel ernst nimmt und nicht im Entferntesten daran denkt, nur einen einzigen Punkt aus der Gruppenphase abzugeben. Dies macht Coach Xabi Alonso besonders glücklich, der vor dem Match gegen Molde FK an den „natürlichen Antrieb" appelliert, „immer gewinnen zu wollen. (...) Das ist sehr wichtig. Dass dies natürlich von uns kommt, egal, ob es ein Freundschaftsspiel oder ein Finale ist."[264] Wie wichtig Alonso diese Kultur ist, betont er deutlich. Er möchte, dass seine Spieler „das Bewusstsein (...) haben, dass jedes Training wichtig ist" und damit eben auch jedes Spiel. „So ist der Profi-Fußball. Derjenige, der sich entspannt, wird bestraft, sobald er dies tut. Hoffentlich sind wir nicht so dumm", so der Baske, dessen Mannschaft die Worte ihres Trainers offensichtlich erhört hat.[265] Bereits in der 6. Minute schließt Schick einen Konter aus knapp 16 Metern zum 1:0 ab. Kurze Zeit später trifft Tapsoba nach einer Eckenvariante von links zum 2:0 (22.). Und die Werkself hört nicht auf: Drei Minuten später fälscht Molde eine Eingabe von Tella ins Netz zum 3:0 ab (25.). Nach dieser Vorentscheidung kontrolliert Leverkusen das Spiel, allerdings durchaus mit der Lust auf Tore, jedoch nicht mehr so zwingend wie zuvor. Hložek (60. & 70.) schraubt per Doppelpack das Ergebnis in die Höhe: Zunächst nach einem schönen Tempowechsel und einer tollen Drehung von Mbamba in der Spieleröffnung und kurz danach erneut nach einer Ecke. Molde gelingt 15 Minuten vor dem Ende noch der Ehrentreffer zum 5:1-Endstand.

Im vorletzten Spiel des Kalenderjahres kommt es zu einem Wiedersehen mit der Frankfurter Eintracht. Wir erinnern uns: Ein knappes Jahr zuvor hatte es für Xabi Alonso und seine Mannschaft den „Systemabsturz" gegen diesen Gegner gegeben. Nur ein Jahr später trafen sich die Mannschaften unter völlig veränderten Vorzeichen wieder. Die Werkself empfing den Gast aus Frankfurt als ungeschla-

264 Alonso zit. n. Kicker online vom 14.12.2023.
265 Ebd.

gener Tabellenführer, während die Eintracht eine Saison mit einigen Höhen und Tiefen zu verzeichnen hatte und sich nach ebenjener Stabilität des Werksklubs zu sehnen schien.

Frankfurt versucht einen druckvollen Beginn, doch wie so oft in dieser Saison, federt Leverkusen die erste Drangphase mit einer soliden Verteidigung ab und übernimmt recht schnell selbst die Spielkontrolle. Dabei ist die Werkself außerordentlich effektiv: Boniface trifft mit der ersten klaren Torchance nach einem Tempodribbling aus knapp 15 Metern flach ins rechte Eck zum 1:0 (14.). In der Folge bleibt es ein enges Spiel, in dem Frankfurt konzentriert verteidigt, wenn auch nicht immer mit maximalem Zugriff auf den Gegner. Leverkusen findet im Passspiel nicht in den eigenen Flow und zieht extrem viel Personal in Ballnähe zusammen, um miteinander zu kombinieren. Zusätzlich lassen sich die 6er immer wieder auf den Flügel fallen oder kommen sogar in die Spieleröffnungspositionen in der 3er-Kette, um in den Spielfluss zu kommen. Dennoch findet Leverkusen in Ballbesitz nicht in die „gewohnten" Räume hinein, um dann gefährlich zu werden.

In der zweiten Halbzeit läuft Leverkusen höher an und diktiert fortan das Spiel: Durch viele hohe Ballgewinne kommt Bayer unmittelbar zu Torchancen und schließlich auch zum 2:0 von Frimpong, der einen Abpraller eines Boniface-Schuss' über die Linie drückt (51.). Kurz danach die Entscheidung: Leverkusen lockt die Frankfurter weit heraus und sorgt für eine 1v1-Situation von Boniface an der Mittellinie. Hrádecký überschlägt den Block und Bayer kommt ins Tempo. Boniface gelingt es, den Ball auf Wirtz zu legen, der mit vollem Tempo die 50 Meter zurücklegt und erfolgreich zum 3:0 abschließt (57.).

Bild links unten: Eine Frage der Mathematik: In dem Bildausschnitt sind zehn Leverkusener (inkl. TW) zu sehen – und neun Frankfurter. Leverkusen hat sich mit so vielen Spielern ballnah angeboten, dass sie die Gegner komplett aus ihrer Struktur gezogen haben. Boniface (nicht im Bild) ist nahe der Mittellinie im 1v1 gegen seinen Gegenspieler. Dies erkennt Hrádecký, der den hoch aufgerückten Frankfurter Block mit eine Flugball überschlägt, Boniface ins 1v1 schickt, in welchem dieser den Ball behaupten und auf den nachflitzenden Wirtz ablegen kann. Dieser trifft zum 3:0-Endstand. Funfact: Frimpong erreicht den Strafraum gleichzeitig mit Wirtz.

In der Folge bleibt Leverkusen sehr konzentriert, kommt immer wieder zu Torchancen (durch Konter oder aus dem Ballbesitz – den Rücken des Gegners attackierend) und trifft sogar noch zweimal Aluminium. Es bleibt am Ende beim hochverdienten 3:0-Sieg.

Im letzten Spiel des Jahres 2023 ist der VfL Bochum zu Gast in der BayArena. Die Bochumer starten gut und mutig, finden immer wieder erfolgreich die Schnittstelle der Leverkusener Verteidigung und ihre schnellen Angreifer, die die Heimmannschaft vor Herausforderungen stellen. Es wirkt beinahe so, als teste die Werkself bereits für die Phase ab Januar: Stanišić und Hincapié spielen ebenso wie Patrik Schick. Alonso verzichtet bereits in diesem Spiel, zumindest zu Beginn, auf die im Januar vermutlich beim Afrika-Cup weilenden Tapsoba, Kossounou und Boniface. Leverkusen ist auf deren Abwesenheit vorbereitet und erwischt Bochum eiskalt: Mit der ersten guten Möglichkeit, in der Schick von einem kolossalen Stellungsfehler der Bochumer Hintermannschaft profitiert, holt dieser einen Strafstoß heraus. Schick verwandelt ohne viel Federlesen selbst zum 1:0 (30.). Von diesem Moment an scheint der Bochumer Widerstand bereits gebrochen zu sein: In der 32. Minute entwischt Schick erneut seinem Gegner, wird von Frimpong bedient und verwertet zum 2:0. Die Werkself kommt in den Flow, besticht durch gutes Passtempo und erspielt sich Chance um Chance. Von der Bochumer Anfangsstärke ist nichts mehr zu sehen. In der Nachspielzeit der ersten Hälfte macht Schick seinen Hattrick mit dem 3:0 perfekt. Wohl dem, der solche Stürmer im Kader hat. Denn auch der eingewechselte Boniface zeigt in der zweiten Halbzeit nochmal seinen Torriecher: Perfekt von Xhaka und Wirtz eingesetzt, trifft der Nigerianer zum 4:0 (69.). In der Schlussphase, während die La-Ola-Welle bereits durch die BayArena schwappt, spielt Andrich nochmals zentral in der Dreierkette. Es zeigt sich schon jetzt, wie Leverkusen die Monate des Afrika-Cups und die damit verbundenen Ausfälle in der Innenverteidigung und im Sturm auffangen kann. Die Werkself ist vorbereitet.

„Bayer-Fußball", 13.01.2024 – 20.01.2024

Nach dem „Einspielen" der Werkself gegen den AC Venedig, bei dem sich nicht nur Adam Hložek mit einem Doppelpack gut aufgelegt zeigte und in dem Andrich bereits die zentrale Position in der Innenverteidigung übernahm, erwartet der FC Augsburg die Werkself und dies noch dazu mit neuem Trainer: Jess Thorup aus Dänemark soll den Augsburgern „neues Leben" einhauchen. Dies gelingt bereits im ersten Spiel. In der Anfangsphase tut sich Leverkusen für Außenstehende überraschend schwer auf holprigem Geläuf gegen einen aggressiven und sehr gut eingestellten Gegner. Die Augsburger schaffen es immer wieder, sich clever zu positionieren und aus ihrem direkten Spiel einen Gewinn zu schlagen. Leverkusen selbst kommt nicht zu klaren Möglichkeiten, sondern lediglich zu Eckbällen, die bis dahin jedoch nichts einbringen. Mit zunehmender Spieldauer ist es dann erneut, wie so oft in der Saison: Leverkusen übernimmt durch Ballbesitz und Ruhe mehr und mehr das Zepter und die Kontrolle über das Spiel. Die Werkself kommt durch Grimaldo (per Fernschuss) und durch Andrich (per Kopf nach Ecke) sogar zu Aluminiumtreffern und insgesamt zu guten Gelegenheiten. In der zweiten Halbzeit bleibt Leverkusen dann bestimmend, mit extremer Ruhe in Ballbesitz und konsequent vorwärts spielend, um das Augsburger Tor zu bedrohen, woraus gute Torchancen (u. a. Schick per Kopf) resultieren, auch wenn diese noch nicht von Erfolg gekrönt sind.

Leverkusen zeigt in diesem Spiel seine klare Weiterentwicklung: Die Werkself zieht ihr Spiel komplett durch, ohne die Nerven zu verlieren oder vermeintlich „intensiver" zu werden (und damit möglicherweise die Herangehensweise komplett zu verändern). Stattdessen nutzt Bayer den Ballbesitz permanent, um nach vorne zu spielen und das gegnerische Tor zu bedrohen. Dies wird schließlich in der 94. Minute belohnt: Einen Querpass von Grimaldo verwertet Palacios zum langersehnten 1:0-Siegtreffer. Ein zweiter Schritt Richtung „Laterkusen" ist gemacht und Bayer ist „Herbstmeister" – im Januar.

Die Rückrunde beginnt gegen RB Leipzig und wird ähnlich temporeich, wie bereits im Hinspiel. Leipzig erwischt dabei den perfekten Start: In einer intensiven Anfangsphase gelingt Xavi Simons nach einem schönen Angriff über die rechte Abwehrseite der Leverkusener das 0:1 nach sieben Minuten. Leipzig schafft es in den ersten 15 Minuten immer wieder, in die Dynamik (schnell vorwärts) zu kommen und darüber zu guten Torchancen. Die „Roten Bullen" bleiben die gesamte Hälfte über mit ihrem direkten Spiel nach vorne gefährlich und stellen mit ihrem Tempo Leverkusen immer wieder vor Herausforderungen.

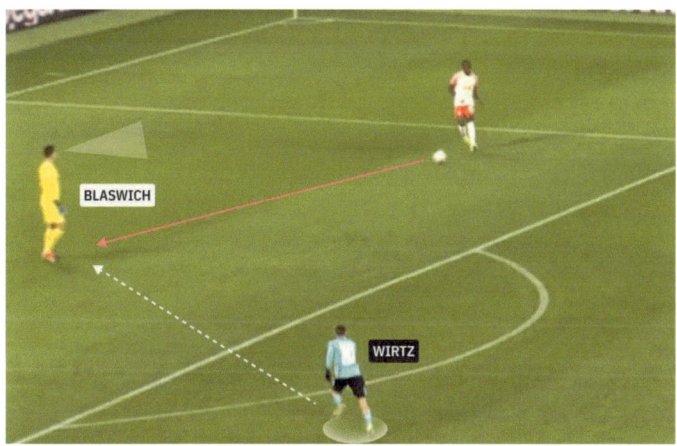

Details im Anlaufen: Wirtz attackiert RB-Torhüter Blaswich einerseits von seiner „Blind Side", das heißt, aus dem toten Winkel, aus dem der Torhüter den ansprintenden Leverkusener erst spät wahrnehmen kann. Außerdem startet Wirtz seine Aktion im selben Moment mit der Ballberührung des Passes, damit er gleichzeitig mit dem Ball bei seinem Gegner ankommen und so den maximalen Verteidigungsdruck erzeugen kann.

Leverkusen ist im Angriffsdrittel eng beieinander positioniert. Tah und Hincapié bilden eine sehr hohe Absicherung und sind gleichzeitig Angebote für Stanišić, um dem Spiel Kontinuität zu geben.

Hofmann und Wirtz mit gegengleichen Laufbewegungen, die Wirtz alleine im 16er verbleiben lassen (im Rücken der Gegner). Schick schafft es, im Zentrum drei Gegner zu binden und sorgt somit für Platz für Grimaldo am zweiten Pfosten.

Intentionen in der Positionierung: Immer wieder den Rücken suchen; mit der Aufmerksamkeit (Blickrichtung) des Gegners spielend und viele offene Passlinien (Kommunikationskanäle) zum Ball haben.

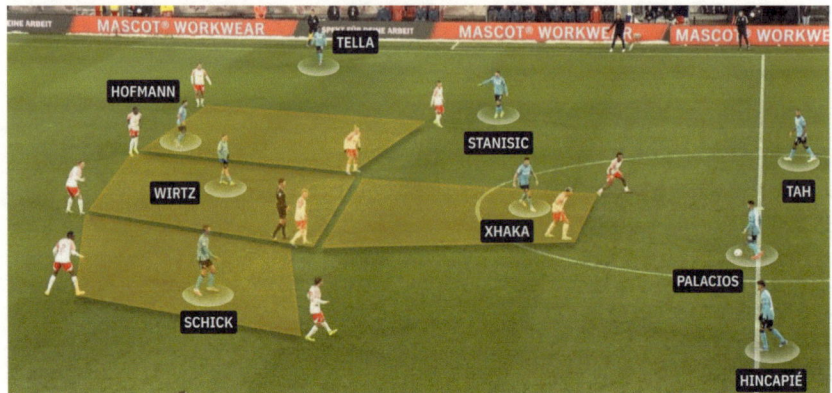

Leverkusens Positionierung für ihr fluides Positionierungsspiel: Palacios (in Ballbesitz) formiert mit Tah und Hincapié die 3er-Kette in der Eröffnung. Xhaka direkt im Rücken der Stürmer positioniert, möglichst nah, um ihrem Deckungsschatten zu folgen und direkt die Lösung für den Ballbesitzer anzubieten, falls die Stürmer anlaufen. Stanišić halbrechts in der entsprechenden Achse zum äußeren Mittelfeldspieler positioniert, die diesen konditioniert und nicht heraustreten lässt, was einen Vorteil bringen kann, sobald Tah den Ball in den Lauf zugespielt bekommt. Tella und Grimaldo halten die Breite und sind dabei im Rücken der äußeren Mittelfeldspieler positioniert, sodass die Außenverteidiger stets beide im Blick behalten müssen. Im Zentrum sind mit Hofmann, Wirtz und Schick drei Spieler im „Quadrat" positioniert und insbesondere im Rücken der Mittelfeldreihe, was es für die Innenverteidiger schwer macht, ihnen komplett zu folgen, ohne ein großes Loch in der Verteidigung zu offenbaren. Diese drei Spieler zwischen den Linien wechseln permanent ihre Höhen und sind nicht fixiert in ihren Positionen. Gleiches gilt auch für die anderen Spieler, wenn auch ein höheres Maß an Flexibilität in der Positionierung im Saisonverlauf zunimmt und situativ eingefordert werden wird.

Leverkusen selbst kommt zwar besser in die Partie hinein, jedoch nicht zu klaren Torchancen. In der Halbzeit wütet Xabi Alonso in der Kabine: „Es ist mir scheißegal, wie das Spiel ausgeht. Aber jetzt spielen wir Bayer-Fußball." [266]
Und seine Mannschaft erhört ihn: Die Werkself agiert etwas flexibler in der Positionierung, was sich prompt auszahlt: Grimaldo rückt nach innen, während sich Wirtz nach links außen fallen lässt und auf den Gegner zudribbelt. Grimaldo läuft nun wieder von innen nach außen und erhält via Hofmann den Ball in der linken offensiven Außenzone zugespielt, den er direkt vors Tor der Leipziger bringt. Am zweiten Pfosten steht Tella allein und verwertet zum 1:1. Aus dieser Position wurden bereits viele Tore in dieser Saison erzielt und es sollten noch weitere folgen.

266 Alonso zit. n. Welt-Online v. 19.04.2024.

Bereits in der Anfangsphase der zweiten Hälfte sind klare Anpassungen in der Positionierung der Elf von Xabi Alonso sichtbar: Palacios lässt sich häufiger fallen im Aufbau; insgesamt versuchen sich noch mehr Spieler mit kürzeren Passdistanzen zu zeigen. Wirtz findet immer wieder Momente für einen Positionswechsel mit Grimaldo oder überlädt die Seite zusätzlich und ist damit immer wieder in der Lage, gefährliche Situationen zu kreieren.

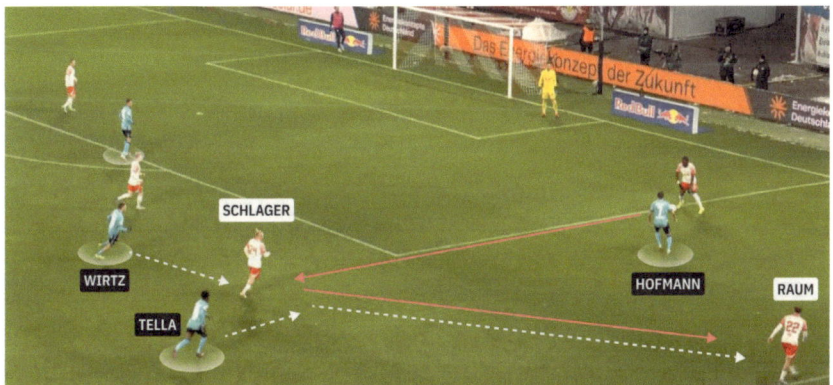

Hofmann läuft den gegnerischen Innenverteidiger so an, dass der Pass zum Außenverteidiger (22, Raum), geschlossen ist. Der gegnerische 6er zeigt sich in geschlossener Körperhaltung und zeigt durch seine Kopfdrehung / seinen Blick bereits den Folgepass an. Tella erkennt dies sehr gut: Er hält solange mit seinem Lauf auf Schlager drauf, dass dieser den Eindruck hat, hohen Gegnerdruck zu haben. Schon in dem Augenblick, als Schlager den Ball berührt (und mit einem Kontakt nach außen spielt), ist Tella nach außen unterwegs und setzt Raum im Vollsprint unter Druck. Dieser entscheidet sich für den Rückpass zu Schlager, der etwas unsauber wird, von Wirtz erobert werden kann bzw. Wirtz in dieser Situation einen Freistoß für Leverkusen herausholt.
Die Ähnlichkeit dieser Szene zum Pressing aus dem Hinspiel ist beeindruckend.

Gerade, als der Zuschauer den Eindruck bekommt, dass das zweite Leverkusener Tor langsam in der Luft liegt, schlägt Leipzig zu: Die „Roten Bullen" wittern eine Eckballvariante (flach in den Rückraum) und kontern Leverkusen aus wie aus dem Lehrbuch: Openda trifft zum 2:1 (56.). Keine zehn Minuten später hat Leverkusen erneut ausgeglichen: Eine erneute Ecke verwertet Tah zum 2:2. Besonders dabei auch die Rolle von Wirtz, die ein Muster zeigt, die wir auch schon in anderen Spielen beobachten konnten.

Vorteile schaffen bei Ecken: Der Torwart wird, wie auch bereits beim Hinrundenspiel gegen Bochum, durch die Positionierung eines Leverkuseners geblockt und am Herauslaufen gehindert. Wichtig ist, dass der jeweilige Leverkusener Spieler nicht IN den Torwart hineinläuft, sondern einfach nur so steht, dass der Torwart nicht frei und getimt herauskommen kann und schon gar keinen Schwung in Richtung Ball nehmen kann. Tah verwertet am 2. Pfosten.

Wie einige Monate später gegen RB Leipzig blockt ein Spieler den Torhüter durch seine Positionierung. Hier ist es Andrich, der sich so hinstellt, dass der Bochumer Torhüter Riemann nicht herauslaufen kann (ohne, dass es Foulspiel ist). Schick setzt sich herausragend im persönlichen Duell per Kopf durch und trifft zum 3:0 für Leverkusen.

Die Werkself schafft in der zweiten Hälfte insbesondere durch eine bessere Vernetzung von Grimaldo und Wirtz sowie durch mehr Nähe zueinander und zum Ball und durch viele Ebenen (Etagen), mehr Stabilität, Ball- und damit Spielkontrolle herzustellen. Leverkusen drückt weiter in der zweiten Hälfte, doch das Tor will (noch) nicht fallen. Es ist erneut eine Belohnung für die Hartnäckigkeit in der Spielweise und die neue Gefahr nach Standardsituationen, die den Leverkusenern den Sieg bringt: In der 91. Minute rauscht nach einem Eckball von Grimaldo Hincapié am zweiten Pfosten heran und drückt den Ball zum 3:2-Siegtreffer über die Linie. Diese Leverkusener scheinen nie aufzugeben – und vor allem ist es nahezu unmöglich, sie zu besiegen.

945 Pässe, 27.01.2024

Nach sechs Punkten gegen Augsburg und Leipzig im neuen Kalenderjahr und dem Ausbau der „Ungeschlagen-Serie" gibt sich Xabi Alonso vor dem Spiel gegen Borussia Mönchengladbach am Sky-Mikrofon optimistisch: „Wir wollen auf dem Platz geniessen und wettbewerbsfähig (,*competitive*') sein." Für Außenstehende überraschend steht Kovář im Tor. Alonso dazu: „Beide Torhüter sind auf einem Top-Niveau, es herrscht ein guter Konkurrenzkampf. Kovář soll bereit sein für das Pokalspiel." Zu der Personalentscheidung, Amiri in die Startelf zu nehmen (der wenige Tage später noch die Leverkusener gen Mainz verlässt): „Amiri hat eine gute Verbindung mit Granit, mit Flo. Er ist total bereit."[267] Mit Blick auf die im Abschnitt des Spielmodells thematisierten Inhalte, sowie des an weiteren Stellen dieses Buches aufgeworfenen Konzeptes des „Zusammenwirkens" ist die Ausdrucksweise Xabi Alonsos zu diesem Thema natürlich besonders spannend, da er bei der Personalwahl im Mittelfeld das Thema der Verbindungen, sprich der „Vernetzung" miteinander angesprochen hat und somit diese Qualität besonders wichtig im Spiel der Leverkusener ist. Weitere interessante Statistik im Vorfeld des Spiels: Granit Xhaka ist mit sieben vorletzten Pässen zu diesem Zeitpunkt der Saison bester Spieler dieser Kategorie.

Leverkusen zeigt von Beginn an maximale Spielfreude, Dominanz und Kontrolle. Vorwärts spielend und pressend kommt die Werkself immer wieder zu hochkarätigen Torchancen, schafft es jedoch während des gesamten Spiels nicht, diese im Tor unterzubringen. Es wird die fortlaufende Geschichte dieses Spiels sein, dass Leverkusen gegen extrem tief verteidigende Gladbacher, selbst noch im 16er kombinierend, es an diesem Abend nicht schafft, den Sieg davon zu tragen. Dabei zeigen alle statistischen Werte klar in Richtung der drei Punkte: Der *expected Goals (xG)* Wert der Leverkusener liegt bei 2,64; insgesamt sorgen 945 Pässe bei einer Passquote von 92 % für 28 Abschlüsse der Werkself.[268] Xabi Alonso bleibt nach dem Spiel selbstkritisch: „Wir waren sehr dominant, aber der letzte Schuss und der letzte Pass waren nicht gut genug. (...) Der Sieg wäre sicherlich verdient gewesen, aber das liegt an uns selbst. (...) Gladbach stand mit vielen Spielern sehr kompakt, sehr tief. Wir hätten klinischer sein sollen. Aber das passiert, daraus müssen wir lernen."[269]

---

267 persönliche Mitschrift aus TV-Übertragung SKY vom 27.01.2024.
268 Statistik laut bundesliga.de
269 Alonso zit. n. Kicker online vom 27.01.2024.

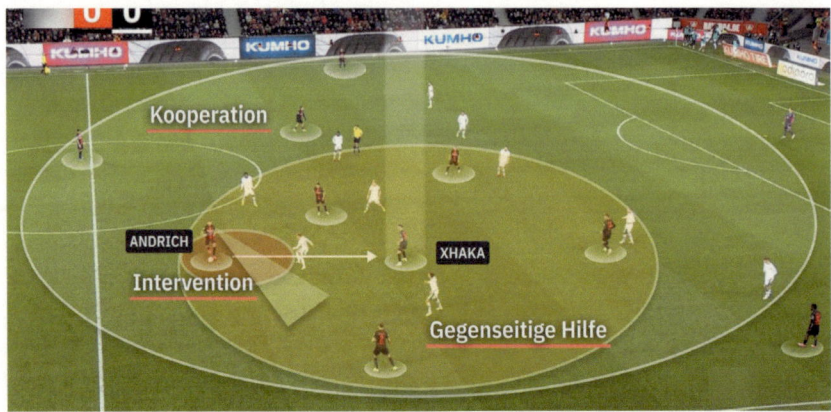

In diesem Ballverlauf zeigt sich ein anderes elementares Konzept der zentralen Mittelfeldspieler von Xabi Alonso im Positionsspiel von Bayer Leverkusen. Insbesondere Xhaka läuft immer wieder rückwärts in die Höhe und positioniert sich so, dass er in einer Lücke zwischen zwei Gegenspielern steht und gleichzeitig so im Rücken des Gegners ist, dass der Ball ihn dennoch erreichen kann. Es zeigt sich immer der Spieler, der im Rücken des pressenden Spielers steht, da hier oftmals eine kleine Bewegung reicht, um anspielbar zu werden (*„Quien salta abre puerta"* – „Wer raufgeht, öffnet die Tür"). Gleichzeitig sehen wir, wie Andrich durch seine Körperhaltung (im Spanischen: *‚perfil')* und seine Blickrichtung seine Intention (der zentrale Pass zu Xhaka) verdeckt und stattdessen einen Pass nach Außen andeutet (und somit fintiert). Aspekte wie diese lassen sich im Rondo und Positionsspiel im Training bereits fokussieren. Diese Spielsituation ist außerdem wie dafür gemalt, das Konzept der Phasenräume zu beschreiben und zu erklären (siehe Exkurs vor diesem Kapitel).

Die meisten Mannschaften tendierten in den vergangenen Jahren dazu, mit einem Querpass aus dieser Position den rot markierten Raum zu suchen. Xabi Alonsos Leverkusen nutzt nun die Dynamik und Laufbewegung der Verteidiger (auch hervorgerufen durch die eigenen zentralen Angreifer), um mit einem „geraden" Querpass in die gelbe Zone den dort erscheinenden Grimaldo anzuspielen, der die Zeit und den Raum hat, mit zwei Kontakten platziert zu vollenden.

Hatte gegen Borussia Mönchengladbach noch die finale Schärfe gefehlt, ist dies gegen den nächsten Gegner aus Darmstadt nicht mehr so. Außerdem neu mit dabei ist Winterneuzugang Borja Iglesias, der als neuer Stürmer in der Startelf steht. In der Startphase ist Leverkusen wie mittlerweile gewohnt dominant in Ballbesitz, allerdings insgesamt etwas positioneller in der Herangehensweise. Es lässt sich immer wieder die Intention erkennen, durch tiefe Läufe und einen langen Ball über den dichten Darmstädter Block zu einer direkten Torchance zu kommen. Viele kleine Fouls der Darmstädter hemmen den Spielfluss, auch wenn die Werkself darauf vorbereitet zu sein scheint und immer wieder die schnelle Spielfortsetzung sucht. Mit zunehmender Spieldauer übernimmt Leverkusen die vollkommene Spielkontrolle und drängt Darmstadt tief in die eigene Hälfte hinein. Die Darmstädter bleiben allerdings couragiert bei ihrem direkten, vertikalen Spiel, in dem sie immer wieder versuchen, mit langen Bällen ihre Stürmer zu finden und konsequent und schnell nachzurücken. In einigen Situationen gelingt es so, die Leverkusener herauszufordern und sogar zu Abschlüssen und Standardsituationen zu kommen.

Der Rückpass von Hincapié wird mit einem direkten Angriffsball von Xhaka „beantwortet". Besonders: Die gemeinsam geteilte Intention von Xhaka und Wirtz für den Raum in der Box. Man sieht bereits jetzt an der Körperhaltung von Wirtz sein Starterverhalten für den freien Raum, obwohl der Ball noch gar nicht bei Xhaka angekommen ist. Gleichzeitig sehen wir auch an Xhakas Kopfhaltung, dass er die Spielsituation nochmals vor Ballerhalt scannt und die Bewegung von Wirtz in den Raum wahrnimmt. Der angespielte Raum wird auch dadurch „noch freier", dass Iglesias noch näher an den Innenverteidiger Darmstadts heranrückt und diesen blockt bzw. bindet, sodass dieser nicht vortreten kann. Erneut spielt Leverkusen mit der Aufmerksamkeit des Gegners (alle Blicke sind auf den Ball gerichtet), sodass Wirtz – diagonal aus dem Rücken seines Gegners damit auch aus dem toten Blickwinkel startet, was ein Verteidigen bzw. Antizipieren des Spielzugs sehr erschwert.

Die Führung für die Werkself: Borja Iglesias zieht den Raum am Strafraum frei, in den Wirtz diagonal hineinstößt und von Xhaka bedient wird. Wirtz spielt den Ball zu Grimaldo, der mit dem zweiten Kontakt den Ball auf den zweiten Pfosten setzt. Im Strafraum sehen wir bereits, dass zwar mit Iglesias und Hložek beide Stürmer von den Darmstädtern markiert sind, der zweite Pfosten jedoch komplett offen ist und Tella mit all seinem Tempo und seiner Intuition für die Spielsituation diesen freien Raum besetzt, um dort zum 1:0 per Kopf zu verwerten. Um den freien Raum noch weiter zu vergrößern, waren sowohl Iglesias als auch Hložek maximal auf den ersten Pfosten eingelaufen und sorgen somit für noch mehr Raum für Tella. Ein typisches Leverkusen-Tor in dieser Saison.

Der Express der Werkself lässt sich von den Unterbrechungen im Spielfluss nicht beeindrucken und rollt unaufhörlich weiter. Daraus resultiert nach einem schönen Angriff der Führungstreffer von Tella am 2. Pfosten nach Flanke von Grimaldo (33.). Wieder einmal markiert ein einrückender Außenspieler nach Flanke einen Treffer. Leverkusen drückt weiter aufs Gaspedal und deckt einige Räume in der Darmstädter Defensive auf, auch wenn bis zum Halbzeitpfiff daraus nicht weiteres Kapital in Form von Toren geschaffen werden kann. Bayer schafft es häufig, diagonal zwischen die Linien zu kommen und dadurch die gesamte Spur zu wechseln. Klar erkennbar ist außerdem das Ziel von der linken Außenspur / Halbspur (auf Höhe der Mittellinie) immer wieder diagonal vorwärts zu verlagern und Tella in eine Abschluss-Situation zu bringen. Dies gelingt früh in der zweiten Halbzeit: Tella trifft sehr sehenswert in der 52. Minute nach guter Initiative von Wirtz zum 2:0. Anschließend kontrolliert Leverkusen das Spiel und kommt auch noch zu Gelegenheiten – es brennt nichts mehr an.

Spitze, 06.02.2024 – 10.02.2024

Die Wochen im Februar haben es in sich für Xabi Alonso und sein Team: In einer „Woche der Wahrheit" wartet zunächst mit dem VfB Stuttgart ein absolutes Top-Team im Viertelfinale des DFB-Pokals, obwohl sich hier bereits von dem vorweg genommenen Finale sprechen lässt. Nur vier Tage später reist der Deutsche Rekordmeister nach Leverkusen, der die Meisterschaft noch nicht abgeschrieben hat und sich im direkten Duell einen Vorteil verschaffen möchte.

Das intensive Pokalspiel in der BayArena beginnt mit sehr aggressivem Anlaufen und starker Mannorientierung durch den VfB Stuttgart, der insgesamt einen extrem couragierten Auftritt hinlegt und die Werkself maximal fordert. Denn auch im eigenen Ballbesitz demonstrieren die Schwaben, warum sie das Überraschungsteam schlechthin im deutschen Fußball sind. Die Stuttgarter zeigen in der gesamten Saison sehr interessanten, proaktiven Fußball, der sich in der grundsätzlichen Herangehensweise gar nicht so stark vom Leverkusener Stil unterscheidet. Dennoch gibt es natürlich Nuancen, die verschieden sind, was sich beispielsweise an der starken Gegnerorientierung im Verteidigen zeigt: Während die Stuttgarter maximal auf das persönliche Duell gehen, gibt es im Leverkusener Verteidigen zwar eine Zuordnung in Richtung der nächsten (direkten) Gegenspieler, allerdings positionieren sich die Spieler oft dazwischen, um den besten Zugriff auf die Gegner zu haben, aber auch ggf. schnell dem nächsten Mitspieler zur Unterstützung eilen zu können. Gleichzeitig wirkt das Spiel der Leverkusener etwas intuitiver und wird (von außen betrachtet) etwas mehr von dem Gefühl nach dem richtigen Raum geleitet, um dann darin bestmöglich zu wirken.

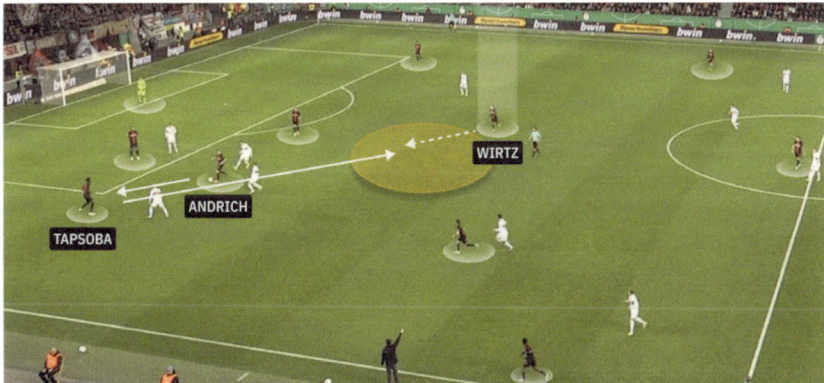

Konzept: Wiederholen des Passes (‚repetir pase'). Andrich lässt sich anspielen und kommt Tapsoba immer weiter entgegen. Dabei blickt er mehrmals über die Schulter, einerseits, um den sich vergrößernden Raum in seinem Rücken zu sehen, andererseits, um zu erkennen, dass dieser Raum von Wirtz genutzt werden kann. Daher zögert Andrich mit seinem Rückpass zu Tapsoba bis zum letzten Augenblick, damit sich der Raum für Wirtz so groß wie möglich aufzieht. Tapsoba spielt den Ball ohne Probleme an den Stuttgartern um Andrich vorbei und findet Wirtz, der sich mit viel Raum aufdrehen und das Spiel vorwärts beschleunigen kann.

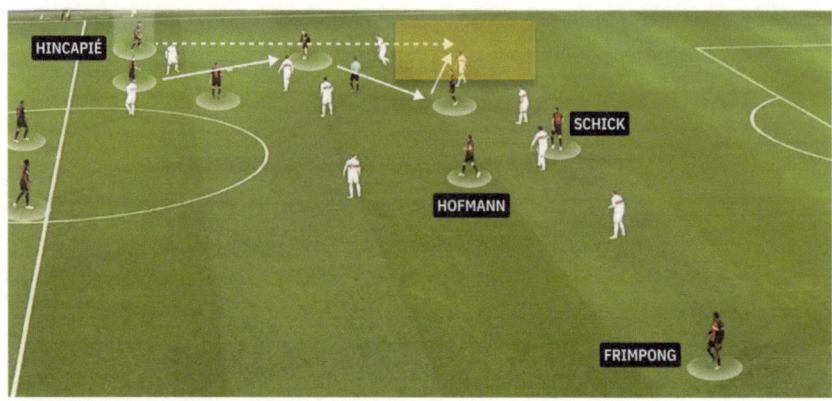

Leverkusen nutzt die mannorientierte Verteidigungsweise von Stuttgart und lockt die Gegenspieler an und damit komplett aus den Positionen. Dieses Beispiel zeigt einmal mehr die magische Anziehungskraft und Aufmerksamkeit des Balles, die dafür sorgt, dass alle Augen nur dem Ballverlauf folgen und kein Gegner den tiefen Lauf von Hincapié im Blick hat, der im Rücken der Gegner die Tiefe attackiert. Um den Ball zu verteidigen, gehen die Stuttgarter auf ihre nächsten Gegenspieler, kommen in dieser Szene jedoch immer genau zu spät, sodass Hincapié in der Folge den Ball in die Tiefe erhält und problemlos flanken kann.

Zusätzlich erkennt man die isolierte Position Frimpongs, der immer wieder auf Verlagerungsbälle hofft, um ins Tempo und ins 1v1 zu kommen. Interessant sind außerdem die Positionen von Schick und Hofmann, die beide nahe am linken Innenverteidiger Stuttgarts stehen und diesen nahezu „umringen", was bei diesem für Zugriffsprobleme sorgen könnte.

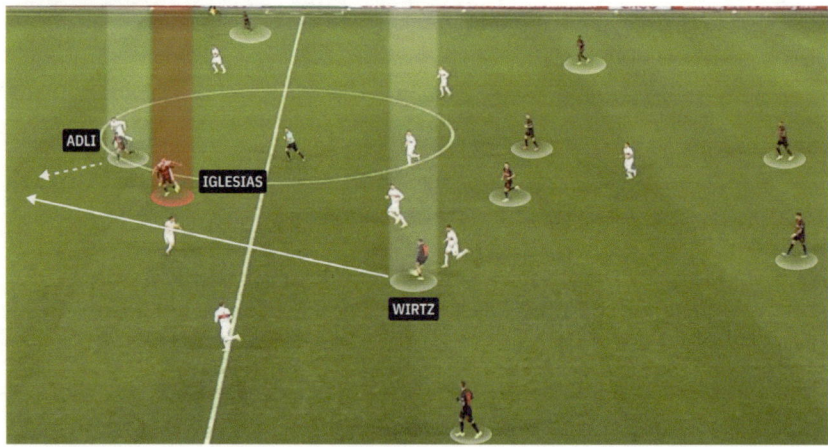

Bild unten links: Wirtz mit einem überragenden Pass in die Tiefe auf Adli, der den Raum attackiert und in der Folge den 2:2-Ausgleich erzielt. In dieser Szene sieht man individualtaktisch und gruppentaktisch mehrere interessante Aspekte: Der eine Minute zuvor eingewechselte Borja Iglesias sperrt und blockt seinen Gegner und sorgt damit dafür, dass Adli in ein 1v1 Laufduell gehen und sein Tempo ausspielen kann. Gleichzeitig sieht man, dass der im Passweg befindliche Stuttgarter versucht, die Passoption in die Außenspur zu schließen und damit den inneren Weg von Wirtz' Pass erst öffnet. Daraus lässt sich schließen, dass Wirtz seine Intentionen bestmöglich verdeckt hat und scheinbar durch seinen Blick und/oder seine Körperhaltung einen Pass nach Außen angedeutet hat. (Konzept auf Spanisch: ‚falsear intenciones').

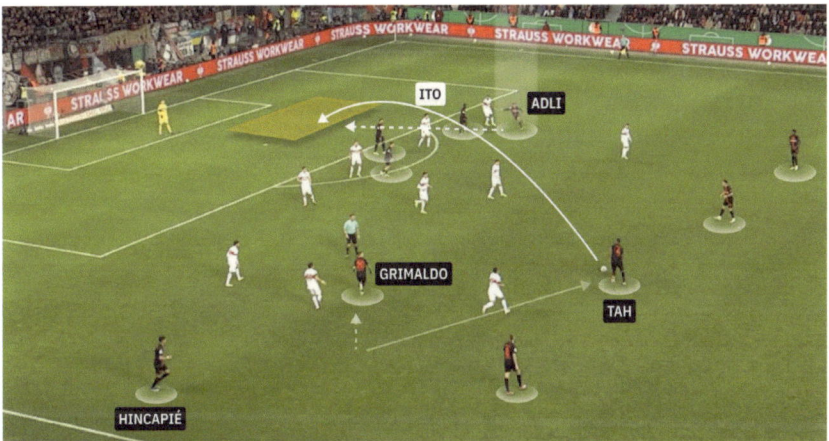

Grimaldo schafft es bei einem Angriff über die linke Seite nicht, den hinterlaufenden Hincapié mitzunehmen und sichert daher den Ball mit einem Pass „hintenherum" auf Tah und ist sofort wieder anspielbereit. Tah nimmt gleichzeitig mit Adli die Chance und Möglichkeit wahr, den Raum hinter der Stuttgarter 5er-Kette mit einem Chip / einer Flanke zu attackieren. Dies ist erneut ein Beispiel für die geteilten Intentionen, nach denen die Leverkusener spielen, das Spiel anhand der gleichen Möglichkeiten wahrzunehmen und das gemeinsame Handeln danach auszurichten. Adli beläuft die Schnittstelle zwischen Außenverteidiger und Innenverteidiger. Der gut antizipierende Stuttgarter Ito nimmt zwar das Duell mit Adli auf, muss den Ball jedoch zur Ecke klären, aus deren Verlauf Tah den 3:2-Siegtreffer erzielen wird.

Am Ende schafft es Leverkusen, ein packendes Pokalmatch nach zweimaligem Rückstand gegen einen der größten Kontrahenten und eine der besten Mannschaften der Saison denkbar knapp kurz vor dem Ende für sich zu entscheiden. Erneut hilft ein Eckball. Xabi Alonso gesteht nach dem Spiel ehrlich: „Manchmal gewinnen wir mit Struktur, mit Kontrolle. Heute haben wir mit dem Herz gewonnen." [270]

270 Alonso zit. n. Spiegel online vom 07.02.2024.

Das Spitzenspiel gegen den FC Bayern wenige Tage später wird medial von Pauken und Trompeten begleitet. Es gibt wilde Spekulationen, Xabi Alonso könnte die Nachfolge von Thomas Tuchel in München antreten. Und auch sonst kommt dieses Spiel einer Vorentscheidung im Meisterschaftsduell zwischen Bayern und Bayer gleich. Alonso selbst gewährt einen Einblick in seine damalige Gedankenwelt: „Ok, wir sind weit gekommen und wir machen es gut, aber es ist immer noch Bayern München... Wir haben nur zwei Punkte Vorsprung."[271]

Im Vorfeld der Partie war außerdem von einem „Systemwechsel" die Rede. Ob tatsächlich ein 1-4-4-2 (wie laut Sky) oder 1-4-2-3-1 (in der medialen Berichterstattung) gespielt wurde oder lediglich bestimmte Rollen und Aufgaben von Spielern in der defensiven Spielphase angepasst wurden, ist müßig zu diskutieren; hatte die Werkself doch bereits in den vergangenen Spielen gezeigt, dass sie angepasst an die jeweilige Verteidigungshöhe verschiedene Strukturen und Konzepte beherrscht. In Ballbesitz sehen die Rollen der Spieler aus wie immer: Durch das Profil der wendigen Stürmer Wirtz, Adli und Tella (wobei Wirtz bevorzugt aus dem Zentrum heraus wirkt), ist klar, dass der Fokus auf Tempo und Beweglichkeit liegt und nicht auf einem klaren Zielspieler.

Leverkusen verstellt kompakt das Zentrum (interessanterweise ähnlich wie AS Rom im Spiel gegen Leverkusen in der Europa League ein Jahr zuvor). Die 5er-Kette agiert dabei auf dem Sprung nach vorne, um auch den Raum zwischen den Linien verteidigen zu können. Insbesondere auf Spieler in geschlossener Spielstellung (wie hier Hincapié gegen Sané) wird herausgestochen und vorverteidigt. Auch die direkten Rückpässe werden weiterverfolgt und damit weiter Druck auf den Ball ausgeübt, um den Raum eng zu halten.

271 Alonso zit. n. Robles 2024.

Dier will für Bayern München einen langen Ball auf den linken Flügel schlagen. Außenverteidiger Stanišić erkennt dies frühzeitig, kann die Laufbewegung seines Gegenspielers aufnehmen und somit den Raum verteidigen. Gleichzeitig erkennt man ein anderes spannendes Detail bei der Leverkusener Hintermannschaft: Alle Spieler stehen mit den Füßen versetzt (gleichbedeutend dafür vorbereitet zu sein in beide Richtungen zu starten) und ihr Körperprofil ist Richtung Ball bzw. in Abhängigkeit der Intentionen (Blickrichtung / Körperhaltung) des Ballbesitzers ausgerichtet.

Im Raum, aber mannorientiert verteidigen: Leverkusens Defensivblock mit engen Abständen zueinander (ca. 15 m), dicht gestaffelt und gleichzeitig auf einer guten Höhe (ca. 25 m vor dem eigenen Tor), was ein Attackieren des Rückens durch den Gegner schwierig macht. Der defensive Verbund bleibt dabei aktiv und verteidigt alle Bewegungen ballnah und zwischen den Linien aktiv durch klare Zuständigkeiten im jeweiligen Spielraum (Hincapié auf dem Sprung nach vorne). Der ballnächste Spieler (in diesem Fall Wirtz), gibt Druck und versucht, nicht überwunden zu werden.

Zu Beginn des Spiels ist Bayern München präsent und sucht die direkten Duelle. Dies führt dazu, dass Leverkusen darauf mit einer leicht veränderten Spieleröffnung begegnet: Wird vorne zugestellt und ist auf der letzten Linie beinahe 1v1, wird der lange Ball gespielt.

Leverkusen ist gut vorbereitet sowohl auf die veränderte Grundordnung der Bayern im 1-3-4-2-1 als auch auf den aggressiven Beginn. Wie häufig in dieser Saison behalten die Leverkusener die Ruhe und schaffen es, durch variables Ballbesitzspiel immer wieder zu eigenen Aktionen zu kommen.

Hier lässt sich das von den Medien „kolportierte" 1-4-2-3-1 System erkennen: Hincapié, seines Zeichens linker Innenverteidiger der Dreierkette, schiebt hoch und breit und spielt im eigenen Ballbesitz einen Außenverteidiger. Dabei unterscheidet sich diese Rolle nur minimal von seiner sonstigen Rolle in Ballbesitz, in der auch die Halbverteidiger immer wieder zu Offensivaktionen in der gegnerischen Hälfte kommen und zum Teil sehr offensiv mit ihrem äußeren Duo-Partner agieren. Schlüssel für diese Flexibilität sind die Charakteristiken von Grimaldo, der sowohl als Außenspieler als auch als Zentrumsspieler agieren und seine Stärken in beiden Räumen gut ausspielen kann. Auch deshalb kann man davon sprechen, mit Grimaldo im Prinzip mit „zwei Spielern mehr" zu spielen, denn seine Flexibilität erlaubt immer wieder eine andere Besetzung des Zentrums bzw. der Halbspur, wo – je nach Spielsituation – mal mehr seine Fähigkeiten im Dribbling und mal mehr seine Fähigkeiten im Passspiel gefragt sind. Die Grundorganisation in Ballbesitz hat sich für Leverkusen nur bedingt geändert: es bleiben viele Spieler ballnah positioniert, die versuchen, die Zwischenräume der gegnerischen Positionslinien zu attackieren und darin zu spielen.

Es zeigt außerdem die Reife der Mannschaft in diesem Spiel, auch längere Phasen im gegnerischen Ballbesitz zu überstehen. Die Facetten des eigenen Spielmodells bestehen nicht nur aus einer Spielphase, sondern gehen mit den anderen Spielphasen einher. Es ist klar zu sehen, dass die Leverkusener auch im gegnerischen Ballbesitz wissen, was zu tun ist, und selbst mit einer Mischung aus kurzen und langen Pässen immer wieder den passenden Raum finden können. Dies sorgt dafür, dass sich das Gleichgewicht innerhalb des Spiels langsam verschiebt und Leverkusen schließlich durch drei Tore von Außenverteidigern / Außenspielern das Spitzenspiel verdient mit 3:0 gewinnt.

Xabi Alonso erinnert sich an diese besondere Partie im Nachgang: „Wir wollten das Spiel ohne Ball kontrollieren und auf unsere Kontermomente warten – was normalerweise nicht unser Ansatz ist, aber es hat funktioniert. In der Halbzeit, als wir 1:0 führten, war das Wichtigste, dass ich mich in der Kabine umschaute, und niemand daran interessiert war, nur tief zu stehen und die 1:0-Führung zu verteidigen. Jeder wollte mehr Tore erzielen. Da war keine Angst.
Wenn wir diese kollektive Einstellung nicht hätten, wer weiß, was dann passiert wäre? Wenn wir uns zurückgezogen und verteidigt hätten, wer weiß? Vielleicht ein 1:1-Unentschieden (...) Aber das haben wir nicht. Wir sind diszipliniert geblieben und haben angegriffen, als wir unsere Chancen hatten, und am Ende haben wir 3:0 gewonnen. Wir haben den Test bestanden." [272] Alonso nimmt außerdem Bezug zur „kollektiven Einstellung", die die Mannschaft bereits verinnerlicht habe. Dies bedeutet nicht nur, an einem Strang zu ziehen; dies bedeutet auch, die gleiche Art Fußball zu denken, zu fühlen und anhand der gleichen Referenzpunkte das Spiel zu interpretieren.

272 Alonso in Robles 2024.

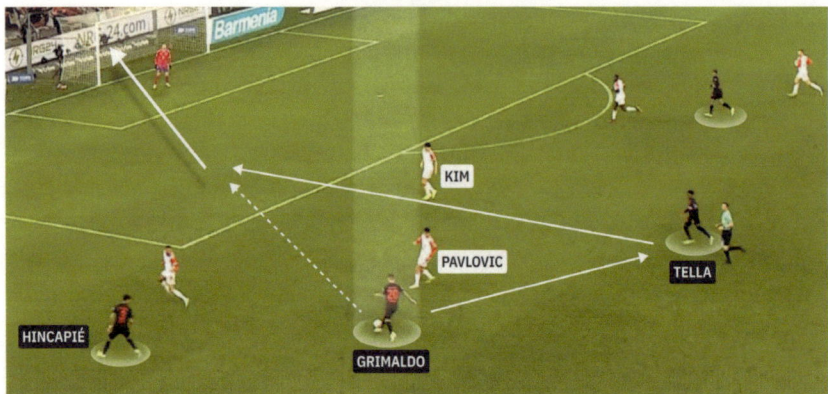

Leverkusen fährt einen schnellen Gegenangriff. Grimaldo, der wieder von Hincapié hinterlaufen wird, dribbelt auf seinen Gegner Pavlović zu. Nichts an seiner Körperhaltung lässt erkennen, dass er gleich den Ball zu Tella spielen wird („Spiel und Geh" – Doppelpass). Der Doppelpass, den Tella spielt, erfolgt jedoch nicht im klassischen Sinne, sondern leicht zeitverzögert: Tella spielt erst den zweiten Kontakt in die Tiefe, um Grimaldo mit dem perfekten Timing zu finden. Die leichte Verzögerung führt dazu, dass Kim als Innenverteidiger sich für den in seiner Spur befindlichen Gegner in Ballbesitz zuständig fühlt und herausrückt. Dies öffnet die Lücke für Grimaldo umso mehr, weil dieser nicht klar von Pavlović kontrolliert wird. Tella lockt also durch den zusätzlichen Kontakt einen weiteren Gegner an, um dann Grimaldo innerhalb des 16ers zu finden, wo dieser mit einem herausragenden Schuss mit links in das linke obere Eck verwertet.

Im Nachgang zu einer eigenen Ecke, die Leverkusen kurz ausgeführt und im Anschluss hinten herum gespielt hat, attackiert die Werkself über den rechten Flügel mit einer großen Nähe zueinander. Durch das Überladen am Flügel entsteht eine 4v3-Überzahl. Darüber hinaus erlauben die engen Abstände, den Ball schnell hin- und herspielen zu können und erschweren den Zugriff des Gegners. Die Tendenz, Überzahl in Ballnähe zu schaffen und in der Folge nicht nur einen numerischen, sondern häufig auch einen positionellen Vorteil zu schaffen, lässt sich immer wieder (bevorzugt am Flügel) erkennen.

Grimaldo selbst beschreibt die Situation vor seinem Treffer wie folgt: „Ich habe gewartet, bis mich Piero [Hincapié] überlaufen hat, so dass der Außenverteidiger mit ihm beschäftigt war. Dann wusste ich, dass es in der zentraleren Spur Platz geben würde. Es geht darum, die Räume zu lesen und zu sehen, wo sie sind. Darin bin ich gut. Ich wusste, dass der Doppelpass klappen würde und dass, wenn ich weiter nach innen laufe, sich die Passlinie öffnen würde. Der Pass von Nathan [Tella] war großartig. Dann konnte ich den Ball an [Bayern-Torwart Manuel] Neuer vorbeischieben, was nicht einfach ist, da er ein großartiger Torwart ist. Es war ein wichtiges Tor, denn das 2:0 hat uns entspannter gemacht." [273]

Nach dem Spiel überschlägt sich die Presse. Ganz Deutschland ist beeindruckt. Dabei wird vor allem bereits dem Gesamt-Phänomen Alonso gehuldigt, der mit der unerschrockenen Spielweise seiner Mannschaft nach wie vor ungeschlagen auf Tabellenplatz 1 der Bundesliga thront und diesen Erfolg großzügig mit seinem gesamten Team teilt. Dies zeigt auch ein Kommentar aus der BILD-Zeitung, als in der bekannten Kategorie „Post von Wagner" Folgendes zu lesen ist: „Es gibt da diese Szene, die alles über Sie verrät. Ihre Spieler tanzten und sangen über den Triumph über die Bayern vor der Nordkurve. Aber die Nordkurve wollte die Spieler nicht haben. Die Nordkurve rief nach Ihnen. Alonso, Alonso. Sie standen allein in der Trainerbox, dann drehten Sie sich um und winkten Ihren Trainerstab zu sich. Die Physios, die Videospezialisten, die Torwarttrainer. Gemeinsam seid ihr dann zur Nordkurve. (...) Das zeigt auch Ihre Taktik. Ihre Spieler spielen immer nah beieinander, in sechs Metern Abstand. Ihre Spieler müssen sich helfen. So kann nur ein Trainer denken, der alles als Spieler gewonnen hat. Allein ist man nichts." [274] Das gesamte Verhalten von Xabi Alonso, nicht nur die taktische Finesse, der Spielstil, die Details in der Spielweise sind es, sondern das konsequente Leben der eigenen, tief verinnerlichten Werte, die nahezu ganz Fußball-Deutschland beeindrucken. Tatsächlich bringt der Kommentar auf einfache Weise auf den Punkt, wie das Spielmodell mit den Werten des Teams im Einklang stehen muss: „Ihre Spieler spielen immer nah beieinander (...) Ihre Spieler müssen sich helfen." Daher ist auch klar, dass hier eine ganzheitliche, konsequent verfolgte Spielidee in allen Facetten gezeigt wird, da nur eine solche Kohärenz im eigenen Wirken auf die lange Sicht einer Saison, konfrontiert von den zahllosen Herausforderungen jedes einzelnen Spiels, Bestand haben kann.

273 Grimaldo zit. n. Corrigan 2024.
274 BILD online v. 11.02.2024.

Arbeit, 17.02.2024

Keine ganze Woche nach den emotionalen Momenten in der Woche aus DFB-Pokal-Viertelfinale und Meisterschafts-Spitzenspiel muss die Werkself gedanklich
den Schalter umlegen: Das nächste Auswärtsspiel findet in Heidenheim statt.
Und die Werkself tut gut daran, den Aufsteiger nicht zu unterschätzen, der in
dieser Saison noch einige Ausrufezeichen setzen wird.

Leverkusen beginnt mit sehr scharfem Passspiel, um das Spieltempo gegen
zweikampforientierte Heidenheimer hochzuhalten. Phasenweise sucht Leverkusen hohe Bälle in die Spitze, besonders in der Spieleröffnung, um das Pressing zu
überspielen und den Umstand zu nutzen, das auf der letzten Linie häufig im 1v1
verteidigt wird. Heidenheim schafft es, Leverkusener Torchancen zu verhindern
und das Spiel zweikampfintensiv zu halten, auch wenn sie mit der Dynamik im
Spiel der Werkself zu kämpfen haben. Diese beweist einmal mehr ihren langen
Atem und trifft in der Nachspielzeit der ersten Hälfte nach einer schönen Kombination von Tah, Wirtz und Adli durch Frimpong zum 1:0 (45.+2).

In der zweiten Hälfte versuchen die Heidenheimer, mehr die Initiative zu ergreifen, kommen jedoch nur zu wenigen Tormöglichkeiten. Bayer ist in dieser Phase
defensiv stabil und souverän und übernimmt sukzessive erneut das Zepter der
schwierig zu spielenden Partie. In der 81. Minute folgt dann mit dem 2:0 durch
Adli die Vorentscheidung. Erneut wird Wirtz zwischen den Linien gefunden und
kann auf die Kette dribbeln – diesmal löst sich Adli gut im Rücken und steht alleine vor dem Torwart. Heidenheim steckt jedoch nicht auf und trifft in der 86.
Minute in der Folge eines seitlichen Freistoßes per Kopf zum 2:1-Anschluss –
mehr Torchancen folgen jedoch nicht, sodass die drei Punkte hochverdient an
die Werkself gehen.

Das (vorentscheidende) 2:0 für Leverkusen: Xhaka spielt zentral durch auf Wirtz, der sich
drehen und erneut auf die Kette dribbeln kann. Wirtz täuscht mit seiner Körperhaltung
einen Weg nach rechts an; ebenso täuscht kurzzeitig Adli an, den Ball in den Lauf fordern

zu wollen, ehe er in den Rücken des Verteidigers schneidet. Wirtz spielt gegen die Lauf-richtung der Verteidiger den Ball auf Adli durch, der alleine vor dem Torhüter den Ball zum 2:0 verwerten kann.

Widerstände überwinden, 23.02.2024

Das Spiel gegen Mainz 05 beginnt mit einem Schock – für die Mainzer, die ab der 3. Minute mit 0:1 in Rückstand sind und die medizinische Abteilung der Werkself, die sich Sorgen um den Torschützen machen muss: Granit Xhaka hatte außerhalb des 16ers abgezogen und getroffen und fasst sich nun an den hinteren Oberschenkel. Es dauert einige Sekunden, bis sich alles in Wohlgefallen auflöst und der Torjubel in die Kategorie der besonderen Scherze (und als Beleg der sehr guten Stimmung mit- und untereinander) einsortiert werden kann.

Unter dem neuen Chefcoach Bo Henriksen verwickeln die Mainzer die Werkself in viele Zweikämpfe und zeigen eine besondere Intensität. Es sollte ein Spiel mit auffällig geringer effektiver Spielzeit (knapp 65 Minuten) werden.

Der Mittelanstoß von Bayer Leverkusen: Von Beginn an wird eine Seite (hier die linke) überladen, sodass der Gegner mit einem langen Ball rechnen muss. Dies führt dazu, dass sich Mainz in diesem Fall direkt auf diesen Spielzug einstellt, zurückweicht und auf die Verteidigung des langen Balles vorbereitet. Dies ermöglicht Bayer Leverkusen von Beginn an kontrolliert, ruhig und insbesondere ohne sofortiges Forechecking des Gegners das Spiel aufzubauen. In diesem Fall ändert Kossounou mit seinem Pass zu Tapsoba die Angriffsachse der Leverkusener, sodass die geschaffene Überzahl und Nähe auf der linken Seite weiterhin genutzt werden kann – jedoch nicht für den langen Ball, sondern um in der Folge miteinander über die linke Außenspur und Halbspur zu kombinieren.

Und Mainz antwortet sofort: Eine Freistoßvariante bringt in der 8. Minute den Ausgleich. Es folgt ein intensives, zweikampfbetontes Spiel, in dem die Mainzer es den Leverkusenern sehr schwer machen, vorwärts zu kommen. Gleichzeitig erzeugen die 05er immer wieder selbst bei Standards Gefahr. Bis zur Halbzeit kommt Leverkusen zu wenigen klaren Möglichkeiten, während es Mainz durch Körperlichkeit und Zweikämpfe immer wieder schafft, das Spiel der Leverkusener zu bremsen und zu verkomplizieren. Diese Hektik bleibt zunächst auch Teil des Spiels in der zweiten Hälfte.

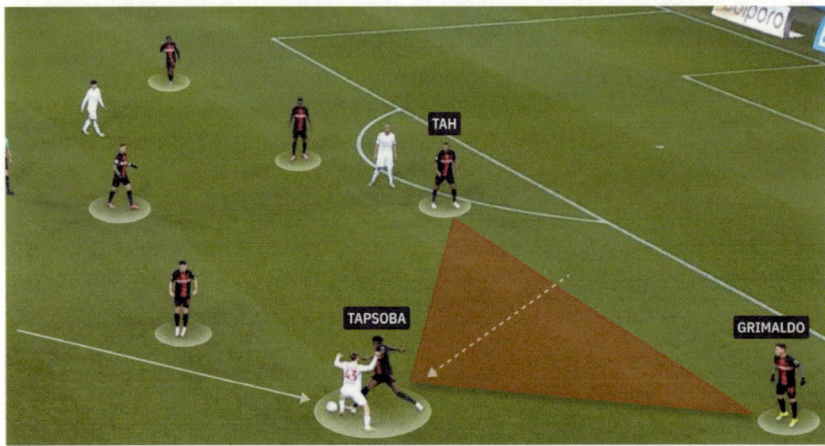

Tapsoba sticht heraus aus der 5er-Kette und verteidigt nach vorne. Es entsteht das sogenannte „Abwehrdreieck" gemeinsam mit Tah und Grimaldo. Besonders an der Aktion von Tapsoba ist das Timing: Er erreicht gleichzeitig mit dem Ball seinen Gegner und schränkt diesen sofort maximal in seinen Handlungsoptionen ein. Das defensive Timing, gleichzeitig mit dem Pass zu starten bzw. anzukommen, ist essentiell und können wir in allen Mannschaftsteilen von Bayer Leverkusen in dieser Saison beobachten.

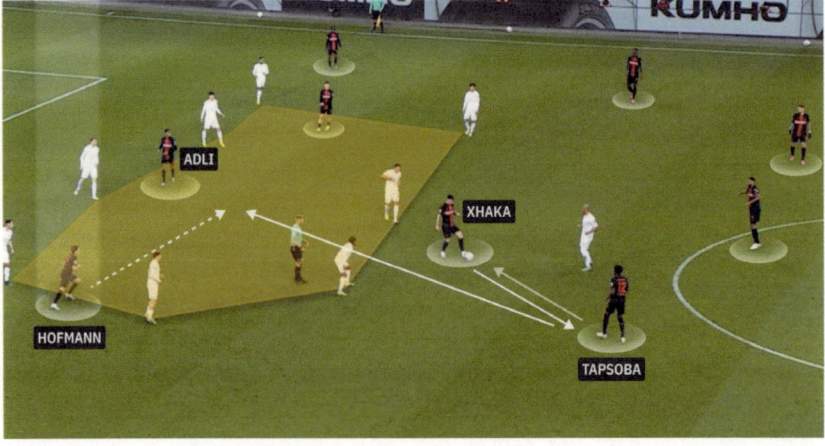

Bild unten links: Tapsoba und Xhaka mit dem Konzept des „wiederholten Passes". Xhaka lässt den Ball prallen, um den Gegner anzulocken und den Raum zwischen den Linien zu vergrößern. Hofmann verändert die Passlinie (und -achse) und läuft quer im Rücken des Gegners. Dadurch ändert sich nicht nur für die Mainzer die Zuordnung, sondern es entsteht sogar ein „Zuordnungs- / Zugriffsproblem", da Hofmann nun in einem ähnlichen Raum wie Adli auftaucht, der nahe Innenverteidiger jedoch durch diesen gebunden ist. Leverkusen ist nun auf drei verschiedenen Ebenen (Etagen) nahe beieinander positioniert. Tapsoba spielt einen sehr scharfen Pass, den Hofmann in die Bewegung mitnimmt und den Angriff über die rechte Seite fortsetzt. Leverkusen zeigt immer wieder die Fähigkeit, Optionen nach vorne in engen Lücken zu finden.

In der zweiten Hälfte schafft es die Werkself mehr und mehr, sich zu befreien und belagert regelrecht das Tor der Mainzer. Die Folge sind immer wieder Angriffe in den Strafraum und schnelle Ballrückeroberungen aufgrund der guten Struktur und engen Abstände der Leverkusener. Das Tor fällt jedoch durch einen Fernschuss: Andrich fasst sich ein Herz und zieht ab – der Ball rutscht durch zum 2:1-Siegtreffer. Als dann zehn Minuten vor dem Ende ein Mainzer die rote Karte erhält, ist das Spiel endgültig entschieden. Nach dem Spiel zollt Alonso dem Gegner Respekt: „Es war ein sehr intensives Spiel. Mainz kam mit einer sehr guten Energie, die wir respektieren mussten. Wir waren darauf vorbereitet, aber es war nicht einfach."[275] Sein Team habe vielleicht nicht das beste Spiel gemacht, aber „man kann nicht immer brillant spielen."[276] In jedem Fall ist die Mannschaft weiter gewachsen, hat sie es doch geschafft, gemeinsam den harten Widerstand der Mainzer zu überwinden und wichtige drei Punkte einzufahren.

Glück ist anziehend, 03.03.2024 – 07.03.2024 – 10.03.2024 – 15.03.2024 – 17.03.2024

Vom Derby gegen den abstiegsbedrohten Nachbarn aus Köln erhoffen sich viele ein feuriges Match. Die Gäste aus Leverkusen beginnen maximal scharf und dynamisch und legen direkt ein extrem hohes Spieltempo vor. Bereits in den ersten zehn Minuten wird die Überlegenheit der Leverkusener deutlich. Köln schafft es nur ein einziges Mal, durch einen gut gespielten Konter, vor das Tor der Leverkusener zu kommen – dieser wird dafür direkt torgefährlich. Nach 15 Minuten verändert sich die Dynamik des Spiels dann grundlegend, als Thielmann mit Rot nach einem Foul an Xhaka vom Platz gestellt wird.

---

275   Alonso zit. n. The athletic online vom 23.02.2024.
276   Ebd.

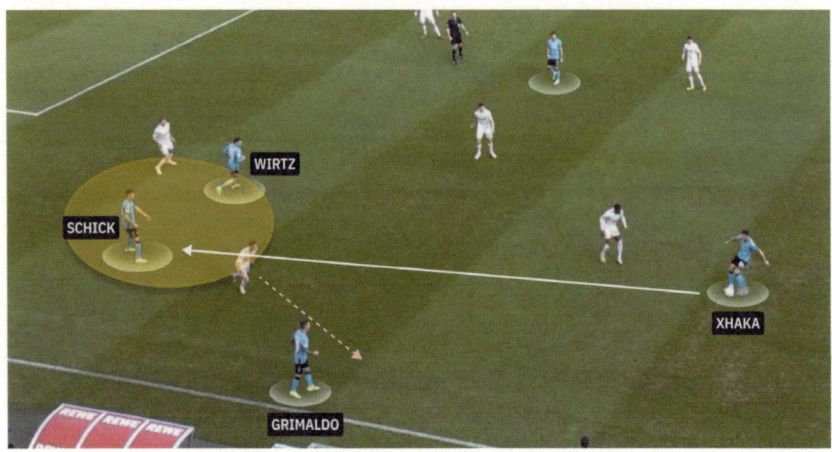

Xhaka versteht es sehr gut, seine Intentionen zu verbergen. Er täuscht durch seine Körperhaltung und -ausrichtung einen Pass zu Grimaldo an, obwohl der Ball tatsächlich zu Schick kommen wird. Der Kölner Außenverteidiger reagiert auf die non-verbale, getäuschte Kommunikation von Xhaka und deckt heraus auf Grimaldo. Der Passweg zu Schick öffnet sich und es entsteht ein 2v1 gemeinsam mit Wirtz gegen den Kölner Innenverteidiger.

Leverkusen erhöht den Druck von Minute zu Minute, auch wenn nicht immer der Abschluss gefunden wird. Dies ändert sich in der 37. Minute, als der Druck von Leverkusen immer zwingender wird. Einen Abschluss nach toller Kombination über Grimaldo von Wirtz kann Köln-Keeper Schwäbe noch parieren. Kurze Zeit später ist er jedoch machtlos: Eine Grimaldo-Flanke von links segelt in den Strafraum, Frimpong startet aus dem Rücken seines Gegners, ist als erster am Ball und trifft zum 1:0 im Rhein-Derby. An dem Grundszenario ändert sich in der Folge nichts, auch wenn der FC kurz vor der Pause nach einer schönen Kombination über rechts nochmal zu einer Kopfballchance von Alidou kommt.
Auch in der zweiten Halbzeit bleiben die Domstädter lebendig: Adamyan trifft in der 51. Minute den Pfosten. In der Folge beruhigt Leverkusen das Spiel durch eigenen Ballbesitz und kontrolliert die Partie, ohne selbst zu direkten Abschlüssen zu kommen. Sie zwingen die Kölner, extrem tief zu verteidigen und lassen diese kaum an den Ball kommen. Stattdessen attackieren sie immer wieder bei entsprechendem Raum, um das zweite, mutmaßlich vorentscheidende Tor zu schießen. Dies gelingt Grimaldo endlich in der 72. Minute nach einer schönen Kombination über die linke Seite.

Leverkusen mit dem entscheidenden 2:0: Hincapié findet Grimaldo an der linken Außen-linie. Wirtz und Adli sind nahe der 16er Ecke positioniert und interagieren durch ihre Laufwege herausragend: Wirtz zeigt sich im Rücken des Gegners und bietet Grimaldo einen einfachen Pass an, der zusätzlich mit Xhaka und der Option zurück zu Hincapié zwei weitere ballnahe Passoptionen hat. Adli besetzt sofort den von Wirtz geöffneten Raum. Mit etwas Glück bekommt Adli den Ball von Wirtz und kann weiter in den 16er vordringen. Grimaldo läuft nach seinem Pass weiter, beläuft konsequent den Strafraum und erhält am linken Fünfereck den Ball, den er zum 2:0-Endstand verwertet. Wirtz und Adli haben auch deshalb Platz, weil Stürmer Borja Iglesias im Zentrum bleibt und seinen Gegenspieler bindet.

In den letzten 15 Minuten kombiniert Leverkusen in Überzahl nach Belieben und kommt auch noch zu vereinzelten Chancen, das Ergebnis weiter in die Höhe zu schrauben. Ein, am Ende auch wegen der frühen roten Karte, ungefährdeter Derby-Sieg der Werkself.

So seicht ergeht es den Leverkusenern beim Wiedersehen mit Gruppengegner Qarabag im Achtelfinale in der Europa League nicht: Angetrieben von einem frenetischen Publikum, kontert Qarabag die Werkself mit einer brutalen Dynamik und Effizienz aus und bringt Leverkusen an den Rand der ersten Saisonniederlage. Zur Halbzeit führt der Gastgeber aus Aserbaidschan mit 2:0. Doch in der zweiten Halbzeit kommt Leverkusen zurück ins Spiel: Ein sehr aufmerksamer Florian Wirtz verwertet einen Rückpass des Gegners sehenswert per Lupfer zum 1:2-Anschlusstreffer. Im Regen von Aserbaidschan dauert es bis in die Nachspielzeit, bis Leverkusen endlich zu einem Resultat der drückenden Angriffsbemühungen kommt. Zuvor hatte die Werkself nicht zu der Klarheit und zu ihrem Flow gefunden wie in den vorherigen Spielen. Es läuft bereits die 92. Spielminute, als Andrich erneut eine Flanke vor das Tor bringt. Und diesmal trifft

Schick per Kopf zum Ausgleich. Der Jubel ist grenzenlos – und die Leverkusener kommen im Achtelfinalhinspiel nochmal mit einem blauen Auge und einer guten Ausgangslage für das Rückspiel davon.

Im Werksduell gegen den VfL Wolfsburg unterstreicht Leverkusen erneut, in dieser Saison in ihrer eigenen Liga zu spielen. Von Müdigkeit ob des erst in letzter Minute geretteten Europa League Spiels keine Spur. Stattdessen zeigen die Leverkusener von Beginn an ein sehr hohes Spieltempo. Es wird schnell deutlich, dass die Werkself ihre Kontrahenten aus Wolfsburg klar beherrscht und in puncto Pressing und eigener Spielidee die Akzente setzt.

‚Pared doblada' – ein verzögerter Doppelpass, in diesem Fall mit drei Spielern: Wirtz spielt zu Palacios und startet in die Tiefe. Dieser verzögert das Spiel kurz mit seinem zweiten Kontakt und lockt Gegner und Aufmerksamkeit an; dann spielt er den Ball weiter zu Xhaka, der direkt mit links den Ball in den Lauf von Florian Wirtz chippt. Der junge Deutsche knallt den Ball an den Pfosten – eine herausragende Torchance.

Wolfsburg versucht immer wieder Gegenstöße, die allerdings wenig einbringen – in der ersten halben Stunde kommt vor allem Leverkusen zu hochkarätigen Torchancen (u. a. Pfostentreffer Wirtz). In der 28. Minute kippt das Spiel endgültig auf die Seite der Leverkusener, erneut durch einen Platzverweis: Der Wolfsburger Verteidiger Moritz Jenz wird mit Gelb-Rot wegen wiederholten Foulspiels vom Platz gestellt. Er reiht sich damit ein in die Serie der Platzverweise, die der VfL Wolfsburg in dieser Saison hinnehmen muss. Was nun folgt, hatte sich bereits lange abgezeichnet: Ein wunderbar herausgespieltes 1:0 von Tella, bei dem nicht nur ein eingerückter Außenspieler erneut trifft, sondern Grimaldo mit einem herausragenden ersten Kontakt bei der Vorlage besonders hervorsticht. Überhaupt interpretiert Grimaldo heute das Spiel abermals in einer neuen Dimension: Im klassischen 1-3-4-3 der Leverkusener, agiert er beinahe wie eine hängende Spitze, während Wirtz hineingerückt ins Zentrum spielt und Hincapié (eigentlich Halbverteidiger der Dreierkette) in Ballbesitz die Außenbahn spielt und die Gesamtorganisation wie eine Viererkette wirken lässt. In der zweiten Hälfte agiert Leverkusen mit vielen Spielverlagerungen, um den Gegner auseinanderzuziehen und kontrolliert das Spiel phasenweise im Stile einer Handballmannschaft, ohne mit letzter Konsequenz das Tor zu bedrohen. Das ändert sich nach hinten heraus noch einmal: Nachdem Adli den Ball zurück auf Xhaka spielt und dieser via Palacios eine Spielverlagerung andeutet, startet Wirtz aus halblinker Position genau in die Schnittstelle zwischen Außenverteidiger und Innenverteidiger hinein. Palacios findet den deutschen Nationalspieler mit einem perfekt getimten diagonalen Pass und dieser zeigt seine gesamte Klasse, als er den Ball direkt verwertet und zum 2:0-Endstand trifft.

Nach dem knappen und glücklichen Hinspiel in Aserbaidschan ist die Werkself gewarnt: Qarabag ist keineswegs mehr der Gegner aus der Gruppenphase, der im „Vorbeigehen" besiegt werden kann. Entsprechend versucht die Werkself, im Rückspiel von Beginn an das Spiel zu kontrollieren und diesem sofort den eigenen Stempel aufzudrücken. Dies gelingt nur in Teilen und je länger es 0:0 steht, desto nervöser wird das Spiel. Die Anzahl der Torchancen, die noch in der Anfangsphase in Hülle und Fülle auf Leverkusener Seite vorhanden waren, nehmen ab. Mit 0:0 geht es in die Pause. Und die zweite Halbzeit sollte es in sich haben... Sie startet mit einem Schock-Moment: In der 58. Minute kommt Qarabag bei einem ihrer seltenen Vorstöße nach vorne, schafft auf ihrer rechten Seite Überzahl, flankt und trifft per Kopf zur 1:0-Führung. In Minute 67 kommt es dann noch dicker für die Werkself: Qarabag fängt einen Konter ab und spielt die Leverkusener aus, wieder über rechts und trifft zum 2:0. Jetzt müsste – wie im Hinspiel – Leverkusen mindestens zwei Tore schießen, um überhaupt die Verlängerung zu erreichen. Angesichts des bisherigen Starts und Spielverlaufs der zweiten Halbzeit eine Mammut-Aufgabe. Doch die Mentalität der Mannschaft von Xabi Alonso zeichnet vor allem eine Sache aus: Niemals aufgeben und immer maximal bis zum Ende spielen! Und so nimmt der Wahnsinn seinen Lauf gegen nur noch zehn Spieler, denn der Linksverteidiger von Qarabag wird nach einer Notbremse von Schiedsrichter Anthony Taylor mit glatt Rot vom Platz gestellt. Leverkusen belagert fortan den gegnerischen Strafraum und kommt zum schnellen Anschlusstor von Frimpong zum 1:2 (72.), der eine Flanke von links am zweiten Pfosten verwerten kann. Bayer nun mit einem deutlichen Übergewicht und Chancen im Minutentakt – doch der Ball will nicht ins Tor. Die Minuten verrinnen und die Nachspielzeit bricht an. Es läuft bereits die 93. Minute, als wieder ein konsequenter, mit der notwendigen Geduld vorgetragener Angriff der Leverkusener über links mit einer flachen Flanke von Grimaldo endet. Schick ist am ersten Pfosten da – und bringt den Ball mit einem langen Ausfallschritt aus knapp fünf Metern über die Linie zum Ausgleich. Die BayArena tobt. Wieder haben die Leverkusener in der Nachspielzeit zugeschlagen. Doch das Spiel ist noch nicht vorbei. Die angezeigte Nachspielzeit von sechs Minuten ist bereits überschritten, da erobert Palacios nochmals im Gegenpressing mit einer sensationellen Grätsche den Ball zurück. Leverkusen sucht nach der letzten Chance, spielt den Ball am Strafraum mehrmals hin und her, bis schließlich eben jener Palacios den Ball von halb links auf den zweiten Pfosten flankt – und wieder ist Schick da. Der Tscheche trifft per Kopf zum 3:2-Endstand – und alles explodiert in purer Ekstase! Leverkusen dreht das Spiel komplett in der Nachspielzeit. Spätestens jetzt ist der Mythos von „Laterkusen" geboren.

Xabi bleibt! 17.03.2024 – 30.03.2024

Nach dem Rausch der Europa League bleibt der Takt für die Werkself hoch. Mit dem SC Freiburg wartet ein Gegner, der bereits in der Hinrunde schwierig zu knacken war. Doch Leverkusen erwischt einen Traumstart: In der zweiten Minute aus eigenem Einwurf Mitte der eigenen Hälfte schafft es die Werkself ins Tempo, attackiert brutal die Tiefe und trifft nach Kombination von Grimaldo auf Wirtz durch diesen zum 1:0.

Insbesondere in der Anfangsphase versucht Leverkusen häufig eine Gleichzahl gegen die letzte Linie herzustellen, die wiederum sehr mannorientiert und daher durch dieses Manöver leicht in Unordnung zu stürzen ist. Das kompakte Zentrum versucht die Werkself immer wieder mit Grimaldo zu überladen, der von Außen nach Innen mit der Intention hineinzieht, ein zusätzliches Angebot im Rücken des Gegners zu sein.

Nach zehn Minuten und mit der ersten Torchance der Breisgauer zaubert Doan jedoch ein absolutes Traumtor (Doppelpass nach innen mit Höler) zum 1:1-Ausgleich und stellt den Spielstand wieder auf Anfang. Leverkusen versucht in der Folge zwar, das Spiel wie gewohnt durch Ballbesitz zu kontrollieren, allerdings agieren die Freiburger mutig und versuchen ebenfalls Akzente im Spiel zu setzen. Dies führt dazu, dass klare Torchancen Mangelware sind und die zweite richtige Gelegenheit den Leverkusenern die 2:1-Führung durch Hložek (40.) sichert. Der junge talentierte Tscheche, der oftmals schon (insbesondere in der Vorbereitung) mit seinen Fähigkeiten brillieren und bisher noch gar nicht mit seinem ganzen Können in der Bundesliga in Erscheinung treten konnte, verwertet einen Abpraller nach einer guten Aktion über die linke Seite, initiiert von Wirtz, der wieder einmal kaum zu bremsen ist. Am Ende sind so viele Leverkusener im Strafraum, dass der Ball einfach den Weg ins Netz finden muss.

In der zweiten Hälfte schafft es Leverkusen zunächst, das Spiel besser zu kontrollieren. Es ist allerdings ein sehr unwahrscheinliches Tor, was nun in der 53. Minute von Patrik Schick erzielt wird: Eine Flanke von Frimpong nimmt der Tscheche direkt – vom linken Innenpfosten prallt der Ball zum rechten Innenpfosten – und zum 3:1 ins Netz. Den Schützen stört es nicht – er ist nach der magischen Europa League-Nacht einfach im Flow.

Der Rest des Spiels scheint ein typisches Leverkusen-Spiel zu werden: Kontrollierter Ballbesitz – bei entsprechendem Raum vorwärts spielend und die Tiefe, die Box und das Tor attackierend. Doch der Gegner ist heute Freiburg – und der kann auch richtig gut kicken. Das zeigen die Breisgauer bei ihrem zweiten Tor in der 79. Minute, als eine schöne Ballbesitz-Sequenz von links diagonal in den Strafraum gespielt wird und im Nachschuss zum Anschlusstreffer verwertet wird. Doch die Werkself ist an diesem Nachmittag zu stark für die Freiburger. In der Folge hat Leverkusen noch mehrere Torchancen, um das Ergebnis in die Höhe zu schrauben (u. a. trifft Wirtz den Pfosten), lediglich mit der letzten Aktion muss die Werkself nach einer Ecke nochmals kurz zittern, doch der Ball geht über das Tor.

Das nächste Spiel gegen 1899 Hoffenheim beginnt bereits vor dem Anpfiff mit einer guten Nachricht: Xabi Alonso bleibt definitiv Leverkusen-Trainer in der kommenden Saison: „Mein Job ist hier noch nicht zu Ende", so der Baske. „Ich habe diese wichtige Entscheidung getroffen und alles zusammengenommen. Ich bin überzeugt, dass es die richtige Entscheidung ist. Dies ist meine erste volle Saison als Trainer. Ich muss noch viele Dinge beweisen und Erfahrungen sammeln. Im Moment habe ich eine Situation, in der ich mich sehr stabil und glücklich fühle. Dies ist der richtige Ort für mich, um mich als Trainer zu entwickeln."[277] Mit Blick auf die bisherigen Karriereentscheidungen von Alonso ist diese Entscheidung nur konsequent und logisch; wenn auch die Verlockungen aufgrund anderer, interessanter offener Trainerposten (wie z. B. Bayern München, FC Liverpool oder potenziell Real Madrid) riesig waren. Xabi bleibt seinem Stil und seinem Weg treu – Stück für Stück eine Entwicklung nehmen, die er als ‚gesund' und organisch empfindet, bis dass er sich für den nächsten Schritt vorbereitet sieht.

Die Spieler, die die gute Nachricht mit Applaus quittierten, zeigen ein enges Spiel mit viel Ballbesitz, aber wenigen Torchancen. Hoffenheim selbst versucht Nadelstiche zu setzen, kommt jedoch auch nicht zu Abschlüssen gegen ein aufmerksam verteidigendes Leverkusen. Dies gelingt der Werkself exakt bis Minute 33 – dann trifft Hoffenheim mit der ersten guten Torchance direkt zum 1:0 (Beier). Leverkusen wird in der Folge zwingender, hat aber dennoch Glück, dass Hoffenheim mit der nächsten hochprozentigen Torchance nicht den zweiten Treffer erzielt. Mit einem 0:1-Rückstand aus Leverkusener Sicht geht es in die Pause.

In der zweiten Halbzeit ist es ein Spiel in einer Hälfte: Leverkusen drückt und drückt und erspielt sich konsequent Torchancen, Ecken und Freistöße in torgefährlichen Zonen heraus. Trotz der Vielzahl an Torchancen (u. a. Lattentreffer von Borja Iglesias) dauert es bis zur 88. Minute, als Robert Andrich eine wieder scharf gemachte, zur Mitte geköpfte Ecke aus knapp elf Metern Volley per Aufsetzer verwerten kann. Der Torjubel der Werkself zeigt: Die Mannschaft will mehr und will in der kurzen verbleibenden Zeit noch den zweiten Treffer nachlegen. Die Werkself behält den hohen Spielrhythmus bei und belagert das Hoffenheimer Tor. In der 91. Minute ist es dann – wie so oft in diesen Wochen – Patrik Schick, der die Flanke von Frimpong zum emotionalen 2:1-Siegtreffer über die Linie drückt. Es sind die sich selbsterfüllende Prophezeiung und der Glaube der Spieler, die diese unglaubliche Mentalität ermöglichen. Bereits 22 Tore hat die Werkself nach der 80. Spielminute erzielt – diese Mannschaft scheint unbesiegbar und niemals aufzugeben. Jonas Hofmann versucht, das Geheimnis von „Laterkusen" zu erklären: „Wir ziehen an einem Strang und fangen nicht an, hintenraus lange Bälle zu schlagen. Wir spielen unseren Stiefel weiter und warten gefühlt nur darauf, bis einer reinfliegt. Das haben wir schon ein paar Mal geschafft, das gibt Energie."[278]

278 Hofmann zit. n. Kicker online vom 01.04.2024.

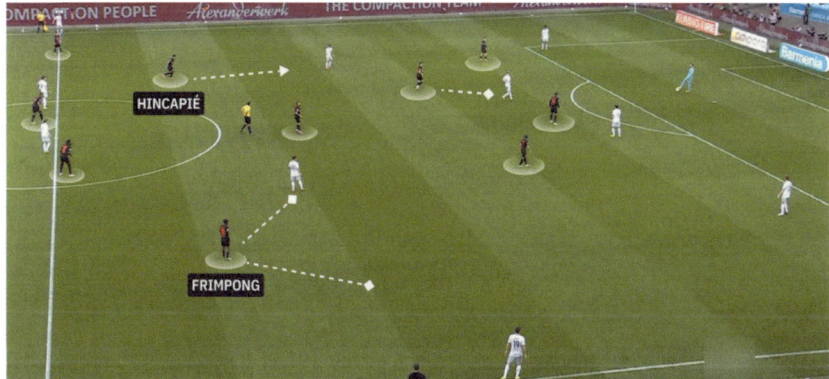

Leverkusen mit der Tendenz insbesondere im Angriffsdrittel und in Ballnähe mit direkter Zuordnung zum Gegner zu spielen. Selbst auf der letzten Verteidigungslinie wird ein 1v1 hergestellt, da Hincapié vorsticht, um den nächsten Gegner aufzunehmen. Bei Ballbesitz des gegnerischen Torwarts erlaubt diese Herangehensweise grundsätzlich einen hohen Druck auf den Ball und gleichzeitig, dass die ballfernen Verteidiger den möglichen Pass lange vorher antizipieren und entsprechend einfacher verteidigen können.

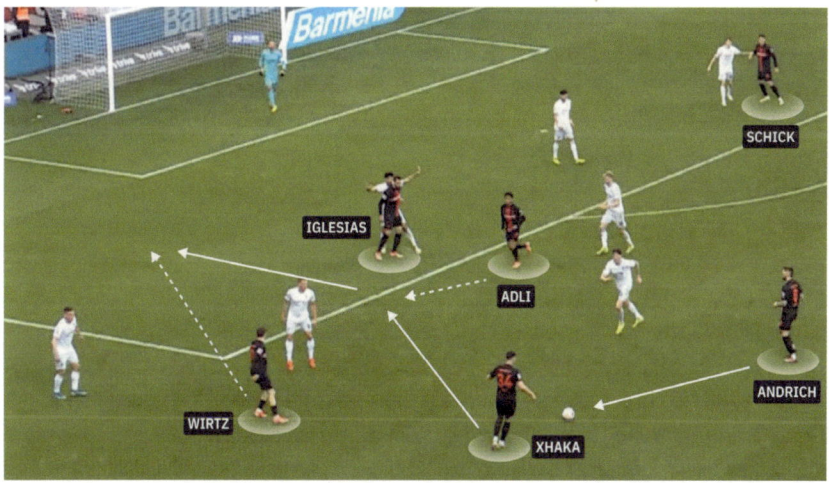

Leverkusen bespielt die Box: Auf Andrichs Querpass folgt ein tiefer Ball von Xhaka auf Adli, der sich gut zwischen den verschiedenen Positionsachsen bewegt. Iglesias bindet seinen Gegner, der deshalb nicht vorverteidigen kann und ist gleichzeitig eine Anspielstation, um – ähnlich wie in anderen Spielen zuvor Boniface – im 1v1 mit Rücken zum Gegner in / an der Box torgefährlich zu werden. Wirtz erkennt direkt die Situation, sprintet tief über die 16er-Kante in den Strafraum und erhält den Ball von Adli. Durch die Dynamik in dieser Situation kann Wirtz bis zur 5er-Kante vordringen und den einlaufenden Schick tornah bedienen. Dessen Schuss wird zur Ecke geblockt.

Eine Prise Mourinho, 06.04.2024 – 11.04.2024

Die Werkself überspringt auch die Halbfinalhürde im DFB-Pokal gegen Fortuna Düsseldorf mühelos und wahrt so alle Titelchancen. Und die Reise nach Berlin geht dabei für Bayer noch etwas schneller: Bereits am Samstag nach dem Halbfinale trifft Leverkusen in der Hauptstadt auf Union.

Dabei bleibt die Werkself sich selbst treu, kontrolliert das Spiel und versucht den Block der Unioner immer wieder zu umspielen. Bis zum Ende der ersten Hälfte bleibt es ein kontrolliertes, gefälliges Spiel der Leverkusener, in dem die Unioner lediglich aus chaotischen Momenten versuchen, Kapital zu schlagen (insbesondere durch Konter und folgende Standards). Zum Ende der ersten Hälfte überschlagen sich jedoch die Ereignisse an der alten Försterei: Zunächst geht Tella im 1v1 auf den bereits verwarnten Robin Gosens im Dribbling drauf und ist nur per Foul zu stoppen – Robin Gosens erhält die zweite gelbe Karte und muss vom Platz. Zum Ende der Nachspielzeit ist der Ball plötzlich im Netz: In einer unübersichtlichen Strafraumszene drückt Verteidiger Kossounou den Ball über die Linie. Nach längerer Überprüfung durch den Video-Assistenten zählt das Tor nicht. Stattdessen wird aufgrund von Handspiel Elfmeter gegeben. Diesen verwertet Wirtz souverän zum 1:0-Pausenstand.

In der zweiten Halbzeit geht Leverkusen zunächst auf das zweite Tor, jedoch ohne Erfolg. Dafür verteidigt die Werkself konsequent jeden Versuch der Berliner und kontrolliert das Spiel in Überzahl, sodass auch die nächsten drei Punkte ungefährdet eingefahren werden.

Im Viertelfinale der Europa League kommt es erneut zu einem Wiedersehen mit einem „alten Bekannten": West Ham United ist in der BayArena zu Gast – ähnlich, wie knapp acht Monate zuvor zur Saisoneröffnung. Doch auch diese Mannschaft ist nicht mehr im Modus des Vorjahres: Coach David Moyes hat die Londoner zu einer schwierig zu überwindenden Truppe geformt und verteidigt konsequent in Leverkusen mit elf Spielern das eigene Tor. Leverkusen, das laut übertragender TV-Anstalt in einem 1-4-2-3-1 aufläuft, zeigt die gewohnte Positionsverteilung im 1-3-4-3 mit Grimaldo und Frimpong als Außenspielern und im vorderen Bereich Wirtz als Freigeist. Adli zeigt die Tendenz, eher von Außen zu kommen und ermöglicht Grimaldo dadurch immer wieder Spielmomente im Zentrum. Schick bildet die klare Sturmspitze.

Leverkusen dominiert das Spiel von Beginn an und scheint in mehreren Facetten vorbereitet: Mehrere Spieler, die von West Ham mit Gelb vorbelastet sind und denen bei einer erneuten Verwarnung eine Sperre im Rückspiel droht, werden in enge Situationen gebracht, in denen sie sich nicht anders als per Foul zu helfen wissen. So schafft es Leverkusen schnell, West Hams Schlüsselspieler Paqueta zu einer gelben Karte zu verhelfen, wissend, dass dieser mit seinem Temperament fortan an der Grenze zur gelb-roten Karte wandelt und zusätzlich im Rückspiel sicher fehlen wird. Wie schon im Falle des bereits verwarnten Robin Gosens in Berlin zeigt die Werkself auch hier, dass ihr Trainer nicht nur von Pep Guardiola, sondern auch von José Mourinho gelernt hat, Vorteile herauszuholen. Leverkusen kombiniert in engen Abständen und drückt den Gegner tief in die eigene Hälfte, sodass das Spiel phasenweise wie beim Handball aussieht. Am Ende des Spiels werden es 78 Ballkontakte im gegnerischen Strafraum sein – so viele gab es seit deren Erfassung zur Europa League-Saison 2016/2017 noch nie.[279] Auch andere Parameter untermauern die bärenstarke Leistung der Werkself: 33 Torschüsse (bei elf Schüssen auf das Tor) sind weitere Bestmarken in der Europa League und Ausdruck der maximalen Überlegenheit der Mannschaft. Bayer lässt dabei nur einen einzigen Torschuss des Gegners zu und zeigt die gewohnt beeindruckende Ballsicherheit: Zum fünften Mal in dieser Saison hat Leverkusen eine Passquote von über 90%.[280]

Aller Überlegenheit zum Trotz, will Bayer kein Tor gelingen. Adli interpretiert seine Position etwas breiter, um die gegnerische 5er-Kette auseinanderzuziehen und mehr Räume zur schaffen. West Ham agiert extrem tief, verteidigt mit allen Feldspielern in und um den 16er herum mit der klaren Idee, ein Unentschieden zu „ermauern". Doch Leverkusen hat sich in dieser Saison nicht ohne Grund den Ruf der „Mentalitätsmonster" erarbeitet. Der massive Druck zeigt mit zunehmender Spieldauer Wirkung: Der eingewechselte Hofmann trifft in der 89. Minute. Beinahe einer Laune der Gewohnheit folgend, war es doch erneut ein Tor nach der 80. Minute und erneut ein Tor nach einer Ecke. Und auch dies wiederholt sich im Spiel: Der mit Hofmann gemeinsam eingewechselte Boniface trifft mit Beginn der Nachspielzeit per Kopf nach einer Ecke zum entscheidenden 2:0. Ein hoch verdienter Sieg, bei dem Leverkusen seine Überlegenheit erneut erst spät in Tore umsetzen kann und gleichzeitig seine Reife und Weiterentwicklung im Vergleich zum Vorjahr unter Beweis stellt.

---

279 vgl. Kicker online v. 12.04.2024.
280 Ebd.

Deutscher Meister, 14.04.2024

Vor dem Heimspiel gegen Bremen rotiert Alonso erneut kräftig durch. Einmal mehr ist es beeindruckend, mit welcher Selbstverständlichkeit jeder Spieler auch „andere" Positionen (wie in diesem Spiel Hincapié als linker Außenbahn-spieler) einnehmen kann und sofort in Funktion seiner Fähigkeiten mit der Mann-schaft spielen kann. Die Spielidee ist klar und „sitzt".

Es sollte ein historischer, sonniger Tag werden in der BayArena – und die Werks-elf lässt keinen Zweifel daran aufkommen, sich in diesem Heimspiel zum Deut-schen Meister krönen zu wollen. In der 22. Minute wird Hofmann im Strafraum zu Fall gebracht. Nach Eingriff durch den VAR gibt es Strafstoß für Leverkusen, den Boniface ohne Mühe in der 25. Minute gegen tapfer verteidigende Bremer zum 1:0 verwertet. Dies ist gleichzeitig der Halbzeitstand.

In der zweiten Hälfte folgt der große Auftritt des eingewechselten Florian Wirtz. Durch die Einwechslung agiert Boniface eher über die linke Seite, über die der Nigerianer prompt Xhaka das 2:0 auflegt (60.). Es ist ein typisches Xhaka-Tor in dieser Saison: per Fernschuss außerhalb des 16ers, genau gezielt ins Eck. Be-reits jetzt hat jeder im Stadion das Gefühl – heute wird der große Traum *wirklich* wahr. Heute passiert Historisches. *Heute werden wir Deutscher Meister!* Und es ist alles, außer ein „normales" Spiel. Dafür hat es einiges zu bieten: Wirtz schafft nach einer traumhaften Kombination durchs Zentrum ein absolutes Traumtor aus knapp 25 Metern zum 3:0 (69.). In der 84. Minute bringt ein Kontertor von Wirtz das Stadion dann endgültig zum Überkochen: Fans stürmen bereits den Rasen und können nur mit Mühe nochmals zurück gen Tribüne beordert werden, damit das Spiel ordnungsgemäß zu Ende gebracht werden kann. Als dann in der 90. Minute erneut Wirtz seinen Hattrick perfekt macht und zum 5:0 trifft, gibt es für die Fans kein Halten mehr. Schiedsrichter Harm Osmers pfeift das Spiel im „vom-Platz-Gehen" ab: Leverkusen ist das erste Mal in der Historie der Bundes-liga Deutscher Fußballmeister!

Alle Spieler sind nach Wochen und Monaten der Konzentration nur „im Moment" und können die Glücksgefühle diesmal wirklich zulassen. Die besonderen Emo-tionen für alle Fans, alle Mitarbeitenden und alle Spieler sind auch für Außen-stehende greifbar.

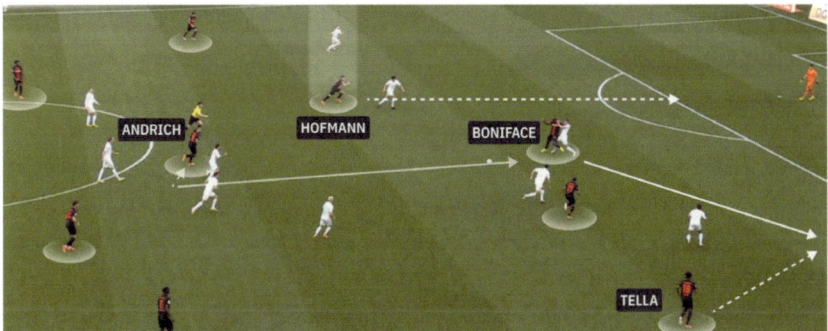

Andrich spielt einen tiefen Pass auf Boniface, der mit seinem Körper und seiner Position seinen direkten Gegenspieler bindet und den Ball festmachen kann. Die überspielten Spieler starten sofort nach in die Tiefe: Tella erhält den Ball von Boniface und kann in den Strafraum spielen, wo Hofmann im Zweikampf gelegt wird. Es folgt ein Strafstoß für Leverkusen nach Eingriff durch den VAR.

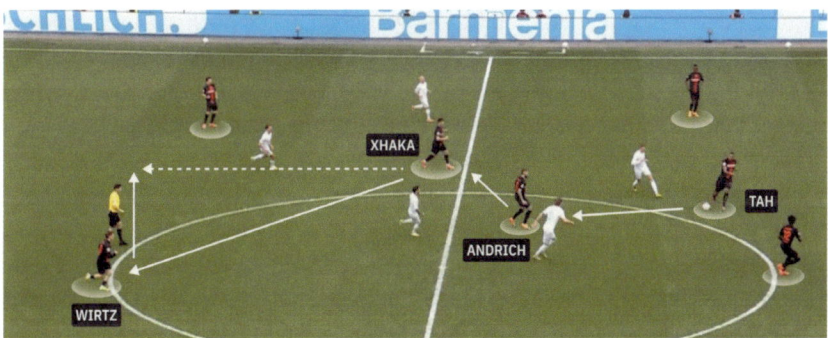

Leverkusen kombiniert auf engem Raum stufenartig („Treppe") durch die Mitte vorwärts: Tah spielt einen verdeckten Pass zu Andrich, der den Ball sofort zu Xhaka weiterleitet, der wiederum einen öffnenden diagonalen Pass zu Wirtz spielt. Dieser bemerkt, dass er Druck bekommt und kann den Ball als Doppelpass direkt wieder zu Xhaka spielen, der ihm nach seinem Pass direkt die nächste Lösung anbietet. Dieses Passmuster ist in Leverkusens Spiel immer wieder sichtbar.

Und auch im Moment des größten Erfolgs der Vereinsgeschichte und seiner noch jungen Karriere als Trainer denkt Xabi Alonso nicht an sich, sondern beschreibt diesen Moment auf der Pressekonferenz nach dem Spiel so: „Endlich zu sagen, dass Bayer Leverkusen Deutscher Meister ist, ist eine große Ehre für mich. Nicht nur diese Mannschaft, auch die Coaches und Sportdirektoren der Vergangenheit, haben gekämpft für diesen Titel. Daher ist es eine Konsequenz der Top-Arbeit der vergangenen Jahre. Christoph Daum, Klaus Toppmöller, Roger Schmidt – und viele mehr. Ich möchte den Erfolg teilen mit vielen Leuten in diesem Verein."[281]

Die Kultur, die Xabi Alonso bei Bayer geprägt hat, wird in diesen Momenten an vielen Stellen deutlich. Jonas Hofmann spricht anschließend im Interview bei DAZN auch über den eigenen Anspruch der Gruppe, sich nach „schlechten" Trainingseinheiten hinzusetzen, die Tür zuzumachen und die Köpfe heiß zu reden. Granit Xhaka hatte schon im Januar über die hohe Anspruchshaltung Alonsos gesagt: „Wir sehen das tagtäglich – er läuft fast mehr als wir im Training. Diesen Hunger, den er hat, dieses Gefühl, gewinnen zu wollen, gibt er uns. Und das probieren wir natürlich auch, ihm zurückzugeben."[282] Auch Torwart Lukáš Hrádecký betont die Qualität des eigenen Trainings: „Wir haben eine andere Trainingskultur, das kann man jeden Tag sehen. (...) Wie gesagt: Wir haben mit den Spielern, die im Sommer gekommen sind, ein anderes Trainingsniveau, das ist das Geheimnis. Das Kabinenleben ist eine gute Mischung aus Fordern und Spaß. Der gegenseitige Respekt in der Kabine, der war noch nie so hoch wie jetzt. Irgendwie haben wir alle ein Fingerspitzengefühl dafür bekommen, dass es um höhere Platzierungen geht und dass wir uns das verdienen müssen."[283] Im Training und der tagtäglichen Arbeit wurde sicher der Grundstein für das erfolgreiche Wirken gelegt. Der spanische Trainer Rubén de la Barrera (derzeit in Portugal tätig), der Alonso in Leverkusen besuchen durfte, schwärmte danach von der Besessenheit des Coaches „von der Arbeit von Raum und Zeit. Er weiß ganz genau, wie er seine Ziele erreichen kann". Er stellt heraus: „Wie er die verschiedenen Spielrhythmen beherrscht. Seine Trainingseinheiten sind unglaublich, immer mit maximaler Intensität, mit viel Inhalt und Bedeutung. Im selben Spiel sind sie in der Lage, alle Rhythmen zu beherrschen und sich ihnen anzupassen."[284]

Doch nicht nur das Training ist es, was den Spielern Orientierung gibt. Hrádecký stellt auch klar die Führungskompetenz Alonsos als wesentlichen Faktor in den Fokus, wenn er sagt: „Da macht er keinen Unterschied, ob das Granit Xhaka ist, Hrádecký, Frimpong oder einer der jungen Spieler. Wenn ihm etwas nicht gefällt, dann sagt er es. Dann kann er auch laut sein."[285]

281 Alonso zit. n. Kicker TV vom 14.04.2024.
282 Xhaka zit. n. Spox online vom 24.01.2024.
283 Hrádecký zit. n. SZ online vom 09.02.2024.
284 de la Barrera in Blaya 2023.
285 Hradecky zit. n. SZ online vom 09.02.2024.

Alejandro Grimaldo ergänzt: „Xabi ist sehr anspruchsvoll, aber mit Respekt. Wenn man im Training einen Fehlpass spielt, sagt er: ‚Komm schon, komm schon, den Fehler darfst du nicht machen'. Er stellt diese Anforderungen, aber gleichzeitig ermutigt er dich, wenn du es gut machst. (...) Das ist etwas, das dich motiviert, und ich liebe es. Ich habe Erfahrung und gehe entspannt damit um [korrigiert zu werden]. Es gefällt mir zu sehen, wie er auch die jüngeren Spieler ermutigt. Ich hätte gerne einen Trainer wie ihn gehabt, als ich 20 Jahre alt war." [286]

Kapitän Granit Xhaka betont, dass die vom Trainer eingeforderte Konsequenz auch mehr Verantwortung beeinhalte: „Er will, dass die Spieler Verantwortung übernehmen, er will, dass wir es ansprechen, wenn wir sehen, dass ein oder zwei Spieler im Training weniger leisten, um das Niveau so hoch zu halten, wie es im Moment ist. Wir sind in der Umkleidekabine. Wir sehen die Dinge. Er ist nicht die ganze Zeit da. Deshalb liegt es an uns, die Dinge zu klären." [287] Hierbei geht es jedoch nicht nur um die Verantwortung neben dem Platz. Auch auf dem Platz wird Mut groß geschrieben: „Mut kann unterschiedlich definiert werden. (...) [Es] spricht viel für Spieler, die bei schlechter Stimmung das Spiel in die Hand nehmen und versuchen, Verantwortung für die Mannschaft zu übernehmen." [288]

Dabei hilft auch die Teamzusammenstellung der aktuellen Saison, die von den Spielern immer wieder gelobt wird. Kapitän Xhaka: „Zum Glück haben wir große Persönlichkeiten, auch unter den jüngeren Spielern. Die Mentalität ist großartig. Die Jungs hören zu, sie wollen etwas lernen und es sofort auf dem Platz umsetzen." [289] Innenverteidiger Jonathan Tah, der bereits viele Jahre bei Bayer 04 erlebt hat, spricht ungewollt beinahe von den gleichen Attributen, die in San Sebastián groß geschrieben werden, wenn er erzählt: „Wir sind sehr eng miteinander, sehr familiär und haben eine gute Altersstruktur in der Mannschaft: Ein Teil ist sehr jung, ein Teil sehr erfahren mit vielen Spielen auf dem Buckel. Dieser Mix macht das Ganze besonders. Wir haben auch sehr viele unterschiedliche Nationalitäten in der Mannschaft, was ich richtig schön finde. Weil es einfach super funktioniert und harmoniert. Weil alle sich respektieren und am Ende ein gemeinsames Ziel verfolgen: erfolgreich zu sein. Das fühlt sich gerade gut an." [290]

286 Girmaldo zit. n. The athletic online vom 02.03.2024.
287 Xhaka zit. n. The athletic online vom 19.12.2023.
288 Alonso zit. n. The athletic online vom 02.04.2024.
289 Xhaka zit. n. The athletic online vom 19.12.2023.
290 Tah zit. n. Behnisch 2024.

Der Erfolg der Leverkusener ist also, wenig überraschend eine Mischung aus vielen Faktoren, die gut zusammenwirken und damit entscheidende Synergien entfalten. Ähnlich wie bereits im Abschnitt über das Spielmodell erläutert, beeinflusst das eine (die Führung) das andere (den Spielstil) innerhalb der Umsetzung der Spielidee. Wie Xabi Alonso bereits bei seiner Vorstellung sagte, kam es ihm zuerst auf die persönliche Verbindung zu den Spielern und dann erst auf den Inhalt an. Eine Arbeitsweise, die Früchte getragen hat, angetrieben von einer Ambition, die mit dem ersten Gewinn der Deutschen Meisterschaft in dieser Saison noch nicht gestillt sein sollte.

Überleben in London, 18.04.2024

Nach den Feierlichkeiten ob des historischen Triumphs in der Bundesliga, reist Bayer Leverkusen als neuer Deutscher Meister nach London. Und West Ham zeigt sich im Rückspiel von einer ganz anderen Seite: Druckvoll und mit viel Intensität versuchen die „Hammers" von Beginn an den Rückstand zu drehen. Dabei erwischt Verteidiger Kossounou einen rabenschwarzen Tag, holt sich eine frühe gelbe Karte und wird noch in der ersten Hälfte ausgewechselt. West Ham schafft es immer wieder, für Hektik zu sorgen: So fällt nicht nur nach 13 Minuten bereits der 1:0-Führungstreffer der Engländer; in der 30. Minute bekommt sogar ein Leverkusener Co-Trainer nach einem Wortgefecht mit der Bank der Engländer die rote Karte. Die Werkself findet nur schwer ins Spiel und rettet sich mit dem 0:1-Rückstand in die Kabine.

In der Pause werden Frimpong und Boniface eingewechselt und fortan erhält die Partie ein anderes, ausgeglicheneres Gesicht. Leverkusen schafft es besser und mit mehr Ruhe, Überzahl in Ballnähe zu schaffen und die nächsten Passoptionen kontrolliert zu finden und übernimmt fortan die Spielkontrolle.

Es bleibt ein enges Spiel, auch wenn Leverkusen nun klar in der Partie ist und nicht mehr, wie noch in der ersten Hälfte, um das Weiterkommen zittern muss. Verschiedene Konterchancen werden zunächst vergeben, als es schließlich Frimpong ist, der in der 89. Minute zum nicht unverdienten Ausgleich trifft. Das Tor des Niederländers ist bereits das 27. Tor in den letzten zehn Spielminuten – 13 Tore davon erzielte die Werkself in der Nachspielzeit – eine besonders beeindruckende Statistik, die auch die Siegermentalität dieser Mannschaft unterstreicht. „Wir wussten, was auf uns zukommen würde, aber wir konnten damit nicht gut umgehen", analysierte Xabi Alonso im Anschluss die Partie, „wir haben leichte Ballverluste gehabt. Wir hatten Glück, nicht das zweite Tor zu kassieren. (…) Das war das Beste an der ersten Hälfte. Es war eine gute Lehrstunde für uns."

Auch die Entscheidung, schon vor der Halbzeit zu wechseln, habe er sich nicht leicht gemacht: „Natürlich war es keine einfache Entscheidung. Aber Odi hatte Gelb, wir hatten einige Probleme. Manchmal musst du handeln. (...) Es ist auch nicht die schönste Lösung, aber ich habe mit ihm geredet. Ich glaube, dass er es verstanden hat. Es ging um das Wohl der Mannschaft. Ein schlechter Tag kann jedem mal passieren."[291]

Einmal mehr zeigt sich die Qualität des Kaders und der positive Einfluss, den die Einwechselspieler sofort auf das Spiel nehmen können: „Dadurch, dass Jerry [Frimpong] und Grimaldo höher standen, haben wir mehr Raum im Mittelfeld geschaffen und dort auch das Spiel besser entwickelt. Da hatten wir vorher gefühlt keinen Ballkontakt", so Geschäftsführer Simon Rolfes über den gelungenen Schachzug.[292] Wie bereits im Vorjahr qualifiziert sich Bayer Leverkusen erneut für das Halbfinale der Europa League. Dort wartet – wie im Vorjahr – der AS Rom. Doch auch in der Bundesliga ist die Werkself weiterhin gefordert...

Unbesiegbar, 21.04.2024 – 27.04.2024

Als neuer Deutscher Meister geht die Werkself in das Duell mit Borussia Dortmund, die bereits im Hinspiel durch eine sehr pragmatisch funktionale Spielweise die Leverkusener vor Probleme gestellt hatten. Der neue Deutsche Meister startet wie immer in dieser Saison mit Initiative und dem Anspruch, das Spiel durch Ballbesitz aktiv zu gestalten. Gegen die solide Defensive des BVB schafft die Werkself zwar eine Feldüberlegenheit, weniger jedoch zahlreiche klare und zwingende Torchancen. Hinsichtlich der Personalauswahl von Xabi Alonso lassen sich insbesondere die veränderten Rollen von Grimaldo (bereits in vorherigen Spielen im Zentrum aufgetaucht) als auch von Stanišić hervorheben. Insbesondere Stanišić lässt aufgrund seiner Charakteristiken und Fähigkeiten als Spieler mehrere Optionen in seiner Spielweise zu und kann mit seinen verschiedenen Interpretationsmöglichkeiten den Gegner in eine Dysbalance bringen. Einerseits könnte er als typischer Außenverteidiger agieren und Frimpong erlauben, als Stürmer ins Zentrum zu rücken. Andererseits kann er – sofern es die Situation notwendig macht – als rechter, innerer Spieler in der Dreierkette agieren (was er im gegnerischen Ballbesitz tatsächlich auch tut). Und er kann auch mit seinem Profil nach innen gehen und den rechten 8er-Raum besetzen. Überflüssig zu erwähnen, dass all diese Optionen auch existieren, um im jeweiligen Raum Überzahl zu schaffen. All dies sorgt für zusätzliche Fluidität im System von Xabi Alonso und bringt das Team auf eine neue Qualitätsebene.

---

291 Alonso zit. n. Kicker online vom 19.04.2024.
292 Rolfes zit. n. Kicker online vom 19.04.2024.

Leverkusen mit der nächsten Entwicklungsstufe hinsichtlich der funktionalen Rollen und Kombinationen ihrer Spieler: Im Spiel gegen den BVB verzichtet die Werkself auf einen Stürmer und spielt stattdessen mit Frimpong, Hofmann und Tella in der höchsten Ebene. Dabei agieren Frimpong und Tella insbesondere in der Breite und sorgen für freien Raum im Zentrum, den die „theoretischen" Außenspieler Grimaldo und Stanišić als neue 8er einnehmen. In dieser Situation hat sich Andrich zurückfallen lassen, um mit Tah und Tapsoba die Dreierkette zu bilden. Hincapié übernimmt die Rolle als Außenverteidiger (weshalb Tella die Chance hat, links einzurücken) und Frimpong ist rechts für die Breite zuständig. Der Vorteil dieser Positionierung liegt auch darin, dass Grimaldo und Stanišić von Außen zur Mitte kommend selten von ihren Gegnern aufgenommen werden bzw. erst sehr spät (in der Regel mit Ballerhalt) durch diese wahrgenommen werden.

Die Werkself verschafft sich zwar Feldüberlegenheit – die eine, klare Torchance hat jedoch der BVB. Hrádecký rettet zum Ende der ersten Hälfte und zu Beginn der zweiten Halbzeit jeweils die „0" für seine Mannschaft.

Auch in der zweiten Hälfte bleibt es ein chancenarmes Spiel mit leichter Feldüberlegenheit für Leverkusen. Dennoch ist es erneut der BVB, der für mehr Klarheit sorgt: Nach einem langen Einwurf und folgender Flanke ist Füllkrug am Fünfmeter-Raum frei: Der Nationalstürmer hat keine Mühe den Ball volley ins Netz zu verwerten (81.). Als dann Leverkusen zwar bemüht ist, jedoch nicht zu klaren Torchancen kommt und die Nachspielzeit beginnt, da fangen selbst die größten Optimisten an, daran zu glauben, dass heute möglicherweise der Tag gekommen sei, an dem die Werkself das erste Mal seit einer Ewigkeit verliert. Doch das sieht Bayer 04 anders: Mit der letzten Aktion in der 97. Minute, einer Ecke von der linken Seite durch Wirtz, steigt Stanišić vor dem ersten Pfosten am höchsten – und verlängert den Ball zum 1:1-Ausgleich ins Netz. Es bleibt dabei – auch als Deutscher Meister ist Leverkusen nicht zu schlagen.

Das nächste Spitzenspiel hat es gleichermaßen in sich: Mit dem VfB Stuttgart ist die Mannschaft in der BayArena zu Gast, die eine ähnlich überragende Saison wie die Leverkusener spielt und nach dem Pokalspiel nun den dritten Anlauf in dieser Saison unternimmt, der Werkself die erste Saisonniederlage hinzuzufügen. Bis zu diesem Zeitpunkt hat der neue Deutsche Meister nur 20 Gegentore kassiert und bereits ganze 15x zu Null gespielt. Die Passsicherheit der Mannschaft drückt sich zu jenem Zeitpunkt auch in einer Passquote von 93 % aus. Der VfB startet wie erwartet mutig in die Partie mit dem Ziel, das eigene Spiel durchzusetzen. So sind es auch die Stuttgarter, die zur ersten Torchance der Partie kommen. Bei den Leverkusenern ist das Fehlen von Xhaka zu bemerken (Gelbsperre). Das intensive, enge Topspiel ist zwar arm an Torchancen, jedoch trotz entschiedener Meisterschaft sehr reich an Spannung. Mit 0:0 geht es in die Pause.

Kaum beginnt die zweite Hälfte, schon steht es 0:1: Nach einem schönen langen Ball auf die linke Abwehrseite Leverkusens kommt der VfB frei zum Abschluss. Der erste Schuss geht an den Pfosten – der Abpraller landet jedoch vor den Füßen des nachgelaufenen Führich – und der Jungnationalspieler trifft (abermals gegen Leverkusen) zur Stuttgarter Führung.

Leverkusen versucht sich durch Ballbesitz und Spielkontrolle zu befreien; es sind jedoch erneut die Stuttgarter, die zuschlagen: Undav trifft zum 2:0 in der 57. Minute. Bis dato fehlt die maximale Schärfe im Leverkusener Spiel, die Beharrlichkeit, kurz: Alles das, was in der Vergangenheit dafür gesorgt hatte, nahezu jeden Gegner an die Wand spielen zu können.

Beinahe aus dem Nichts schafft Adli den 1:2-Anschlusstreffer: Nachdem Hincapié links außen dribbelt und den Ball zurück an die 16er-Kante zu Grimaldo legt, findet dieser Adli, der sich den Ball einmal vorlegt und dann ins rechte kleine Netz versenkt. Fortan sehen die Zuschauer ein rasantes Spiel, in dem Stuttgarts Torwart Nübel über sich hinauswächst. Doch auch die Stuttgarter bleiben aktiv und suchen mit dem dritten Tor nach der Entscheidung. So entwickelt sich ein packender Schlagabtausch, der weniger etwas von der von Xabi Alonso geforderten „Kontrolle" hat, dafür aber beste Werbung für die Bundesliga ist. Und auch diese Partie hebt sich ihren unglaublichsten Moment für die letzte Aktion auf: Die Nachspielzeit von fünf Minuten ist eigentlich schon abgelaufen, da gibt es nochmals Freistoß für die Werkself unweit der linken 16er-Kante. Wirtz steht am Ball und schlägt diesen in den Strafraum. Der Ball wird abgewehrt – jedoch zu kurz und Andrich ist da und trifft zum 2:2. Eine unfassbare letzte Aktion dieses Spiels!

Überhaupt Robert Andrich: Ein Synonym für die Entwicklung von Bayer Leverkusen unter Xabi Alonso und ein Phänomen für viele. Im Jahr 2018 war der heutige Nationalspieler und EM-Fahrer erst in die zweite Liga gewechselt. Ein Spieler, der bedeutend von seinem Trainer profitiert hat und dies an seiner Entwicklung zeigt, gleichzeitig jedoch auch über außerordentliche Fähigkeiten verfügt, wenn es darum geht, sich an das nächste, höhere Niveau anzupassen. Sein ehemaliger Trainer Rüdiger Rehm, der Andrich bei Wehen Wiesbaden trainiert hat, erinnert sich im kicker: „Es gab für ihn keine wirkliche Grenze, weil er schon damals viele wichtige Fähigkeiten hatte. Aber er hat natürlich unheimlich viel an sich gearbeitet. Wenn ein Spieler mit 22, 23 noch in der 3. Liga spielt, dann kann man davon ausgehen, dass er nicht unbedingt Nationalspieler wird. (...) Niemand, der damals in Wiesbaden dabei war, wird gesagt haben, dass Rob bei der EM 2024 gute Chancen haben würde, Stammspieler zu sein." Alles sei hart erarbeitet mit Fleiß und seiner Anpassungsfähigkeit. Dabei hat sich für Rehm nicht viel verändert: „Ich sehe ihn eigentlich genauso spielen wie damals, allerdings spielt er sein Spiel jetzt auf einem absoluten Top-Niveau. [Er ist] zweikampfstark, immer anspielbar, technisch gut, er coacht auf dem Platz, bleibt positiv."[293] Und besitzt in dieser Saison mit insgesamt sechs Toren in der Bundesliga sogar eine beeindruckende Treffsicherheit.

Geglückte Revanche, 02.05.2024 – 05.05.2024 – 09.05.2024

Im Halbfinale der Europa League kommt es für die Leverkusener zum Wiedersehen mit dem Gegner aus dem Vorjahr: Beim AS Rom hat sich zwar Trainer José Mourinho verabschiedet, wesentlich schwächer geworden ist die Mannschaft allerdings nicht. Es ist der maximale Stresstest für Leverkusen im stimmungsvollen Olympiastadion von Rom.

Xabi Alonso hat in der Grundstruktur erneut ein 1-3-4-3 gewählt, allerdings mit etwas defensiveren Spielerpersönlichkeiten als zuletzt. Außerdem agiert die Werkself ohne Stürmer, dafür vorne mit sehr fluiden Spielern, die immer wieder in Räume hineinstoßen und variabel in diesen und der tiefsten Ebene „auftauchen" können. Insbesondere Frimpong erscheint immer wieder in der Box.

Die Werkself schafft es, konzentriert zu verteidigen, auch wenn Weltklasse-Stürmer Romelu Lukaku nie über die gesamte Spielzeit abzumelden ist, wie sein Lattentreffer in der 21. Minute beweist. Dennoch ist die Werkself fest entschlossen, nicht erneut gegen die Roma auszuscheiden – und bleibt in allen Aktion mit maximaler Schärfe. So erzielt Wirtz auch das 1:0: Grimaldo jagt einem zu kurz

---

293   Rehm zit. n. Kicker online vom 01.04.2024.

geratenen Rückpass hinterher und findet den nachgestarteten Wirtz im 16er. Dieser trifft zur Führung (28.). Insgesamt ist es ein sehr reifer Auftritt von Leverkusen, die kampfbetont, eklig und abgezockt spielen – alles Attribute, die in der vergangenen Saison noch für den Gegner galten.

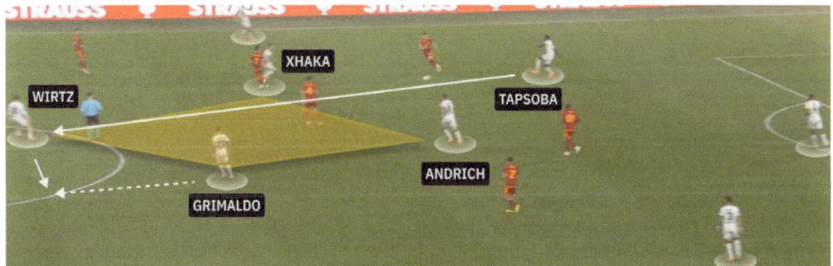

Das mobile Quadrat im Zentrum: Grimaldo interpretiert seine Position einmal mehr weiter innen und stellt immer wieder gemeinsam mit Xhaka, Andrich und Wirtz ein Quadrat (oder in diesem Fall: eine Raute) her, um mehr Anspielstationen im Zentrum und insbesondere im Rücken des Gegners herzustellen. Tapsoba überspielt mit seinem Pass sechs Gegner. Wirtz legt den Ball auf Grimaldo, der sofort mit seinem Weg dafür sorgt, die Dynamik der Spielsituation aufrechtzuerhalten.

Ein individueller Blick auf das Duell Lukaku gegen Tah: Der Rom-Stürmer ist grundsätzlich schwierig zu verteidigen, da er einerseits über einen extrem robusten Körper verfügt, mit dem er den Ball schützen kann und andererseits auch sehr antritts- und sprintstark ist. Tah antizipiert nun den Pass in die Tiefe. Kurz bevor der Pass erfolgt, gibt er Lukaku einen kurzen Stoß, sodass dieser nicht getimt und rechtzeitig in die Tiefe laufen kann. Dies geschieht zu einem Moment, indem die Aufmerksamkeit aller Schiedsrichter und aller Spieler beim Ball liegt. Diese an der Regelgrenze liegende Aktion ist zwar nur ein Detail, allerdings verschafft sie Tah einen entscheidenden Vorteil, um in der Folge den Pass in die Tiefe abzufangen.

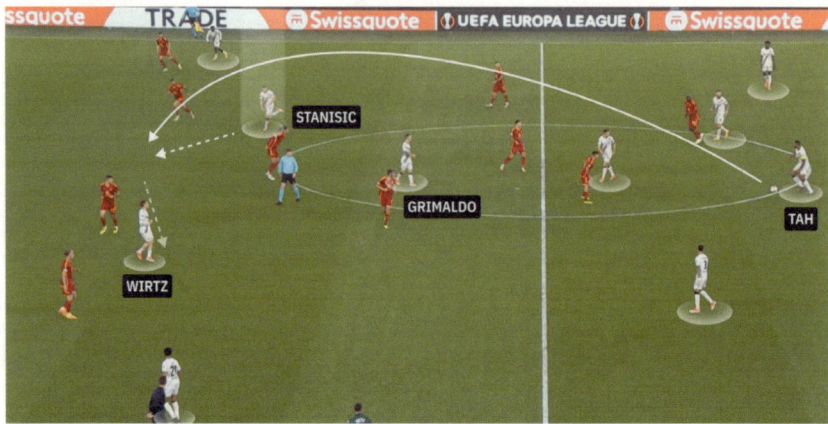

Leverkusen spielt ohne klaren Stürmer – jedoch nicht nur mit einer „falschen" 9, sondern mit immer wieder wechselweise in die Sturmspitze vorstoßenden Spielern. Hier macht Stanišić, analog zum Spiel in Dortmund, den Weg in die Spitze in den Raum, der von Wirtz als tiefstem Spieler freigezogen wurde. Tah findet seinen nominellen Halbverteidiger mit einem tiefen Pass in die Spitze. Zusätzlich sieht man, dass Grimaldo in Ballbesitz nahezu permanent ins Zentrum pendelt, um dort Überzahl zu schaffen.

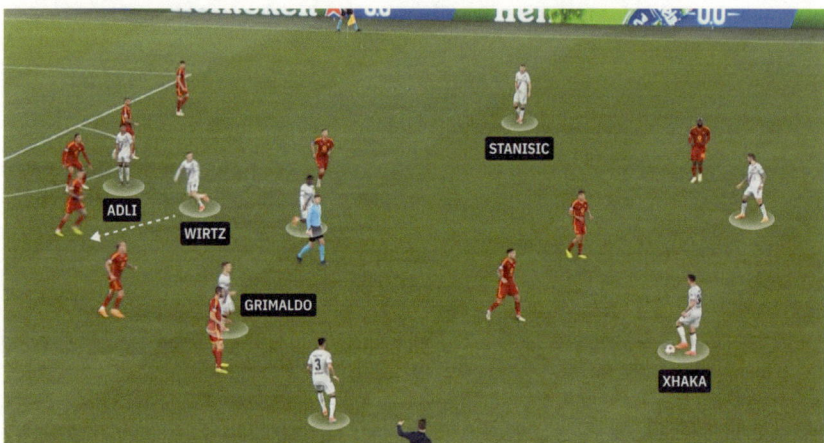

Die Werkself mit einem Positionsspiel maximaler Fluidität. Die Spieler organisieren sich anhand des Balles auf verschiedenen Ebenen mit dem Ziel, Passoptionen in allen Ebenen zu bieten. Dabei spielt die ursprüngliche „Position" der Spieler als solche kaum mehr eine Rolle, wie die Namen verraten; nahezu jeder Spieler ist in einem anderen Raum, den er durch seine Fähigkeiten bereichern kann oder aber, um mit anderen nahen Spielern in Interaktion etwas Zielführendes gemeinsam zu schaffen.

Adli schaut sich im Anlaufen um und kontrolliert im Pressing zwei Gegenspieler, auf die er Zugriff hat. Im Anlaufen von Leverkusen geht es immer wieder darum, Optionen zu rauben und Gegner aus dem Spiel zu nehmen und, wenn möglich, mit weniger eigenen Spielern mehr gegnerische Spieler zu kontrollieren.

In der zweiten Halbzeit bleibt Leverkusen aktiv, auch wenn das Spielglück der Werkself gewogen bleibt: Die Roma vergibt mehrere hochkarätige Torchancen, um zumindest den Abstand zu verkürzen (wie Abraham, der in der Nachspielzeit über das leere Tor köpft). Stattdessen sind die Leverkusener im maximalen Flow, in dem beinahe alles gelingt und Robert Andrich per Traumtor in der 73. Minute das hochverdiente 2:0 erzielen kann. Es ist eine Top-Ausgangslage für das Rückspiel in Leverkusen.

Leverkusen presst hoch, ohne allerdings durchzulaufen. Grimaldo stellt seinen Gegenspieler und verlangsamt ihn, was seinen Mitspielern ermöglicht, die folgende Aktion bzw. den nächsten Pass zu antizipieren, zu verteidigen und den Ball zu erobern. Zusätzlich gibt Wirtz Druck von oben und sorgt für Gegner-Raum- und Zeitdruck beim Ballbesitzer.

Die Einleitung des (entscheidenden) 2:0 für Leverkusen: Xhaka in Ballbesitz im Mittelfeld kommt in die Dynamik, nachdem Leverkusen zuvor über Passspiel, Überzahl in Ballnähe und einen „Achsenwechsel" von Xhaka die erste Verteidigungslinie von Rom überspielt hat. Adli macht einen tiefen Laufweg und öffnet den Raum für Grimaldo, der mit seinem Laufweg ebenfalls die Tiefe attackiert. Aus der Folge entsteht das entscheidende 2:0 durch Robert Andrich per sehenswertem Fernschuss.

Im nächsten Bundesliga-Spiel gegen Eintracht Frankfurt muss es ohne Xabi gehen. Der sonst so kontrollierte Alonso fehlt gelb-gesperrt und verfolgt das Spiel von der Tribüne. Co-Trainer Sebastian Parilla coacht die Mannschaft von der Seitenlinie, die trotz vieler Wechsel in der Startformation (u. a. ohne Tah, Grimaldo und Wirtz) typischen Leverkusen-Fußball spielt.

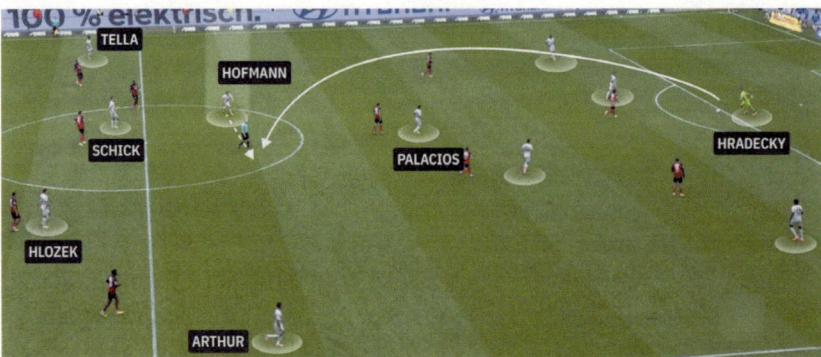

Die Abwehrreihe von Frankfurt wird durch vier Leverkusener (Tella, Schick, Hložek, Arthur) gebunden und zieht den Mannschaftsverbund der Frankfurter auseinander. Hofmann lässt sich in den entstehenden Zwischenraum fallen und wird von Hrádecký mit einem hohen Zuspiel gefunden. Hofmann kann den Ball auf Palacios prallen lassen, der das Spiel direkt nach vorne fortsetzen kann. Aus dem folgenden Tempowechsel entsteht der Strafstoß zum 3:1 für die Werkself.

Das Trainerteam hat ein 1-3-4-3 bzw. 1-3-4-1-2 mit Hloiek und Schick als Stürmer gewählt, was jedoch sehr fließend bzw. hybrid organisiert ist, da Tella eher Außenstürmer spielt als Außenverteidiger. Kossounou spielt jedoch eher halbrechter Innenverteidiger statt Außenverteidiger weshalb Hofmann die Rolle defensiv einnimmt, aber offensiv eher als 8er „zwischen den Linien" zu finden ist. Tella und Hofmann agieren dahingehend sehr funktional in der Aufteilung der Rollen und entscheiden häufig in Abhängigkeit der kürzesten Distanz, wer welche Rolle einnimmt, auch wenn Tella häufiger in diese Situation kommt, um seinen Dynamik-Vorteil gegenüber den Gegnern auch in der defensiven Spielphase auszuspielen. Darüber hinaus herrscht extrem viel Mobilität, was Leverkusen jedoch nicht in seinem Kombinationsfluss stört.

Mit der ersten richtigen Torchance trifft Xhaka in der 12. Minute zum 1:0 mit einem gekonnten, wuchtigen Fernschuss (113 km/h) aus knapp 22 Metern. Leverkusen spielt weiter druckvoll und kreiert mehrere Chancen. Wer trifft, sind aber die Frankfurter, die eine kurz gespielte Ecke nutzen, um Ekitiké perfekt getimt einzusetzen, der per Kopf zum Ausgleich trifft (32.). Die folgende Druckphase der Frankfurter federt Leverkusen konzentriert verteidigend ab, auch wenn Frankfurt in dieser Phase tatsächlich zu einer hochkarätigen Gelegenheit kommt. Gerade als die fast permanente Ballbesitzphase der Frankfurter etwas zum Erliegen kommt, schlägt die Werkself erneut zu: Xhaka flankt den Ball in den Strafraum. Nach kurzer Klärung setzt Hloiek nach und ermöglicht Hofmann die Flanke zur Mitte, die Schick zur erneuten Führung verwertet (44.).

Die Eintracht kommt mit frischem Wind aus der Kabine und drückt auf den Ausgleich, doch es bleibt ein Spiel, in dem sich Leverkusen auch in den Spielmomenten ohne eigenen Ballbesitz wohlfühlt und geduldig und konzentriert bleibt, um dann in den „richtigen" Momenten maximal effektiv zuzuschlagen.

In der 58. Minute trifft Palacios per Strafstoß (nach Foul an Tella) zum 3:1. Frankfurt gibt sich nicht geschlagen, doch Leverkusen verteidigt konsequent bis zum Ende und bleibt selbst effektiv: Ein Konter aus dem Bilderbuch bringt das 4:1 (Frimpong, 77.); der eingewechselte Boniface trifft erneut per Elfmeter (nach Foul an Frimpong) zum 5:1-Endstand (89.). Der Sieg wird standesgemäß mit „Interimscoach" Parilla gefeiert, der von den Spielern eine Wasserdusche erhält.

Zu seinem Staff hat Alonso eine enge Bindung, insbesondere zu Sebastián Parilla. „Er ist ein Genie, eine sehr wichtige Figur für Xabi", erinnert sich Unai Veiga, ein Jugendspieler von Real Sociedad.[294] Nach einer beachtlichen Spielerkarriere

---

294 Relevo online vom 14.04.2024.

und vielen Erfahrungen im Jugendbereich von Real Madrid, wo er nahezu alle Kategorien trainierte, wurde er Co-Trainer der U14 von Xabi Alonso bei Madrid.[295] Seitdem herrscht eine enge Bindung und ein großes Vertrauensverhältnis. Parrilla beeinflusst stark die Taktik und den defensiven Aspekt. Ehemalige Spieler von *Sanse* erinnern sich noch gut an Parilla: „Er hat mir viel über die Defensive beigebracht, denn Xabi hat sich mehr auf die Offensive und die Struktur konzentriert."[296] Auch die aktuellen Spieler sind voll des Lobes. So erklärt Exequiel Palacios: „Mit ‚Sebas' habe ich natürlich einen engen Kontakt, wir sprechen immer über die argentinische Liga ... auf ihn trifft zu, was man über alle Mitarbeiter aus dem Stab sagen kann: Alle sind geradeaus. Sie sagen einem alles ins Gesicht. Ich mag es, wenn die Dinge klar sind, transparent. Und sie sind richtig gute Menschen."[297] Parilla ist bei weitem nicht der einzige Unterstützer innerhalb eines großartigen Trainerteams, weiterhin bestehend aus Alberto Encinas (Co-Trainer), Ismael Camenforte (Athletiktrainer; beide mit Erfahrung beim FC Barcelona), Markus Müller (Athletiktrainer), Jonas Rath (Athletiktrainer), Daniel Jouvin (Athletiktrainer), David Thiel (TW-Trainer), Marcel Daum (Co-Trainer Analyse), Simon Lackmann (Analyst) und Dr. Malte Krüger (Leiter Sportwissenschaft und Athletik).[298] Sie alle tragen dazu bei, dass die Spiele optimal laufen, unabhängig davon, ob Alonso selbst auf der Bank sitzt oder nicht.

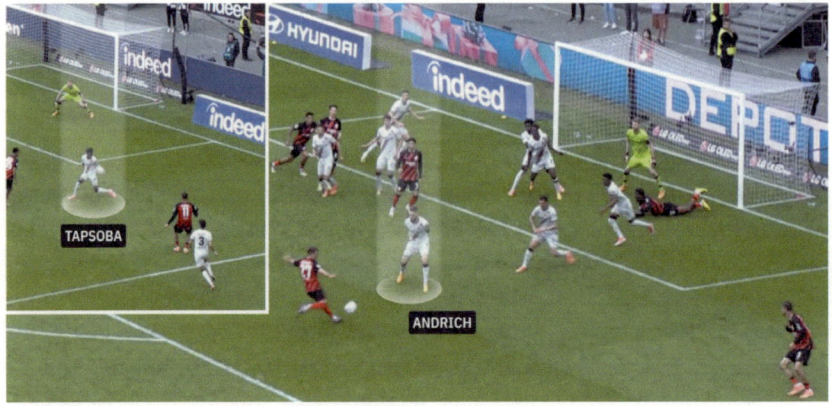

295   Ebd.
296   Ebd.
297   Palacios zit. n. SZ online vom 15.04.2024.
298   bayer04.de / trainerstaff

Bild links unten: Defensivdetail in der Boxverteidigung von Leverkusen: Im Nachgang zu einer Ecke verkürzt Andrich den Abstand zum Ball, macht seinen Körper (und damit seine potenzielle Trefferfläche zum Blocken) maximal groß und hat dabei die Arme auf dem Rücken, um potenziellen Handspielen innerhalb des 16ers vorzubeugen.

Alle anderen Spieler mit der Intention, so viel „Körper" wie möglich zwischen Ball und Tor zu bringen, um die Wahrscheinlichkeit des Blockens zu erhöhen. Gleiches wie bei Andrich gilt auch bei Tapsoba (kleineres Bild), der seinen Körper maximal groß hält und dann sogar seinen Körper in Richtung Ball bewegen kann, um den Ball abzufälschen, da die Gefahr des Handspiels durch die Hände auf dem Rücken gebannt ist.

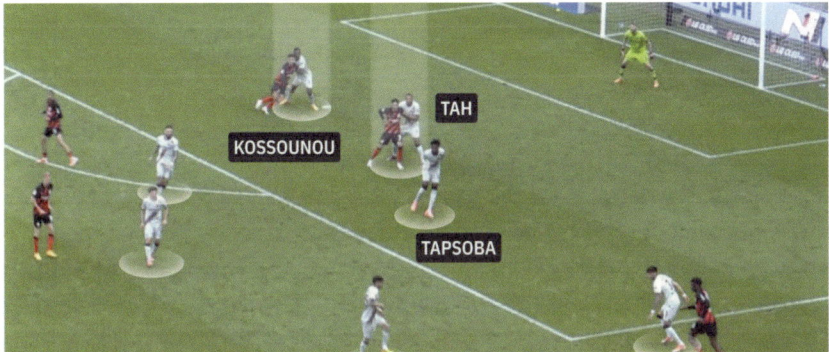

Boxverteidigung von Leverkusen: Im Moment von Götzes Flanke haben sowohl Tah als auch Kossounou maximalen Zugriff auf ihre direkten Gegenspieler, die keine Chance haben, getimt in Richtung Ball zu gehen, sondern komplett weggeblockt werden.

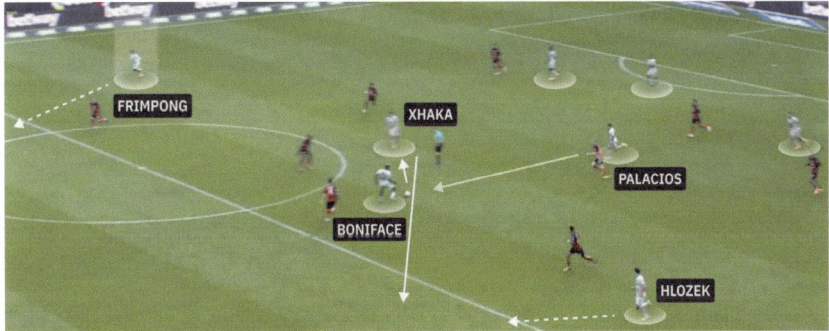

Leverkusens Bilderbuch-Konter zum 4:1 durch Frimpong: Tapsoba spielt aus dem Druck heraus zu Palacios, der Boniface in der Tiefe findet („finde den tiefsten Spieler"). Dieser lässt prallen auf Xhaka, der sofort Hložek in die Tiefe schickt (Steil-Klatsch-Tief). Den anschließenden Querball verwertet Frimpong.

Ins Rückspiel zu Hause gegen die AS Rom geht die Werkself mit einem komfortablen 2:0-Vorsprung aus dem Hinspiel. Alonso muss dabei zunächst auf den angeschlagenen Wirtz verzichten, weshalb in der vorderen Dreierreihe Adli, Hložek und Hofmann beginnen. Leverkusen startet konzentriert, wach und keineswegs in dem Verständnis, dass diese Partie bereits entschieden sei. Obwohl die Roma aktiver auftritt als noch im Hinspiel und versucht, mehr Offensiv-Wucht zu entwickeln, bleibt Leverkusen im typischen „Bayer-Stil" und attackiert konsequent durch Ballbesitz und Dynamik das gegnerische Tor, auch wenn insbesondere Hložek an diesem Abend glücklos bleiben wird. Nachdem Roms Außenverteidiger Zalewski eine gelbe Karte erhält, stürzt sich Frimpong umso mehr in jedes offensive 1v1-Duell mit ihm; ein Beleg für den insgesamt höheren Reifegrad der Mannschaft gegenüber dem Vorjahr, solche Situationen sofort auszunutzen. Die Roma versucht ihre Angriffsbemühungen zu intensivieren und kommt in der 41. Spielminute beinahe aus dem Nichts zu einem Strafstoß, den Paredes zum 1:0 verwandelt (43.). Kuriosum des Abends: Neben der Tatsache, dass noch ein zweiter Strafstoß folgen sollte, hatte die Werkself in der ganzen Saison zuvor lediglich einen einzigen Strafstoß gegen sich kassiert: Beim 5:1-Sieg gegen Qarabag, ebenfalls in der Europa League. Diese Statistik spricht dafür, wie herausragend gut die Leverkusener in dieser Saison verteidigt haben und wie sauber ihr Einsteigen in den entsprechenden Verteidigungssituationen war. Ausgerechnet in diesem Halbfinalrückspiel jedoch, sollte sich die Anzahl der bisher kassierten Strafstöße verdoppeln. Bis zu diesem Zeitpunkt im Spiel führt Leverkusen bereits mit 17:4 Torschüssen.

Ein schönes Beispiel für das Konzept, Gegenspieler zu „umringen" (,rodear'): Dabei sorgt Adli dafür, dass sein Gegenspieler ihm folgt, während Hložek sich in die gleiche Achse begibt und Adlis Gegner im Rücken folgt. Für einen kurzen Moment kontrolliert dieser beide Leverkusener, bis sich allerdings beide dafür entscheiden, in eine Freilaufbewegung zu gehen. Spätestens zu diesem Zeitpunkt muss sich der Verteidiger entscheiden, wem er folgt, weshalb – aufgrund der Positionierung 2 auf 1 (zwei Leverkusener bei einem Römer) automatisch ein Leverkusener frei wird. Xhaka erkennt herausragend gut den freien Raum und die Intention von Hložek und findet diesen mit einem Pass in die Tiefe.

In der zweiten Halbzeit läuft es ähnlich weiter: Leverkusen kontrolliert das Spiel und attackiert das Tor der Römer. Ein Tor fällt jedoch für die Gäste, dieses Mal nach Eingriff des VAR, der bei Hložek im eigenen Strafraum ein Handspiel festgestellt hat. Paredes trifft mit dem zweiten Elfmeter im Spiel (und dem dritten insgesamt in dieser Saison gegen Leverkusen) zum 2:0 und gleicht das Gesamtresultat damit aus. Doch die Werkself hat in dieser Saison bereits viele Situationen wie diese erlebt und dreht das Spiel auf herausragende Weise erneut: In der 82. Minute trifft Mancini nach einer Leverkusener Ecke ins eigene Netz (bereits Treffer 31 nach der 80. Minute in dieser Saison) und in der Nachspielzeit zeigt Leverkusen einmal mehr die eigene Unbesiegbarkeit: In der allerletzten Minute (90.+7) gelingt Stanišić durch eine beherzte Aktion über rechts sogar noch der Ausgleich. Leverkusen jubelt über den Finaleinzug in der Europa League. Xabi Alonso ist zufrieden nach dem Spiel: „Wir wollten mit mehr Mobilität und keinen klaren Positionen spielen. Es war eine sehr erwachsene Leistung. Unsere Konter sind sehr gut gelaufen mit unseren Angriffsspielern."[299]

---

299 Alonso zit. n. Kicker online vom 03.05.2024.

Bis zum Schluss, 12.05.2024 – 18.05.2024

Die letzten zwei Bundesliga-Spiele verkommen trotz entschiedener Meisterschaft nicht zum Schaulaufen für die Werkself. Zu groß ist die Chance, eine bereits historische Saison mit einem möglichen Triple aus Europa League und DFB-Pokal zu vergolden. Mit Historie hat auch der nächste Gegner aus Bochum zu tun, war es doch der VfL vor einem knappen Jahr, gegen den man die letzte Pflichtspiel-Niederlage (und die letzte rote Karte in der Bundesliga gegen sich) hinnehmen musste. Leverkusen wählt für dieses Spiel eine besondere Herangehensweise: Alonso schickt zwar das gewohnte 1-3-4-3 ins Rennen, allerdings mit einer grundsätzlichen Asymmetrie: Schick und Boniface beginnen gemeinsam, Tella kommt bevorzugt über rechts und taucht immer wieder mit dynamischen Aktionen in verschiedenen Räumen auf. Daher spielt Leverkusen mit zwei Mittelstürmern und einem Rechtsaußen, während der Raum auf der linken Seite offen bleibt.

Die Interpretation auf dem Platz ist dann auch sehr beweglich: Die beiden Mittelstürmer sind aktiv im Mitspielen; Schick lässt sich öfter nach rechts fallen, während Boniface eher für das kurze Anspiel ins Mittelfeld kommt. All dies sorgt für Tiefe bzw. für Raum, den Tella versucht durch tiefe Sprints zu nutzen. Dabei beschränkt er sich nicht nur auf die rechte Seite, sondern taucht auch immer wieder in der Mitte oder sogar auf der linken Seite auf, was in der 15. Minute zur roten Karte des Bochumer Außenverteidigers Passlack führt (Notbremse). In der Folge kippt die gesamte Dynamik des Spiels auf die Seite der Leverkusener, während die Bemühungen der mutigen Bochumer in sich zusammenstürzen, die eigentlich gut ins Spiel gefunden hatten mit der Absicht, den drohenden Abstieg zu verhindern.

In Ballbesitz nimmt Stanišić die Rolle von rechts kommend ein, die Grimaldo in dieser Saison schon häufig von links innehatte: Er positioniert sich immer wieder zentral und ist beinahe ein rechter 8er, der dann aus dem Zentrum heraus durch in die Tiefe läuft. Diese Bewegung wird insbesondere im Angriffsdrittel nur selten aufgenommen.

Es dauert bis zur 41. Minute, bis die Bochumer Bastion fällt: Schick trifft per Volley nach einer schönen Arthur-Flanke zum 1:0. Kurz danach erhöht Boniface per Strafstoß (nach Foul an Tella) zum 2:0. Gegen zehn Bochumer hat der Deutsche Meister keine Mühe, das Spiel zu kontrollieren und phasenweise dem Gegner Spielanteile zuzugestehen, ohne selbst Gefahr zu laufen, Torchancen gegen sich zu fangen. Stattdessen kreieren die Leverkusener variantenreich Torchancen und kommen nach einer Ecke durch Adli (76.) zum 3:0. In der Folge zerfällt Bochum beinahe und kassiert noch das 4:0 (Stanišić, 86.) und 5:0 (Grimaldo, 90.+3).

Und dann kommt endlich der 34. Spieltag, der Tag, nach dem sich spätestens im Nachgang des Sieges gegen Werder Bremen alle gesehnt hatten: Das letzte Heimspiel in der Saison gegen den FC Augsburg, der Feiertag, beginnt mit einem gierigen Leverkusen, was nach Adlis gutem Einsatz im Pressing und eiskalter Verwertung von Boniface das 1:0 in der 12. Minute einbringt. Adli luchst dem Augsburger Keeper das Leder innerhalb des Strafraums ab und spielt Boniface frei, der nur noch verwerten muss. Die Werkself, die ohne Xhaka und ohne Wirtz aufläuft, spielt weiter bestimmend und überlegt nach vorne und erhöht in der 27. Minute nach einem Eckball auf 2:0.

Mit der komfortablen Führung im Rücken, scheint Leverkusen das Spiel erneut aus einer Phase mit weniger eigenem Ballbesitz kontrollieren zu wollen; allerdings kommt Augsburg nochmals auf, spielt munter mit und kommt sogar zu Torgelegenheiten, auch wenn es mit 2:0 in die Pause geht.

In der zweiten Halbzeit agiert die Werkself in weiten Phasen nicht zwingend und Augsburg zeigt, dass das Team nicht nur zum Gratulieren vorbeigekommen ist: Mert Kömür trifft in der 62. Minute zum 2:1-Anschlusstreffer. Mehr passiert allerdings nicht mehr. Augsburg deutet an, dass sie unter ihrem neuen Coach Jess Thorup in der kommenden Saison eine spannende Rolle spielen könnten. Die wenigen Gelegenheiten, die sich ihnen bieten, bleiben allerdings ungenutzt, sodass Leverkusen auch am 34. Spieltag der Bundesliga unbesiegt bleibt und mit drei Punkten die Meisterschaft feiern kann.

Damit krönt Bayer Leverkusen vorläufig eine Entwicklung, die bereits 1,5 Jahre zuvor mit dem Heimspiel gegen Schalke 04 seinen Ursprung nahm. Rafa Benítez, ehemaliger Trainer von Xabi Alonso in Liverpool, hat beobachtet, dass Leverkusen eine Mannschaft geworden sei, „die immer stärker Hauptdarsteller sein will" und durch die Siege „Selbstsicherheit bekommen und einen positiven Kreislauf erschaffen" habe, in dem sich „die positiven Wechselwirkungen verstärken" und der jeweilige Gegner leide.[300] Aus Benítez' Sicht ein klarer Verdienst von Xabi Alonso, dessen Team „durch Arbeit zu einem Stil gekommen [sei], der an Guardiola erinnert."[301] Doch der Weg in dieser Saison war noch nicht zu Ende und sollte die Werkself noch in zwei Hauptstädte Europas führen.

---

300 Benítez in Cáceres 24.05.2024.
301 Ebd.

Das erste Mal, 22.05.2024

„Dublin" heißt die erste Station auf der Triple-Mission von Bayer Leverkusen, die nun endlich in ihrem ersten europäischen Finale nach 22 Jahren stehen (damals Niederlage im Finale der Champions League gegen Real Madrid). Gegner ist mit Atalanta Bergamo aus Italien das Team, das seit einigen Jahren schon unter ihrem erfahrenen Coach Gian Piero Gasperini den aufregendsten Fußball der Serie A spielt. Leverkusen hat, wie bereits in der Vergangenheit, ein sehr mobiles 1-3-4-3 ohne Stürmer gewählt, mit der Option, durch fluide Spielweise und viele Läufe in die Tiefe gegen die gegnerische Manndeckung vorzugehen. Doch die erweist sich an diesem Abend als zu konsequent und druckvoll. In einem spannenden Finale findet die Werkself nicht in ihr Spiel und verliert am Ende klar und verdient mit 3:0. Dabei ist die Grundintention, gegen die klare Mannorientierung der gegnerischen Verteidigung durch eigene, mobile und sehr dynamische Stürmer entgegenzuwirken und diese für sich zu nutzen, absolut logisch und nachvollziehbar. Allerdings schafft es Leverkusen nicht, mit den Spitzen Verbindungsebenen aufzubauen oder diese in Ballbesitz zu finden. Auch die Ballbesitzphasen sind im Vergleich zum bisherigen Saisonverlauf eher kurz und sorgen nicht für die erhoffte Balance und Spielkontrolle, die es benötigen würde, um die Stürmer in der Tiefe einzusetzen. Hinzu kommt ein glänzend aufgelegter Ademola Lookman, der dreimal herausragend trifft.

An der Gesamtstatik können auch die Einwechslungen von Boniface und später Hložek und Schick nichts mehr ändern: Leverkusen schafft es nicht entscheidend, das gegnerische Tor zu bedrohen und verliert so im 52. Spiel der Saison sein allererstes Pflichtspiel ausgerechnet im Finale der Europa League gegen einen erstklassigen Gegner.

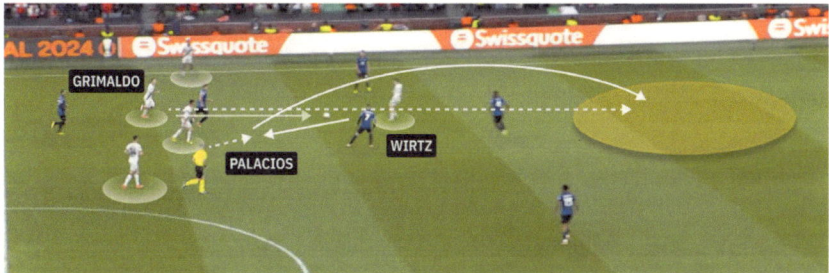

So hätte es klappen können gegen die Mannorientierung Atalantas: Wirtz wird von Grimaldo angespielt und zieht dadurch seinen direkten Gegenspieler heraus. Grimaldo überholt Wirtz und erhält das Zuspiel von Palacios in den Raum. Sein Heber landet allerdings in den Armen des Keepers. Mit Bewegungen wie diesen in Verbindung mit tiefen Laufwegen, versucht Leverkusen immer wieder, gegen die Mannorientierung von Bergamo Räume hinter der Abwehrreihe zu öffnen und zu attackieren.

Nach dem Spiel blickt Xabi Alonso selbstkritisch zurück: Seine Elf habe „vielleicht zu viele kurze Pässe" gespielt, „wir hatten einige Probleme. Wir wollten unseren Stil nicht ändern. Es hat nicht funktioniert". Ausgerechnet im ersten europäischen Finale musste der Meistertrainer einsehen: „Wir waren nicht auf unserem besten Level, auch ich nicht. Wir müssen daraus lernen." [302] Doch auch die Niederlage hat einen Sinn und für Xabi Alonso ist dieser nach etwas zeitlichem Abstand zum Ereignis sehr klar: „Ich bin mir ziemlich sicher, dass ich die Intuition habe, dass dieses Spiel mich zu einem besseren Trainer und Manager macht, als wenn wir das Triple gewonnen hätten", sagt er wenige Tage später in einem CNN-Interview: „Solche Spiele vergisst man nicht, und das kann man für die Zukunft nutzen. (...) Mit der Niederlage umzugehen, ist Teil unserer Aufgabe. Es ist nicht das erste Mal und es wird nicht das letzte Mal sein." [303]

302 Alonso zit. n. SZ online vom 23.05.2024.
303 Alonso zit. n. SZ online vom 05.06.2024.

Double perfekt, 25.05.2024

Die letzte Station der Reise einer fast perfekten Saison lautet Berlin. In der deutschen Hauptstadt findet das 81. Pokalfinale der Geschichte statt. Der letzte Herausforderer der Saison ist der 1. FC Kaiserslautern, der unter ihrem erfahrenen Trainer Friedhelm Funkel die letzten erfolgreichen Schritte gen Pokal-Finale gemacht hat. Und auch dieses Finale hat in seinem Verlauf für die Leverkusener neue Herausforderungen bereit, die in dieser Saison bisher gar nicht auf der Tagesordnung standen.

Leverkusen mit dem typisch bestimmenden Start, auch wenn Kaiserslautern von Beginn an zeigt, nicht nur aus Zufall im Endspiel gelandet zu sein. Der erste Abschluss der Partie gehört auch gleich dem Zweitligisten. Anschließend rollt der Express der Leverkusener los und geht durch einen herausragenden Fernschuss von Xhaka mit 1:0 in Führung (13.). Es bleibt ein enges Spiel mit wenig klaren Torchancen, bis nach einer knappen halben Stunde Kossounou mit Gelb-Rot vom Platz gestellt wird. Ein Novum für die Leverkusener, ist es doch der erste Platzverweis in dieser Saison – ausgerechnet im Pokalfinale. Zuvor in der Bundesliga und der Europa League war man ohne Feldverweis ausgekommen, was für ein bewusstes und kontrolliertes Verteidigungsverhalten und Gesamtauftreten der Mannschaft spricht.

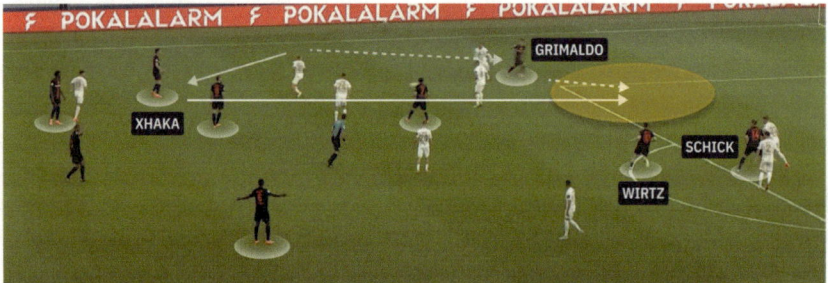

Grimaldo und Xhaka mit dem zeitverzögerten Doppelpass: Grimaldo passt zu Xhaka, attackiert die Tiefe und damit den Rücken seiner Gegenspieler. Leverkusen hat die linke Seite überladen und dadurch Gegner in dem Raum gebunden. Xhaka wartet nun einen Moment, um den Gegner anzulocken und Grimaldo Zeit zu verschaffen, bis er den Ball perfekt durch vier Gegenspieler hindurch in den Strafraum hineinspielt. Gleichzeitig blockt Schick einen Innenverteidiger, was es Wirtz ermöglicht, als potenziell nächster Ballempfänger vollkommen frei zu agieren.

In der Folge schafft es die Werkself, das eigene Tor so zu verteidigen, dass den Lauterern lediglich Abschlüsse außerhalb des Strafraums gelingen. Gleichzeitig bleibt Leverkusen stets gefährlich und hat mehrere Gelegenheiten, mit einem zweiten Tor das Spiel zu entscheiden. Dies gelingt nicht, sodass es bis zum Schluss ein enges und spannendes Spiel bleibt, in dem sich Bayer Leverkusen verdientermaßen zum Double-Gewinner krönt. „Ich bin stolz und ich bin glücklich für die Spieler", sagt Xabi nach dem Spiel und gibt Einblick in die Abendplanung: „Heute Abend trinke ich deutsches Bier."[304] Der Stolz nach dieser nahezu perfekten Saisonleistung kennt beim baskischen Erfolgscoach keine Grenzen: „Wir waren die ganze Saison eine große Mannschaft mit großer Energie, das haben wir heute auch wieder gezeigt. Es war eine Traumsaison. Wir haben eine große Mannschaftsleistung mit einem Mann weniger gezeigt, waren sehr diszipliniert. Die Mannschaft war bereit, mit zehn Mann zu kämpfen – und das hat sie super gemacht." Und am Ende sei dies „für alle hier – für die Fans, für die Spieler, für den Verein – ein großer Erfolg, in dieser Saison doppelt zu gewinnen. Wir werden uns immer daran erinnern in der Zukunft."[305]

Erfolg ist kein Glück

Die Leistung dieser Saison durch diese Leverkusener Mannschaft an sich ist bereits beeindruckend – und sie strahlt umso mehr, als dass es die Leistung von allen ist: Nahezu jeder Kaderspieler der Mannschaft konnte Einsatzminuten sammeln, Trainer Xabi Alonso wechselte regelmäßig das Personal. Das jeder einzelne Spieler wichtig ist, blieb keine Floskel, sondern wurde mit Taten des Coaches untermauert – und mit der Leistung der Spieler bestätigt. Bereits im kicker-Interview im Februar stellt Keeper Lukáš Hrádecký heraus: „Selbst die, die unter ihm nicht viel gespielt haben (...) loben ihn in den höchsten Tönen. Das sagt viel über Xabi aus – wie er in der Kabine ist und wie er alle ins Boot holt. Deswegen ist auch jeder zufrieden in der Mannschaft."[306] Diese Zufriedenheit erfolgt jedoch nicht zu Lasten von Leistung, sondern ist der Motor für die weitere Entwicklung. Für Hrádecký sei die Mannschaft kein Gefangener „eines einzelnen Spielstils, die Variabilität ist da. Mit unterschiedlichen personellen Konstellationen: Mit Jeremia Frimpong oder Odilon Kossounou rechts hinten, mit Jeremia oder Nathan Tella auf der rechten Schiene – wir haben so viele Varianten, die wir anbieten können für das jeweilige Spiel. Es ist die Summe dieser Dinge, die

304   Alonso zit. n. SZ online vom 26.05.2024.
305   Alonso zit. n. Kicker online vom 25.05.2024.
306   Hrádecký im Kicker vom 26.02.2024.

unseren Erfolg ausmacht."[307] Dabei fußen all diese Konstellationen auf derselben Idee. In diesem Prozess hebt Jonathan Tah abermals das Training Alonsos hervor: „Ich glaube, das [Gefühl, sehr gut zu sein] entsteht nur durchs Training. Dadurch, dass wir täglich gemeinsam hart arbeiten. Dass jeder da ist im Kopf. Dass jeder besser werden will. Das gibt dir Selbstvertrauen. Dann gehst du ins Spiel und sagst dir: Ich habe es jetzt jeden Tag im Training umgesetzt, und es ist immer besser geworden. Jetzt setze ich es im Wettkampf um. Wenn das dann auch funktioniert, ist es im nächsten Spiel automatisch wieder so. So baut sich das auf."[308]

Alonso gilt dabei als maximal professionell und perfektionistisch. Eine Anekdote über Xabi als Spieler, erzählt von Jorge Valdano, beschreibt dies treffend: „Ich erinnere mich an ein Spiel in der Schweiz, als wir 3:0 führten und ein Spielzug entstand, bei dem er entschlossen reingehen musste und sich verletzte. Ich war sehr sauer. Nach dem Spiel bin ich in die Kabine und habe ihn gefragt, ob das wirklich nötig war, bei einem Spielstand von 3:0. Er sagte mir: Wenn man das Bein reinhalten muss, hält man es rein. Ich habe mich danach regelrecht geschämt."[309] Bayer-Sportdirektor Simon Rolfes bestätigt diese Grundhaltung: „Er ist ein unglaublich harter Arbeiter. Er ist ein Top-Trainer, aber am wichtigsten ist, dass seine Mentalität auf die Spieler übergegangen ist. (...) Er ist unermüdlich auf das nächste Spiel fokussiert und strebt immer nach Verbesserung. Als ehemaliger Superstar auf dem Spielfeld weiß er, was es braucht, um alle drei Tage Höchstleistungen zu erbringen. Er hat ein unglaubliches Beispiel gegeben."[310]

Dabei sind sich die Spieler des eigenen Spieles bereits sehr bewusst, wie Jonathan Tah weiter ausführt: „In der Dreierkette spiele ich meistens in der Mitte. (...) Ich [bin] oft derjenige (...), der die Bälle verteilt oder Linien überspielt, und die anderen sind die, die dann die Linien überlaufen nach dem Ansaugen des Gegners. (...) [Frage: Was bedeutet denn ‚ansaugen'?] Es geht ja immer darum, der Mannschaft Raum zu verschaffen. Wenn du den Ball spielst, ohne dass ein Gegner auf dich zukommt, passiert nichts. Wenn du ihn aber anlockst – vielleicht ist das ein besseres Wort - dann entsteht hinter oder neben ihm vielleicht ein Raum."[311]

---

307 Ebd.
308 Tah zit. n. Behnisch 2024.
309 Valdano zit. n. SZ online vom 12.04.2024.
310 Rolfes zit. n. The athletic online vom 14.04.2024.
311 Tah zit. n. Behnisch 2024.

Die Kontrolle des Spiels steht dabei über allem: „Er [Xabi Alonso] will, dass wir immer die Spielkontrolle haben. In jeder Phase des Spiels. Mit und ohne Ball. (...) Es geht darum, dass du aktiv bist und dass du das, was du machst, bewusst tust. Dass du weißt, was du mit dem Ball anfängst, wenn du ihn eroberst. Das bereitest du schon mit deiner Positionierung ohne Ball vor."[312] Auch Alonso betont immer wieder den Aspekt der Spielkontrolle, wenn er über seine Spielidee spricht: „Mit dem Ball Kontrolle haben, gegen den Ball intensiv sein. Geduldig, den Raum zu finden und den Raum zu schaffen. In der Bundesliga ist es wichtig, die Konter zu kontrollieren. Wir spielen kontrolliert, aber wir müssen auch die Qualitäten unserer Spieler respektieren. Grimaldo ist eine komplett andere Qualität als beispielsweise Frimpong."[313] Wie bereits mit Bezug auf das Spielmodell erläutert, nehmen die individuellen Qualitäten der einzelnen Spieler eine zentrale Rolle in der Interpretation der Spielidee ein.

Details spielten eine wichtige Rolle, so Nationalspieler Tah: „Mit dem Ball geht es genau um dieses Anlocken, Ansaugen. Das mache ich, das machen wir als Mannschaft jetzt einfach besser. Eine Sache, die sich noch deutlich verbessert hat bei mir, ist die Box-Verteidigung. (...) Es geht um den Zugriff auf den Gegner. Darauf hat der Trainer großen Wert gelegt, als er kam. Das hat er bemängelt, und dazu legt er dir nicht einfach ein Video vor oder spricht nur darüber. Stattdessen ist er sehr aktiv und zeigt dir, wie er sich das vorstellt. Indem er es auf dem Trainingsplatz vormacht: So musst du dran sein!"[314] Zentrales Thema, insbesondere nach seiner Amtsübernahme im Herbst 2022, war die Verbesserung der Defensive. Für Edmond Tapsoba, der wie nahezu alle Spieler einen riesigen Entwicklungsschub unter Xabi Alonso genommen hat, sei dies vor allem auf Alonsos Arbeit an der Formation der Mannschaft und die vielen kleinen Spielformen zurückzuführen. „Er ist hart in der Verteidigung. Wir arbeiten viel an der Positionierung – das scheint ein wichtiger Teil des spanischen Trainings zu sein – und auch daran, den Ball nicht zwischen die Linien zu bekommen und auf den Druck vorbereitet zu sein", gibt der Innenverteidiger interessante Einblicke.[315]
Die Details beschränken sich dabei keineswegs auf die Defensive. Granit Xhaka, der von Alonsos Jugendfreund Arteta bei Arsenal London trainiert wurde und nun die Arbeitsweise von Xabi Alonso kennengelernt hat, vergleicht die ehemaligen Weltklasse-Spieler und heutigen Trainer, die einst in der Jugend gemein-

---

312 Ebd.
313 Alonso in SKY SPORT vom 05.02.2024.
314 Tah zit. n. Behnisch 2024.
315 Taposba zit. n. The athletic online vom 30.07.2023.

sam spielten: „Mikel hat mir eine ganz neue Sichtweise auf den Fußball gezeigt, indem er sich auf die Grundlagen konzentrierte – die Dinge, die man als Teenager vielleicht vergessen hatte. Pressing. Die Körperhaltung. Positionierung. Bewegung. Aus dem Deckungsschatten eines Anderen herauskommen. Kommunikation auf dem Spielfeld. Xabi ist so ähnlich. Die Spanier sehen den Fußball anders als die Anderen, denke ich. Als ich Xabi zum ersten Mal über seine Ideen sprechen hörte, dachte ich: ‚Das habe ich schon mal gemacht, unter Mikel'. Es ist ein anderer Trainer, aber die gleiche Philosophie."[316] Immer wieder spielt das Thema der Positionierungen eine Rolle in den Erzählungen der Spieler, wie auch Nationalspieler Florian Wirtz erklärt, als er über seine individuelle Weiterentwicklung unter Xabi Alonso spricht: „Der Trainer war es auch, der mir Positionen auf dem Platz gezeigt hat, auf denen ich noch gefährlicher sein kann. Er hat mich in gewissen Spielsituationen sozusagen verschoben. Er hat mir exakt erklärt, in welche Richtungen ich in gewissen Situationen zu laufen habe, das macht es einfacher für mich. Und man sieht ja, dass ich inzwischen mehr Tore schieße und mehr Vorlagen gebe als früher. Ich bin sehr froh, einen Trainer mit einem derartigen Verständnis vom Fußball zu haben, von dem ich viel lernen kann."[317] Xabi Alonso profitiert dabei von seiner Prägung und Herangehensweise, wie er selbst erläutert: „Ich denke, als Sechser damals war es meine Aufgabe, die Spieler um mich herum besser zu machen, ihnen das Spiel leichter zu machen. Als Trainer ist es ein Stück weit dasselbe. Man versucht, sich selbst zurückzunehmen und sich in den Dienst der anderen zu stellen, versucht, die gemeinsame Vision umzusetzen und die Qualität insgesamt zu verbessern."[318] Pep Guardiola sagt ähnliches über die Position der zentralen Spieler: „Mittelfeldspieler sind intelligent, weil sie an das Team als Ganzes denken müssen. Sie sind uneigennützig und verstehen das Spiel besser als andere, und je mehr Mittelfeldspieler du hast, desto leichter kannst du andere Positionen mit ihnen besetzen."[319] Xabi Alonso führt dies weiter aus: „Als Mittelfeldspieler ist man großzügig gegenüber der Mannschaft: Man spielt nicht für seinen persönlichen Glanz. Was wollte ich als Spieler? Bessere Spieler als mich um mich herum und ihnen helfen, besser zu werden. Denn wenn ich der Beste war, dann waren der Spielmacher, der innere Spieler [8er] und der Flügelspieler nicht so gut. Ich wollte ihnen gute Bälle geben, damit sie das tun konnten, was ich nicht konnte. Wenn ich jetzt die Spieler besser machen kann, kann ich auch ein besserer Trainer sein. Die tech-

316 Xhaka zit. n. The athletic online vom 19.12.2023.
317 Wirtz in SZ online vom 06.06.2024.
318 Alonso in TV Interview mit Jorge Valdano, 07.12.2023.
319 Guardiola zit. n. Cox 2020.

nischen und taktischen Feinheiten kommen später. Hierher zu kommen und ein General mit eiserner Faust zu sein? Nein! Ich mag Disziplin und grundlegende professionelle Standards, aber ich möchte kein Tyrann sein. Wenn ich die Rolle des Tyrannen spielen muss, werde ich natürlich meine Jacke anziehen und ein Tyrann sein... Man muss in der Lage sein, verschiedene Arten von Musik zu spielen."[320] Der Gedanke, dem Team zu dienen, andere besser zu machen und „gut aussehen" zu lassen, ist für Alonso noch immer zentral, auch als Trainer. Dabei wirkt er als Vermittler und Unterstützer, weniger als Diktator, der jedes kleine Detail vorbestimmen möchte.

Wie dies auf dem Trainingsplatz aussieht, davon konnten sich Beobachter bereits im Trainingslager vor der Meistersaison 2023/2024 einen Eindruck verschaffen. „Zwei Berührungen", ermutigt er seine Mannschaft, schnell zu spielen, nach innen den Raum zu suchen und die ballferne (‚schwache') Seite mit einer Spielverlagerung anzugreifen. „Push up", die lautstarke Aufforderung an die Mannschaft, hoch zu pressen und die Linien zusammenzuhalten, ist zweifellos der am häufigsten wiederholte Ausdruck. „Zwei Meter im Strafraum sind viel", hört man ihn rufen.[321] Insgesamt ist Alonso sehr aktiv, wie auch Granit Xhaka bestätigt: „Er rennt mehr als einige andere Spieler und will seiner Mannschaft zeigen, wie man bestimmte Dinge auf dem Platz macht."[322] Xhaka sieht in der Qualität des Coachings einen zentralen Faktor, warum er sich nochmals verbessert habe; unter Alonso ebenso wie unter seinem vorherigen Trainer Mikel Arteta bei Arsenal London, da beide „die Kunst, ein zentraler Mittelfeldspieler zu sein" beherrschten und nun auch an ihn weitergegeben hätten.[323]

Für die Mannschaft geht es keineswegs darum, nur stummer Erfüllungsgehilfe hinsichtlich der Idee des Trainers zu sein: „Ich helfe ihnen, aber dann müssen sie die Intuition entwickeln, um ihre eigenen Entscheidungen zu treffen", so Alonso[324], dem die Entwicklung jener Intuition besonders am Herzen liegt: „Als Spieler mochte ich die Spiele lesen, sie vorbereiten und versuchen, sie zu kontrollieren, und als Trainer möchte ich auch, dass sich meine Mannschaft den Spielen anpasst und dynamisch ist."[325] Für das „Lesen des Spieles" hat Xabi Alonso bereits früh eine eigene Herangehensweise gewählt. So erklärt er bereits im Jahr 2017 im Interview mit der

---

320 Alonso in Torres 2023.
321 Alonso zit. n. Marca online vom 27.07.2023.
322 Xhaka zit. n. The athletic online vom 19.12.2023.
323 Ebd.
324 Alonso zit. n. Marca online vom 27.07.2023.
325 Alonso zit. n. Marca online vom 09.07.2019.

mittlerweile leider eingestellten digitalen Zeitschrift The tactical room von Martí Perarnau auf die Frage, worauf er als Erstes bei einem Spiel achte: „Auf die Systeme und wie wir sie von Anfang an angreifen müssen, von der ersten Phase [erste Spielphase; im Sinne von Spieleröffnung, Anm. d. Autors], der zweiten Phase [in Deutschland: Übergangsspiel, Anm. d. Autors] und der dritten Phase [Finalisieren und Verwerten, Anm. d. Autors] und wie wir sie in der ersten Phase, der zweiten Phase und der dritten Phase ausschalten können. Für mich sind sie sehr klar. (...) Das ist es, was ich beim Spielen unterscheide. Je besser man verteidigt, desto besser greift man an, und je besser man angreift, desto besser verteidigt man. Und je besser man den Ball ins Spiel bringt, desto besser greift man an, weil man das Passspiel viel besser kontrolliert." [326] Das Thema „Kontrolle" ist für den Trainer-Novizen Xabi Alonso bereits früh elementar: „Ich denke, man muss sich an die Spieler anpassen, aber ich mag Kontrolle. Ich möchte die Mannschaft gut ausbalancieren können. Man braucht Spieler, die für Ausgeglichenheit sorgen, und Spieler, die für Unausgeglichenheit sorgen, und dann muss man die Balance zwischen ihnen finden. Ich möchte gute Spieler haben, und dann werde ich einen Weg finden, mit ihnen zu arbeiten. Letztendlich hängt man von den Spielern ab, und das Geheimnis ist, wie man sie so führt, dass sie sich verpflichtet fühlen." [327]

In den meisten Fällen, so Alonso, würde er es vorziehen, wenn seine Mannschaft zwei oder drei kurze Pässe statt eines langen Passes spielen würde, damit seine Mitspieler kompakt stehen und als Einheit verteidigen können, wenn sie den Ball verlieren. „Wenn du lange Pässe spielst, haben deine Spieler viel mehr Abstand zueinander", erklärt Alonso, „und wenn sie den Ball verlieren, ist es schwieriger, den Ball zurückzubekommen, weil sie nicht so gut gemeinsam Druck machen können." [328] Das Interview mit The tactical room aus dem Jahr 2017, geführt von Isaac Lluch und Martí Perarnau, ist sehr reich an Inhalten mit Blick auf die Denkweise des künftigen Trainers Xabi Alonso. Um das Spiel zu kontrollieren, müsse die Mannschaft auch den Spielrhythmus bestimmen, der wiederum etwas schwerer zu kontrollieren sei. Hier kommt außerdem zusammen, dass das spanische Wort ‚ritmo‘ nicht nur mit „Rhythmus", sondern auch mit „Tempo" übersetzt werden kann. Im Zusammenhang mit Fußball wird der Begriff häufig verwendet, geht es doch darum, den zum Spiel passenden „Takt" zu finden. Zum Thema „Rhythmus" antwortet Alonso in jenem Interview: „Das Tempo hängt von

---

326 Alonso in Perarnau 2017.
327 Ebd.
328 Alonso in Sports Illustrated online 2016.

den Emotionen ab, die man hat, und auch von den Emotionen des Publikums. Ich erinnere mich an das Rückspiel des letztjährigen Champions-League-Halbfinales gegen Atlético de Madrid [03.05.2016, Anm. d. Autors]: Mit dem Tempo, das wir in der ersten Halbzeit anschlugen, gegen eine Mannschaft, die zu den bestorganisierten im modernen Fußball gehört, und sie kamen nicht dran, sie kamen nicht dran... Wir gaben ihnen ein Tempo vor, das von Emotionen geprägt war, weil wir es brauchten, weil wir sagten, dass wir sie nicht durcheinander bringen würden, wenn wir ihnen dieses Tempo nicht gäben. So wie wir im Hinspiel im Calderón nicht drankamen, weil der Ball nicht so schnell zirkulierte, konnte man hier in der ersten Halbzeit sehen, dass alles mit tausend Meilen pro Stunde lief." [329] Und auch heute, nach seinem Karriere-Ende, beherrscht der spielende Trainer das Thema „Rhythmus" noch wie früher, wie Alejandro Grimaldo staunt: „Es gibt nur wenige auf der Welt, die einen Ball so gut passen können wie er. Jedes Mal, wenn er in eine taktische Übung, ein ‚Ballbesitzspiel', involviert wird, beschleunigt er den Rhythmus, so dass die Mannschaft sieht, in welchem Rhythmus wir spielen müssen." [330]

Ein anderes Thema ist Alonsos Einstellung zu „Tacklings" und Grätschen. Bereits in Liverpool als Spieler war es für ihn ein regelrechter Kulturschock, dass Spieler ihre Kernkompetenz mit dieser Fähigkeit betitelten. [331] Für ihn war das „Tackling" über den Boden rutschend stets die letzte Option, wenn sonst nichts mehr ging: „Das Tackling ist eine Sache und der Zweikampf, bei dem man hart durchgreifen muss, eine andere. Ich bezeichne das Tackling als ‚Besen', bei dem man sich zu Boden wirft, weil es das letzte Mittel ist, also eine Situation, in der es heißt: Entweder man gewinnt oder man wird geschlagen. Es ist wie ein K.O. Aber um in diese Situation zu kommen, muss erst etwas passieren. Im Mittelfeld oder in der zentralen Mittelfeldposition kann man eingreifen, bevor es zu einer solchen Situation kommt. Für mich hast du auf dem Weg einen Fehler gemacht, der dich zu dem Tackling geführt hat. Wenn du vorher in einer besseren Position gewesen wärst oder deinen Körper besser eingesetzt hättest oder vorausgeplant hättest, hättest du das Tackling nicht machen müssen... Deshalb ist das Tackling für mich nicht so wichtig." [332] Alonso nimmt Bezug zur guten Positionierung, die für Mittelfeldspieler essentiell ist. Dabei sei es wichtig, gut positioniert zu sein und das bedeute vorherzusehen, was passieren könnte. „Wenn es also passiert,

329 Alonso in Perarnau 2017.
330 Grimaldo zit. n. The athletic online vom 02.03.2024.
331 Alonso in The athletic online vom 02.04.2024.
332 Alonso in Perarnau 2017.

sind Sie gut positioniert. Und wenn es nicht passiert, liegt es daran, dass der Ball vorher abgefangen wurde. Für mich muss der Mittelfeldspieler ständig mit dem Spiel verbunden sein und ständig Situationen antizipieren, die entstehen könnten. Wenn diese Situationen eintreten, ist man gut aufgestellt, und wenn sie nicht eintreten, dann weil man sie schon einmal abgefangen hat. Ich habe immer gesagt, die besten taktischen Spieler, die ich kenne, sind Sergio Busquets und Philipp Lahm. Sie tun alles, um sich einen taktischen Vorteil zu verschaffen, vor allem bei schnellen Entscheidungen. Sie sind sehr gut. Während andere eher ein Talent sind und sich den Ball schnappen und dribbeln, wie es ihnen gefällt, schnappen sich diese beiden den Ball und sagen: ‚Ich werde dieses tun, um jenes zu erreichen'. Das ist Intelligenz und Wissen über das Spiel." [333] Für Alonso ist dies ein Merkmal der besten Spieler: gute Entscheidungen zu treffen, „zu wissen, was man zu tun hat. Wenn man dann die technischen und physischen Qualitäten hat, um mehr Dinge auszuführen, ist man umso reicher. Aber für mich ist der große Spieler derjenige, der gut in Eins-gegen-Eins-Situationen ist, aber auch derjenige, der gut dribbeln kann, um die Überlegenheit zu suchen und seinem Mitspieler einen Vorteil zu verschaffen." [334] Daher sollten insbesondere seine Mittelfeldspieler „mit dem Gedanken ins Spiel gehen (...), dass das Spielfeld eine Landkarte ist. Du musst die Zonen kontrollieren – und wissen, wo Überzahl existiert oder hergestellt werden kann. Du musst immer wissen, wie viele Spieler sich links und rechts von dir befinden. Wenn auf der einen Seite sechs sind, sind auf der anderen Seite drei. Wenn es dort sechs sind, sind es hier drei. Vorne steht nur ein Stürmer? [Dann] muss ich also stärker nach vorne schauen. Vorne sind zwei? [Dann] muss ich darauf gefasst sein, meinen Innenverteidigern ein bisschen mehr zu helfen. Es ist gewissermaßen ein permanentes Abzählen, um zu wissen, wie man den nächsten Schritt macht." [335] In diesem permanenten Orientierungsprozess gilt es dann, die besten Entscheidungen zu treffen.

Dies geschieht kombinierend und miteinander spielend, so wie es Bayer Leverkusen in den letzten 1,5 Jahren immer häufiger zeigen konnte. Ein taktisches Mittel, was dabei immer wieder gesucht wurde, war das „Gewinnen der Rücken" (‚ganar espaldas') und das Positionieren in den Zwischenräumen durch die offensiven Spieler. Dies liegt daran, dass für Alonso jener Pass gefährlicher ist, wenn er in den Rücken des Gegners gespielt wird. „Aber dann muss dieser Pass einen weiteren Pass in den Rücken der Abwehr haben. Wenn derjenige, der hinter dem Mittelfeldspieler ankommt, der Stürmer ist, wer geht dann hinter

333 Alonso in Perarnau 2017.
334 Ebd.
335 Alonso in Torres 2023.

die Abwehr? Diese letzte Linie muss mit dem Stürmer, mit dem Achter, mit dem Flügelspieler oder mit wem auch immer angegriffen werden. Aber diese letzte Linie muss angegriffen werden. Oder man muss gut auf den Ballverlust vorbereitet sein. Man kann sich akademisch oder chaotisch vorbereiten. Gegen eine gut organisierte Abwehr ist es oft so, dass sie bei Ballverlusten durcheinander gerät und man Situationen schafft."[336] Die gute enge Positionierung im eigenen Ballbesitz hilft dabei, optimal für ein mögliches Gegenpressing vorbereitet zu sein. Innerhalb eines Spiels gehören immer wieder Momente dazu, aus denen die Mannschaft das Spiel aus einer guten Ordnung und gut strukturierten Defensive kontrolliert, um im nächsten Schritt wieder gemeinsam mit dem Ball zu attackieren. Das organisierte Zusammenwirken mehrerer Positionsebenen durch miteinander geteilte Intentionen ist Grundvoraussetzung, um gemeinsam zum Erfolg zu kommen.

336   Alonso in Torres 2023.

Exkurs: Geteilte Intentionen

„Es ist wichtig zu verstehen, dass die in einem Kontext wahrgenommenen ‚Affordances‘ [Möglichkeiten zur Interaktion] nicht direkt auf einen anderen Kontext übertragen werden können. Menschen lernen, neue ‚Affordances‘ in verschiedenen Kontexten zu nutzen. Kurz gesagt, wir lernen nicht, uns wegen der Umgebung zu bewegen, sondern wir lernen, wie wir uns bewegen, da wir uns in einem Prozess ständiger Anpassung [an die Umgebung] befinden."[337]

KEITH DAVIDS

„Das Spielen und Teilen einer Interpretation des Spiels mit Mitspielern nahe [Interventionsraum; siehe Konzept d. Phasenräume; Anm. d. Autors] und fern des Balles [Kooperationsraum; siehe Konzept d. Phasenräume; Anm. d. Autors] besteht nicht darin, vorgegebene Antworten zu beherrschen. Es geht nicht darum, automatisierte Verhaltensweisen zu haben, die ausgelöst werden, wenn die Spielumgebung bestimmte Merkmale aufweist. Vielmehr geht es um Verhaltensstrukturen, die es den Spielern ermöglichen, sich an die Situation anzupassen oder spezifische Antworten vorzuschlagen und sich in angemessener Weise mit ihren Mitspielern zu vernetzen, um ein gemeinsames Ziel zu erreichen. Diese Interpretation des Spiels muss von den Spielern entdeckt und vom Trainer im Training gezeigt werden."[338]

CARLOS LAGO

In der Fachliteratur wird beim Begriff der ‚*Affordances*‘ vielfach auf eine wörtliche Übersetzung verzichtet, da es schwerfällt, eine präzise, allumfassende und situationsunabhängige Übersetzung zu finden. In der Regel werden sie als „Gelegenheiten, Einladungen oder Bitten (Aufforderung) für eine Aktion" verstanden, sind jedoch immer abhängig von „dem Verhältnis gewisser Umwelteigenschaften und der Effektivität des Ausführenden."[339] Die in dem Zitat von Keith Davids genannten „Möglichkeiten zur Interaktion" treffen es also ziemlich gut, wobei hierbei das Gesamtbild zu berücksichtigen ist: In unserer Kultur und so, wie wir in Deutschland aufwachsen, sehen wir beispielsweise Stühle für gewöhnlich vor allem als Gelegenheit zum Sitzen. Wenn wir uns nun aber vorstellen, dass ein Mensch in dem Verständnis aufwächst, Stühle seien ausschließlich nutzbar, um darauf zu stehen, um dadurch an eine höhere Fläche (z. B. einen

---

337 Davids 2020.
338 Lago 2021.
339 Torrents, Ric, Hristovski, Torres-Ronda, Vicente, Sampaio 2016.

Schrank) heranzukommen und dies nicht nur vom Umfeld vorgelebt, sondern auch ausschließlich selbst erfahren wird, dann können wir uns vorstellen, dass dieser Mensch den Stuhl eben nicht als Sitzgelegenheit wahrnehmen wird. Das bedeutet, dass wir entsprechend unserer Fähigkeiten, Prägung und Intentionen auf Möglichkeiten zur Interaktion reagieren und diese Fähigkeiten, Prägung und Intentionen nicht bei allen Menschen gleich sind.

Für das weitere Verständnis wollen wir den Begriff der „Affordance" eher als Gelegenheit oder eben Möglichkeit der Interaktion (insbesondere in Bezug auf Teamspiele im Sport) verstehen, mit denen ein gewisser Aufforderungscharakter einhergeht. Im Sport und in Bezug auf Fußball sind es also Gelegenheiten oder „Einladungen", um mit den Umweltgegebenheiten zu interagieren, die durch die Koordination unserer Intentionen und Beschränkungen entstehen.[340] Im spieltaktischen Sinn kann auch eine Hierarchie der Interaktionsmöglichkeiten bestehen, wenn bestimmte Spielräume gegenüber anderen priorisiert wahrgenommen werden. Dies erfordert ein abgestimmtes Wahrnehmen des Spiels von allen Spielern gleichzeitig – idealerweise anhand der gleichen (gemeinsamen) Interpretation des Spiels. Spielsituationen werden nicht gelöst – sie werden gespielt. Als Kompass in der Interpretation des Spiels dienen die gemeinsam festgelegten Ziele (Spielkonzepte zur Realisation des Spielziels (situativ und übergeordnet), die als Grundausrichtung der Interpretation des Spiels dienen können), die wiederum nach entsprechendem Training zu einer abgestimmten Wahrnehmung der Spieler im Wettkampf führen können. Die gemeinsam geteilten Intentionen vereinfachen das Zusammenspiel der Mannschaft, um die Umsetzung der „hybride[n] Organisation zu erreichen, zu erhalten und im Laufe der Zeit zu verändern."[341] Die Spieler sind in der Lage, durch den „spezifischen, ökologischen Rahmen" und durch ihre im gemeinsamen Training gemachten Erfahrungen anhand ihrer gemeinsamen Ziele zu handeln.[342] Nicht nur das, die anpassungsfähige Organisation der Mannschaft selbst gibt den Spielern immer wieder wechselnde Gelegenheiten, ihr aktuelles Spielziel umzusetzen.[343]

Dafür sind die „drei I" elementar, die für Information, Intention und Interaktion stehen.[344] Die Wahrnehmung spielt dabei eine zentrale Rolle, da durch das ‚Schauen' die Möglichkeiten erkannt werden können, „die ich habe, um so zu

---

340 Vaughan 2021.
341 Seirul·lo 2024.
342 Ebd.
343 Ebd.
344 Ebd.

handeln, wie meine Mitspieler und ich (...) [es uns wünschen, unabhängig vom Spielmoment], um die Handlungen der Gegner zu überwinden."[345] Entscheidend ist, dass hier auch die individuelle Handlung in klarem Bezug zu den Zielen, Wünschen und Notwendigkeiten der Mannschaft steht und damit eine kollektive Absicht (Intention) verfolgt. Um diese zu verwirklichen, erscheint das dritte „I": Die Interaktion aller Beteiligten und die gegenseitige Einwirkung aufeinander.[346] Die Elemente, die dabei unsere Entscheidung auf Basis unserer Intentionen beeinflussen, sind der Ball, die Gegner, die Mitspieler (und die Informationen, die sie alle geben), sowie die Lücken und Räume, die wahrgenommen werden.[347]

„Die Besten haben immer eine Sekunde mehr am Ball. Sie haben mehr Zeit, durch Positionierung und Ballkontrolle. Sie machen aus dem Ball, den sie bekommen haben, einen besseren. Wie? Indem sie ihn mit einer Botschaft weitergeben: ‚Ich gebe ihn dir, damit du dies machst oder das', ‚Ich spiele ihn dir in diesen Fuß, damit du ihn kontrollierst oder weiterleitest' ..."[348]

XABI ALONSO

Die Wahrnehmung eines Spielers kann nicht analysiert werden, ohne seine motorischen Fähigkeiten zu berücksichtigen. Es ist möglich, dass ein Spieler eine Option innerhalb des Spiels wahrnimmt, jedoch nicht die motorischen Fähigkeiten besitzt, diese Option umzusetzen. Deshalb ist es wichtig bei der Analyse des Entscheidungsprozesses sowohl das „Vorher", als auch das „Danach" jedes Spielers (bezogen auf seine Wahrnehmung) im Blick zu haben und nicht nur die spezifische Aktion als solche, sondern auch seine motorischen Fähigkeiten zu berücksichtigen.

Eine hohe Effizienz in der abgestimmten Wahrnehmung ermöglicht es den Spielern, kleinste Körperbewegungen wahrzunehmen, die Informationen über die Absicht des Mitspielers liefern – häufig Millisekunden, bevor der Gegner sie identifizieren kann. Es entsteht eine „durchsetzungsfähige, motorische Kommunikation auf Basis emphatischer Resonanz". Diese sorgt dafür, dass Spieler nicht nur das Verhalten der Mitspieler antizipieren können, sondern sich sogar wie diese fühlen.[349] Im Fußball lässt sich von einem beinahe „blinden" Verständnis sprechen, was einerseits wissenschaftlich belegt, aber auch durch unterschiedliche Erfahrungswerte von Spielern und Trainern selbst einen Wettbe-

345 Ebd.
346 Seirul·lo 2024.
347 Vaughan 2021.
348 Alonso in Cáceres 2023.
349 Seirul·lo 2004; Guerrero, Damunt & Lopez 2017.

werbsvorsprung herstellt. Der langjährige Co-Trainer von Luis Enrique, Rafel Pol, spricht gemeinsam mit seinen Kollegen von den Vorteilen der Synergien, die sich bilden, wenn viele unterschiedliche Fähigkeiten (also eine möglichst diverse Gruppe in Bezug auf ihre Fähigkeiten) innerhalb einer Gruppe kooperativ und durch (intern) vorhersehbares Verhalten genutzt werden: „Vor allem in Sportarten wie Fußball, wo die Stabilität und Reproduzierbarkeit von Spielsituationen selten ist, müssen sich die Teams/Spieler ständig mit einem höchst instabilen, nicht-kooperativen Umfeld auseinandersetzen. In solchen Kontexten wird das Überleben (im Turnier, in der Meisterschaft oder in der Liga) durch positive Wettbewerbsergebnisse definiert, die besser durch ein höheres Diversitätspotenzial erreicht werden."[350] Dabei ist wichtig zu betonen, dass die Vorhersehbarkeit des Verhaltens innerhalb der Gruppe zwar vorherrscht (beispielsweise durch geteilte taktische Intentionen), das Verhalten für den Gegner gleichzeitig noch ausreichend unvorhersehbar bleiben muss. Dies hat entsprechend auch Einfluss auf die Trainingsgestaltung: „Aufgrund des Zusammenhangs der den Spieler beeinflussenden Bedingungen, besteht keine Notwendigkeit, die Trainingseinheit auf einzelne Spieler in Mannschaftssportarten oder auf ein Subsystem in Individualsportarten zu reduzieren. Die kooperativen Eigenschaften des Teams wie Entdeckung, Abweichung, Synergie und Synchronisation, die sich in herausfordernden und abwechslungsreichen Umgebungen entwickeln, variieren das individuelle Verhalten in entsprechender Art und Weise."[351] Ein zentrales Ziel des Trainings ist es also, Synergien unter den Spielern durch abwechslungsreiche, herausfordernde und (idealerweise) unvorhersehbare Kontexte zu generieren, um dadurch auf das Spiel vorzubereiten, dass die gleichen Eigenschaften aufweist. Xabi Alonso erläutert dies im TV-Interview mit Jorge Valdano so: „Oft arbeiten wir [im Training] mit den Positionslinien und dann legen wir sie zusammen in verschiedenen Phasen. Wenn wir mehr Zeit haben, arbeiten wir auch an Verbindungen, denn oftmals lässt sich im kollektiven Spiel nicht abbilden, was mit zwei bis drei Spielern simultan passieren muss."[352] Valdano wirft in der Folge den Begriff der „kleinen Gemeinschaften" bzw. „kleinen Gesellschaften" (,pequeñas sociedades') auf, den der ehemalige Barcelona- und Weltmeistertrainer Argentiniens César Luis Menotti geprägt hat. Historisch geht der Begriff auf die Kolonialzeit zurück, in der „kleine Gemeinschaften" als Vorläufer von Dörfern und Städten gegründet wurden und somit die Basis für ein gemeinschaftliches (Über-)Leben sicherten.[353]

350 Pol et al. 2020.
351 Ebd.
352 Alonso in Valdano 2023.
353 León in La Ciencia Pop podcast 2023.

Menotti bezeichnet damit „Partnerschaften", die durch das gemeinsame Spielen entstehen und nennt dabei beispielsweise die Verbindung der ehemaligen Stürmer von Real Madrid Di Stéfano und Puskás, die als kongeniales Duo wirkten. Diese „Gemeinschaften" oder „Partnerschaften" innerhalb des Fußballs ermöglichen ein Verständnis miteinander „ohne sich anzuschauen".[354] Es ist ein Zusammentreffen von Spielern mit „sich ergänzenden Talenten", die, wenn „sie zusammenkommen, eine sehr hohe Leistung erbringen können. Alles natürlich zum Wohle der Mannschaft."[355] Menotti unterstreicht die Bedeutung des Trainers, der „ihr Potenzial (...) unterstützen und (...) fördern" müsse und führt weiter aus: „Sie verschlechtern nie den kollektiven Sinn der Mannschaft, auch wenn sie zwischen den beiden ‚Partnern' scheinbar mehr gesucht werden."[356] Der Trainer sei auch dafür zuständig, der Mannschaft zu verdeutlichen, dass diese „ständige Suche" dieser Spieler einen sehr wichtigen Beitrag für die Mannschaft bedeute.[357]

Das Entstehen dieser „Gemeinschaften" kann zwar durch den Trainer vorgeschlagen werden, allerdings erscheinen diese Verbindungen häufig von allein, da sie vom Gefühl und damit den Beziehungen der Spieler füreinander und untereinander abhängig sind. Menotti unterstreicht: „Es ist nicht so einfach, eine kleine Partnerschaft zu bilden, wie manche Leute denken. Es geht nicht nur darum, zwei großartige Spieler zusammenzubringen. Sie müssen sich auch gegenseitig interpretieren und ergänzen: Der Eine ist ein Empfänger und der Andere ein Schöpfer, der Eine lenkt ab und der Andere vervollständigt. Mit anderen Worten: Der Eine verstärkt und vervollständigt den Anderen, und beide zusammen steigern die Wirksamkeit des Anderen."[358]

Diese Verbindung von Spielern nennt Paco Seirul·lo eine „implizite Komplizenschaft, die ‚eine eigene Welt innerhalb des Teams' erschafft."[359] Im Fußball sei sie gleichbedeutend mit einem „blinden Spielverständnis" füreinander, das einen entscheidenden Wettbewerbsvorteil bringe. Dafür ist es jedoch wichtig, die entsprechenden Verbindungen der Spieler untereinander regelmäßig zu trainieren und die Spieler auf dem Platz zusammenzubringen, damit sie miteinander „connecten" können. Das Konzept erschöpft sich nicht: Wenn es gelungen ist, eine „kleine Gemeinschaft" (bzw. ein ‚Duo') zum „Funktionieren" zu bringen, ist das Ziel des Trainers, diese mit einer anderen „zu harmonisieren": „Die

354 Cappa & Menotti 1986.
355 Ebd.
356 Ebd.
357 Ebd.
358 Ebd.
359 Seirul·lo 2017.

Mannschaft wird ein hohes Maß an Effizienz erreicht haben, wenn alle Spieler die Funktionen jedes Mitspielers genau kennen, und wenn es an der Zeit ist, sie in die Praxis umzusetzen, was das Schwierigste ist, was man tun kann."[360] Für Paco Seirul·lo sind sie essentielle Bestandteile für „große Mannschaften": „Sie funktionieren wie eine Uhr in einer Mannschaft und fügen etwas hinzu, was mehr ist als nur die Summe der Einzelteile. Sie benehmen sich gut, verstehen alles, spielen gut und gewinnen Meisterschaften."[361] Auch in anderen Lebensbereichen finden wir Verbindungen, die einander extrem bereichern (und damit als „kleine Gemeinschaften" gelten können), wie zum Beispiel in der Kinowelt, in der Martin Scorcese und Robert de Niro ab dem ersten gemeinsamen Film ein herausragendes Erfolgsduo bildeten.[362]

> „Ich spiele dir den Ball einen Meter nach vorne zu, damit du besser mit dem nächsten Spieler in Verbindung kommst, ich spiele dir den Ball auf dein fernes Bein, weil du dort im Vorteil bist, ich spiele dir den Ball auf dein nahes Bein, oder mit weniger Spannung, um dir zu sagen, dass du den Pass wiederholen und Gegner anlocken sollst."[363]
> **CARLES MARTÍNEZ**

Zusammengefasst können Intentionen als eine offene Tür wahrgenommen werden, durch die wir hindurch gehen wollen, um unser Ziel zu erreichen. Geteilte Intentionen entstehen, wenn ich gemeinsam mit meinen Mitspielern diese Tür wahrnehme. Wenn wir nun anhand unserer Position und Situation Anstrengungen unternehmen, gemeinsam durch diese Tür zu kommen, kann von der sogenannten „skilled intentionality" gesprochen werden, dem „geschickten Reagieren auf mehrere zusammenhängende und verschachtelte Möglichkeiten gleichzeitig innerhalb einer Lebensform."[364] Wenn es uns gelingt, durch das Formen und Sensibilisieren „kleiner Gemeinschaften" eine kollektive Intention innerhalb der Mannschaft und in der Folge ein nahezu „blindes" Spielverständnis miteinander herzustellen, schaffen wir einen entscheidenden Wettbewerbsvorteil für unser Team.

---

360 El Gráfico online 2021.
361 Seirul·lo in El Gráfico online 2021.
362 León 2023.
363 Martínez in Ballesteros 2020.
364 van Dijk & Rietveld 2017, zit. n. Vaughan 2021.

Positionsprofile des Spielmodells

Das Beeindruckende am Spielmodell von Bayer Leverkusen ist, dass nahezu jeder Spieler in der Lage ist, es mit Leben zu füllen und seine eigenen Charakteristiken und Stärken perfekt miteinfließen lassen kann. Dabei sind die Rollen auf dem Feld nahezu immer identisch, werden mitunter jedoch auch innerhalb eines Spiels von verschiedenen Spielern interpretiert, was immer ein zusätzliches Extra auf der Position einbringt. In der Rolle des rechten Bahnspielers beispielsweise, konnten wir innerhalb der Saison die dynamischen Frimpong und Tella sehen, aber auch phasenweise Hofmann, Adli oder Stanišić (der vermutlich die konservativste und defensivste Variante von allen ist). Jeder dieser Spieler, die zum Teil auch in perfekter Interaktion über die rechte Seite agierten, fügte dem Spiel etwas Eigenes hinzu: Frimpong über die Dynamik eher der Vorbereiter zu sein; Tella, der mit 39 Toren für Burnley aus der englischen Championship zu Leverkusen kam und eher als Verwerter gelten kann. Hofmann, der sich insbesondere im Raum zwischen den Linien wohl fühlt; Adli, der ein quirliger, beweglicher Stürmer mit Drang in die Tiefe ist und immer wieder für Positionswechsel sorgt und Stanišić, der sowohl im Aufbau als Halbverteidiger agieren kann, aber auch von der Außenposition immer wieder eine 6er-Rolle einnimmt – oder schlichtweg konservativ die Breite hält und dann, mit etwas weniger Dynamik, Flankengeber von rechts sein kann. Die Variabilität innerhalb des Spielmodells bei gleichzeitig klarem Rahmen hilft der Mannschaft sehr hinsichtlich ihrer Orientierung und der Interpretation des Spiels.

Hier sehen wir die Wichtigkeit innerhalb der Idee des Trainers, dem Einzelnen mit seinen Charakteristiken und seinen Fähigkeiten Raum zu geben.
Im Fußball erscheint das Individuum dort, wo der Ball ist. Der Spieler ist in der Lage, etwas Bestimmtes zu tun, weil Andere etwas vor ihm geschaffen haben. In der Folgeaktion, die seine Aktion darstellt, fügt er als Individuum etwas Neues gemäß seines Talentes und seiner individuellen Ausprägung und Charakteristiken innerhalb der Komplexität der Interaktionen mit den Mitspielern zur Spielsituation hinzu.[365] Es ist essentiell, das Wesen und den Charakter des Spielers im Vorfeld verstanden zu haben: Was nimmt er wahr? Wie sieht und bewertet er eine Situation? Was ist seine Intention? Grundsätzlich geht es um die Effizienz in einer Aktion. Gleichzeitig sollte berücksichtigt werden, ob ein Spieler gerade danach handelt, was er selbst denkt oder etwas tut, von dem er denkt, dass der Trainer es in diesem Moment gerade erwartet.

365 Seirul·lo 2007.

Oft genug entsteht im Fußball dann eine vorteilhafte Situation, wenn ein Spieler etwas Unerwartetes tut – was in der Regel intuitiv geschieht und eher selten durch den Trainer eingefordert wurde.

> *„Es gibt schöne Spieler und gute Spieler. Schön ist derjenige, der schöne Dinge tut, aber das ist nicht effizient. Warum ist Messi gut? Weil er weiß, wie man einen einfachen Pass macht: Er gibt ihn an den Spieler in der besten Position. Das bedeutet gut sein, nicht immer das Genialste machen. Florian macht das. Deshalb ist er so gut."*[366]
>
> **XABI ALONSO ÜBER FLORIAN WIRTZ**

Im Fußball gibt es in jeder Mannschaft Spieler mit besonderen Eigenschaften und Fähigkeiten, die – wenn sie richtig eingesetzt werden – den Unterschied ausmachen können. Bei all diesen Spielern stellt sich immer die Frage: Wer aktiviert die Spieler mit dem individuellen Talent? Wer macht durch seine Anwesenheit die anderen Spieler besser? Im Falle von Bayer 04 Leverkusen können wir sicherlich von Granit Xhaka, Florian Wirtz und in Teilen Alejandro Grimaldo sprechen, die eine Art Wirbelsäule für die Mannschaft von Xabi Alonso bilden und deren Abwesenheit im Saisonverlauf am schwierigsten aufzufangen war.

> *„Granit ist ein Klebstoff für diese Mannschaft."*[367]
>
> **LUKAS HRÁDECKÝ**

Sicherlich haben sich über die Saison und die Weiterentwicklung der Mannschaft (siehe die Entwicklung von Tah, Andrich, u. a.) auch noch weitere Spieler dafür qualifiziert, andere besser machen zu können (wie z. B. Palacios, Andrich, Adli, Hofmann). Eine unmittelbar sehr negative Ausprägung war jedoch zumeist in den Spielen offenbar, in denen weder Xhaka (als Metronom und Rhythmusgeber) und Wirtz (als Freigeist und Initiator in engen Räumen) auf dem Platz standen. Es sind diese Spieler, die alle und alles andere um sich herum ordnen, die dem Spiel einen Sinn verleihen und die durch ihre Fähigkeiten alle Mitspieler um sich herum auf ein besseres Level heben.

---

366 Alonso in Torres 2023.
367 Hrádecký in Kicker vom 26.02.2024.

Betrachten wir die statistischen Werte aus der abgelaufenen Saison, fällt als erstes eine große Überraschung in den Blick: Laut Berechnung der *erwartbaren Punkte (expected points, also der Punkte, die laut theoretischer Spielleistung die Mannschaft hätte erreichen sollen)* liegt Bayer Leverkusen mit einem knappen Punkt Rückstand (0,7) hinter Bayern München, die am Ende sogar nur Dritter wurden.[368] Die Werkself hat also in der vergangenen Saison nicht nur extrem viel richtig gemacht; sie hatte auch das notwendige „Glück" auf ihrer Seite, was – nicht statistisch oder wissenschaftlich belegbar – dennoch eine Folge von vielen anderen, „richtigen" Schritten gewesen sein mag, die die Mannschaft in ihrer Entwicklung gemacht hat.

Darüber hinaus können wir aus den Statistiken der abgelaufenen Saison Schlüsse hinsichtlich des Spielmodells und der Anforderungen auf den einzelnen Positionen von Bayer Leverkusen ziehen. Die Verteilung der Tore ist für eine Spitzenmannschaft relativ typisch, sowohl mit Blick auf den Ort der Torerzielung (innerhalb / außerhalb der Box) als auch mit Blick auf die einzelnen Spielmomente. Es ist nachvollziehbar, dass alle Mannschaften mit einem produktiven, ballbesitzorientierten Spiel eher den Anspruch haben, aus dem Strafraum heraus torgefährlich zu werden. Tatsächlich lassen sich Spitzenmannschaften auch anhand der Anzahl von gespielten Pässen im gegnerischen 16er bewerten.

Innerhalb der Statistik sind natürlich die Tore nach Standards bedeutsam, wobei die Werkself in allen Wettbewerben insgesamt 21mal nach Eckbällen erfolgreich war. Zusammengenommen erreichen die Werte den gleichen Einfluss, wie die Torerzielung nach Ballgewinn und entsprechendem Konter. Mit Blick auf den Wert der *expected Goals (xG)*, also dem Wert, der angibt, wie viele Tore die Mannschaft aufgrund der Qualität ihrer Torchancen tatsächlich hätte schießen müssen, so fällt auf, dass Leverkusen hier eine leicht positive Abweichung hat (+ 4).[369] Im Schnitt konnten Zuschauer bei Spielen mit Leverkusener Beteiligung in der Bundesliga mindestens zwei Tore der Werkself erwarten.[370] Bester Torschütze der Mannschaft war Victor Boniface (14 Treffer), der laut *xG-Wert* dabei sogar 16mal die Gelegenheit hatte, ein Tor zu erzielen.[371] Im Zusammenspiel der Werte der erwarteten Tore und erwarteten Torvorlagen pro 90 Minuten in der Bundesliga, sieht man den extremen Einfluss des nigerianischen Stürmers auf das Spiel der Werkself; von dem – statistisch gesehen – pro Spiel mindestens eine erfolgreiche Aktion (Torvorlage oder Tor) zu erwarten war.[372] Granit Xhaka

368 vgl. understat.com
369 vgl. theanalyst.com
370 vgl. footystats.org
371 vgl. theanalyst.com
372 vgl. understat.com

Tor-Verteilung Bayer Leverkusen

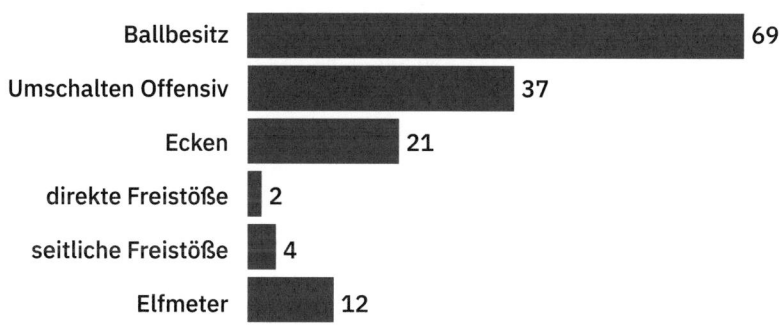

Ballbesitz	69
Umschalten Offensiv	37
Ecken	21
direkte Freistöße	2
seitliche Freistöße	4
Elfmeter	12

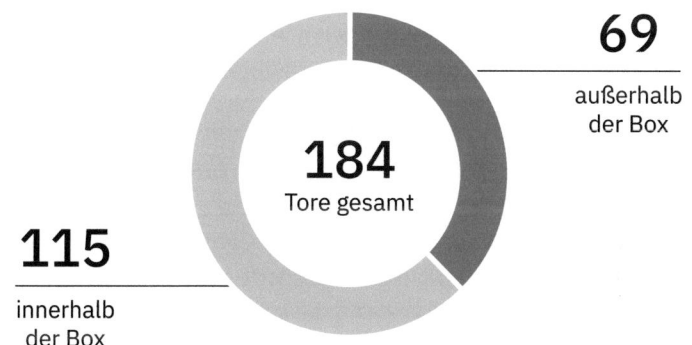

69
außerhalb
der Box

184
Tore gesamt

115
innerhalb
der Box

und Edmond Tapsoba erreichen herausragende Werte hinsichtlich ihrer Beteiligung in Ballbesitz für das Aufbauspiel, was in der Folge Torgefahr entwickelt. Ähnliches gilt für die Beteiligung insgesamt im Ballbesitz für Florian Wirtz, erneut Granit Xhaka, Alejandro Grimaldo, Jeremie Frimpong und Jonas Hofmann.[373] Diese Spieler machen offensichtlich das Spiel durch ihre Beteiligung besser und in der Folge für ihre Mitspieler einfacher. Bei Grimaldo zeigt sich das nicht nur durch seine Torgefährlichkeit (der „Linksverteidiger" erzielte zehn Tore): Er ist gleichzeitig der beste Vorlagengeber der Werkself (13 Torvorlagen in der Bundesliga).[374]

373 Ebd.
374 Ebd.

Schaut man auf die Passquote aller Bundesliga-Spieler in der abgelaufenen Saison, so kommen die Top 3 der besten Passgeber allesamt aus Leverkusen. Die Positionen dieser Spieler geben außerdem Einblick in die saubere Spielereröffnung der Werkself: Mit Jonathan Tah (96.47 %), Granit Xhaka (92.72 %) und Edmond Tapsoba (92.7 %) bringen jene Spieler sehr sicher ihre Pässe an, die vor allem für die Initiierungsphase im Spiel von Leverkusen verantwortlich sind.[375] Hier sprechen wir jedoch gleichzeitig von Pässen, die regelmäßig viele Gegenspieler überwinden und keineswegs ohne Risiko eines Ballverlustes gespielt werden. Auch die Passquote der gesamten Mannschaft zählt zu den besten der gesamten Liga (fast 90 %) und das bei einer Mannschaft, die den zweitbesten Ballbesitz-Wert von allen Mannschaften im Schnitt hat.[376] Die Werkself ging dabei in ihren Spielen, wie von ihrem Trainer gewünscht, stets kontrolliert vor und spielte die meisten Pässe pro Ballbesitz-Sequenz. Bayer Leverkusen ist die Mannschaft, die mit Abstand am häufigsten mehr als zehn Pässe am Stück spielte (740mal) und das Spiel von hinten heraus aufbaute (197mal).[377] Die reine Ballbesitz-Zeit wird nur von Bayern München übertroffen, allerdings spielte Bayer in dieser Zeit mehr Pässe als der Rekordmeister.[378] Dies gilt für nahezu alle Räume auf dem Spielfeld, in denen die Werkself mehr Ballberührungen hatte als der Gegner. Ausgenommen ist lediglich der gegnerische Strafraum – ein Zeichen für die absolute Überlegenheit in der vergangenen Saison.[379] Auch die größten „Pechvögel" spielen offensiv gesehen in den Reihen der Leverkusener: Florian Wirtz traf fünfmal, Alejandro Grimaldo viermal Aluminium, womit sie die beiden Führenden in dieser Kategorie sind.[380] Konsequenterweise ist Bayer Leverkusen auch die Mannschaft, die am häufigsten Pfosten oder Latte traf (17mal).[381]

Obwohl die Offensivabteilung von Bayer „nur" die zweitbeste der Liga (hinter Bayern München) war, galt dies nicht für die Defensive, die die wenigsten Gegentore (24) kassierte und damit Spitze war. Darüberhinaus konnte sich Keeper Lukáš Hrádecký 15mal über eine „weiße Weste" freuen, was ebenfalls den Bestwert in der abgelaufenen Bundesliga-Saison darstellt.[382]

375 vgl. bundesliga.com
376 vgl. bundesliga.com
377 vgl. theanalyst.com
378 Ebd.
379 Ebd.
380 vgl. bundesliga.com
381 Ebd.
382 vgl. footystats.org

Die Werkself ließ dabei am wenigsten Torchancen zu, profitierte jedoch auch davon, dass Keeper Hrádecký statistisch gesehen siebenmal einen Ball der xG-Kategorie „unhaltbar" parieren konnte.[383]
Ein Schlüssel für die gute Defensivleistung war dabei das Pressing der Leverkusener. Die Werkself ist die Mannschaft, die am häufigsten von allen Mannschaften der Bundesliga den Ball gewinnen konnte und in der Folge zum Abschluss kam.[384] In der Verwertung war Bayer dabei noch nicht maximal effizient (lediglich sieben Tore). Leverkusen erlaubte dem Gegner, im Schnitt dreizehn Pässe zu spielen (sogenannter ppda-Wert, der die -dem Gegner erlaubten- Pässe pro defensiver Aktion beschreibt).[385] Damit liegt man in der Bundesliga noch im Bereich der Top 10, allerdings spricht dies auch für einen Spielstil, der nicht darauf angewiesen ist, in jedem Spielmoment durch Angriffspressing den Ball zu gewinnen. Vielmehr lässt sich aus dieser Statistik das bereits beobachtete Verhalten ablesen, immer wieder durch Rhythmuswechsel im Defensivverhalten und Variieren der Pressinghöhe das Spiel zu dominieren und den Gegner vor neue Aufgaben zu stellen.

Interessanterweise rangiert die Werkself in der Statistik der „gewonnenen Zweikämpfe" der abgelaufenen Saison auf der Bundesliga-Homepage auf dem vorletzten Platz (vor Darmstadt 98; „Titelträger" ist der VfL Bochum), foulte darüber hinaus am wenigsten.[386] Hieraus lässt sich schließen, dass die Ballgewinne von Bayer vor allem durch geschickte Antizipation und das Abfangen von Pässen erfolgen und weniger häufig der „typische" Zweikampf geführt werden muss. Bester „Zweikämpfer" der Werkself ist tatsächlich Florian Wirtz.[387] Faktisch ist Bayer Leverkusen die einzige Bundesliga-Mannschaft, die sowohl ohne Strafstoß gegen sich (die einzigen drei Strafstöße gegen die Werkself gab es in der Europa League) und ohne Platzverweis (weder Gelb-Rot noch glatt Rot; Ausnahme DFB-Pokalfinale) in der gesamten Saison auskam.[388] Bedenkt man nochmals, dass die Werkself die Mannschaft mit den meisten Ballgewinnen der Bundesliga war, die jedoch die wenigsten Zweikämpfe von allen Mannschaften der Liga geführt (und darüber hinaus auch nicht besonders viele davon gewonnen hat), spricht dies klar für die bemerkenswerte defensive Organisation der Mannschaft.

383 vgl. theanalyst.com
384 Ebd.
385 Ebd.
386 vgl. bundesliga.com
387 Ebd.
388 vgl. transfermarkt.de

Mit Blick auf das Fußballspiel insgesamt gibt es gewisse Basisanforderungen[389], die alle Spieler unabhängig von Position und Aufgabe in nahezu jeder Spielidee erfüllen sollten. Diese sind u. a.:

---

389   nach Fran Beltrán 2022.

Defensiv

1. Alle Spieler verteidigen / Alle Spieler rennen.
2. Wir bewegen uns alle bereits in dem Augenblick, in dem sich der Ball bewegt.
3. Wir bleiben alle vor unserem Gegner gegen direktes / hohes Spiel (*vorverteidigen*).
4. Wir justieren unsere Position (meine Position variiert in Abhängigkeit zur Position des Balles).
5. Alle sprinten durch (zurückziehen oder aktives Gegenpressing).
6. Wir schützen den inneren Raum (ich stelle mich zwischen Ball und Tor).
7. Niemand geht zu Boden.
8. Wir sind nicht „zu aktiv" im Strafraum.
9. Kein Foulspiel in unserer Hälfte.

Offensiv:

1. Alle haben eine Rolle (Aufgabe) – Wir sind vernetzt / verbunden.
2. Alle fordern den Ball (Passlinie).
3. Wenn ich aus meiner Position den Ball nicht bekommen kann, verändere ich meinen Ort.
4. Alle schauen permanent (Abschätzen der Distanzen / Abstände und der Laufbahn des Gegners, der mich verteidigt); Orientierung und Kenntnis von freien Räumen.
5. Die Mannschaft auf Ballseite organisieren / positionieren („Spur" des Balles ist vorwärts besetzt, immer in Distanz, um Gegenpressing auszuüben oder die bereits überwundenen Gegner zu kontrollieren).
6. Wir umringen Verteidiger (,*rodear*' – Bedrohung kurz und in der Tiefe (vor und hinter dem Gegner) oder auf beiden Seiten desselben Spielers).
7. Wir halten das Spielfeld kurz, auch wenn wir nicht direkt am Angriff partizipieren können.
8. Wir sind bereits mit dem Ball (gleichzeitig) unterwegs, wir begleiten den Ball in seiner Laufbahn bei einem mittleren oder langen Pass.
9. Wir schützen den Ball (Dominiere das 1v1, schaffe es, gedeckt (trotz Druck) mitzuspielen).
10. Wir spielen Pässe in die Bewegung (Gleichzeitigkeit Ballmitnahme und Lauf).

Darüber hinaus lassen sich für die einzelnen, wiederkehrenden Spielmomente und -situationen gewisse generelle, erfolgsversprechende Verhaltensweisen definieren und etablieren, auf die jetzt jedoch nicht tiefer eingegangen werden soll. Die Positionsprofile und -anforderungen an die einzelnen Rollen von Bayer Leverkusen in der abgelaufenen Saison können wie folgt skizziert werden (ohne Anspruch auf Vollständigkeit und Trennschärfe). Darüber hinaus ist es elementar, dass die Spieler sowohl all die entsprechenden Basisanforderungen in Ballbesitz, gegnerischem Ballbesitz und alle Aktionen, bezogen auf fundamentale, wiederkehrende Situationen des Fußballs beherrschen (wie z. B. defensives 1v1, Verhalten bei Bällen von Außen, Box-Verteidigen, Verhalten bei Manndeckung des Gegners, etc.).

Torwart:

Neben allen torwartspezifischen Aktionen und Qualitäten wie Bälle halten, Box-Verteidigung, etc., die zweifelsohne auf dieser Position am wichtigsten sind, außerdem die folgenden Fähigkeiten:

→ Mannschaft defensiv organisieren; Kommunikator

→ Folgeaktion antizipieren, „die nächste Gefahr" sehen

→ Konzentration (trotz weniger „Aktionen" im Spiel)

→ Spieler zählen, wo ist die Überzahl? Interpretation des Spiels in Abhängigkeit zum Raum und zur Spielsituation (kurz oder lang spielen?)

→ Spieleröffnung kontrollieren; mitspielen
(technische Fähigkeiten, idealerweise beidfüßig)

→ Spielposition im Verhältnis zum Mannschaftsverbund anpassen

→ Ruhig und zuverlässig im Charakter

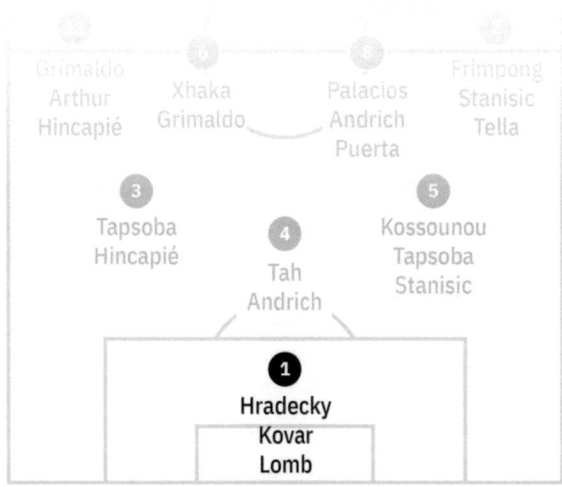

Zentraler Innenverteidiger:

Eine bemerkenswerte Statistik zu Jonathan Tah: Der Nationalspieler gehört zu den Top 15 der schnellsten Spieler der Bundesliga mit 35.81 km/h, was es ihm erleichtert, maximal hoch zu verteidigen, da er seine Geschwindigkeit in Verbindung mit seiner Antizipation herausragend einsetzen kann. Damit ist er laut der Statistik der zweitschnellste Innenverteidiger der Liga in der abgelaufenen Saison.[390]

→ Defensive Basisfähigkeiten, darunter u. a.

↳ Doppelpass-Verteidigen (Nicht binden lassen vom Ballbesitzer, Gegner blocken; aktiv bleibend statt stehend; Körperorientierung, um den nächsten Pass zu verteidigen)

↳ 1v1 Defensiv (mit der Körperhaltung spielen – was erlaube ich und was nicht? Aktive Füße, kein Bein rausstrecken, auf den Beinen bleiben, Armeinsatz; bei zwei „langen" Ballkontakten Körper zwischen Ball und Gegner schieben, etc.)

↳ Verteidigen von Eingaben von Außen (Positionierung im torgefährlichen Raum bzw. beim nächsten Spieler, der das Tor bedroht; Klären wichtiger als Ballkontrolle; seitliche Stellung; kurze Bodenkontakte mit den Füßen, niemals beide Füße in der Luft; etc.)

↳ Boxverteidigung (Körperausrichtung schneidet Laufweg vom Gegner, 45°-Winkel und Körperkontakt (Gegner anfassen, Armeinsatz); auf Ballhöhe verteidigen und versuchen, den 5er frei zu lassen; Gegner kontrollieren; klare Klärung des Balles, etc.)

390 vgl. bundesliga.com

→ Decken / Stützen / Schließen – Raumverhalten
→ Blocken / Schüsse ablenken (nicht die Beine öffnen);
  Verteidigen mit Händen auf dem Rücken (Vermeidung Handspiel)
→ Direkte Duelle gewinnen, nicht überwinden lassen;
  „passenden" Zweikampf (Dosierung) führen (Körpertechnik)
→ Fähigkeit, den Raum in Bezug auf die Referenzpunkte des Spiels anzu-
  passen (Ball, Mitspieler und nächste Gegner)
→ Ggf. extrem hoch verteidigen (viel Raum im Rücken),
  daher Antizipation und Timing für optimales Vorverteidigen
→ Orientierung / Körperstellung, um maximale Informationen aufzunehmen
→ Intentionen des gegnerischen Ballbesitzers antizipieren
→ Absicherung von dem, der nicht ins Luftduell geht;
  zurückweichen, um keine tiefen Laufwege des Gegners zu erlauben
→ Situativ letzter Mann bzw. „Libero", sofern die Spielsituation und
  Absicherung dies erfordet
→ Hoher Verantwortungsgrad; entsprechender Charakter auf der Position
→ In Ballbesitz und insbesondere in der Spieleröffnung:
  ↳ Gegnerüberwindendes Passspiel unter Druck
  ↳ Intentionen im eigenen Ballbesitz verstecken; verdeckte Pässe
  ↳ Gegen die Laufrichtung des Gegners spielen
  ↳ Den Ball durch eine hohe Dichte von Gegnern spielen
  ↳ Initiative im Spielfortschritt
  ↳ Permanente Anspielstation und Passlinie
  ↳ Diagonale Spielverlagerung, sofern viel Raum vorhanden
  ↳ Antizipation eines bevorstehenden Ballverlustes;
    Restverteidigung und Absicherung
→ Gefahr bei eigenen Standardsituationen (z. B. Kopfballspiel)

Halbverteidiger:

→ Agieren bei Leverkusen extrem hoch
→ Tendenz in der Spieleröffnung eher über rechts; Aufgabe, so hoch wie
  möglich zu gehen und den Gegner bzw. die erste Pressinglinie des Gegners
  durch die eigene Positionierung (z. B. daneben) direkt zu überwinden
  (Verhalten in Abhängigkeit zur Pressinghöhe des Gegners)
→ Gegnerüberwindende Pässe in der Spieleröffnung, Linien überspielen (wie
  zuvor zentraler Innenverteidiger)

→ Das Spielfeld auch im eigenen Ballbesitz „kurz" halten, permanente Anspielstation sein; Option, selbst die Box zu attackieren (durch Torschuss oder Pass in die Box oder ggf. sogar Flanke nach Hinterlaufen)

→ **Defensive und offensive Fähigkeiten wie zuvor** (siehe Profil zentraler Innenverteidiger; hat weitestgehend die gleichen Aufgaben)

→ Kein Attackieren ohne eigene Sicherung

→ Schüsse verteidigen (nicht seitlich stehen, groß machen, Beine geschlossen, nicht springen, aufrecht stehen)

→ Fähigkeit, mehr als einen Spieler zu kontrollieren; „dazwischen verteidigen" (erkenne die Orientierung, Geschwindigkeit und Zeit deines Gegners, um die Folgeaktion zu antizipieren)

→ Räume „zurückerobern", sofern vom Gegner überwunden

→ Schlüsselposition in der Restverteidigung (keinen Gegner attackieren, der Zeit und Raum hat; nächsten Pass verteidigen (Gegner bereits lenken); Drehungen verhindern; tiefe Laufwege blocken, bevor der Gegner schnell werden kann, etc.)

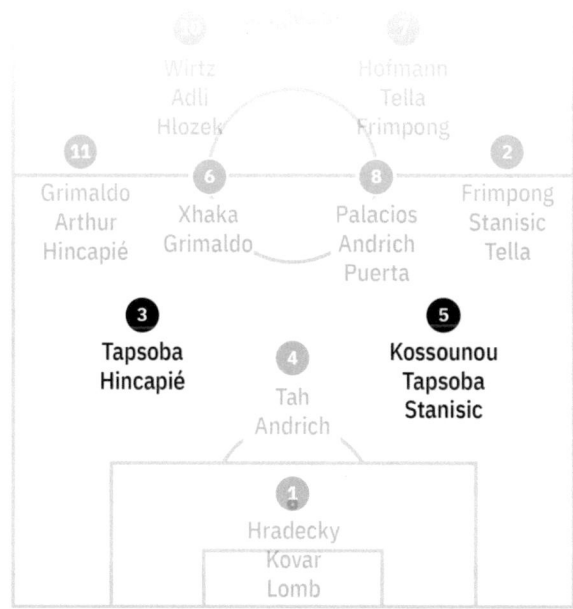

Zentrale Mittelfeldspieler:

Ein statistischer Wert, der auf dieser Position nicht überrascht, ist die Anzahl der gelaufenen Kilometer, bei denen Granit Xhaka in den Top 3 der abgelaufenen Bundesliga-Saison liegt.[391] Hinsichtlich der fußballspezifischen Fähigkeiten, sind u. a. die folgenden insbesondere gefordert:

→ Permanenter Anspielpunkt in Ballbesitz (immer den Ball haben wollen), dabei insbesondere:
  ↳ Deckungsschatten des pressenden Gegners nutzen, um ein Angebot für die Innenverteidiger zu sein
  ↳ *„BASE"* permanent besetzen; Zentrum dominieren
  ↳ Passlinie wechseln, um Angebot zu sein (verschiedene Höhen und Achsen in der Positionierung)
  ↳ Positionierung in den Zwischenräumen, Rücken des Gegners attackieren
  ↳ Ball fordern, um Pässe zu wiederholen und Gegner anzulocken
  ↳ Diagonale Passrichtung zuerst; verdeckte Pässe (Intentionen verbergen; Fuß und Hüfte spät öffnen, Blickfinten) und Pässe gegen die Laufrichtung des Gegners
  ↳ Situativ neben Innenverteidiger zur 3er-Kette in der Spieleröffnung fallen
  ↳ Situativ nach Außen fallen, um Überzahl herzustellen
  ↳ Zentrum dominieren
  ↳ In die Tiefe schauen / Wahrnehmung, Orientierung und Scannen; Spiel in alle Richtungen möglich
  ↳ Permanentes Spiel & Geh („Pass & Lösung anbieten"); Aktionen verbinden und antizipieren
  ↳ Raumgreifendes Dribbling; Gegner „teilen"
  ↳ Sich selbst als „4. Spieler" eines Passverlaufs identifizieren (Zielspieler; Steigerung statt „3. Spieler" zu sein, lieber einen Pass mehr spielen, um die Aufmerksamkeit des Gegners zu binden), um den Ball in einer höheren Etage zu bekommen und das Spiel weiter zu beschleunigen
  ↳ Schon die Folgeaktion antizipieren und sich entsprechend positionieren (Flugbahn des Balles begleiten)
→ Übergeordnet: Rhythmus- und Strukturgeber des Spiels
→ Verbinder & Vernetzer; den Ball mit anderen „teilen"

---

391 vgl. bundesliga.com

→ Handlungsschnelligkeit
→ Offene Spielstellung bzw. nächste, direkte Passoption im Blick haben (Orientierung)
→ Gegner durch Pässe in die Tiefe bedrohen
→ Sofern es die Situation erlaubt: tiefe Laufwege in den Rücken der Gegner
→ Mit Fernschüssen das Tor bedrohen
→ Eigene Mannschaft ausgleichen – Gleichgewicht herstellen; situative Bedürfnisse der eigenen Mannschaft im Blick behalten
→ Antizipation; Pässe abfangen; vorverteidigen;
→ Zwischen Gegnern positionieren, entsprechend den nächsten Pass antizipieren und verteidigen
  ↳ Orientierung und Tempo des Ballbesitzers identifizieren
  ↳ Folgeaktion (mögliche Pässe) antizipieren
  ↳ Mit dem Pass gleichzeitig beim Gegner ankommen
  ↳ Von innen nach außen und von hinten nach vorne verteidigen
  ↳ Nicht von einem möglichen Passempfänger binden lassen; Spiel vorhersehbar machen und dann zum Vorverteidigen antizipieren
→ Nicht überwinden lassen
→ Eigenes Tor beschützen, Gegner bremsen, tornah mit größter Körperfläche und Händen auf dem Rücken blocken
→ Verbindung zwischen allen Mannschaftsteilen aufrechterhalten

Außenspieler:

Das Tempo von Jeremie Frimpong ist in jedem Spiel ein Ausnahmefaktor gewesen und hatte sicherlich Einfluss auf das Schaffen von individuellen, qualitativen bzw. dynamischen Vorteilen für seine Mannschaft. Betrachtet man die statistischen Daten der Bundesliga, muss man jedoch feststellen, dass Frimpong lediglich der zehntschnellste Spieler der Liga (mit 35.96 km/h) war (Alphonso Davies erreichte 36.41 km/h).[392] Die Geschwindigkeit von Frimpong wurde jedoch regelmäßig gut von seinem Team eingesetzt, weshalb er durch diese Qualitäten zur Geltung kommen konnte. In der Anzahl seiner Sprints liegt Frimpong in den Top 3 der abgelaufenen Bundesliga-Saison.[393]

Beide Außenspieler, Grimaldo und Frimpong, liegen außerdem in den Top 10 hinsichtlich ihrer Flankenanzahl; ein Mittel, dass von der Alonso-Elf immer wieder genutzt wurde, um das Tor zu bedrohen und häufig den entsprechenden Spielpartner auf der anderen Außenseite am zweiten Pfosten als Ziel hatte.[394]

Vorausschickend hinsichtlich der positionsspezifischen Anforderungen der Außenspieler sei gesagt, dass diese Position in Abhängigkeit der Spieler sehr unterschiedlich interpretiert wurde: Während Frimpong ein klassisches, dynamisches Außenspieler-Profil aufweist, der nicht nur hoch und breit, sondern situativ sogar als Stürmer positioniert war, interpretiert Grimaldo das Spiel in

---

392   vgl. bundesliga.com
393   Ebd.
394   vgl. bundesliga.com

Abhängigkeit der Spielsituationen und des Gegners grundlegend anders. Der Spanier taucht immer wieder im Zentrum auf, besetzt dabei mal den 6er-Raum, mal den 8er-Raum und agiert dann wieder als Außenspieler. Wie bereits zuvor im Buch thematisiert, sind es die individuellen Charakteristiken der Spieler, die dem Spielmodell etwas Besonderes hinzufügen und den Gegner für gewöhnlich vor (manchmal unüberwindbare) Herausforderungen stellen. Auch andere Spieler, die auf dieser Position zum Einsatz kamen (z. B. Stanišić, Tella, Arthur) haben in Abhängigkeit zu ihrem Profil der Position etwas Neues gegeben. Davon unbenommen lassen sich folgende Anforderungen zusammenfassen, auch wenn in der Interpretation der Spieler keine absolute Trennschärfe zu anderen Rollen / Positionierungen vorzunehmen ist:

Offensiv:

→ Für die Breite zuständig
→ Positionelle und beziehungsgemäße Vorteile im Zusammenwirken mit Halbverteidiger und 8er / hängender Spitze herstellen
→ Situativ „Quadrate" besetzen; niemals auf der gleichen Achse positionieren wie Mitspieler (Ausnahme: Gegner „umringen")
→ Positionelle Flexibilität (Wechsel zu 6er, 8er, ST) in Abhängigkeit zu Spielverlauf und Spielstrategie möglich
→ Immer offene Passlinie (*Phasenraum: Kooperation oder unmittelbare Hilfe*); in Abhängigkeit der Bedürfnisse der eigenen Mannschaft; Gegner binden und bedrohen durch Positionierung
→ Permanentes Spiel & Geh (Passen & Lösung anbieten); Rücken des Gegners gewinnen
→ Sich selbst als „4. Spieler" (Zielspieler im Passverlauf) identifizieren und eigenen Passverlauf antizipieren
→ Verbindungen im Ballverlauf von Außen-Außen-Innen und Außen-Innen-Außen; Spiel in optimaler Breite
→ Gegner ausspielen durch Dribbling
→ Timing von Doppelpässen und tiefen Läufen (zwischen gegnerischen IV & AV); Tiefe attackieren (Timing und Spielmoment)
→ Kurz kommen, um dann tief zu gehen (und andersherum)
→ Bei Gegner im Rücken: Laufweg kreuzen
→ Gegner mit dem ersten Ballkontakt bedrohen (vorher Intentionen verbergen)
→ Handlungen mit Folgeaktionen verbinden

→ In der Box: zweiten Pfosten besetzen
→ Flanken geben:
  ↳ Von Eckpunkt 16er: flach vorwärts in den Raum zwischen IV & TW
  ↳ Mitte 16er: Querpass (gegen die Laufrichtung der sinkenden Verteidiger)
  ↳ Grundlinie: Durch auf den zweiten Pfosten oder zurücklegen
  ↳ Vermeidung von Flanken aus maximaler Breite

Defensiv:

→ Doppelpass verteidigen
  (Ballbesitzer und mögliche Empfänger außen lassen)
→ Direkte Duelle gewinnen (1v1 Defensiv; siehe defensive Positionen)
→ Mit dem Ball beim Gegner ankommen
→ „Blind side" attackieren (aus totem Winkel anlaufen)
→ Antizipation; Vorverteidigen
→ Fähigkeit, den Gegner zu stellen und durch die eigene Körperhaltung zu
  beeinflussen; Intentionen des Ballbesitzers antizipieren
→ Zwischen mehreren Gegnern verteidigen
  (Zugriff auf mehr als einen Gegner)
→ Rechtzeitig Bremsen und Drehen, um Spiel & Geh zu verteidigen
→ Schnelle Drehungen durch überkreuzende Laufbewegung
→ Kein Attackieren ohne eigene Sicherung
→ Diagonale Laufwege, um zu schließen
→ Raum priorisieren (zurückziehen); Laufweg schneiden, wenn Gegner in den
  Raum kommt (Kontakt); nicht hinterherlaufen (mögliche Finte)

Offensive Mittelfeldspieler / Hängende Spitze:

Florian Wirtz liegt im Bereich der Top 5 in der Anzahl intensiver Läufe in der ab-
gelaufenen Bundesliga-Saison.[395] In diesem Bereich lässt sich einerseits zwi-
schen einem typischen 8er- / 10er-Profil unterscheiden, die also eher in den
Bereich von offensiven Mittelfeldspielern gehören (wie Wirtz, Hofmann) und den
Halbstürmern, wie sie eher von Spielern wie Adli oder phasenweise Hložek und
Tella verkörpert werden, die beweglicher im Raum agieren und immer wieder die
Tiefe suchen. Auf dieser Position ist u. a. gefordert:

---

395 vgl. bundesliga.com

Offensiv:

→ Raum zwischen den Linien besetzen / „Quadrate" (Versuche den letzten Spieler des Gegners zu binden, während du der „vorletzte" bist) / Rücken gewinnen

→ Situativ *BASE* besetzen

→ Permanentes „aufeinander Achten" und permanente Interaktion mit den nahen Mitspielern: Stürmer, naher Außenspieler und den zentralen Spielern. Ziel: in Abhängigkeit zum Ball die beste Position finden (sozioaffektive Verbindung zu anderen Spielern); Interpretation der Räume und Räume für Mitspieler freiziehen (z. B. durch Zurückfallen)

→ In diesem Zusammenhang: „Verschwinden & Erscheinen" (Räume)

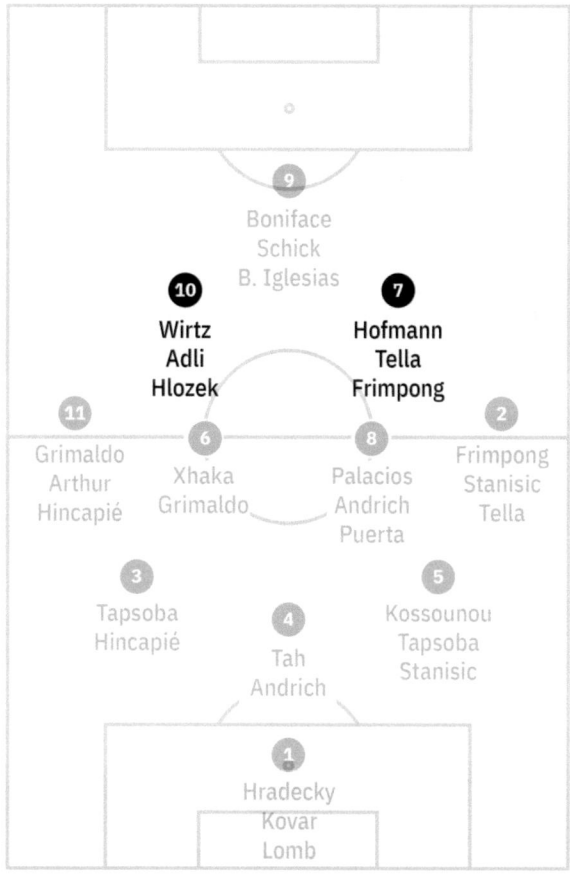

→ Vernetzen und Ball teilen; letzten Pass spielen; kurze Passdistanzen sicherstellen
→ Gemeinsam mit Stürmer: Verteidiger umringen („rodear")
→ Selbst torgefährlich werden, Spiel & Geh in die Box oder zum Verwerter durch Positionierung in der Box
→ Permanente Intention, den Gegner zu desorganisieren und seine Ordnung durcheinander zu bringen
→ Räume überladen und Überzahl herstellen; in diesem Zusammenhang die „Bedürfnisse" der eigenen Mannschaft erkennen und antizipieren (Orientierung & Wahrnehmung)
→ Positionswechsel
→ Verschiedene Etagen und Achsen sicherstellen, um ein permanentes Passangebot zu ermöglichen
→ Tiefe Laufwege in die Box, insbesondere Schnittstellen zwischen Innenverteidiger und Außenverteidiger attackieren
→ Spieloffen stehen; Ballmitnahme ohne Tempoverlust bzw. drehend den Ball mitnehmen (durchlaufen lassen und den ersten Kontakt in Spielrichtung nehmen)
→ Fähigkeiten, mit und ohne Ball in engen Räumen zu spielen
→ Kognitive Schnelligkeit und permanente Orientierung
→ Fintieren vor Ballerhalt, insbesondere tornah (ich täusche tief und komme kurz oder andersherum)
→ Rhythmuswechsel durch Ballmitnahme bzw. Dribbling
→ Zweiten Pfosten besetzen / Box besetzen
→ Immer wieder die Tiefe attackieren
→ Kreisende Freilaufbewegungen (die es erlauben, in die Tiefe zu gehen, sobald der Rücken des Gegners gewonnen wurde)
→ Freilaufen von außen nach innen
→ Rolle als vierter Spieler / späterer Passempfänger eines Ballverlaufs antizipieren und in Position sein / durchlaufen
→ Intentionen verbergen / spät zeigen durch Körperhaltung
→ Wie reagiert der Gegner auf meine Bewegungen (kann ein Verteidiger „aus der Position" gezogen werden)?
→ Je nach Profil: Optimale Breite geben
→ Immer mit dem Spiel verbunden; lauern & antizipieren möglicher Fehler vom Gegner
→ Aktionen verbinden

Defensiv:

→ Spiel des Gegners vorhersehbar machen durch Positionierung und Körperhaltung, Optionen rauben
→ Timing: Mit dem Ball gleichzeitig beim Gegner ankommen; Bälle erobern
→ Sofern notwendig, bis zum Schluss (eigene Hälfte) verteidigen und nächsten Spieler mit unterstützen
→ Nach Ballgewinn die nächste Anspielstation sein; mit Ball das Spiel vorantreiben; nach Pass weiter durchlaufen und Aktion stützen

Stürmer:

Leverkusen verfügt über mehrere zentrale „9er", die in der vergangenen Saison mitunter auch zusammen (Doppelspitze mit Boniface und Schick, dazu Tella, phasenweise auch Hložek) agiert haben. In anderen Spielen wurde bewusst auf das Profil der „klaren 9" verzichtet zugunsten eines flexiblen Sturms mit hoher Mobilität, der permanent die Tiefe attackiert. Das Profil des klaren Stürmers kann kombiniert werden; am häufigsten agierte die Werkself jedoch mit einem klaren Stürmer (zu Beginn der Saison zumeist Boniface, später Schick).

Die Anforderungen auf dieser Position sind u. a.

→ Verwerter; entsprechendes Verhalten in der Box; torgefährlich innerhalb und außerhalb des 16ers

→ Spielen mit der Positionierung: Mit Körperkontakt zum Gegner (1v1 auf der letzten Linie herstellen); in den Zwischenräumen (Gegner binden & Schnittstellenpass); im Rücken des Gegners (bewusst im Abseits stehen)

→ Verschiedene Spielerrollen (Gegner binden und bedrohen oder durch hohe Mobilität (Zurückfallen oder nach Außen ausweichen, um Gegner aus der Position zu ziehen) oder Block für tiefen Laufweg des Mitspielers, etc.) in Abhängigkeit zur Spielstrategie und den situativen Bedürfnissen der Mannschaft

→ Freilaufbewegungen, die den Rücken der Gegner attackieren

→ Gemeinsam mit den anderen Spielern: „beziehungsgemäße Vorteile" herstellen (Überladen / Überzahl herstellen; Gegner umringen; bewusst Gegner binden, um Raum zu schaffen für Mitspieler, etc.)

→ Seitliche Positionierung, um Ball und Tor gleichzeitig zu sehen

→ Diagonale Positionierung zum Ball

→ Aktiv werden, sobald der Ball mich überholt

→ Gegner täuschen; durchsetzen im Finale

→ Kombinieren in der Box (von hinten leicht diagonal zum Gegner spielen; verschiedene Höhen in der Box besetzen; Tempowechsel, etc.)

→ Ball halten und beschützen (festmachen) – Arme nutzen vor Ballerhalt (Absetzen)

→ Gegner desorganisieren durch Positionierung

→ Spiel vorhersehbar machen; „Anführer" des Pressings; Spiel antizipieren

→ Mit Ball beim Gegner ankommen; Bälle erobern durch Antizipation oder Zweikampf, Optionen rauben

Die dargestellten Positionsprofile sollen einen Einblick über die mögliche Detailtiefe der Interpretation durch die Spieler und damit eine Orientierung geben, welche Bewegungen und Aktionen miteinander harmonisiert, synchronisiert und in der Folge gemeinsam umgesetzt werden sollen. Dabei ist es weder notwendig, dass alle Spieler alles (über jede Position) wissen, noch, dass der einzelne Spieler alles über seine eigene Position weiß, da die Handlungen nicht zwangsläufig eine Kenntnis des Gesamtkontextes notwendig machen, sondern auch intuitiv erfolgen können. Es geht darum, wesentliche Informationen zu thematisieren, die der Trainer während der Trainingsformen seinen Spielern nahebringen kann, um seine Spielidee umzusetzen. Im Kapitel der Trainingsvorschläge sind einige solcher Kontexte hinterlegt.

KAPITEL 4

Ausblick

Wie wird es weitergehen für Bayer Leverkusen und Xabi Alonso – nach einer (fast) perfekten Saison? Wir können davon ausgehen, dass der Hunger nach mehr und die Obsession, einen noch stärkeren Perfektionsgrad zu erreichen, nicht nachlassen wird. Mit der Champions League kommt ein stärker fordernder Wettbewerb hinzu, für den die Mannschaft bereit scheint. Xabi Alonso selbst hat sich während der aktuellen Saison dazu bislang keine Gedanken gemacht. Im Moment des DFB-Pokal-Triumphs hat der Baske für Zukunftsfragen keine Gedanken: „Ich brauche jetzt ein bisschen Zeit, um akzeptieren und verarbeiten zu können, was das für eine Saison war. Was wir alles erlebt haben und jetzt hier am letzten Tag feiern zu können, das ist etwas Spezielles."[396]

Diese Gedanken werden in der Sommerpause mit etwas Abstand zum Verarbeiten der zahllosen Eindrücke sicher kommen – und dann wird der Staff mit viel Energie, Inspiration und weiteren Details, die es zu verbessern gilt, die Mannschaft weiter fordern und für die nächsten Herausforderungen bestmöglich vorbereiten. Vermutlich werden wir dann auch erleben, wie es ist, wenn Bayer Leverkusen einmal verliert. Wahrscheinlich ist jedoch auch, dass dies nicht zu häufig der Fall sein wird. Bereits zu seiner Zeit als Trainer von *Sanse* in San Sebastián sprach Alonso über die große Schwierigkeit, ein erfolgreiches Niveau zu halten: „Eine Copa zu gewinnen ist sehr schwierig, aber das Schwierigste ist, das Niveau zu halten – nicht nur zu gewinnen und dann abzusteigen, sondern in der Nähe des nächsten Sieges zu bleiben."[397]

---

396 Alonso zit. n. Kicker online vom 25.05.2024.
397 Alonso zit. n. Corrigan 2021.

Mit Blick auf die bisherige Entwicklung der Mannschaft unter Xabi Alonso seit Amtsbeginn im Herbst 2022 lässt sich feststellen, dass diese nach einem defensiven Grundgerüst und einer offensiven Grundstruktur in den letzten Monaten zunehmend fließendere Positionierungen und Interpretationen ihres eigenen Spiels gezeigt hat. Es ist davon auszugehen, dass dieser Trend in der kommenden Saison beibehalten wird. Hinzu kommt, dass sich das Spielmodell durch die Neuzugänge (u. a. wurde Aleix García von Girona verpflichtet) weiterentwickeln wird und jeder neue Spieler seine persönliche Nuance und Interpretation hinzufügen wird. Mit der Champions League wartet darüber hinaus eine nächste Herausforderung für die Mannschaft Alonsos, Woche für Woche auf absolutem Top-Niveau den eigenen „Bayer-Fußball" durchzubringen, sich permanent weiterzuentwickeln und dabei auch Durststrecken zu überstehen, um immer wieder auch gute Ergebnisse einzufahren. Dass die Mannschaft von Xabi Alonso das gesamte Repertoire aus Pragmatismus und tollem Kombinationsfußball beherrscht, war bereits in den letzten beiden Saisons zu sehen. Nun schauen wir gespannt auf die weitere Entwicklung eines der aufregendsten Teams im europäischen Fußball.

KAPITEL 5

Trainingsvorschläge

„Ich denke, es ist sehr wichtig, das Spiel zu verstehen. Du musst verstehen, wo die Räume sind, wie du deine Mitspieler einsetzen kannst und wie du das Beste aus dem Spiel herausholen kannst."

XABI ALONSO

„Die tagtäglichen Trainingsformen sollte der Trainer mit Blick auf seine Mannschaft auswählen."

CÉSAR LUIS MENOTTI

In diesem Kapitel geht es nicht darum, ohne nachzudenken bestimmte Trainingskontexte zu kopieren, mit der Garantie, sie seien ein Rezept, dass jeder Mannschaft dabei helfen wird, genauso zu spielen wie Bayer Leverkusen unter Xabi Alonso in der vergangenen Saison. Vielmehr geht es um Trainingsideen und -vorschläge, die als Inspiration gedacht sind, weiterzudenken und diese für die eigene Mannschaft passend zu gestalten, um eine Spielidee nach den Präferenzen des Trainers, den Vorgaben des Clubs und insbesondere nach den Fähigkeiten der eigenen Spieler umzusetzen. Daher ist es mir wichtig zu betonen, dass es in jeder Trainingsform insbesondere um die Grundintention, die Herangehensweise und um den konkreten Inhalt geht, jedoch auch eine gewisse Anpassung im Detail an die speziellen Bedürfnisse einer Mannschaft benötigt. Im Fußball ist es eine der Aufgaben des Trainerteams, „Trainingsformen zu entwickeln, die den Kontext und die Bedingungen des Wettkamps abbilden, mit dem Ziel, den maximalen Übertrag vom Training auf den Wettkampf zu erreichen."[398] Das Training bietet dabei den direkten „Kommunikationskanal zum Sportler, um zu interagieren; motorische, kognitive, konditionelle Schemen zu modifizieren; um Verhaltensweisen zu ändern und, letztlich die Optimierung der Sportler zu bilden."[399]

Ein Trainer sollte sich leidenschaftlich mit der Gestaltung von Trainingsformen auseinandersetzen, Lust auf Wettbewerb haben und nicht nur den Sport an sich verstehen, sondern auch die Bedürfnisse und Strukturen, die auftreten und den Spieler ausmachen.[400] Und dies alles in einem nicht linearen und komplexen Kontext wie Fußball.

Wenn wir also auf Training schauen, dann sehen wir den Coach mit seinem Trainerteam, der einen Trainingskontext vorschlägt, in dem verschiedene Interaktionen der Spieler untereinander ermöglicht und darüber die Beziehungen des

398   Pinder et al. 2011.
399   Serrés Lara 2017.
400   Ebd.

Teams miteinander optimiert werden. Das Training sollte ein gesamtbereichernder Prozess sein, in dem der Trainer die Rolle als Unterstützer und Vereinfacher einnehmen kann, um dem Spieler neue Perspektiven zu ermöglichen. Während des Trainings werden also Kontexte geschaffen, in denen verschiedene Lösungsoptionen durch Erkundung entdeckt werden. Im Profisegment ist dies nicht immer möglich: In Anbetracht der Prägung der Spieler und der zur Verfügung stehenden Trainingszeit, kann es für eine Mannschaft situativ hilfreich sein, konkrete Lösungen auf dem Platz durchzuspielen. Gleichzeitig ist in einem unvorhersehbaren, chaotischen Spiel wie Fußball der Raum für vorgefertigte Lösungen eher gering. Tatsächlich lohnt es sich, über minimale Veränderungen (wie zum Beispiel veränderte Positionierungen oder Höhen) konkrete, starke Möglichkeiten zur Einwirkung zu nutzen und den Spielern zu generellen Verhaltensweisen zu verhelfen, die charakteristisch für „unser Spiel" sind. Das Entstehen von neuen Lösungen ist eine Konstante, die im Fußballtraining verfolgt werden sollte. Dabei werden Technik und Taktik nicht getrennt, da beides Hand in Hand geht und sich miteinander verwoben entwickeln kann. Innerhalb des Verständnisses von Training und Trainingsplanung sollte nicht vergessen werden, dass jedes Training ein sehr lebendiger Prozess ist, bei dem jeder einzelne Spieler und das Team als Ganzes mit den praktischen Vorschlägen des Trainerteams interagiert und diese anhand der vorhandenen (expliziten oder impliziten) Intentionen und vorhandenen Prägungen und Einschränkungen interpretiert.

Innerhalb des Trainerstabs von Xabi Alonso ist auch der Athletiktrainer Ismael Camenforte tätig, der neben zahlreichen Erfahrungen beim FC Barcelona auch gemeinsam mit anderen Athletiktrainern aus dem spanischen Profibereich einen wissenschaftlichen Artikel über die Spezifität von Fußballtraining geschrieben hat. Darin werden Kriterien untersucht, anhand derer eine Aussage darüber getroffen werden kann, wie fußballspezifisch eine bestimmte Trainingsform ist. Die Spezifität innerhalb des Fußballtrainings kann als wichtigstes Charakteristikum genannt werden[401], das als „zunehmend anerkannteres Trainingsprinzip" die adaptiven Antworten des Sportlers innerhalb der vorgeschlagenen Kontexte formt.[402] Camenforte et al. schlagen eine Liste von 100 Trainingsformen vor, die sie anhand ihrer Spezifität bewerten, wobei jene Trainingsformen, die mehr Charakteristiken des Wettkampfspiels aufweisen (z. B. mit zwei Torhütern, feste Spielrichtung, Abseits, etc.) als spezifischer angesehen werden.[403] Die Trainings-

401 Tarrago et al. 2019.
402 Gamble 2006; Issurin 2010; Vilar et al. 2014.
403 Camenforte et al. 2021.

form, die also am meisten den Wettkampf repräsentiert, ist das 11v11, wobei auch hier zwischen den Anforderungen eines offiziellen Wettkampfspiels und eines Trainingsspiels unterschieden wird.[404] Das Training bildet also eine „simulierte Situation des Wettkampfs, welche wir manipulieren, um die Schwelle der Erreichbarkeit des Spielers einfacher zu erreichen bzw. übermäßig zu stimulieren. Dabei geben wir jenen Aspekten Vorrang, die uns in diesem Moment besonders interessieren."[405] Dies ist allerdings nicht gleichbedeutend mit der Aufforderung, lediglich in Kontexten des 11v11 zu spielen, da bestimmte Verhaltensweisen und Details in anderen, kleineren Kontexten mitunter vermehrt zur Geltung kommen und daher für die Spieler leichter zu identifizieren sind. Der ehemalige U18-Trainer von Real Madrid, Fran Beltrán, erläutert den Wert von vielfältigen Trainingskontexten folgendermaßen:

„Die didaktischen Mittel, um diesen Grad an Koordination und Harmonie zu erreichen, müssen vielfältig sein. Offen gesagt, muss man eine sehr hohe Kompetenz haben, (...) damit [nur] aus Spielsituationen und Kontexten maximaler Ungewissheit, die den gesamten Zyklus des Spiels respektieren, die Fußballer in der Lage sind, auf bestimmte Reize zu achten, die ihnen vorher nicht bewusst waren und mehr individuelle Fragen oder Interaktionen verursachen, die so definiert sind, dass sie zehn Minuten lang immer wieder auftauchen.

Ich glaube an ein Training, das das Spiel und den Spieler auf allen möglichen Ebenen anspricht und Individualtaktik in Gruppenkontexte einbindet. [Im Training geht es darum,] Situationen zu provozieren, die mich dazu zwingen, in Stresssituationen und mit Gegnern zu interagieren, so wie ich es für nützlich halte, gelegentlich ohne direkten oder aktiven Widerstand zu arbeiten, um auf Kriterien der Distanz, mögliche Beziehungen, koordinierte Bewegungen zu achten, viele Male in sehr kurzer Zeit eine Antwort auf eine bestimmte Frage zu reproduzieren (...).

Der Spieler tut in Kontexten der Ungewissheit das, was er weiß, daher halte ich es nicht für falsch, Fragen aus dem Spiel zu entnehmen, sie zu präsentieren, sie bewusst zu machen und an ihnen zu arbeiten. (...) Nur das eine? Nur das andere? Nein! Es handelt sich um nicht-lineare Prozesse, in denen es eine Beziehung zwischen allen Elementen der Konstruktion gibt, die beabsichtigt ist, und wenn wir uns selbst zu Vermittlern erklären, müssen wir auf die angemessenste Weise auf die Spieler einwirken und nicht immer nur auf eine Art."[406]

---

404 Ebd.
405 Serrés Lara & Massafret 2017.
406 Beltrán in Ballesteros 2020.

Dennoch ist klar, dass „das ultimative Ziel das Spielen ist. Und wenn das das Ziel ist, kann Training nur einen Sinn haben: Es spielerisch zu tun."[407] Der Hauptfokus innerhalb des Trainingsprozesses liegt daher klar auf Spielformen, in denen die Spieler in das Anwenden ihrer Fähigkeit und Erleben der Spielsituationen kommen. Dies ist ein nicht-linearer Prozess.[408] Dies hat einerseits damit zu tun, wie das menschliche Gehirn lernt: Es handelt in Zusammenhängen (Konzepten). Dabei sammeln wir unterschiedliche Erfahrungen im Zusammenhang mit demselben Konzept bzw. dasselbe Konzept wird auf unterschiedliche und bereits erlebte Erfahrungen angewandt. Die an die Erfahrung gekoppelte Emotion kann dabei ein entscheidender ‚Beschleuniger' (oder ‚Verhinderer') innerhalb des Lernprozesses sein.[409] Lernen findet statt „wenn sich der Lernende im Kontext der Lernumgebung befindet, und der Wissenserwerb (...) als Folge von Interaktionen zwischen dem Lernenden und der Umgebung" erfolgt.[410] Dies geschieht durch permanente Anpassung, um die variablen, vom Trainer vorgeschlagenen, Ziele zu erreichen.[411] Der Trainingskontext sollte dabei „repräsentative [spezifische] Informationen" beinhalten und die Spieler dazu „einladen, Lerngelegenheiten" zu finden und ihre Aufmerksamkeit auf bestimmte Bereiche zu lenken.[412] Die Spieler agieren dabei nicht als passive Konsumenten, sondern nehmen einen aktiven Part innerhalb des Trainingsprozesses ein, da sie über die Interpretation und insbesondere das *Wie* in der Umsetzung der Trainingsform mit entscheiden und „innerhalb ihres Entwicklungsprozesses lernen" und von dem Trainer aktiv miteinbezogen werden können.[413] Der Trainer hilft den Spielern dabei, ihre Aufmerksamkeit auf bestimmte Stimuli des Trainingskontextes zu lenken, was es den Spielern vereinfacht, gemeinsame Möglichkeiten zur Interaktion zu finden und darüber gemeinsam geteilte Intentionen zu entwickeln.[414] Innerhalb dieses Prozesses sollte der Trainer nicht vergessen, „dass wir nicht alle gleich lernen innerhalb der gleichen, vorgeschlagenen Trainingssituationen."[415] In der permanenten Interaktion des Trainingskontextes gilt es also für den Coach, regelmäßig zu überprüfen, ob die durch ihn vorgeschlagene Trainingsform die optimalen Lerngelegenheiten für jeden einzelnen Spieler bereithält und wie der

407 Amiero zit. n. Cano 2010.
408 O'Sullivan et al. 2021.
409 Damunt & Guerrero 2021, Balagué 2021.
410 Chow 2013.
411 Damunt & Guerrero 2021.
412 O'Sullivan et al. 2021.
413 O'Sullivan et al. 2021, Balagué 2021.
414 Ebd.
415 Massafret 2017.

Trainer hierin tiefergehend unterstützen kann. Auf den Einzelnen einzugehen bedeutet jedoch nicht, maximal individuell und isoliert zu trainieren, wie Óscar Cano bemerkt: „Maßgeschneiderte Übungen für jeden einzelnen Spieler, ohne die anderen zu berücksichtigen, verhindern, dass die ‚soziale Intelligenz lebendig bleibt', wo doch das große Bestreben darin liegt, was wir gemeinsam effektiv tun können, damit jeder sein größtes Potenzial zum Ausdruck bringt."[416] Ähnliches gilt für die Vorhersehbarkeit innerhalb des Trainings: „Wenn du schon weißt, was passiert, ist es kein Training für intelligente Wesen."[417] Paco Seirul·lo unterstreicht dies:

„[Ich] bestätige, was die Wissenschaft sagt, nämlich, dass isoliertes Üben Egoismus und Aggressivität hervorruft. Aber es ist sogar noch destruktiver, denn es wurde gesagt, dass es die exekutive Aufmerksamkeit und das induktiv-deduktive Denken blockiert, was zu langsamen und allgemein komplizierten Entscheidungen führt. Im Gegenteil, die kooperative Praxis an sich, was auch immer sie sein mag, erzeugt unmittelbare ‚Belohnungen' für ihre Teilnehmer, da sie nachweislich alle sogenannten ‚vorderen Gehirnregionen' aktiviert, die für die Kenntnis der Umwelt und die komplexe Funktionalität verantwortlich sind, die uns in die Kategorie der intelligenten Menschen mit allem, was dies mit sich bringt, erhebt. Und wenn diese Übung in einem ‚reduzierten Raum' durchgeführt wird, werden diese Werte exponentiell optimiert."[418]

Tatsächlich spezifisch und individuell trainiere man spielerisch, „indem ich in natürlichen Räumen angreife, basierend auf meinen Eigenschaften, in Übereinstimmung mit denen, die mich am besten ergänzen und in einer Art und Weise, die unsere gemeinsamen Ziele definiert."[419] Dadurch würden „unzerstörbare" Verbindungen geschaffen, die den Respekt untereinander, sowie den Stolz der Zugehörigkeit der Gruppe enorm erhöhen, da das Verständnis der Spieler, immer etwas für die Gruppe tun zu müssen oder etwas beizutragen, weiter ausgeprägt wird.[420] Dies gilt insbesondere für eine kollektive, kooperative und sozio-affektive Interpretation des Fußballspiels.

---

416 Marina zit. n. Cano 2010.
417 Balagué 2021.
418 Seirul·lo 2024.
419 Cano 2010.
420 Seirul·lo 2024.

Um sich an den Kontext anzupassen, muss der Spieler verlässliche Informationen aus dem Gesamtkontext (Umgebung, Spielsituation, aber auch über sich selbst) sammeln, das Spiel verstehen und die Auswirkungen seiner Aktionen auf den Kontext kennen (Unterrichtung über die Intention). Das Ergebnis des Trainings ist eine höhere Anzahl (Zunahme der ausführbaren Aktionen) und Qualität (Kalibrierung – situationsadäquate Ausführung) der technischen Möglichkeiten.[421]

Das Training ermöglicht dem Spieler, viele Erfahrungen in Bezug auf ein einziges Konzept zu sammeln. Der Spieler sollte viele verschiedene Kontexte mit einer Vielzahl unterschiedlicher Stimuli (in Bezug auf Mitspieler, Gegner, Regeln und Raum, etc.) erleben, um die Konzepte variabel anwenden zu können. Gleichzeitig existiert nie nur ein Konzept alleine, sondern idealerweise alle zur selben Zeit, wenn auch mit unterschiedlicher Akzentuierung. Ein Konzept kann zum Beispiel das Bilden von Passlinien sein, ein anderes sich mit dem Mitspieler zu vernetzen, der gerade die vorteilhafteste Situation auf dem Platz hat. Dies geschieht im Mannschaftskontext, wobei es innerhalb des Entwicklungsprozesses nicht nur relevant ist, „im Mannschaftskontext" (‚en equipo') zu lernen (was lediglich für den individuellen Spieler von Vorteil ist), sondern als Mannschaft zu lernen (‚como equipo'), da es hier auch noch mehr darum geht, die gemeinsamen Intentionen zu verwirklichen und das gemeinsame Handeln aufeinander abzustimmen, also im Grunde zu synchronisieren.[422] Insbesondere in allen Bereichen, die auf ein optimales Zusammenwirken einer Mannschaft auf dem Spielfeld angewiesen sind, ist dies ein wichtiger, zu berücksichtigender Faktor.

> „Fußball befindet sich in einer Subzone zwischen Ordnung und umwandelbaren Chaos und gehört daher vollständig zum Bereich der Komplexität. Daraus folgt, dass Informationen und Interaktionen die wichtigsten aufkommenden Faktoren sind."[423]
>
> **PACO SEIRUL·LO**

Die Essenz des Spiels basiert auf den Beziehungen und Interaktionen, die vom Trainer gefördert werden und kreative Handlungen ermöglichen, solange die Gruppe identifiziert, dass sie als Kollektiv (Team) agieren und performen muss. Alle Aktionen, die es dem Spieler ermöglichen, in einer bestimmten Facette des Spiels zu performen, sollten immer zur Umsetzung der gemeinsam geteil-

---

421 Damunt & Guerrero 2021.
422 Seirul·lo in Benedetti 2024.
423 Seirul·lo 2010.

ten Intention des Teams beitragen. Innerhalb dieses Zusammenwirkens einer Mannschaft sind die Wechselbeziehungen der Spieler zu- und untereinander ein wichtiges Element. Diese sollten aus Sicht von Abel Mourelo durch Spielen „auf didaktische Art und Weise" trainiert werden, und so, „dass die Beobachtungsgabe des Trainers ihnen ausreichend hochwertige Informationen liefert. Bei uns war der Erste, der sich bewegte, immer Derjenige, der in Ballnähe war. Je nachdem, was er tat, wurde der Nächste gefordert. Der Schlüssel liegt darin, einen Kontext der ‚Gewissheit' zu schaffen, in dem die Jungs wissen, welche Räume sie besetzen müssen und welche Rolle sie spielen werden, je nachdem, wo sie sich befinden. Der potenzielle Passempfänger, der stoppt, um den Gegner zu binden, damit der Nächste davon profitiert, und wenn er [der erste Passempfänger] dann den Ball erhält, bin ich der potenzielle [nächste] Passempfänger... Deshalb ist es ein Spiel der Wechselbeziehungen, nicht der Beziehungen. Wenn ich den Ball habe, funktioniere ich auf eine Weise und du auf eine andere. Aber in dem Moment, in dem ich ihn dir gebe, ändert sich unsere Funktionsweise. Ich bin nicht mehr in Ballbesitz, aber nicht in Bezug auf dich, sondern in Bezug auf jemand anderen. Es ist wichtig, dass der Spieler sich darin wiederkennt und unser Spiel mitgestaltet, deshalb ist das Wer so wichtig."[424] Aus diesem Grund ist auch die Mixtur der Mannschaften und damit die Teamzusammenstellung im Training ein wichtiges Mittel innerhalb des didaktischen Prozesses, da hier bereits entscheidend über das Zusammenwirken und die gemeinsamen Beziehungen entschieden wird. Der Trainer kann sich dafür entscheiden, möglichst viele verschiedene Spieler innerhalb des Trainings zusammenzubringen, um die Anpassungsfähigkeit seiner Mannschaft untereinander zu fördern oder aber bestimmte Beziehungen untereinander zu stärken, da diese Spieler mit einem perfekten Verständnis füreinander auch im Wettkampf agieren sollen (z. B. die Innenverteidiger untereinander, ggf. in Verbindung mit den zentralen Mittelfeldspielern oder die Stürmer untereinander, ggf. in Verbindung mit den offensiven Außen, etc.). Jeder, der als Kind viel Zeit mit dem besten Freund auf dem Fußballplatz verbracht hat, mag sich daran erinnern, dass mit der Zeit ein „blindes Verständnis" entwickelt wurde. Dies geschah durch viele gemeinsame Momente auf dem Platz, spielend und auf den anderen achtend. Die Mannschaft, die einen solchen Grad an gemeinsamen, („blinden") Spielverständnis entwickeln kann, ist in einem entscheidenden Vorteil gegenüber ihrem Gegner. Es ist diese Art von Verständnis, die Paco Seirul·lo „sozio-affektiver Vorteil" oder „beziehungsgemäßer Vorteil" nennt.[425]

---

424 Mourelo in Ballesteros 2020.
425 Seirul·lo 2024.

Innerhalb des Trainingsprozesses wollen wir durch systematische Wiederholung unseres Spiels gewisse „Gewohnheiten" zu schaffen, die es den Spielern ermöglichen „im Einklang" mit den anderen zu spielen.[426] Fran Beltrán ergänzt diesbezüglich sogar: „Fußball ist erst dann effektiv, wenn man nicht mehr denkt. Deshalb muss ich alles, was ich auf dem Platz umsetzen will, vorher in eine Gewohnheit verwandeln."[427] Die „Gewohnheit" ist jedoch nicht zu verwechseln mit einem „Automatismus", wie Paco Seirul·lo erklärt, der dem Begriff im Fußball eher ablehnend gegenübersteht: „Wir bauen in die Wiederholung Varianten ein. Denn wenn ich gegen dich immer das Gleiche mache, kapierst du den Trick spätestens beim dritten Mal. (...) Wir müssen Spielsituationen schaffen, bei denen automatisches Wiederholen nichts nützt. Wir müssen die Zahl der ‚Automatismen' verringern. Denn wenn das Spiel zu automatisiert abläuft, brauche ich keine zehn Sekunden, um zu kapieren, was deine Automatismen sind. Stattdessen müssen wir herausfinden, wie zwei Spieler am effektivsten miteinander agieren, und das müssen wir dann trainieren. (...) Die Interaktionen zwischen Spielern sind im Fußball die Grundlage für Erfolg."[428]

Der Trainer ist für Abel Mourelo in diesem Prozess die Schlüsselfigur: „die Fähigkeit, zu sehen, zu erkennen... Und die Antworten zu kennen, die unsere Spieler geben. Wir können drei Arten von Antworten geben: die autonome, die spontane und die, von der wir nicht wissen, wie sie zu beantworten ist. Die autonome Antwort ist diejenige, bei der man feststellt, dass der Spieler aufgrund seines Talents diese immer wieder gibt. Er ist in der Lage, sie über einen längeren Zeitraum aufrechtzuerhalten, indem er sie bewusst ausführt. Unsere Aufgabe besteht darin, sie zu erkennen und zu verstärken."[429] Hier unterstreicht Mourelo die Wichtigkeit, die Absicht des Spielers wertzuschätzen, unabhängig von der erfolgreichen Ausführung, da diese gemeinsam optimiert werden könne. „Dann gibt es noch die spontanen Reaktionen. (...) Er macht das alles aus dem Unterbewusstsein heraus. Er weiß nicht, warum, wo oder wie er es getan hat. Unsere Hilfe besteht darin, diese Verhaltensweisen und Zusammenhänge für den Spieler zu identifizieren, ihnen Namen zu geben und sie zu trainieren, um sie aus dem Unbewussten ins Bewusstsein zu bringen. Schließlich sind es die Reaktionen, die er nicht erkennt oder ausführt, und sie helfen ihm, diese Palette zu erweitern. Der Prozess von Wahrnehmung – Entscheidung – Ausführung existiert nicht.

---

426 Mourelo in Ballesteros 2020.
427 Beltrán in Perarnau 2016.
428 Seirul·lo in Perarnau 2016.
429 Ebd.

Der Spieler handelt. Alles basiert auf dem Vorhergehenden."[430] An dieser Stelle möchte ich ergänzen, dass es für den Spieler (und auch für die Mannschaft) in der Regel nicht entscheidend ist, ob er weiß, was er tut, solange er adäquat zur Spielsituation handelt, da das intuitive Handeln mit dem Spielgefühl verbunden ist und daher oftmals viel schneller ausgeführt werden kann, als wenn vorher darüber nachgedacht wurde. Der Psychologieprofessor Daniel Kahneman beschreibt dazu in seinem Buch „Schnelles Denken, langsames Denken" die Unterscheidung zweier kognitiver Systeme: System 1 und System 2. System 1 ist dabei das, was wir als intuitives Handeln bzw. intuitive Reaktion und Annahmen beschreiben können, es „arbeitet automatisch und schnell, weitgehend mühelos und ohne willentliche Steuerung."[431] Wenn wir gedanklich in diesem System unterwegs sind, agieren wir schnell. Anders ist dies bei System 2, das „die Aufmerksamkeit auf die anstrengenden mentalen Aktivitäten [lenkt]. (...) Die Operationen von System 2 gehen oftmals mit dem subjektiven Erleben von Handlungsmacht, Entscheidungsfreiheit und Konzentration einher."[432] Wie wir uns alle vorstellen können, agieren wir in diesen Momenten langsamer. Im Fußball, in dem schnelle (richtige) Entscheidungen ein Schlüssel zum Erfolg sind, empfiehlt es sich, in System 1 unterwegs zu sein. Dafür muss der Spieler so trainiert sein, dass er intuitiv adäquat zur Spielsituation handeln kann.

Der Unterschied, den Mourelo in seinem Kommentar nennt, beschreibt eine Zwischenstufe innerhalb der Kompetenzentwicklung. Im Modell der „Kompetenzstufenentwicklung"[433] wird lediglich zwischen „bewusster Inkompetenz" und „bewusster Kompetenz" auf dem Weg zur „unbewussten Kompetenz" unterschieden. Im Fußball kann es jedoch passieren, dass Spieler bereits „unbewusst kompetent" sind, sie jedoch aufgrund des Mangels an Klarheit in ihren Entscheidungsprozessen nicht die gewünschte Stabilität aufweisen. Für den Trainer geht es in diesem Prozess nicht darum, die Wahrnehmung dieses Spielers durch zu viele Informationen zu verkomplizieren, sondern ihm den Wert seiner Aktionen aufzuzeigen, damit dieser diese Aktionen bewusster suchen und ausführen kann und die erfolgsversprechendsten Momente für diese noch besser findet. Gelingt dies, ‚performt' der Spieler im Moment, wie Mourelo sagt: Er handelt. In diesem Augenblick kann der Spieler einen Zustand erreichen, der als „Flow" bezeichnet wird.

---

430 Ebd.
431 Kahneman 2011.
432 Ebd.
433 Maslow / Burch.

Die Fähigkeit zum „Flow" versetzt den Spieler in einen emotionalen Zustand, der hohe Leistungen während eines Spiels ermöglicht. Der Spieler wird von Emotionen angetrieben, um bei der Entscheidungsfindung Geschwindigkeit (Effizienz) zu erreichen.[434] In diesem Moment handelt der Spieler komplett intuitiv und ohne nachzudenken. Das Konzept des Flows geht auf den Psychologieprofessor Mihály Csíkszentmihályi zurück, der den Flow „als einen Geisteszustand definiert, in dem die Leistung optimal ist, ohne dass große geistige Anstrengung erforderlich ist, und in dem sich der Betreffende voll und ganz auf die Tätigkeit um ihrer selbst willen einlässt."[435] Dabei ist man sich seiner selbst und der Zeit nicht mehr bewusst, da „jede Handlung, Bewegung oder jeder Gedanke (...) unweigerlich aus einer vorangegangenen Handlung, Bewegung oder einem Gedanken" entsteht.[436] Dieses Verhalten können wir im Alltag häufig bei spielenden Kindern erleben, die „im Spiel" alles um sich herum vergessen und nur „im Moment" sind.

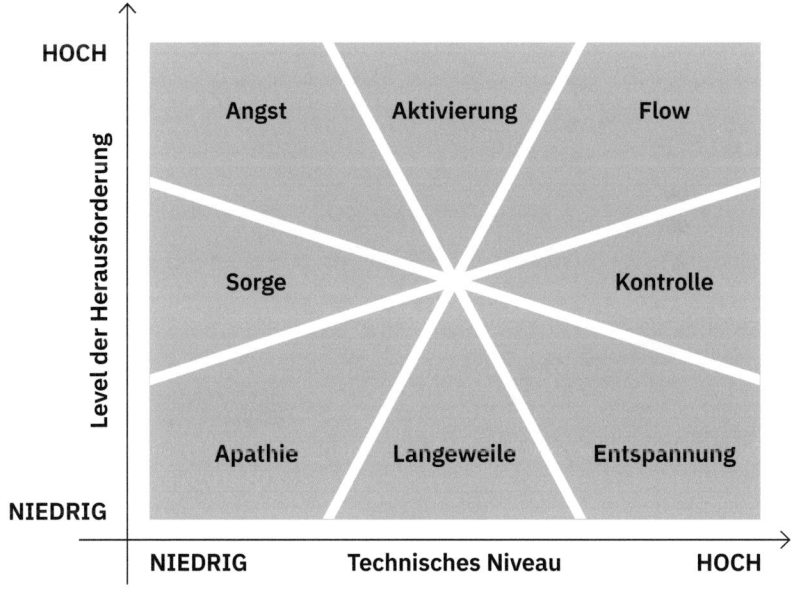

Grafik: Finding flow nach M. Csíkszentmihályi (1997). Eigene Darstellung.

434 Damunt & Guerrero 2021.
435 Ebd.
436 Ebd.

Damit jemand in diesen Zustand kommen kann, muss ein „Gleichgewicht zwischen der Herausforderung der Aufgabe und den Fähigkeiten der Spieler hergestellt werden. Die Aufgaben müssen motivierend sein und den Spieler auf die Aufgabe selbst oder ihre Ziele und nicht auf sich selbst fokussieren; sie dürfen auch nicht auf Befehlen oder Überlegungen beruhen, da diese den Spieler in Bewusstseinszustände zurückführen können."[437] Flow entsteht also aus dem optimalen Verhältnis von Anspruch und Herausforderung zu den eigenen Fähigkeiten. Wird eine Aufgabe als zu leicht wahrgenommen, erzeugt dies Langeweile; ist eine Aufgabe in der Wahrnehmung der Spieler zu schwierig, erzeugt dies andersherum Angst oder sogar Apathie.

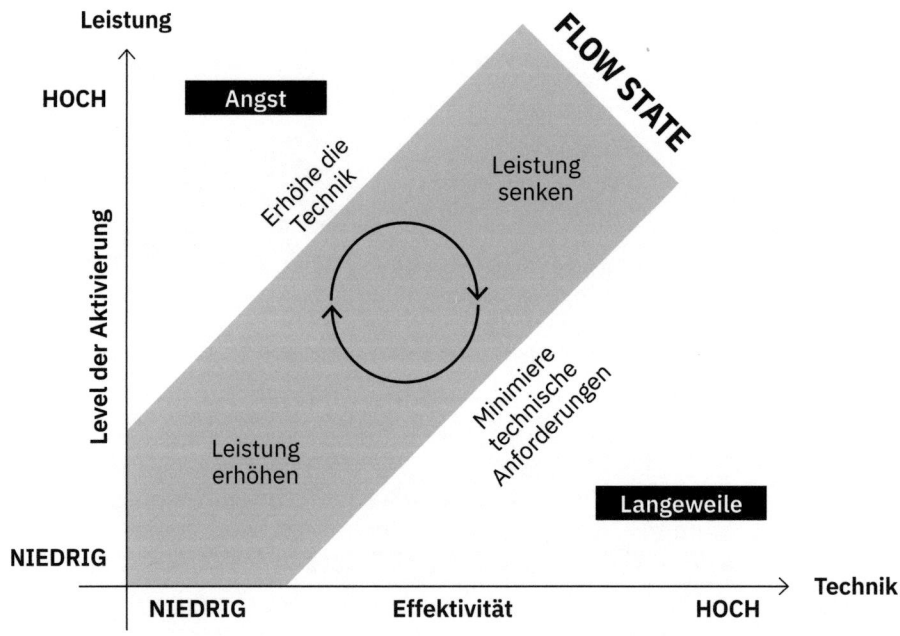

Grafik: Finding flow nach M. Csíkszentmihályi (1997). Eigene Darstellung.

437 Ebd.

Für den Trainer geht es im Training darum, dass seine Spieler „in den Flow" kommen, weshalb er Aufgaben und Trainingskontexte vorschlagen sollte, die die Spieler maximal aktivieren und vor eine spannende Herausforderung stellen. Dies kann durch eine sukzessive Erhöhung der Anforderungen während des Trainings geschehen, wobei diese Anforderungen stets im optimalen Verhältnis zu den Fähigkeiten der Spieler stehen sollten. Gleichzeitig wird der Trainer sehr schnelles Feedback bekommen, wenn die Aufgabe von einem Großteil der Mannschaft als zu schwierig oder als zu einfach wahrgenommen wurde und kann den Trainingskontext dahingehend anpassen. Der Trainer sollte sich seiner Rolle bewusst sein und den Flow seiner Spieler nicht durch sein Verhalten unterbrechen, sondern diesen unterstützen.

Da der Spieler in diesem Zustand „im Handeln" ist, ist es unmöglich diesen Zustand durch vorgeschriebene Abläufe zu erreichen. Stattdessen sollten die Spieler so trainieren, dass sie mit der „Unvorhersehbarkeit und Variabilität von Situationen" umgehen können. Dies erreichen wir durch implizites Lernen, das „auf entdeckendem Lernen beruht." [438] Andrés Iniesta erklärt dies so: „Das sind Situationen, die du so oft erlebt hast, dass dein Gehirn sie irgendwie gespeichert haben muss, damit es, wenn du wieder in diese Situation kommst, das automatisch oder intuitiv macht, ansonsten ist es sehr schwer zu erklären, denn im Fußball gibt es keine Sekunden zum Nachdenken." [439]

Dies geschieht als Gruppe, weshalb innerhalb des Trainingsprozesses die sozio-affektive Struktur der Spieler eine große Rolle spielt. Diese wird immer dann optimiert, „wenn er [der Spieler] Situationen erlebt, in denen er gefühlsmäßig mit anderen Individuen zu tun hat, mit denen er notwendigerweise kooperiert, konkurriert, sie akzeptiert oder ablehnt." [440]
Die Spielsituation ist die Realität, die ein Spieler in jedem sozio-affektiven Raum (in jedem Phasenraum) und zu jeder Zeit während des Wettbewerbs oder des Trainings erlebt und mit ihnen interagiert. Die im Training erlebte motorische Kommunikation wird dadurch wahrscheinlicher vom Mitspieler während des Spiels erkannt und erscheint erneut. Das Training der Beziehungen und der „Fußball-Empathie" der Mannschaft kann den Spielern dabei helfen, die Absichten und Intentionen ihrer Mitspieler besser zu interpretieren und zu verstehen. Dies basiert auf gegenseitiger Unterstützung. Fußball wird immer „im Team" ge-

---

438 Damunt & Guerrero 2021.
439 Iniesta in Damunt & Guerrero 2021.
440 Seirul·lo 2017.

spielt, mit dem Ziel, den Gegner zu überwinden, der ebenfalls als Gruppe agiert, um dies zu verhindern. Die Notwendigkeit, Situationen im Spielkontext zu trainieren, ergibt sich eben daraus: es ist der permanente Kontext der Interaktion mit den eigenen Mitspielern, aber auch mit dem Gegner. Paco Seirul·lo erläutert die Auswirkungen auf den Wettkampf: „Sie können öfter gut spielen und gewinnen als verlieren, wenn Sie erreichen, eine Mannschaft zu sein, in der die meisten Erwartungen zusammenfließen und harmonieren, in der das Fühlen der bewussten [aufeinander achtenden] Identität vor jedem individuellen Interesse steht."[441]

„*Erschaffe eine Atmosphäre, in der das Talent der Spieler aufblühen kann.*"[442]
PAT RILEY

Der Trainer sollte daher Trainingsformen entwerfen, deren Gestaltungselemente sich an den Bedürfnissen des Spiels und der Spieler orientieren. Die Trainingsformen sind dabei komplex, aber nicht kompliziert, da sie als Simulation des Spiels interpretiert werden.[443] Auf diese Weise werden bevorzugte Spielsimulationssituationen (im Spanischen abgekürzt mit SSP) geschaffen, die dem Spieler die notwendige Variabilität bieten, um das Entstehen neuer kollektiver Synergien zu fördern, die ihnen wiederum helfen, sich selbst zu organisieren und auf diese Weise synchronisiert zusammenzuarbeiten. Dies geschieht in Einheit mit dem kollektiven Ziel: Den Ball zu teilen und zu gewinnen! In den Trainingsszenarien ist es wichtig, dass die Spielidentität auf spezifische Weise zum Ausdruck kommt. Die „SSP" [„simulierte, präferierte Situation" > Trainingskontext, der aus dem Spiel abgeleitet wurde, Anm. d. Autors] sind „der Kommunikationskanal des Ausbilder-Trainers, um die Ziele der praktischen Arbeit dem Sportler zu übermitteln. Dies geschieht in einem für den interaktiven Sport eigenen Kontext in einem geteilten Raum."[444] Die „SSP" kommen der Realität des Spiels nahe und fördern Aufgaben, „bei denen sich die Spieler ständig an neue Situationen anpassen."[445] Der Trainer schafft dabei einen Kontext mit einer zu erfüllenden Aufgabe. Diese sollte in Zusammenhang mit dem Trainingsziel so natürlich wie möglich die Spieler dazu bringen „Aktionen und Interaktionen auszuführen, die der Trainer zu optimieren beabsichtigt."[446] Dies sollte eher implizit als explizit geschehen, damit

441 Ebd.
442 Riley zit. n. Seirul·lo 2017.
443 Seirul·lo 2024.
444 Massafret 2017.
445 Damunt & Guerrero 2021.
446 Ebd.

durch das Erleben spielnahe Erfahrungen gesammelt werden. Dies ermöglicht dem Spieler, „erstens die Intentionen zu erkennen, die für das Verständnis des Spiels notwendig sind, und zweitens Handlungsmöglichkeiten zu entdecken, und zwar durch einen Prozess der Wahrnehmungsabstimmung, der ihn präziser in der Wahrnehmung und im Umgang mit den erhaltenen Informationen und flexibler gegenüber den durch den Kontext gegebenen Erfordernissen macht, obwohl er gleichzeitig in den motorischen Reaktionen stabiler sein wird."[447]

Der Wahrnehmungsprozess geschieht dabei in vier Dimensionen:

→ *Blick:* Profil, Körperorientierung, Kopf und Augen mit der Absicht, das Sichtfeld zu erweitern.

→ *Wahrnehmung:* Situationen erkennen, benachbarte Räume (mit Bezug auf das Konzept der Phasenräume; z. B. Raum der gegenseitigen Unterstützung); entfernte Räume (Kooperation)

→ *Situationen analysieren und verstehen:* Blick fixieren, periphere Sicht. Räume erkennen, die sich öffnen oder gerade schließen. Den nächsten Schritt antizipieren.

→ *Entscheiden:* Die beste Option für das Team wählen.

Bevor der Ball den Spieler erreicht, sollte der Spieler bereits all diese Informationen verarbeitet haben. Je intuitiver dieser Prozess abläuft, desto schneller kann der Spieler handeln.

Jeder Spieler braucht eine gewisse Zeit, um die wichtigeren räumlichen oder zeitlichen Aspekte interpretieren zu können, wenn er versucht, das zu erreichen, was der Trainer von ihm verlangt hat. Jonas Hofmann erklärt dies selbst in einem Podcast[448] von kicker und DAZN: Es gab Trainingstage, nach denen er immer wieder gemerkt habe, wie er klare Entwicklungsschritte nach vorne gemacht habe. Er verwies auch auf den Wert von Pflichtspielen innerhalb des Entwicklungsprozesses des Teams und jedes einzelnen. Dies klingt logisch: Nur das Wettspiel selbst erlaubt es dem Spieler, sich im wettbewerbsgemäßen Kontext zu optimieren.

447 Ebd.
448 Hofmann in KMD-Podcast 01.04.2024.

Erfolg zu haben, ist ein positiver Anreiz, der die Verbindung zwischen Bewegung und Emotion erleichtert. Die Erwartungen des Trainers müssen mit denen des Spielers in Einklang gebracht werden, da diese in engem Zusammenhang mit seiner Motivation stehen. Ein Aspekt wird optimiert, wenn der Trainer den Spieler besser kennenlernt (z. B. seine Interessen, Bedürfnisse, die der Schlüssel sind, um unsere Fantasie zu bestimmen). Im Training erhalten die Spieler normalerweise Richtlinien oder Referenzpunkte zum Nachdenken bzw. zur Orientierung, anhand derer sie ihr Handeln ausrichten können. Diese Aktivität stärkt den Spieler in Bezug auf seine motorischen und kognitiven Fähigkeiten. Während des Wettbewerbs stehen dem Spieler in einer realen Spielsituation keine klaren Richtlinien zur Verfügung – es gibt lediglich einige Referenzpunkte, an denen er sich orientieren kann. Diese sollten durch spezifisches Training bekannt sein, damit der Spieler die optimale und beste Entscheidung in der jeweiligen Spielsituation auf Basis der gemeinsam geteilten Intentionen der Mannschaft ausführen kann.

Die folgenden Trainingsvorschläge orientieren sich an dieser Basis und dienen als Ideen, Anregung und Inspiration, um das Spiel von Bayer Leverkusen anhand der von ihnen gezeigten Intentionen abzubilden. Sie dienen keineswegs als Rezept, um immer zu gewinnen (denn dies existiert weder im Fußball, noch in einer anderen Sportart) oder als allgemeingültig „beste" Trainingsform. Innerhalb der Trainingsvorschläge kann der Trainer auch über die Rolle der neutralen Spieler nachdenken. Oftmals werden für diese Rolle zentrale Mittelfeldspieler ausgewählt. Die zentralen Mittelfeldspieler sind die Vernetzer der Mannschaft. Sie sind nicht nur extrem wichtig für den Spielrhythmus – sie sind außerdem jedem Mitspieler nahe. In der Auswahl der neutralen Spieler sollte der Coach im Vorfeld überlegen: Wen möchte ich in seiner Nähe haben? Wie wird sich die Positionierung des Jokers auf das Spielgeschehen auswirken (wo ist die Überzahl)? Gleiches gilt für die Teamzusammenstellung, um zu entscheiden, welche Beziehungen in welchem Kontext gerade optimiert werden sollen.

Je kleiner die Räume im Training sind, desto höher ist die Aktionsdichte: Der Druck auf den Ball ist intensiver, die Spieler haben weniger Zeit und Raum, um Entscheidungen zu treffen und müssen sich besser orientieren. Gleichzeitig gilt es die Spezifität des Trainings im Blick zu halten. Dies gelingt, wie bereits durch Beltrán genannt, durch die optimale Mischung verschiedener Trainingsvorschläge auf Basis der Notwendigkeiten der jeweiligen Mannschaft mit Blick auf die Informationen, die der Trainer implizit oder explizit an die Spieler geben möchte.

Paco Seirul·lo formuliert dafür die folgenden Hinweise und Orientierungshilfen für Trainer:[449]

→ Ich bin klar und eindeutig, ich vermittle, was ich will, mit der Gewissheit, dass sie es verstehen, denn so haben wir es trainiert.

→ Ich bin ehrlich, denn ich biete ihnen Lösungsalternativen an, damit wir uns gegenseitig auf die eine oder andere Weise helfen können.

→ Ich bin dafür verantwortlich, dass unser Austausch so abläuft, wie sie, ich und das Team es sich zu diesem Zeitpunkt und in dieser Spielsituation wünschen.

→ Ich erhöhe die kollektive Feinabstimmung durch überzeugende Synchro- nisation der kollektiven Impulse, um unmittelbare Erfolge in den gewünschten Momenten des Spiels zu erreichen.

→ Ich verstehe, dass motorisches Durchsetzungsvermögen ein Prozess und kein Zustand ist, dass man immer darauf achten muss, wie man kommu- niziert, und lernen muss, es auf verschiedene Arten zu tun, um es an die Situation anzupassen, in der man mit anderen Mitspielern übt.

Im Fußball steht das gemeinsame Handeln im Fokus, welches auf Basis guter Beziehungen zueinander, einer motorischen Kommunikation und einem guten „Aufeinander achten" erfolgt:
„Jedes Team braucht diese gemeinsame Sensibilität für den Mitspieler, um ein Ort zu sein, an dem persönliche Talente in den Dienst der Gruppe gestellt werden, an dem Erfolg und Misserfolg wirklich die Errungenschaften des Teams sind, ebenso wie sein Glück."[450]

---

449 Seirul·lo 2017.
450 Ebd.

Trainingsformen

Die praktischen Trainingsformen verbergen sich digital hinter dem QR-Code, um in Anbetracht der farbigen Darstellung die finalen Produktionskosten des Buches und damit auch den Verkaufspreis des Buches im Rahmen zu halten. Viel Spaß bei der Online-Lektüre!

Trainingsformen als PDF zum Download:
https://is.gd/4N8BQo

Danke

Nicht nur eine Meisterschaft ist krasses Teamwork – auch dieses Buchprojekt hatte extrem viele Helfer, ohne die keiner heute so etwas Schönes in den Händen halten könnte:
DANKE an alle, die dieses Werk unterstützt und ermöglicht haben. Angefangen von meiner Frau und meinen Kindern, die eine permanente Quelle von Inspiration und Kraft waren und bewusste Pausen und Ablenkungen einforderten. Meine „Erstlektoren" seit eh und je, meine Eltern, ohne die keine bewusste Formulierung existieren würde – ihr habt mir die Schönheit von Sprache gezeigt! Robin - was soll eigentlich ohne dich funktionieren? Stephan - eine permanent unterstützende Inspiration! Marwin – für die Gedanken und den permanenten Austausch, vor allem über Training! Stephanie - für alle Gedanken und Unterstützung, die du teilst und deine prüfenden Augen! Frank – für das Geschenk von kritischem Feedback! Lukas – ich habe selten einen größeren persönlichen Helden gehabt! Du bist aus purem Gold! Meine Trainerteams – denn ohne euch, geht gar nichts! Danke an Nils, für die Unterstützung und guten Nachrichten! Danke an Damir, für die perfekten Bilder! Und natürlich danke an all die fleißigen Hände, die ihre Zeit in dieses „Wahnsinnsprojekt" gesteckt haben, um diesem zu einem herausragenden Abschluss zu verhelfen! Ihr seid echte Champions!
Muchas gracias Fran - aprendí tanto de tí. Abel – la inspiración viene de tu parte! Isaac y Xavi – el juego de ubicación no solo es una exploración sino también una realidad! Gracias a todos los entrenadores españoles, que han compartido sus conocimientos conmigo! Obrigado por tudo ao Filipe e a toda a família „Periodização Táctica", mesmo que não se trate de um livro sobre Periodização Táctica.
... und danke an alle Ungenannten, die mit ihrem täglichen Einsatz, ihrer Hingabe und Leidenschaft, ihrem Wissen, ihren Gesprächen und ihrer Freude den Fußball und die Welt bereichern, verbessern und inspirieren. Ihr habt auch mich erreicht!

Literaturverzeichnis

Inhalte aus dem Master in Tactical Periodization by Vítor Frade

→ Notizen aus den Online-Konferenzen, insbesondere von Vítor Frade, Miguel Lopes und Jorge Reis.

→ Mitschriften aus Präsentationen und persönlicher Austausch in den Präsenzphasen 2021, 2022 und 2023 (u. a. mit Vítor Frade, von Vítor Matos (damals Liverpool Co-Trainer), Sergio Ferreira (damals SC Braga Co-Trainer, u. v. m..)

Inhalte aus dem Master en Dirección de fútbol (Universidad Europea de Madrid & Real Madrid)

→ Notizen aus den Vorlesungen, insbesondere aus der Vorstellung der Nachwuchsakademie von Real Sociedad San Sebastián von Luki Iriarte vom 06.05.2022.

→ Persönlicher Austausch mit den Nachwuchstrainern von Real Madrid während meines Praktikums im Frühjahr 2022, darunter insbesondere der persönliche Austausch mit Fran Beltrán und Trainingshospitationen bei ihm und weiteren Trainern der Akademie von Real Madrid.

Inhalte aus dem Master en fútbol professional (INEF Barcelona, Barca Innovation Hub & FC Barcelona)

→ Balagué, Natalia (2021): Diverse Vorträge über komplexe Systeme und die Ableitungen auf das Fußball-Training

→ Damunt, Xavier (2021-2023): Diverse Vorträge über die Methodik von Barca und das Konzept der „Phasenräume"

→ Fernandez, Daniel (2023): Diverse Vorträge zur Optimierung des Defensiv-Verhalten der Mannschaft
→ Fernandez, Jordi (2022): Von der Mannschaft zum Spieler: „Shared affordances" und Kreativität
→ Giraldez, Jonatan (2022-2023): Diverse Vorträge und praktische Beispiele zur Methodik des FC Barcelona am Beispiel der 1. Frauen des FC Barcelona, darunter neben übergeordneten Aspekten des Spielmodells u. a. Mikroaspekte, Szenarien der maximalen Herausforderung
→ Persönliche Hospitation bei den 1. Frauen des FC Barcelona im Frühjahr 2023
→ Gonzalez Garcia, Adrian (2022-2023): Lernprozesse innerhalb einer Mannschaft
→ Guerrero, Isaac (2022-2023): Diverse Vorträge über das Rondo und das Positionsspiel
   ↳ Persönliche Hospitation und Austausch in der Nachwuchsakademie des AC Venedig, die sich nach der Spielidee des *„Juego de Ubicación"* (Spiel der Räumlichkeiten / Spiel der Räume organisiert im Herbst 2022
→ Peris, Albert (2022-2023): Diverse Vorträge über die Phasenräume und methodologische Tendenzen des FC Barcelona im Nachwuchs
→ Pol, Rafel (2022): Methodische Tendenzen im Fußball abgeleitet aus dem Spiel & Trainingsmethodik
→ Ric, Angel (2021 / 2022): Taktiktraining im Fußball
→ Vila, Joan (2023): Eine andere Idee: Das Spiel, der Spieler und der Ball
→ Diverse Vorträge der verantwortlichen Jahrgangtrainer des FC Barcelona und Trainingsbeobachtungen in „La Masia" zwischen 2022-2024

Online-Vorträge

→ Fore Front Football (2023-2024) durch Marc Quintana & Xavier Damunt: El juego de ubicación
→ Guerrero, Isaac (2020): El juego de ubicación / Location game (im Rahmen des Barca Innovation Hub „Sports Tomorrow" Kongress)
→ IDE Universidad Rey Juan Carlos (online):
   ↳ Bretones, Andres (2023): Espacios indefendibles
   ↳ Cano, Oscar (2020): El juego de ubicación
   ↳ Vila, Joan (2023): El fútbol. Juego de los espacios
→ Vaughan, James (2021): Sociocultural constraints and skilled intentions in football

Wissenschaftliche Artikel und Bücher

→ Amiero, N. (2005): Defensa en zona en el fútbol. MCSport. Barcelona.
→ Balagué, N. & Torrents, C. (2011): Complejidad y deporte (Rendimiento deportivo). Barcelona: Inde.
→ Balagué, N.; & Torrents, C. (2014): Aceptar la complejidad en el fútbol: Una tarea compleja. Fútboldlibro.
→ Balagué N., Pol R., Torrents C., Ric A., Hristovski R. (2019): On the relatedness and nestedness of constraints. https://doi.org/10.1186/s40798-019-0178-z.
→ Balagué, N.; Torrents, C.; Pol, R.; & Seirul.lo, F. (2014): Entrenamiento integrado. Principios dinámicos y aplicaciones. Revista Apunts.
→ Ballesteros, A. (2020): PEP táctico. librofutbol.com
→ Bermúdez Hernández; J. A. (2018): Lillo y Pep. Convicciones sobre la cultura del juego. librofútbol.com
→ Camenforte, I.; Casamichana, D.; Cos, F.; Castellano, J. & Fernandez, J. (2021): Diseño y validación de una herramienta de valoración del nivel de especificad de las situaciones simuladoras preferenciales en fútbol. https://doi.org/10.5232/ricyde2021.06306
→ Cano, O. (2010): El modelo de juego del FC Barcelona. Barcelona: MCSports.
→ Cano, O. (2012): El juego de posición del FC Barcelona. Barcelona: MCSports.
→ Cappa, A. & Menotti, C. L. (1986): Fútbol sin trampa. Muchnik Editores. Barcelona.
→ Capra, F. (1996): The web of life. Harper Collins Publishers London.
→ Castellano, J. (2000): Observación y análisis de la acción de juego en el fútbol (Tesis doctoral inédita). Universidad del País Vasco.
→ Castellano, J. (2008). Análisis de las posesiones de balón en fútbol: Frecuencia, duración y transición. European Journal of Human Movemeny.
→ Castellano, J. (2009): Conocer el pasado del fútbol para cambiar su futuro. Acción motriz. Tu revista científica digital.
→ Castellano, J., Perea, A. & Álvarez, D. (2009): Transiciones en la posesión del balón en fútbol: de lo posible a lo probable. Apunts. Educación Física y Deportes.
→ Castelo, J. (1994): Modelo técnico-táctico do jogo. Lisboa: Ediçoes FMH.
→ Castelo, J. (1999): Fútbol: estructura y dinámica del juego. Barcelona: Paidotribo.

→ Chow, J. (2013): Nonlinear learning underpinning pedagogy: Evidence, challenges, and implications. National Association for Kinesiology in Higher Education.

→ Costa, I., Garganta, J., Greco, P., Mesquita, I., & Maia, J. (2011): Sistema de avaliação táctica no Futebol (FUT-SAT): Desenvolvimento e validação preliminar. Revista Motricidade.

→ Couto Reis, J. (2018): Periodización Táctica. La sustentabilidad del morfociclo patrón. MCSports.

→ Cox, M. (2020): Umschaltspiel. Suhrkamp.

→ Damunt, X. & Guerrero, I. (2021): El entrenamiento sistémico basado en las emociones. FDL.

→ Delgado, J., & Méndez-Villanueva, A. (2012): Tactical Periodization: Mourinho's best-kept secret? Soccer Journal.

→ Enrich, A. (2024): Meditaciones de entrenador. [Coaching Meditationen]. Amazon.

→ Frade, V. (1985): Alta competiçao no futebol-que exigencias do tipo metodológico? Facultad de Deporte de la Universidad de Porto, Porto.

→ Frade, V. (2004): Entrevista en P. Leal (2004). Diferentes entendimentos, diferentes orientações metodológicas. Facultad de Deporte de la Universidad de Porto, Porto.

→ Freitas, S. (2004): A especificidade que está na concentração táctica que está na ESPECIFICIDADE... no que deve ser uma operacionalização da Periodização Táctica [monografía]. Universidad de Porto, Porto.

→ Garganta, J. (2016): La humanización del entrenamiento y la competición será la gran revolución del fútbol. Fútbol holístico. Recuperado de https://fholistico.wordpress.com/2016/04/06/julio-garganta-la-humanizacion-del-entrenamiento-y-la-competicion- sera-la-gran-revolucion-del-futbol/ (Abruf Dezember 2018).

→ Garganta, J., Maia, J., & Basto, F. (1997): Analysis of goal-scoring patterns in European top level soccer teams. In: Bangsbo, J., Reilly, T., & Williams, A.M. (1997). Science and football III. London: E & FN Spon.

→ Garganta, J., & Pinto, J. (1998): O Ensino do Futebol. In: Graça, A., & Oliveira, J. (Eds.), O ensino dos jogos deportivos, 3a Ed. (pp. 95 – 135). Porto: Centro de Estudos dos Jogos Desportivos. Facultad de Deporte de la Universidad de Porto, Porto.

→ Gamble, P. (2006): Periodization of training for team sports athletes. Strength and Conditioning Journal. https://doi.org/10.1519/1533-4295(2006)28[56:POTFTS]2.0.CO;2

→ Guerrero, I.; Damunt, X. & López, J. (2017): The creation of a non-verbal communication code. Working a proposal for improving decision making in youth football. Valencia University.

→ Guindos, D. (2015): Construcción metodológica del modelo de juego. Madrid: Futboldlibro.

→ Hristovski, R. & Balagué, N. (2020): Theory of Cooperative-Competitive Intelligence: Principles, Research Directions, and Applications. doi: 10.3389/fpsyg.2020.02220

→ Issurin, V. (2010): New horizons for the methodology and physiology of training periodization. Sports Medicine. https://doi.org/10.2165/11319770-000000000-00000

→ Kahneman, D. (2011): Schnelles Denken, langsames Denken. Penguin Verlag.

→ Lago, C. & Seirul·lo, F. (2021): La dirección del entrenamiento y del partido en el Fútbol y los Deportes de Equipo.

→ Lopez, J. (2004): Modelos tácticos y sistemas de juego: elaboración y entrenamiento integrado. Sevilla: Wanceulen.

→ Mallo, J. (2020): Complex football. From Seirul·lo's Structured Training to Frade's Tactical Periodisation. 2nd Edition.

→ Marina, J. A. (2009): La recuperación de la autoridad. Versátil Ediciones. Barcelona.

→ Martín Acero, R. & Lago, C. (2005): Deportes de equipo. Comprender la complejidad para elevar el rendimiento. INDE Barcelona.

→ Martin-Barrero, A. & Martínez-Cabrera, F. I. (2019): El modelo de juego en el fútbol. De la concepción teórica al diseño práctico. Federación Española de Asociaciones de Docentes de Educación Física (FEADEF) ISSN: Edición impresa: 1579-1726. Edición Web: 1988-2041 (www.retos.org)

→ Martín-Barrero, A. (2018): ¿Cómo construir el camino desde el fútbol de la calle al fútbol profesional? Madrid: Abfutbol.

→ Moreno, R. (2018): Mi „receta" del 4-4-2. FutbolDLibro.

→ Morin, E. (1982): Das Rätsel des Humanen. Grundfragen einer neuen Anthropologie. Piper Verlag.

→ Morin, E. (2000): La mente bien ordenada. Seix Barral Barcelona.

→ O'Sullivan, M.; Woods, C.T.; Vaughan, J. & Davids, K. (2021): Towards a contemporary player learning in development framework for sports practitioners. DOI: 10.1177/17479541211002335

→ Oliveira, J.G. (2004): Conhecimento Específico em Futebol. Contributos para a definição de uma matriz dinâmica do proceso ensinoaprendizagem/ treino do jogo. Facultad de Deporte de la Universidad de Porto, Porto.

→ Oliveira, B.; Amieiro, N.; Resende, N. & Barreto, R. (2007): Mourinho, ¿por qué tantas victorias? MC Sports.

→ Perarnau, M. (2011): Senda de campeones: De La Masia al Camp Nou. Salsa Books CAS.

→ Perarnau, M. (2016): PEP Guardiola. Das Deutschland-Tagebuch. Red Bull Media House.

→ Pinder, A.; Davids, K.; Renshaw, I., & Araújo, D. (2011): Representative learning design and functionality of research and practice in sport. Journal of Sport & Exercise Psychology. https://doi.org/10.1123/jsep.33.1.146

→ Pol, R. (2011): La preparación ¿fisica? En el futbol. El proceso de entrenamiento desde las ciencias de la complejidad. MC Sports.

→ Pol, R.; Balagué, N.; Ric, A.; Torrents, C.; Kiely, J. & Hristovski, R. (2020): Training or Synergizing? Complex Systems Principles Change the Understanding of Sport Processes. https://doi.org/10.1186/s40798-020-00256-9.

→ Pol, R. (2021): Entrenamiento deportivo y complejidad: actualizando supuestos teóricos, prácticos e hipótesis de investigación. Tesis doctoral.

→ Ric, Á. (2017): La complejidad en el fútbol: dinámica exploratoria y emergencia de comportamiento táctico. Tesis doctoral.

→ Seirul·lo, F. (2003): Sistemas dinámicos y rendimiento en deportes de equipo. 1st Meeting of Complex System and Sport. INEFC- Barcelona.

→ Seirul·lo, F. (2004): Estructura socio-afectiva. entrenamientodeportivo.org

→ Seirul·lo, F. (2010): Las competencias en el alto rendimiento. entrenamientodeportivo.org

→ Seirul·lo, F. (2017): El entrenamiento en los deportes de equipo. Master-cede. Darin:
  ↳ Abbildung „Finding Flow" nach M. Csikszentmihalyi (1997).
  ↳ Espar Moya, X.: La complejidad en la toma de decisiones y conocer el juego.
  ↳ Massafret i Marimon, M.: La proyección del movimiento deportivo específico en el juego.
  ↳ Seirul·lo, F.: La emotividada en la toma de decisión.
  ↳ Serrés Lara, R. & Massafret i Marimon, M.: La estructura coordinativa.
→ Seirul·lo, F. (2024): ADN Barca. Roca Editorial.
→ Silva, B.; Garganta, J.; Santos, R., & Teoldo, I. (2014): Comparing tactical behaviour of soccer players in 3 vs. 3 and 6 vs. 6 small-sided games. Journal of Human Kinetic. https://doi.org/10.2478/hukin-2014-0047.
→ Silva, M. (2008): O desenvolvimento do jogar; segundo a Periodização Táctica. MC Sports.
→ Silva P., Garganta J., Araújo D., Davids K., Aguiar P. (2013): Shared knowledge or shared affordances? Insights from an ecological dynamics approach to team coordination in sports. Sport Medicine.
→ Silva, P.; Vilar, L.; Davids, K.; Araújo, D., & Garganta, J. (2016): Sports team as complex adaptive systems: manipulating player numbers shapes behaviours during football small-sided games. https://doi.org/10.1186/s40064-016-1813-5
→ Tamarit, X. (2010): ¿Qué es la periodización táctica? Barcelona: McSport.
→ Tarragó, J. R.; Massafret-Marimón, M.; Seirul.lo, F., y Cos, F. (2019): Entrenamiento en deportes de equipo: el entrenamiento estructurado en el FCB. Apunts: Educación Física y Deportes. https://doi.org/10.5672/apunts.2014-0983.es.(2019/3).137.08
→ Torrents, C.; Ric, A.; Hristovski, R.; Torres-Ronda, L.; Vicente, E. & Sampaio, J. (2016): Emergence of exploratory, technical and tactical behavior in small-sided soccer games when manipulating the number of teammates and opponents. PLoS One.
→ Vaughan, J.; Mallett, C. J., Potrac, P., López-Felip, M. A. & Davids, K. (2021): Football, Culture, Skill Development and Sport Coaching: Extending Ecological Approaches in Athlete Development Using the Skilled Intentionality Framework. doi: 10.3389/fpsyg.2021.635420

→ Vaughan, J.; Mallett, C. J.; Potrac, P., Woods, C., O'Sullivan, M. & Davids, K. (2022): Social and Cultural Constraints on Football Player Development in Stockholm: Influencing Skill, Learning, and Wellbeing. doi: 10.3389/fspor.2022.832111

→ van Dijk, L., & Rietveld, E. (2017): Foregrounding sociomaterial practice in our understanding of affordances: the skilled intentionality framework. doi: 10.3389/fpsyg.2016.01969

→ Vilar, L.; Duarte, R.; Silva, P.; Chow, J.Y., & Davids, K. (2014): The influence of pitch dimensions on performance during small-sided and conditioned soccer games. Journal of Sport Science. https://doi.org/10.1080/0264041 4.2014.918640

Zeitungsartikel und Onlinemedien

→ BILD online. Post von Wagner (11.02.2024): Lieber Xabi Alonso. https://www.bild.de/politik/kolumnen/franz-josef-wagner/post-von-wagner-lieber-xabi-alonso-87123180.bild.html (Abruf Februar 2024).

→ Bundesliga online (www.bundesliga.de);
  ↳ Öffentlich zugängliche statistische Daten der einzelnen Spieler und der Vereine für die gesamte Saison, sowie für einzelne Spiele.
  ↳ Online-Artikel (ohne Autorenangabe) vom 15.04.2024: Erfolgsgarant aus dem Baskenland: Xabi Alonso und sein Meisterstück mit Bayer 04 Leverkusen.

→ https://www.bundesliga.com/de/bundesliga/news/bayer-04-leverkusen-xabi-alonso-trainer-geschichte-erfolg-deutscher-meister-24999 (Abruf Juni 2024).

→ Culemania Homepage: Malo, Víctor und López, Artur (21.03.2024): Entrevista a Paco Seirul·lo: de los orígenes con Núñez, Valero y Cruyff al Barça de Xavi y Laporta. https://cronicaglobal.elespanol.com/culemania/culemaniacos/20240321/entrevista-paco-seirullo-valero-cruyff-barca-laporta/839916145_0.html (Abruf März 2024).

→ El Gráfico online: Redaktion (22.10.2021): LOS SECRETOS DEL FÚTBOL: LAS PEQUEÑAS SOCIEDADES HACEN EL GRAN EQUIPO. https://www.elgrafico.com.ar/articulo/%C2%A1habla-memoria!/33514/los-secretos-del-futbol-las-pequenias-sociedades-hacen-el-gran-equipo (Abruf April 2024).

→ El mundo (online): Romero, Abraham (04.12.2021): Entre Zubieta y Valdebebas, los dos caminos de Xabi Alonso: „Está preparado para la élite". https://www.elmundo.es/deportes/futbol/2021/12/04/61aa-4e97fc6c83532f8b456d.html (Abruf April 2024)

→ El país online:

↳ Pons, Sergi (10.10.2010): REPORTAJE:EXTRA HOMBRE Xabi Alonso. https://elpais.com/diario/2010/10/10/eps/1286692024_850215.html (Abruf Mai 2024).

↳ Torres, Diego (14.01.2023): Xabi Alonso: „El Mundial no mostró la evolución del fútbol". https://elpais.com/deportes/2023-01-14/xabi-alonso-el-mundial-no-mostro-la-evolucion-del-futbol.html (Abruf März 2024).

↳ Torres, Diego (09.12.2023): Cinco entrenadores guipuzcoanos agitan Europa. https://elpais.com/deportes/futbol/2023-12-09/cinco-entrena-dores-guipuzcoanos-agitan-europa.html (Abruf März 2024).

→ El periodico online: Guasch, Albert (05.04.2024): Paco Seirul.lo decons-truye el ADN Barça: „Cruyff fue una ventana de aire fresco cada vez que estuve con él". https://www.elperiodico.com/es/deportes/20240405/paco-seirul-deconstruye-adn-barca-100552092 (Abruf April 2024).

→ 11 Freunde (#267). Behnisch, Ilja (Februar 2024) im Interview mit Jona-than Tah: „Man muss lernen, Fehler zu lieben".

→ 11 Freunde (#268). Biermann, Christoph (März 2024): Baskisches Wunder.

→ France24 online: Ohne Autorenangabe (24.11.2023): Xabi Alonso, un estilo de juego que se impone en Leverkusen y crea unanimidad en Alemania. https://www.france24.com/es/minuto-a-minuto/20231124-xabi-alonso-un-estilo-de-juego-que-se-impone-en-leverkusen-y-crea-unanimidad-en-alemania (Abruf Dezember 2023).

→ GOAL.com: Jones, Neil (29.01.2023): Future Liverpool manager? Xabi Alonso showing Reds fans why Bellingham's not the only Bundesliga story to follow. https://www.goal.com/en/news/future-liverpool-manager-xabi-alonso-bellingham-bundesliga-story/blt7478daf4a7bf5139 (Abruf März 2024).

→ Kicker PRINT vom 26.02.2024: von Nocks, Stephan im Interview mit Lukas Hradecky: „Wir sind keine Gefangenen des Tiki-Takas".

→ Kicker online:
  ↳ Elspaß, Leon (01.04.2024): Bayers Andrich und die Tore: „Das ließ ihn fast verzweifeln". https://www.kicker.de/bayers-andrich-und-die-tore-das-liess-ihn-fast-verzweifeln-1007845/artikel (Abruf April 2024).
  ↳ Mag (27.01.2024): „Das nächste Mal die Dinger reinschießen": Leverkusen hadert nach 948 Pässen. https://www.kicker.de/das-naechste-mal-die-dinger-reinschiessen-leverkusen-hadert-nach-948-paessen-992764/artikel (Abruf Januar 2024).
  ↳ Mag (26.05.2024): Xabi Alonso zwischen „Traumsaison" und „deutschem Bier". https://www.kicker.de/xabi-alonso-zwischen-traumsaison-und-deutschem-bier-1027680/artikel (Abruf Mai 2024).
  ↳ Ohne Autorenangabe (15.03.2024): 20 für Bayers Selbstverständnis: Leverkusens Tore nach der 80. Minute. https://www.kicker.de/20-fuer-bayers-selbstverstaendnis-leverkusens-tore-nach-der-80-minute-1002617/artikel (Abruf März 2024).
  ↳ Ohne Autorenangabe / Auszug KMD-Podcast (01.04.2024): Hofmann und das Geheimnis von „Laterkusen". https://www.kicker.de/hofmann-und-das-geheimnis-von-laterkusen-1007835/artikel (Abruf April 2024).
  ↳ Schindler, Ulrich und von Nocks, Stephan (12.04.2024): „So krass war es selten": Bayers 2:0 gegen West Ham als Spiel der Extreme. https://www.kicker.de/so-krass-war-es-selten-bayers-2-0-gegen-west-ham-als-spiel-der-extreme-1013336/artikel (Abruf April 2024).
  ↳ Von Nocks, Stephan (14.12.2023): Xabi Alonso: „Hoffentlich sind wir nicht so dumm". https://www.kicker.de/xabi-alonso-hoffentlich-sind-wir-nicht-so-dumm-984554/artikel (Abruf Dezember 2023).
  ↳ Von Nocks, Stephan (19.04.2024): Nicht nur bei Kossounou: Xabi Alonsos Klarheit rettet Bayer. https://www.kicker.de/nicht-nur-bei-kossounou-xabi-alonsos-klarheit-rettet-bayer-1017000/artikel (Abruf April 2024).
  ↳ Von Nocks, Stephan (03.05.2024): Nach bestandener Reifeprüfung: Funktioniert Bayer auch ohne Xabi Alonso? https://www.kicker.de/nach-bestandener-reifepruefung-funktioniert-bayer-auch-ohne-xabi-alonso-1021349/artikel (Abruf Mai 2024).

→ MARCA online:
- Badallo, Òscar (09.07.2019): Xabi Alonso: I was comfortable in Madrid, but at Real Sociedad I can improve at home. https://www.marca.com/en/football/real-madrid/2019/07/09/5d24c5f3ca4741300b8b45d5.html (Abruf Dezember 2023).
- Rubio, Alberto (26.07.2023): Xabi Alonso a MARCA: „¿El Madrid? Cada cosa a su tiempo, lo que tenga que venir en un futuro ya se verá" https://www.marca.com/futbol/futbol-internacional/2023/07/26/64c11e2046163fa9138b4583.html (Abruf Januar 2024).
- Rubio, Alberto (27.07.2023): El método Alonso: así es un ‚entreno' de Xabi en el Bayer Leverkusen. https://www.marca.com/futbol/bundesliga/2023/07/27/64c195c6ca4741d7018b456d.html (Abruf Januar 2024).

→ MEDIUM online:
- Gagliardi, Antonio (24.03.2024): Englische Übersetzung des Artikels aus L'Ultimo Uomo: Is the era of the Position Game coming to an end? https://medium.com/@toni_Gagliardi/is-the-era-of-the-position-game-coming-to-an-end-b5a341011017 (Abruf April 2024).
- Hamilton, Jamie (27.03.2023): What is relationism? https://medium.com/@stirlingj1982/what-is-relationism-c98d6233d9c2 (Abruf Juni 2023).

→ Neue Zürcher Zeitung online: Haupt, Florian (14.02.2024): Kleiner Landstrich, grosser Zusammenhalt: Das Baskenland bereichert den europäischen Fussball. https://www.nzz.ch/sport/fussball/europaeischer-fussball-was-hinter-dem-erfolg-des-baskenlands-steht-ld.1807387 (Abruf März 2024).

→ Neunzigplus online: Weber, Florian (12.10.2022): Neuer Bayer-Coach Xabi Alonso: Mehr Pep Guardiola oder José Mourinho? https://neunzigplus.de/bundesliga/neuer-bayer-coach-xabi-alonso-mehr-pep-guardiola-oder-jose-mourinho/ (Abruf März 2024).

→ New York Times online: Smith, Rory (26.04.2017): Cybernetics, Cesarean Sections and Soccer's Most Magnificent Mind. https://www.nytimes.com/2017/04/26/sports/soccer/cybernetics-cesarean-sections-and-soccers-most-magnificent-mind.html (Abruf Juli 2019).

→ Notiziario del Settore Tecnico (No. 2, 2024): Gagliardi, Antonio und Bordin, Francesco: A new era. PDF-Dokument.

→ Rasenschach online. Bereitstellung Artikel & Interview Juanma Lillo aus dem Jahr 2011. https://rasenschach-10.de/juanma-lillo-der-virtuose-unter-den-fussballphilosophen/ (Abruf Mai 2024).

→ Relevo online:
  ↳ Blaya, Albert (03.10.2023): „XABI ALONSO ES UN OBSESO DEL TIEMPO Y EL ESPACIO": ASÍ JUEGA SU BAYER LEVERKUSEN. https://www.relevo.com/futbol/bundesliga/xabi-alonso-bayer-laverkusen-wirtz-20230309063809-nt.html (Abruf Mai 2024).
  ↳ Lavín, June und P, Rodra (14.04.2024): ASÍ ES LA BRIGADA DE MODA QUE ESCOLTA A XABI ALONSO EN LEVERKUSEN: TODO EMPEZÓ CON UN INFORME DE VALDEBEBAS. https://www.relevo.com/futbol/bundesliga/cuerpo-tecnico-xabi-alonso-bayer-20240224140229-nt.html (Abruf Mai 2024).
→ Spiegel online: Saller, Josef (29.10.2023): Der Mann, der Leverkusen (und die Bundesliga) verzaubert. https://www.spiegel.de/sport/xabi-alonso-der-mann-der-leverkusen-und-die-bundesliga-verzaubert-a-6b3c34e8-bdf4-4983-a7da-0e428ef16b97 (Abruf Mai 2024).
→ SPOX online: SID (24.01.2024): Granit Xhaka über möglichen Abgang von Xabi Alonso: „Es wird der Tag kommen, wo er vielleicht den nächsten Schritt machen möchte". https://www.spox.com/de/sport/fussball/bundesliga/2401/News/xabi-alonso-abgang-von-bayer-leverkusen-irgendwann-wird-der-tag-kommen.html (Abruf Februar 2024).
→ Süddeutsche Zeitung online:
  ↳ Cáceres, Javier (06.10.2022): Ein Trainer, für den Abstiegskampf ein unbekanntes Wort ist. https://www.sueddeutsche.de/sport/xabi-alonso-leverkusen-trainer-1.5670019 (Abruf Januar 2024).
  ↳ Cáceres, Javier (16.01.2023): Interview mit Xabi Alonso: „Fußball ist auch eine Frage von emotionalen Zuständen". https://www.sueddeutsche.de/sport/xabi-alonso-interview-leverkusen-1.5731948 (Abruf April 2024).
  ↳ Cáceres, Javier und Selldorf, Philipp (12.04.2024): Meister der Effizienz. https://www.sueddeutsche.de/sport/bayer-leverkusen-europa-league-xabi-alonso-meisterschaft-1.6545317
  ↳ Cáceres, Javier (15.04.2024): „Man muss die großen und exzellenten Spieler gut behandeln". https://www.sueddeutsche.de/sport/exequiel-palacios-leverkusen-meisterschaft-interview-rolle-mannschaft-1.6553875 (Abruf Mai 2024).
  ↳ Cáceres, Javier (24.05.2024): „Xabi war das perfekte Puzzleteil". https://www.sueddeutsche.de/sport/alonso-benitez-liverpool-pokalfinale-1.7331803 (Abruf Mai 2024).

- DPA in SZ online (05.06.2024): Alonso: Als Trainer von Europa-League-Niederlage profitieren. https://www.sueddeutsche.de/sport/bundesliga-alonso-als-trainer-von-europa-league-niederlage-profitieren-dpa.urn-newsml-dpa-com-20090101-240605-99-280983 (Abruf Juni 2024).
- Hellmann, Frank (15.10.2022): Systemabsturz der Werkself. https://www.sueddeutsche.de/sport/bundesliga-bayer-leverkusen-xabi-alonso-eintracht-frankfurt-1.5675645 (Abruf Februar 2024).
- John, Ulrike; Schmidt, Holger; Mies, Jan und Richter, Arne; dpa (26.05.2024): Darauf ein „deutsches Bier": Alonso macht Double perfekt. https://www.sueddeutsche.de/sport/fussball-darauf-ein-deutsches-bier-alonso-macht-double-perfekt-dpa.urn-newsml-dpa-com-20090101-240525-99-159940 (Abruf Mai 2024).
- Kneer, Christoph und Schneider, Philipp (06.06.2024): „Ich habe vieles im Wohnzimmer gelernt". https://www.sueddeutsche.de/sport/florian-wirtz-dfb-em-interview-lux.V4mYwLU7wHcWQYf7tM7K1u
- Selldorf, Philipp (26.01.2024): In jedem Pass steckt eine Botschaft. https://www.sueddeutsche.de/sport/leverkusen-alonso-xhaka-bayer-bundesliga-1.6339631 (Abruf Februar 2024).
- Selldorf, Philipp (09.02.2024): „Wir sind auf einer ganz guten Spur, um die Tyrannei zu beenden". https://www.sueddeutsche.de/sport/hradecky-leverkusen-bayern-interview-bundesliga-1.6346682 (Abruf Februar 2024)
- Selldorf, Philipp (23.05.2024): Einsichten in die eigene Fehlbarkeit. https://www.sueddeutsche.de/sport/leverkusen-atalanta-europa-league-xabi-alonso-kritik-1.7296199 (Abruf Mai 2024).

→ The athletic online:
- Corrigan, Dermot (17.11.2021): I have ambition to manage an elite team, but I am in no hurry' – Xabi Alonso happy to learn at Real Sociedad. https://theathletic.com/2943017/2021/11/17/i-have-ambition-to-manage-an-elite-team-but-i-am-in-no-hurry-xabi-alonso-happy-to-learn-at-real-sociedad/?access_token=15461426# (Abruf März 2024).
- Corrigan, Dermot (28.09.2023): Guipuzcoa, the tiny Spanish province big in the Premier League and beyond. https://theathletic.com/4904302/2023/09/28/arteta-emery-iraola-premier-league-guipuzcoa-managers/ (Abruf März 2024).

↳ Corrigan, Dermot (02.03.2024): Bayer Leverkusen's Alex Grimaldo: 'I'd have loved to have a coach like Xabi Alonso at 20'. https://theathletic. com/5309751/2024/03/02/alex-grimaldo-leverkusen-xabi-alonso/ (Abruf März 2024).

↳ Garrick, Omar (05.10.2022): Xabi Alonso appointed head coach of Bayer Leverkusen as Gerardo Seoane departs. https://theathletic. com/3659771/2022/10/05/xabi-alonso-bayer-leverkusen/ (Abruf März 2024).

↳ Honigstein, Raphael (19.12.2023): Granit Xhaka exclusive: Staying at Arsenal, leaving and being 'calmer' at high-flying Leverkusen. https:// theathletic.com/5125452/2023/12/19/granit-xhaka-arsenal-interview-arteta/ (Abruf März 2024).

↳ Honigstein, Raphael und Stafford-Bloor, Sebastian (14.04.2024): How Bayer Leverkusen won the Bundesliga: Alonso magic, breaking up cliques and clever transfers. https://theathletic. com/5411110/2024/04/14/bayer-leverkusen-xabi-alonso-bundesliga/ (Abruf April 2024).

↳ Hughes, Simon und Honigstein, Raphael (02.04.2024): Xabi Alonso, the coach who said no to Liverpool and Bayern Munich. https://theathletic. com/5375366/2024/04/02/xabi-alonso-liverpool-bayern-real-madrid-profile/ (Abruf April 2024).

↳ Millar, Colin (23.02.2024): Xabi Alonso hails resilient Leverkusen as win over Mainz sets German unbeaten record. https://theathletic. com/5296039/2024/02/23/xabi-alonso-leverkusen-unbeaten-record/ (Abruf März 2024).

↳ Muller, John (28.01.2024): Xabi Alonso's Leverkusen tactics and Liverpool's squad are not a natural fit. https://theathletic. com/5231341/2024/01/28/xabi-alonso-liverpool-manager/ (Abruf April 2024).

↳ Pearce, James; Ornstein, David and more (30.03.2024): What happened with Liverpool and Xabi Alonso – and where does the club look now? https://theathletic.com/5377617/2024/03/30/liverpool-xabi-alonso-manager-what-now/ (Abruf April 2024).

↳ Stafford-Bloor, Sebastian (30.07.2023): Xabi Alonso, Granit Xhaka and plotting for the Bundesliga: Inside Bayer Leverkusen's pre-season camp. https://theathletic.com/4731113/2023/07/30/bayer-leverkusen-alonso-xhaka/ (Abruf März 2024).

→ The coaches voice Homepage. Xabi Alonso's coaching career analysed. https://www.coachesvoice.com/cv/xabi-alonso-bayer-leverkusen-liverpool/ (Abruf März 2024).

→ The players tribune: Robles, Sam mit Alonso, Xabi (13.06.2024): To Leverkusen. https://www.theplayerstribune.com/posts/xabi-alonso-bundesliga-leverkusen (Abruf Juni 2024).

→ The tactical room:
  ↳ Beltrán, Francisco Ruiz (2013): Madrid micro, Madrid macro (in Perarnau Club#7)
  ↳ Benedetti, Ignacio (2020): Entrevista con Carles Martínez (in TTR 61).
  ↳ Fernandez, Daniel (2012): El juego de posición. https://www.martiperarnau.com/el-juego-de-posicion/ (Abruf Mai 2021).
  ↳ Perarnau, Marti & Lluch, Isaac (2017): Entrevista con Xabi Alonso (in TTR 31).

→ transfermarkt.com: Bienkowski, Stefan (26.01.2024): 'I'm Basque, with a big German influence' – Why Alonso is Europe's most in-demand head coach. https://www.transfermarkt.com/im-basque-with-a-big-german-influence-why-alonso-is-europes-most-in-demand-head-coach/view/news/430238 (Abruf Januar 2024).

→ VAULT sports illustrated online: Si staff (27.06.2016): Master of space and time. https://vault.si.com/vault/2016/06/27/master-space-and-time (Abruf Mai 2024).

→ WELT online: Hesse, Axel und Arens, Phillip (19.04.2024): Nach dem Dortmund-Spiel platzte die Wut aus Xabi Alonso heraus. https://www.welt.de/sport/fussball/bundesliga/bayer-leverkusen/plus251051236/Weg-zur-Meisterschaft-Nach-dem-Dortmund-Spiel-platzte-die-Wut-aus-Xabi-Alonso-heraus.html?notify=success_subscription (Abruf Juni 2024).

→ Für die Statistiken über Bayer Leverkusen (insbesondere Zahlen aus der Bundesliga; neben bundesliga.de):
  ↳ understat.com
  ↳ theanalyst.com
  ↳ footystats.org

→ TV Sendung: „UNIVERSO VALDANO". Interview von Jorge Valdano mit Xabi Alonso vom 07.12.2023.

→ YOUTUBE: Erste Pressekonferenz von Xabi Alonso. Abruf Februar 2024.

→ YOUTUBE: Ecos del balón. La mirada de un mediocentro: Xabi Alonso. Vom 13.12.2017. Abruf Oktober 2023.

→ YOUTUBE: Pressekonferenz mit Juanma Lillo aus dem Jahr 2016.
→ Videoclip auf X: Xabi Alonso in einem Beitrag über die Bundesliga für einen US-Sender über die Herangehensweise (nähere Details nicht zu identifizieren).
→ Kicker TV: Aufzeichnung Pressekonferenz vom 14.04.2024 (Titelgewinn nach Sieg gegen Bremen).

→ PODCAST: Mi fútbol von Ignacio Benedetti (19.02.2024). Entrevista con Paco Seirul.lo (part 1). Abruf Februar 2024.
→ PODCAST: La ciencia pop von Gabriel León (03.11.2023). Las pequeñas sociedades. Abruf April 2024.
→ PODCAST: Kicker meets DAZN (KMD): Folge mit Jonas Hofmann vom 01.04.2024.

Über den Autor

Tim Stegmann (*1989 in Hamburg) arbeitet nach Stationen im Nachwuchsleistungszentrum des VfL Wolfsburg (sechs Jahre in verschiedenen Funktionen) und als Co-Trainer im Profibereich bei den Würzburger Kickers derzeit als Verbandssportlehrer in Hamburg.

Tim Stegmann hat insgesamt drei Master-Studiengänge mit Fußball-Bezug abgeschlossen: Als erster Deutscher absolvierte er den *Master in Tactical Periodization by Vítor Frade,* der sich mit der portugiesischen Methodik der taktischen Periodisierung beschäftigt. Aufgrund seiner Leidenschaft für den spanischen Fußball entschied Tim Stegmann sich für gleich zwei weitere, spanischsprachige Master-Studiengänge:

2022 schloss er als Kursbester den *Master en Dirección de Fútbol* ab, der von der *Universidad Europea* gemeinsam mit Real Madrid in der spanischen Hauptstadt angeboten wird. Dieser beschäftigt sich mit Erfolgsmodellen im Nachwuchsfußball. In diesem Kontext verbrachte Tim Stegmann zusätzlich ein halbes Jahr in der Nachwuchsabteilung von Real Madrid.

2023 folgte der Abschluss des *Master en fútbol professional,* der durch den FC Barcelona angeboten wird. In dessen Rahmen hat er tiefe Kenntnisse hinsichtlich des Inhaltes, der Methodik und der Philosophie des FC Barcelona erworben.